Notice historique sur le maghzen d'Oran

Ferdinand Esterhazy

© 2024, Ferdinand Esterhazy (domaine public)
Édition : BoD • Books on Demand GmbH, In de Tarpen 42, 22848 Norderstedt (Allemagne)
Impression : Libri Plureos GmbH, Friedensallee 273, 22763 Hamburg (Allemagne)
ISBN : 978-2-3225-5404-1
Dépôt légal : Septembre 2024

Louis-Joseph-Ferdinand Walsin Esterhazy
Notice historique sur le maghzen d'Oran

Ce travail était terminé depuis longtemps et allait être livré à l'impression, lorsqu'éclata la révolution de février. Il avait été entrepris dans le but d'attirer quelque intérêt et quelque bienveillance sur des populations envers lesquelles on nous semblait agir avec une grande sévérité, qu'on paraissait vouloir constamment traiter plutôt en ennemis vaincus qu'en enfants à rattacher à la commune patrie par une sage et paternelle administration [1]. Devant les conséquences qu'il était naturel de prévoir à la grande commotion qui venait d'ébranler tout notre édifice social, devant l'incertitude de l'avenir, ces études nous semblèrent avoir perdu tout intérêt, toute actualité ; aussi furent-elles mises de côté. Maintenant que le sol se raffermit, maintenant que la France républicaine reprend avec une nouvelle ardeur l'œuvre colonisatrice, cette esquisse historique nous paraît avoir acquis, de nouveau, quelque opportunité. En effet, il est bon et utile, ce nous semble, que la population nouvelle destinée à peupler ce pays, apprenne à connaître la population indigène avec laquelle elle est appelée à vivre et à fertiliser le sol que nous a donné la conquête ; il est bon qu'elle n'ignore pas que tous les arabes qui l'entourent ne sont pas des ennemis, et qu'il en est parmi eux dont l'active coopération a puissamment contribué à lui donner sur cette terre la paix et la sécurité ; il est bon qu'elle sache que beaucoup d'entre eux ont, eux aussi, scellé de leur sang notre prise de possession du pays, et qu'eux aussi ont droit, pour leur loyal concours dans cette œuvre, à quelque reconnaissance. Ce travail que nous faisons paraître, sans rien changer, sans rien modifier à sa première rédaction, aurait, tout imparfait et incomplet qu'il est, accompli quelque chose d'utile, s'il parvenait à faire tomber quelques préventions injustes, à faire disparaître quelques dangereuses répulsions, et nous croirions, pour notre compte, si nous n'avions atteint ce but, avoir rendu un dernier et important service à ce pays, auquel nous avons été si longtemps attaché par nos travaux,, et auquel nous resterons toujours lié par l'ardent intérêt que nous ne cesserons de lui porter.

PREMIÈRE PARTIE

Origine des Maghzen. — Occupation d'Oran. — Irrésolution du gouvernement à l'égard de cette province. — Mustapha-ben-Ismaël l'ait sa soumission à l'empereur du Maroc. — Apparition d'Abd-el-Kader sur la scène. — Ses démêlés avec Mustapha. — Politique du général Desmichels. — Soumission des Douairs et Zmelas au général Trézel.

On sait assez généralement aujourd'hui quel rôle furent appelés à remplir les Maghzen, dans l'ancienne régence d'Alger. Cette institution puissante, dont l'histoire fait honneur aux célèbres frères Barberousse [2], puisant sa force au sein du pays pour le dominer, fut pour les turcs le point de départ de leur établissement et la base la plus sûre de leur domination. Mais, ce qui n'est encore qu'imparfaitement connu, ce sont la nature et l'étendue des services rendus par le Maghzen d'Oran, à la cause française, pendant les périodes de luttes sanglantes et de rares trêves qui se sont succédées depuis son adhésion jusqu'à nos jours ; ce sont les faits remarquables qui ont signalé sa soumission et mis à l'épreuve sa fidélité. Épars dans les actes du gouvernement, les bulletins de l'armée et les relations officielles ou particulières, ces faits n'ont point encore été recueillis, de manière à présenter sous son véritable jour la physionomie de ces tribus, dont la coopération a si énergiquement contribué au triomphe de nos armes. La notice que nous livrons à la publicité, a pour objet de combler cette lacune, en retraçant quelques-unes des pages les plus intéressantes de l'histoire de notre conquête. En outre, les hommes en général, et les français peut-être plus que tous autres, sont oublieux de leur nature, non point qu'ils répudient de propos délibéré la dette de reconnaissance dûe à des services rendus, mais parce que les positions changent chaque jour, parce que les traditions s'affaiblissent en se transmettant, parce qu'enfin, par la marche naturelle du temps, le souvenir du passé est prompt à s'effacer et à disparaître, comme on oublie facilement, après le succès, les fatigues et les dangers de la lutte.

Cette notice a donc également pour but, de rappeler, s'ils étaient près d'être oubliés, les titres que se sont créés à notre bienveillance ceux que nous appelions naguère encore nos alliés, et les droits, qu'ils ont acquis après la victoire, à ne pas être exclus des bénéfices de la conquête.

La scène où se sont passés les événements que nous allons avoir à raconter est circonscrite à la seule province d'Oran. Cette partie de l'Algérie, qui a donné naissance à notre ennemi le plus acharné, a été aussi celle où la lutte a été la plus longue et la conquête la plus difficile et la plus longtemps disputée. Le sol en est généralement nu et dépouillé dans le voisinage de la mer ; mais aux confins du terrain cultivable les pentes sont boisées et couvertes de belles forêts. Le pays, dans son aspect général, peut être comparé à trois immenses degrés, s'élevant de la mer aux hauts plateaux par trois systèmes de montagnes, courant parallèlement à la côte. Aux extrémités est et ouest, la première chaîne s'appuie sur les deux groupes de montagnes Cabyles, longtemps indomptées, du Dahra et des Traras. La population est en grande majorité d'origine arabe.

Sous l'ancien gouvernement, toutes les tribus de la province étaient ou Douairs ou Zmelas, suivant qu'elles relevaient de l'aga des Douairs ou de celui des Zmelas. Quelques-unes de ces tribus avaient même obtenu de la politique des beys, le titre honorifique de Maghzen, c'est-à-dire que quelques individus de ces tribus pouvaient être mêlés au commandement et à l'administration de certaines tribus Rayas, soit comme caïds, soit comme krallas ou percepteurs ; mais les seules véritables tribus Maghzen, celles qui jouissaient dans toute leur plénitude des droits et prérogatives attachés à ce titre, étaient les Douairs et les Zmelas. C'est d'eux que nous allons spécialement nous occuper.

L'opinion la plus généralement répandue fait venir les premières familles qui servirent de noyau au Maghzen, du Maroc, au commencement du dernier siècle, à la suite du sultan Moulai-Ismaël. Après la défaite de ce cherif, ennemi des turcs, les Douairs et Zmelas offrirent leurs services au bey Bou-Chelagram, alors établi à Mascara, qui les accepta et se servit d'eux pour attaquer les espagnols maîtres d'Oran, et leurs alliés les Beni-Amer. Plus tard, des tentes appartenant aux familles les plus importantes des tribus que la politique des turcs avait intérêt soit à surveiller, soit à me-nager, telle, par exemple, que la tribu souveraine des Mehals, furent, agrégées au Maghzen ; elles vinrent, par leur adjonction aux familles primitives, augmenter numériquement sa force et accroître son importance. C'est par suite de ces mesures, qui donnèrent un caractère politique à ce corps militaire, qu'on trouve dans son sein des familles des Oulad-Cherif, Oulad-ben-Affan, etc., fractions de la puissante tribu des Mehals. Mustapha-ben-Ismaël appartenait à une famille originaire des Oulad-ben-Affan.

Nous ne rappelons ces faits et ces événements antérieurs à notre occupation, que pour faire mieux comprendre, dans la suite de notre récit, les causes permanentes de division qui, à notre arrivée, existaient entre les tribus Maghzen, derniers débris d'un pouvoir qui s'écroulait, et les autres tribus arabes, représentant une nationalité qui tendait à se reconstituer. Investies pendant une longue période d'années, exclusivement à toutes autres, du commandement, de l'administration, de la police du pays, sur tous les territoires du beylik, on concevra sans peine que, pendant ce long exercice du pouvoir, les tribus Maghzen eussent excité bien des jalousies, froissé bien des intérêts et des amour-propres, suscité bien des haines ; aussi la position de ces soutiens de la puissance turque devint-elle difficile et même critique à la chute des anciens dominateurs. Longtemps avant l'expulsion des espagnols, les Douairs et Zmelas avaient été mis en possession des terrains les plus fertiles des environs d'Oran, et après la prise de possession de cette ville par Mohammed-el-Kebir, les principales familles, que leurs emplois et leurs dignités rapprochaient du pouvoir, reçurent l'autorisation d'habiter des maisons dans l'enceinte de ses murs. Ce fut donc avec eux que nos généraux se trouvèrent en contact dès les premières tentatives de la France dans la province d'Oran.

Au mois d'août 1830, nos troupes ayant occupé pour la première fois Mers-el-Kebir, les grands du Maghzen (et ce fait est caractéristique), essayèrent d'entrer en relations avec nous. Mais, dans ces premiers temps, une préoccupation fatale ayant sa source dans une ignorance absolue des hommes et des choses du pays, dominait les chefs de l'armée et leur représentait les débris du pouvoir turc, comme des ennemis contre lesquels il fallait se tenir en garde ; les arabes, au contraire, comme nos alliés naturels. Les ouvertures du bey Hassan, qui aurait accepté le titre de vassal de la France, celles plus pressantes encore des chefs du Maghzen, dirigés dans cette circonstance par un instinct de conservation assez impérieux pour imposer silence à leurs scrupules religieux, ne furent point accueillies et demeurèrent sans résultat [3]. La position de ces derniers était délicate : compromis aux yeux des marabouts et vis-à-vis du parti fanatique qui, déjà, cherchait à se les attacher, ils hésitaient à se jeter dans le grand mouvement qui se préparait au sein des tribus, sous l'influence des événements accomplis à Alger. Dans cette disposition des esprits, une allure franche et dégagée de tergiversation, une attitude ferme à l'époque des premiers actes d'hostilité, eussent facilement rallié à notre cause le Maghzen et ses chefs ; ce résultat, qui eut peut-être pu décider, dès l'origine, du sort de là province, fut indéfiniment retardé par nos incertitudes, nos irrésolutions, suite de cette ignorance profonde de la constitution intérieure d'un pays dont la conquête nous surprenait insuffisants encore et inhabiles pour son organisation.

Les principaux agents du pouvoir, les véritables dominateurs du pays, peut-on dire, pour le compte des turcs, durent se jeter dans le parti religieux, bien qu'ils n'y fussent reçus qu'avec défiance et qu'ils ne pussent y espérer qu'un rôle secondaire ; mais, repoussés par nous, il ne leur restait pas d'autre alternative, et ils devaient forcément se soumettre à subir ses exigences, attendant que le temps et les événements vinssent dessiner nettement les positions et permettre à chacun de se classer suivant son caractère, soit en sacrifiant son ambition à ses croyances, soit en faisant taire, devant elle, ses scrupules religieux. Après avoir vu leurs démarches auprès de nous froidement accueillies, les chefs du Maghzen se posèrent en ennemis des français, parce qu'ils ignoraient leurs intentions touchant la nature et la durée de leur occupation, espérant, toutefois, que le choc des partis leur révélerait un jour la politique qu'ils auraient à suivre. Telle fut la ligne de conduite que se tracèrent et dans laquelle se maintinrent jusqu'au bout, les chefs du Maghzen, et à leur tête Mustapha-ben-Ismaël, ce célèbre vieillard, imposante figure, longtemps méconnue, qui n'a jamais cessé de dominer la scène d'une manière noble ou tragique, depuis le jour où il porta dans nos conseils les fruits de son expérience, jusqu'à celui où, frappé d'une balle ennemie, il tomba pour ne plus se relever, toujours fidèle à la parole qu'il avait donnée à la France. Que de choses, en effet) n'avait-il pas à nous apprendre, si nous eussions daigné alors écouter son avis ; que de fautes n'eût-il pas épargnées à notre inexpérience, ce vieillard blanchi dans la pratique d'une guerre que nous connaissions à peine, et dans l'exercice d'un commandement qui nous était alors complètement étranger ; lui, qui avait occupé si longtemps les hautes fonctions d'aga, dans ces temps de décadence de la puissance turque, où il avait eu souvent à déployer, contre les tribus révoltées, tout l'énergie militaire que nous lui avons connue depuis ! Mustapha-ben-Ismaël est, sans aucune comparaison, le type indigène le plus saillant parmi tous ceux que la guerre d'Afrique à mis en relief, et l'on ne devra pas s'étonner si, le plus souvent, l'historique du Maghzen se confond avec sa biographie.

La révolution de 1830 avait été le signal de l'évacuation de Mers-el-Kebir, et nos troupes avaient subitement abandonné ce point, sans laisser dans l'esprit des populations une idée de l'action qu'elles étaient destinées à exercer un jour sur l'intégralité du pays ; cependant, au mois de décembre 1830, le général Damrémont reparut en vue d'Oran, avec la mission de faire reconnaître à la ville notre autorité et de l'occuper au nom de la France. Le bey Hassan, qui ne croyait pas à un aussi prompt retour, cherchait à reconstituer son pouvoir fortement ébranlé, d'abord par notre première apparition dans sa ville, en second lieu, par l'influence marocaine. Le cherif, profitant de la stupeur qu'avait répandu dans toute l'ancienne régence le coup de tonnerre de la prise d'Alger, se servant habilement de l'agitation qu'avait causée, dans la province de l'ouest, notre apparition dans sa capitale, jugeant bien, d'ailleurs, qu'un coup fatal venait d'être porté à la puissance turque, s'était hâté d'établir à Tlemcen un de ses parents, Moulai-Ali, qui devait servir de drapeau à tous les mécontents, à tous ceux qu'il appelait autour de lui pour combattre tout gouvernement autre que celui des cherifs. Dans la confusion qu'avait jeté dans les esprits la grave révolution qui venait de se produire, le Maghzen s'était déjà divisé en deux camps : l'un, sous les ordres d'El-Mezary, neveu de Mustapha., avait répondu à l'appel de l'empereur [4] ; l'autre, avec Mustapha-ben-Ismaël, était resté fidèle au bey et avait juré de le servir et de le défendre tant qu'il se maintiendrait à Oran.

Le général Damrémont occupa pendant un mois les forts extérieurs avant de se décider à pénétrer dans la place, soit qu'il attendît un moment favorable pour opérer l'occupation sans effusion de sang, soit qu'il n'eût pas des instructions suffisantes pour organiser le gouvernement de la ville et pour régler sa conduite vis-à-vis du pouvoir qu'il avait mission de déposséder. Pendant tout ce temps, les relations officielles avec le bey et les agents du gouvernement, qui tenaient encore pour lui, étaient nulles. Enfin, au mois de janvier, profitant d'un moment où les cavaliers du Maghzen étaient sortis pour reprendre des troupeaux qui avaient été enlevés par Moulai-Ali, le général s'empara, sans coup férir, de toutes les portes de la place ; toutes les familles riches des Douairs et Zmelas, qui ignoraient quels étaient les projets ultérieurs des français, et qu'on n'avait pas cherché à rassurer sur les suites de cette prise de possession, évacuèrent la ville pendant la nuit et se retirèrent dans leur tribu.

Pendant qu'a Alger, au mois de janvier 1831, on préparait encore le gouvernement de la province d'Oran, à l'aide d'une combinaison avec la maison de Tunis, Mustapha suivait l'exemple des tribus qui s'étaient rangées sous les ordres de Moulai-Abd-er-Rhaman : à la tête de ses cavaliers, il reconduisit lui-même l'agent de l'empereur qui était venu recevoir sa soumission. Cet agent lui avait solennellement promis qu'il ne serait ni puni, ni inquiété pour le retard qu'il avait mis à reconnaître l'autorité du cherif ; mais, lorsqu'il fut arrivé à Tlemcen, Moulai-Ali, sans avoir égard à la parole donnée en son nom par son envoyé, céda aux mauvaises influences des ennemis de l'aga Mustapha, et le fit mettre impitoyablement aux fers avec quelques chefs de sa suite. Mustapha et ses compagnons de captivité furent envoyés ainsi à Fez.

A la nouvelle de cette trahison, les douars du Maghzen, qui s'étaient rapprochés de Tlemcen, rétrogradèrent et vinrent se placer à peu de distance d'Oran ; leurs chefs nouèrent des relations avec le général Damrémont et reconnurent l'autorité de l'agent tunisien, qui venait d'arriver à Oran et d'y prendre possession du commandement. On ne songea pas à mettre à profit cet acte impolitique de Moulai-Ali, et ces relations ne furent pas entretenues, comme il était facile de le faire alors, en vue de nous faire de suite un puissant allié du Maghzen ; aussi les Douairs et Zmelas obéissaient au représentant de notre bey, dont l'autorité, toutefois, ne s'étendait pas bien au-delà des murs de la place, et ils alimentaient nos marchés tout en prenant part aux petites hostilités du dehors qui venaient journellement inquiéter la ville. Cet état équivoque se prolongea toute l'année 1831.

Cependant, Moulai-Abd-er-Rhaman avait désapprouvé la conduite de son lieutenant vis-à-vis des chefs du Maghzen ; Moulai-Ali avait été rappelé et Mustapha et ses compagnons accueillis à Fez avec beaucoup d'égards et de distinction. L'empereur n'avait pas abandonné les prétentions que les cherifs ont toujours nourries sur l'ancien royaume de Tlemcen, la province d'Oran, et il désirait faire servir l'influence puissante encore de son hôte à l'accomplissement de ses projets ; après avoir comblé le vieil aga turc d'honneurs et de cadeaux, il lui confia, en le renvoyant dans son pays, un jeune homme de la nombreuse lignée des cherifs, le nommé Bel-Ameri, avec mission de l'établir à Mascara ; il était accompagné de cent cavaliers de la garde nègre. Mustapha, de retour dans sa province, réussit à installer ce chef marocain dans l'ancienne capitale du beylik, et, fidèle à ses engagements, il mit tous ses soins à donner de la force et de l'étendue à son commandement. Mais, à mesure que l'autorité de Bel-Ameri prenait du développement et de la consistance, les relations des Douairs et Zmelas avec Oran devenaient de plus en plus rares. Enfin, l'attention du général Damrémont, éveillée par cet abandon successif et l'état d'isolement de jour en jour plus profond dans lequel se trouvait l'envoyé tunisien, sur ce qui se passait à Mascara, informa le gouvernement des projets de l'empereur. L'effet moral produit sur toutes les populations du littoral africain, par la prise d'Alger, subsistait encore alors dans toute sa force ; aussi, sur nos injonctions sévères, transmises au cherif par un envoyé spécial, la cour de Fez se hâta-t-elle de rappeler précipitamment son agent ; mais, cette politique négative, qui empêchait le Maroc d'étendre son action, ne donnait pas une nouvelle force à la nôtre ; elle ne rattachait personne à notre cause, et, sauf quelques arabes qui venaient sur le marché d'Oran vendre des bestiaux et quelques chevaux volés, nous n'avions aucune relation avec le dehors. Au contraire, les arabes, travaillés par les hommes ardents du parti religieux, s'apprêtaient à lever l'étendard du *djehed,* de la guerre sainte, et à protester, contre notre occupation, par une éclatante et générale démonstration sur la ville.

Parmi tous ces marabouts exaltés par le fanatisme, et faisant appel aux passions religieuses des masses, un se distinguait surtout par l'ardeur et la violence de ses prédications : c'était Si-el-hadj-Meheddin, père d'Abd-el-Kader, connu déjà et redouté du temps des turcs, qui avaient cru devoir, sous le bey Hassan, calmer son esprit remuant par une réclusion de plusieurs années à Oran. Cet homme, sur lequel l'attention était fixée par une influence antérieurement acquise, se trouva tout naturellement à la tête du mouvement religieux qui se manifestait, et ne tarda pas à devenir un centre autour duquel vinrent se grouper les populations qui cherchaient une autorité et une direction ; à sa voix ; tous les contingents des tribus de l'ouest de la province se rassemblèrent et vinrent essayer une attaque sur Oran, au mois de mai 1832. Mais elle fut sans résultat, ainsi qu'une démonstration qu'il renouvela au mois d'octobre de la même année. C'est alors que, convaincu de l'inutilité de ces efforts, tentés sans ordre et sans coordination, Meheddin fit appel à tous les vrais croyants pour les engager à se ranger sous la bannière d'un chef qui put introduire quelque ensemble dans les combats et assurer le triomphe de l'islamisme. Ambitieux pour son fils, il dissimula ses prétentions, en pressant Mustapha-ben-Ismaël de prendre en main la direction des affaires ; sur son refus, il déclara qu'il ne voulait accepter pour lui-même ni honneurs, ni autorité, mais que si les chefs des tribus voulaient accorder leur confiance à son jeune fils, Abd-el-Kader, il était prêt àle soutenir de ses conseils. Mustapha ne crut pas devoir faire d'opposition déclarée à ce projet ; mais il ne l'approuva pas, et se retira sans promettre ni refuser son adhésion.

Meheddin pensa que les tribus des environs de Mascara, les gens de Gréris, d'où sa famille était originaire, montreraient plus de zèle et d'enthousiasme pour ses projets : il réunit donc tous les Hachems auxquels il adjoignit les Beni-Amer et leur proposa en grande assemblée de reconnaître Abd-el-Kader, son fils, pour chef suprême. Ce choix fut approuvé et Abd-el-Kader proclamé sultan au commencement de l'année 1833. Assuré du concours de ces deux puissantes tribus, le nouvel élu écrivit à Mustapha pour lui faire reconnaître son autorité. Celui-ci ne put pas consentir à soumettre sa vieille expérience au pouvoir naissant de celui qu'il regardait encore comme un enfant sans consistance, et à consacrer par sa présence la nouvelle politique des Hachems ; mais il engagea les autres chefs du Maghzen à se rendre à Mascara et à subir patiemment, puisqu'ils étaient impuissants à l'empêcher, ce qui semblait écrit dans les décrêts du ciel. Les chefs convoqués reçurent l'investiture des mains du nouveau sultan et rentrèrent dans leur pays. Cependant, malgré cette manifestation solennelle, les Douairs et Zmelas n'avaient été reçus qu'avec un esprit de défiance et d'hostilité peu dissimulé. Les Hachems et Abd-el-Kader lui-même, ne pouvaient pas plus oublier leurs griefs contre les anciens dominateurs du pays, que ceux-ci ne pouvaient pardonner aux nouveaux maîtres leur puissance de récente date, puissance qu'ils jalousaient en la subissant avec répugnance ; aussi un esprit de sourde animadversion et d'inimitié, à peine caché, continuait à régner tant au sein des tribus Maghzen, contre Abd-el-Kader et son nouvel établissement, qu'au milieu des Hachems, contre les anciennes tribus Maghzen. Cet esprit d'animosité et de haine prit un caractère encore plus tranché par suite de la scission qui se déclara au sein du Maghzen lui-même par l'accession d'El-Mezary et de ses adhérents au pouvoir du nouveau sultan. El-Mezary se rendit à Mascara avec ses tentes et celles peu nombreuses, il est vrai, de ses clients les plus dévoués ; mais le Maghzen ne se trouva pas moins divisé en deux fractions, l'une à Mascara près d'Abd-el-Kader, l'autre dans la plaine de Melata, avec Mustapha-ben-Ismaël. Lorsque, au mois de mai 1833, Abd-el-Kader réunit toutes ses forces pour combattre nos troupes qui, sous les ordres du général Desmichels, commençaient à donner signe de vie en dehors des murs de la place et à faire quelques excursions dans la plaine, il y eut deux camps dans lesquels chaque chef recevait les honneurs dûs à un sultan, celui d'Abd-el-Kader, établi au Figuer, et celui de Mustapha-ben-Ismaël et de ses partisans installé à Misserghin. Dans les opérations de l'attaque, qui fut énergiquement repoussée par la petite garnison d'Oran, les deux goums manœuvrèrent isolément, et, après l'action, se retirèrent chacun dans deux directions opposées. Ainsi, Mustapha se trouvait encore à cette époque vis-à-vis de notre ennemi naissant dans une position qu'une politique habile et éclairée eut sans doute su faire tourner à notre avantage ; ses préjugés religieux commençaient à s'amoindrir devant son ambition, et son amour-propre froissé par l'avènement au pouvoir d'un homme de Zaouia et des Hachems, ces éternels ennemis du Maghzen. Mustapha fit sonder les dispositions du général français ; ne trouvant pour ses ouvertures que froideur au lieu de l'empressement qu'il avait espéré rencontrer, il cessa toute démarche sans entamer aucune négociation.

Cependant Abd-el-Kader constituait peu à peu son pouvoir, s'emparait de la ville de Tlemcen, moins le Mechouar, dans lequel s'étaient retirés les coulouglis, fils de turcs, qui n'avaient pas voulu accepter sa domination, et réduisait successivement chaque tribu à lui demander merci. Pendant ce temps, les Douairs et Zmelas, obéissant à l'excitation religieuse entretenue par les marabouts, et à leur instinct habituel de pillage, prenaient part à tous les petits combats qui avaient lieu journellement entre les arabes et la garnison de la place.

Quand, après la brillante affaire livrée par le général Desmichels, contre toutes les forces réunies d'Abd-el-Kader dans la plaine de Tamezougra [5], la paix fut offerte à ce dernier, il l'accepta avec empressement, d'abord parce que ce combat avait porté le découragement parmi ses arabes, et lui avait prouvé à lui-même que, tant que nous resterions dans les mêmes conditions et que des circonstances plus favorables ne s'offriraient point à lui, il était impuissant à rien entreprendre de sérieux contre nous ; en outre, parce qu'il avait besoin de tous ses moyens d'action et de toutes ses forces pour constituer une souveraineté que d'envieux compétiteurs lui disputaient encore. Il se hâta donc de mettre à profit la latitude que lui laissait cette paix qu'on était venu lui offrir dans des conjonctures si opportunes, pour organiser le pays et donner de la cohésion et de la consistance à son système d'administration des tribus. Pendant qu'il se livrait à Mascara à ces graves occupations, les Beni-Amer qui, ainsi que nous l'avons dit, avaient été les premiers à proclamer le nouveau sultan et à soutenir son autorité naissante, comptant sans doute sur l'indulgence qu'ils se croyaient acquise par ces titres, refusèrent de payer l'impôt, prétextant qu'ils ne le devaient pas en temps de paix.

Les Douairs et Zmelas de Melata, bien que se tenant à l'écart du nouveau pouvoir, et toujours en état de suspicion aux yeux d'Abd-el-Kader, n'en étaient cependant pas venus à une rupture ouverte ; ils continuaient à courber la tête sous l'autorité de celui auquel nous venions, dans un récent traité [6] faisant renaître pour lui le titre que s'attribuaient jadis les anciens kalifes d'occident, d'accorder le nom de prince des croyants (émir-el-moumenin). Celui-ci voulant profiter, pour faire rentrer les Beni-Amer dans le devoir, du vieux levain de haine qu'il savait exister entr'eux et le Maghzen, envoya à Mustapha une invitation de tomber sur eux, sachant bien que, dans cette circonstance, cet ordre serait exécuté avec empressement. Mustapha, en effet, fit monter ses cavaliers à cheval, attaqua les Beni-Amer, les battit plusieurs jours de suite, et leur fit des prises considérables. Mais effrayés de leurs pertes, ceux-ci se hâtèrent d'aller trouver Abd-el-Kader pour obtenir de lui d'arrêter le Maghzen, acharné après eux ; ils parvinrent à calmer sa colère, et Mustapha reçut l'ordre de cesser les hostilités ; mais, à la manière dont les ordres lui furent signifiés, et à la conduite pleine de raideur d'Abd-el-Kader, à son égard, après le service important qu'il venait de lui rendre, le vieil aga comprit qu'il avait été desservi : il reconnut la main des Hachems, et les sentiments de vengeance qu'ils nourrissaient de tout temps contre lui et ses tribus. Aussi, fatigué de la contrainte qu'il s'était longtemps imposée, il leva le masque, donna un libre cours à son irritation et brava le jeune sultan en continuant, avec plus d'audace que jamais, ses courses sur le territoire des Beni-Amer. Abd-el-Kader, de son côté, croyant avoir rencontré l'occasion de se venger des dédains et des mépris de ce vieillard intraitable, dont l'opposition importune le fatiguait, résolut de le punir et de s'imposer enfin à lui par la force.

Dès que Mustapha apprit la convocation des goums et les intentions hostiles de l'émir, il fit de nouvelles propositions au général

Desmichels, et lui offrit, pour lui et ses tribus, soumission complète en échange de la rupture de la paix ; mais le général repoussa avec hauteur ces nouvelles avances et tout mode d'arrangement ; il appuya même son refus par une démonstration militaire sur Misserghin. Méconnu des français, n'ayant de sympathies chez aucune tribu de la contrée, en butte à la vengeance d'Abd-el-Kader, Mustapha se rappela la conduite franche et loyale qu'il avait tenue envers Moulai-Abel-er-Rhaman, l'accueil qu'il en avait reçu, et, se confiant dans ses bons procédés à son égard, il décida tous les Douairs et Zmelas à se retirer avec lui au Maroc. Précédé de la nombreuse émigration de ses deux fidèles tribus, il se dirigea donc dans l'ouest à marches forcées ; mais ses derniers douars étaient campés à peine à Ennaya, en vue de Tlemcen, qu'il fut atteint par les goums ennemis. La fuite devenait impossible, aussi l'aga, prenant promptement son parti dans cette difficile conjoncture, se porta, le fusil haut, à la rencontre d'Abd-el-Kader, accompagné d'une cinquantaine de cavaliers d'élite, tandis qu'il envoyait les Zmelas faire une diversion sur la droite ennemie et menacer de la tourner ; à son allure calme, au petit nombre de cavaliers qui l'entouraient, l'émir pensa qu'il venait implorer son pardon ; mais, arrivé à une petite distance de l'immense ligne de cavaliers qu'il avait devant lui, Mustapha donne tout-à-coup le signal de la charge. A cette attaque inopinée, les cavaliers d'Abd-el-Kader, surpris avant d'avoir eu le temps de se préparer au combat, se dispersent en désordre dans toutes les directions, poursuivis par le reste du Maghzen qui attendait, embusqué non loin de là, ce signal pour faire irruption. Tous les chevaux de main ou de *gada,* une grande partie des mulets et des bagages restèrent entre les mains de Mustapha et des siens. Abd-el-Kader ne s'arrêta qu'à l'oued Sikkak, devenu depuis célèbre par un brillant combat, comptant sur la nuit pour arrêter cette déroute et rallier son monde ; mais son habile ennemi connaissait trop l'influence et la portée de ce premier succès, pour ne pas poursuivre ce qu'il avait si heureusement commencé. La même nuit, laissant ses douars dressés aux lieux même où il avait campé, il tomba à l'improviste sur le camp de l'émir, qui se reconstituait et revenait à peine de sa première panique. Cette fois, la victoire fut complète ; les tentes, les drapeaux, insignes du commandement, la musique, tous les mulets et effets de campagne tombèrent au pouvoir de l'aga, et Abd-el-Kader lui-même, un instant démonté, ne dut son salut qu'à la nuit et au dévouement d'un de ses serviteurs.

Mustapha se flatta de l'espoir que sa double victoire lui permettrait de s'entendre mieux que par le passé avec le général commandant à Oran. Il lui écrivit donc encore pour lui faire part de ses succès, en réclamant sa protection contre son adversaire, qu'il signalait encore une fois aux français comme un ennemi commun. Le général Desmichels, persévérant malheureusement dans la voie dans laquelle il s'était engagé, mit en prison ses envoyés, invita Abd-el-Kader à ne pas se laisser décourager par ce premier revers, et pour remonter son moral, il lui envoya 400 fusils et une quantité considérable de poudre. On ne peut s'empêcher d'être saisi d'un sentiment d'amer regret, quand on réfléchit sur les faits et les événements dont nous venons d'exposer le récit, en voyant les fautes et les erreurs qui n'ont cessé de signaler la marche de notre politique dans ce pays, depuis l'origine de notre occupation. Qui pourrait dire combien de temps, de dépenses et de sang nous eussent été épargnés si, mieux instruits sur ses hommes et son organisation, les premiers représentants de la France, dans la province de l'ouest, ne s'étaient pas obstinés à repousser systématiquement les anciens soutiens de la puissance turque, pour tendre, par tous leurs efforts et avec un inexplicable engouement, à créer une puissance nouvelle et à donner vie et consistance à une nationalité forcément hostile à notre domination ? Qui peut dire ce que serait actuellement notre position, si ses progrès n'eussent pas été arrêtés, dès le commencement, par les errements de cette politique funeste, si toute notre activité n'eut pas dû être employée à détruire laborieusement, pendant de longues années, ce que nous avions élevé de nos propres mains ? Et maintenant que le temps et nos efforts persévérants semblent avoir surmonté les obstacles sans nombre que nous avions pris plaisir à nous créer à nous-mêmes, n'oublions pas, pour l'avenir, l'expérience du passé ; n'allons pas, sous l'impression actuelle de préoccupations exclusives, nous aliéner, par des mesures hâtées et intempestives, ceux qui ne demandent qu'à se rattacher à nous, après nous avoir été de si précieux et si fidèles alliés aux périodes de la lutte ; ceux que nous serions encore si heureux de retrouver, s'il nous était réservé un jour de nouvelles épreuves. Il y aurait, à ne pas les traiter avec toute la bienveillance possible, plus qu'ingratitude, il y aurait faute et danger.

Mustapha qui n'avait consenti à l'inutile démarche à laquelle il s'était soumis que dans l'intérêt de sa haine et de sa vengeance, et que pour répondre aux regrets qu'éprouvaient les Douairs et Zmelas, d'abandonner leur pays, vit, après l'affront qu'il venait de subir de la part du chef français, qu'il ne lui restait plus de moyens de salut que dans l'exécution de ses premiers projets, et il se décida à continuer sa route pour le Maroc. Il fit précéder son entrée sur le territoire de l'empereur par de riches présents, pris en grande partie dans le butin fait dans le camp d'Abd-el-Kader. Contrairement à son attente, ses envoyés ne furent reçus qu'avec froideur, et n'obtinrent que des paroles vagues au lieu de la chaleureuse sympathie et de la protection efficace qu'il espérait. Moulai-Abd-er-Rhaman, qui avait été forcé de renoncer, pour le moment, à ses prétentions sur la province de l'ouest, cherchait, en restant lui-même à l'écart et dans l'ombre, à faire naître des complications dont il espérait de profiter un jour ; et il créait aux français un nouvel et puissant ennemi en engageant les anciennes tribus Maghzen à faire cause commune avec les autres arabes, et à se joindre à eux pour la défense de l'islamisme. Dans cet état des choses, et quelle que fut son aversion profonde pour Abd-el-Kader, il ne restait plus à Mustapha qu'à lui faire sa soumission aux meilleures conditions possibles. L'émir s'avançait déjà avec des forces considérables pour venger ses affronts d'Ennaya et de la Sikkak. Soutenu par les preuves éclatantes qu'il avait reçues de la protection des français, preuves qu'il faisait valoir bien haut, il put réunir les contingents des tribus depuis la frontière de l'ouest jusqu'aux bords du Chelif, contingents qui eussent peut-être hésité à marcher avec lui après ses deux récentes défaites, sans l'appui qu'il avait si heureusement rencontré. Mustapha n'avait pour lui que Chikr-el-Gremari, et les cavaliers des Angads-Sahariens, alliés douteux sur la fidélité desquels il ne pouvait guère compter. Il prévit bien l'issue du combat. Cependant, pour céder avec honneur, il ne voulut pas chercher à l'éviter. Les deux goums se rencontrèrent à Meraz, pays des Angads du Tell : de nombreux coups de fusil furent échangés pendant une partie de la journée, et l'avantage, longtemps balancé, finit par rester à l'émir, sans que, de part et d'autre, on eût éprouvé de grandes pertes. Le vaincu fut aussi digne dans son revers qu'il avait été retenu et convenable dans son triomphe ; il ne consentit à avoir une rencontre avec Abd-el-Kader que lorsque les chefs principaux des Hachems eurent été donnés en ôtages aux Douairs. L'entrevue fut grave et sérieuse. Le vieil aga resta inflexible ; il ne se laissa pas toucher par tous les titres affectueux que lui prodigua le jeune sultan, et refusa de se rendre à Mascara. Il déclara vouloir continuer à vivre comme il avait toujours vécu, au milieu des turcs, qu'il voulait jusqu'à la fin fidèlement servir, et manifesta son intention bien arrêtée de se retirer dans le Mechouar, avec les coulouglis. Abd-el-Kader ne put pas s'opposer à cette résolution, et plus de cinquante familles des Douairs, fidèles à la fortune de leur chef, acceptèrent, par dévouement pour lui, la prison qu'il s'était volontairement choisie, et restèrent à Tlemcen pendant que le reste de la tribu regagnait la plaine de Melata.

Après cet important succès, Abd-el-Kader reprit la route de Mascara. Il nomma El-Mezary aga des Douairs et Zmelas ; et dès ce jour, n'ayant plus d'obstacles sérieux devant lui, son ambition ne connut plus de bornes. En même temps qu'il donnait de l'extension à son autorité dans l'est et dans le sud, il défendait, sous les peines les plus sévères, malgré la paix conclue avec les chrétiens, toutes communications avec eux, aux arabes des environs d'Oran. Enivré par la prospérité, ses exigences croissaient à mesure que grandissait son pouvoir.

Le général français, ne voulant pas discréditer cette œuvre de paix dont il s'était fait un titre de gloire, refusait seul de reconnaître qu'il avait été le jouet d'un adroit ambitieux, et cédait avec faiblesse devant ses plus insolentes prétentions. Les agents, qu'Abd-el-Kader entretenait, en vertu du traité conclu avec lui, dans nos villes de la côte, faisaient la police des musulmans jusque dans l'intérieur de nos murs ; plus notre condescendance était grande, plus leur hauteur et leurs exigences devenaient intolérables ; enfin les choses en arrivèrent au point qu'un renégat espagnol qui s'était évadé de Mascara, s'étant réfugié à Oran, son extradition fut impérieusement réclamée, et il fut livré au consul arabe, qui le fit reconduire à Mascara pieds et poings liés.

Sur ces entrefaites, Abd-el-Kader fut informé que quelques Douairs et Zmelas, au mépris de ses ordres, recevaient dans leurs tentes des offciers de la garnison d'Oran. Pour couper court, par un moyen énergique, à des relations qu'il voyait avec peine s'établir, et pour mettre pour longtemps la défiance entre les arabes et les chrétiens, il donna l'ordre que les têtes de ces français lui fussent apportées. N'ayant pu obtenir que les lois de l'hospitalité fussent aussi indignement violées il envoya El-Mezary avec mission d'arrêter les nommés Ismaël-ould-Cadi, des Douairs, Hadj-el-Ouzza, des Zmelas, plus particulièrement accusés de communications fréquentes avec ces officiers dont ils possédaient la confiance. El-Mezary, arrivant dans le pays, fit donc arrêter immédiatement Ismaël, le fit mettre aux fers, et il était dirigé sur Mascara, lorsque les Douairs et Zmelas se réunirent en armes, brisèrent les fers du captif et enjoignirent à leur aga, El-Mezary, d'avoir à quitter sur l'heure le pays, et à ne plus s'y représenter s'il ne voulait en être chassé à coups de fusil : celui-ci jugea prudent d'obéir sans délai à ces injonctions, de cesser ses poursuites et d'aller à Mascara rendre compte à son maître du peu de succès de son entreprise et de la rébellion du Maghzen.

La position des Douairs et Zmelas après cet acte de flagrante désobéissance serait devenue critique s'ils n'avaient eu que leurs propres forces pour résister à Abd-el-Kader, parvenu au faîte de la puissance ; mais le général Trézel venait de succéder au général Desmichels dans le commandement de la province, et avec lui venait de commencer l'ère d'une politique nouvelle à l'égard de l'émir.

Quelques chefs notables du Maghzen furent envoyés à Oran pour s'assurer des dispositions du nouveau général. Celui-ci leur engagea sa parole qu'il ne permettrait jamais que des tribus qui viendraient se réfugier sous la sauvegarde de la France et réclamer protection à son drapeau fussent, d'une façon quelconque, inquiétées par qui que ce fut, ami ou ennemi.

Après cette affirmation solennelle, les Douairs et Zmelas ne craignirent plus de rompre ouvertement avec l'autorité d'Abd-el-

Kader. Cependant, au moment de se décider à cette grave manifestation, une nouvelle scission se déclara parmi eux : quelques-uns, soit qu'ils fussent effrayés de cette résolution extrême, soit qu'ils fussent retenus par leurs scrupules religieux, allèrent rejoindre El-Mezary à Mascara ; mais les tribus presque entières, entraînées par l'exemple de leurs chefs, confiants eux-mêmes dans la parole du général d'Oran, suivirent Adda-ould-Othman dans le camp français. Seulement, pour calmer les inquiétudes des consciences timorées, qui n'auraient pas vu sans quelque étonnement une soumission directe aux chrétiens, les chefs imaginèrent de tourner pour ainsi dire l'obstacle, et proposèrent au général la création d'un bey musulman, pour faire croire à la masse qu'en se rendant à Oran elle se soumettait à un chef de sa religion.

Au commencement de juin 1835, le général Trézel prit position au Figuier de Messoulan, dans le but de couvrir nos nouveaux alliés, contre lesquels s'avançaient, par ordre d'Abd-el-Kader, des goums ennemis ; et le 16 du même mois, il signa, dans son camp, une convention dont nous croyons devoir reproduire ici la teneur, parce que cette convention nous lie encore, et que, sans penser qu'on ait eu l'intention d'en considérer les conditions comme non avenues, il nous semble que, dans certaines mesures prises vis-à-vis de ces tribus, elles ont été beaucoup trop mises en oubli, eu égard au respect, aux engagements dont nous aurions dû toujours donner l'exemple. Voici les dispositions de cette pièce diplomatique :

Conditions arrêtées le 16 juin 1835, au camp du Figuier, entre le général Trézel, autorisé par le gouverneur-général, et les chefs des tribus des Douairs et Zmelas.

Art. 1er. Les tribus reconnaissent la souveraineté du roi des français et se réfugient sous son autorité.

Art. 2. Elles s'engagent à obéir aux chefs musulmans qui leur seront donnés par le gouverneur-général.

Art. 3. Elles livreront à Oran, aux époques d'usage, les tributs annuels qu'elles payaient aux anciens beys.

Art. 4. Les français seront bien reçus dans les tribus, comme les arabes dans les lieux occupés par nos troupes.

Art. 5. Le commerce des chevaux, des bestiaux et de tous les produits sera libre pour chacun dans les tribus soumises ; mais les marchandises destinées à l'exportation ne pourront être déposées et embarquées que dans les ports qui seront désignés par le gouverneur-général.

Art. 6. Le commerce des armes et des munitions de guerre ne pourra se faire que par l'intermédiaire des autorités françaises.

Art. 7. Les tribus fourniront leur contingent toutes les fois qu'elles seront appelées, par le commandant d'Oran, à quelque expédition militaire dans les possessions d'Afrique.

Art. 8. Pendant la durée des expéditions, les cavaliers recevront une solde de *deux francs* par jour, et les hommes à pied, aussi armés d'un fusil, recevront *un franc*. Les uns et les autres apporteront au moins cinq cartouches ; il leur sera donné, de nos arsenaux, un supplément de dix cartouches. Les chevaux des tribus soumises, tués dans le combat, seront remplacés par le gouvernement français.

Art. 9. Les tribus ne pourront commettre d'hostilités sur les tribus voisines que dans le cas où celles-ci les auraient attaquées, et alors le commandant d'Oran devrait en être prévenu sur-le-champ, pour qu'il leur prête secours et protection.

Art. 10. Lorsque les troupes françaises passeront chez les arabes, tout ce qu'elles demanderont pour la subsistance des hommes et des chevaux sera payé au prix habituel et de bonne foi.

Art. 11. Les différends entre les arabes seront jugés par leurs caïds ou leurs cadis ; mais les affaires de tribu à tribu seront jugées par le cadi d'Oran.

Art. 12. Un chef, choisi par chacune des tribus, résidera à Oran avec sa famille.

Telles furent les clauses de ce traité, connu par les arabes sous le nom de *Traité du Figuier* ou *de Messoulan*. Sans doute, beaucoup de ces conditions ont dû être modifiées par les progrès de notre domination dans le pays, par les connaissances plus nettes et plus précises que nous avons acquises sur les arabes, sur leur administration et leur constitution intérieure ; mais il est, ce nous semble, des stipulations auxquelles il eût été de notre générosité de ne pas toucher : ce sont celles qui avaient été introduites dans le traité comme clauses favorables aux arabes. Or, ce sont précisément celles que nous avons cru pouvoir, sans raison aucune, suivant nous, effacer d'un trait de plume, que nous avons cru pouvoir nous dispenser d'observer, en exigeant, avec toute la rigueur possible, l'exécution de celles qui nous étaient avantageuses. Ainsi, par exemple, la solde de guerre stipulée par l'article 8 et qui, à l'époque du traité de la Tafna, avait été transformée, d'un consentement commun, en une solde journalière pour un nombre déterminé de cavaliers ; cette solde a été annulée, mais le service de guerre a été rigoureusement maintenu. Les impôts payés jadis aux turcs ont été strictement et sévèrement exigés. En un mot, les conditions de ce traité, qui engageaient les Douairs et les Zmelas, ont été par eux fidèlement remplies ; non-seulement ils ont obéi aux chefs arabes que nous leur avons donnés à l'origine ; mais, lorsque la marche des affaires a dû faire passer l'autorité de ceux-ci entre les mains de nos généraux et de nos officiers, ce changement n'a point altéré leurs bonnes dispositions et nous n'avons jamais eu d'alliés plus sûrs et plus dévoués ; ils nous ont fourni, aux premières demandes et quand nous étions seuls et isolés au milieu du peuple arabe, leurs cavaliers pour le combat, leurs bêtes de somme pour nos transports, des espions pour les renseignements et les reconnaissances, des guides pour diriger nos colonnes sur tous les points du territoire. Leurs meilleurs soldats ont été tués à notre service et il est peu de leurs cavaliers qui n'aient été blessés au milieu de nous dans les combats. Qu'ont-ils gagné à s'associer à nos efforts, à nous fournir ainsi toutes leurs ressources à toutes les époques de la crise ? Lorsque la lutte a été terminée, ont-ils obtenu quelque immunité ? Ont-ils été récompensés par quelque privilège ? Notre action gouvernementale sur eux, comme sur les autres arabes, a-t-elle été autre que celle d'une machine fonctionnant plus ou moins régulièrement et faisant rendre, avec plus ou moins de pertes de forces vives, à la population, tout ce qu'elle peut rendre, sous le rapport de l'impôt, des amendes, du service de guerre, etc. ? Quant aux intérêts généraux de la population elle-même, intérêts dont il eût été du devoir de tout bon gouvernement de se préoccuper pour tous les arabes en général, mais qu'une obligation de reconnaissance nous imposait surtout vis-à-vis des Douairs et des Zmelas, qu'a-t-on fait pour les sauvegarder ? Ils ont obtenu, pour prix de leurs services, d'être traités à peu près sur le même pied que les autres tribus, dont ils nous avaient si puissamment aidé à amener la soumission par les armes. Ils ont gagné, à cet état de paix qu'ils ont laborieusement travaillé avec nous à établir, à être inquiété par l'invasion successive de tous les terrains des environs d'Oran, sur la possession d'un pays qu'ils occupent de père en fils depuis plus d'un siècle. En résumé, nous ne croyons pas faire une appréciation erronée des choses, en avançant que, jusqu'à ce jour, dans les relations de deux pauvres tribus et d'une grande nation, la fidélité aux engagements dans la bonne et la mauvaise fortune, le dévouement de tous les instants, le beau rôle, en un mot, ont été entièrement du côté de ceux que nous appelons des barbares. Quant à nous, nous ne nous sommes guère révélés à eux que par l'oubli des services rendus et des promesses solennelles, un esprit de petite cupidité tous les jours plus exigeant et plus tracassier, en un mot, l'ingratitude. Le récit des événements qui nous restent à exposer dans le développement de cette notice, confirmera surabondamment, nous le croyons, l'opinion sévère que nous venons d'émettre en faisant connaître quelles ont été, dans les diverses périodes de luttes qui se sont succédées, la conduite et l'attitude de ceux que le traité du 16 juin venait de faire nos alliés.

DEUXIÈME PARTIE

Politique du général Trézel. — Affaire de la Macta. — Installation du bey Ibrahim Bousnac. — Arrivée du maréchal Clauzel et du prince royal. — Prise de Mascara. — Prise de Tlemcen et occupation du Mechouar.

La soumission des Douairs et des Zmelas, obtenue au prix d'un traité qui leur garantissait aide et protection, la nouvelle politique qu'avait dû adopter le général Trézel vis-à-vis de l'émir, par suite d'un événement qui changeait, à son égard, toute l'économie de nos relations, paraissait devoir amener également un changement dans la manière dont les affaires de l'Algérie avaient été envisagées jusqu'à ce jour en France.

Nul doute, en effet, que si, dès cette époque, le gouvernement, sortant enfin de ses irrésolutions, eût pris spontanément la décision qu'il a été depuis fatalement conduit à accepter par l'impérieuse nécessité des choses et des circonstances, que, s'il eût, en un mot, favorisé cette politique, elle n'eût été bientôt féconde en heureux résultats ; mais il était dit que, pour les affaires de l'Algérie, nous semblerions toujours avoir abdiqué toute prévoyance, et que nous ne marcherions jamais qu'à la remorque des événements. Ainsi, les moyens laissés à la disposition de l'officier-général commandant à Oran, ne se trouvaient pas évidemment à la hauteur de la mission qu'il avait dû s'imposer ; et c'est ce défaut d'harmonie, cette divergence de vue peut-être entre les autorités africaines et le haut pouvoir dirigeant en France, qu'on doit rendre responsable des revers éprouvés par nos armes dans le courant de cette année. Berceau de la puissance ennemie à laquelle nous nous étions plu à donner naissance, la province d'Oran allait devenir le théâtre obligé de la guerre, le point où allaient se concentrer tous les efforts. Au moment où s'annonçait une lutte prochaine, le gouvernement, sortant de son indifférence, aurait dû, ce nous semble, fixer sérieusement son attention sur cette province, et ne point marchander à ses généraux les moyens de terrasser cette influence hostile, qu'il avait imprudemment laissé grandir. Quoi qu'il en soit, c'est de cette époque seulement que commencent à dater nos prétentions à la domination des populations de l'extérieur. Jusqu'alors, notre autorité n'avait guère cherché à s'étendre en dehors de l'enceinte des villes que nous occupions, et n'avait eu d'action que sur les Hadars et coulouglis qui les habitaient.

Ces prétentions, timides d'abord, devaient de jour en jour prendre plus de force et d'assurance. La guerre nous apprit à connaître et à apprécier à leur juste valeur les difficultés de l'entreprise ; ce qu'elle nous révéla alors devait nous amener plus tard, après bien des vicissitudes et des tergiversations nouvelles, à imposer aux tribus l'autorité de la France.

Maître de Mascara, de Tlemcen, moins le Mechouar ; où les coulouglis tenaient toujours contre lui, fort du concours de toutes les tribus du Tell, qui, depuis la récente défaite de Moussa-el-Derhaoui, aux environs de Medeah [2] s'étaient empressées de reconnaître son autorité, Abd-el-Kader se présentait sur le champ de bataille et sur le terrain des négociations avec tout le prestige d'un véritable souverain. Il était cependant facile encore d'abattre cette puissance nouvelle et mal affermie ; mais pour atteindre ce but, c'était déjà un corps d'armée, qu'il fallait, et non une garnison tout au plus suffisante pour faire respecter l'occupation des points du littoral qu'elle était chargée de défendre. Une fausse appréciation des forces et des ressources de l'ennemi, une ignorance complète du terrain, qu'on n'avait pu ni parcourir ni suffisamment explorer, furent subsidiairement les causes du mauvais succès de notre entreprise, en faisant naître cette confiance exagérée qui nous fit entreprendre, avec des moyens insuffisants, une tâche bien au-dessus de nos forces. Le général français, en partant du Tlelat, avait notoirement l'intention de pousser jusqu'à Mascara, et d'y frapper au cœur la puissance de notre ennemi. Abd-el-Kader, de son coté, venait avec confiance au-devant de cette attaque ; il avait réuni, de tous les points du vaste pays qui reconnaissait sa souveraineté, une multitude de cavaliers, et nous attendait avec l'infanterie, qu'il avait organisée par nos conseils et équipée avec nos armes, dans les terrains difficiles et boisés qui séparent le bassin du Tlelat de la vallée du Sig.

Nous ne rappellerons pas les phases de cette courte, mais sanglante lutte qui, entreprise aux applaudissements de tous les hommes de cœur auxquels était pénible un état de paix peu digne et peu honorable, débuta brillamment par le beau combat de Muley-Ismaël, par aller finir malheureusement aux marais de la Macta.

Pendant que se déroulaient les tristes, mais glorieuses péripéties de ce drame, les tribus alliées, campées en arrière du grand lac depuis Misserghin jusqu'en avant de Bredia exécutaient leur mouvement de concentration sur Oran. Quelques-uns de leurs cavaliers seulement furent députés par elles dans le camp français pour venir y témoigner, par leur présence, que leur cause était commune avec la nôtre. Ils combattirent bravement dans nos rangs ; plusieurs d'entre eux essayèrent même de nous rendre un grand et signalé service, celui de nous remettre dans la bonne voie, lorsqu'ils s'aperçurent, à la direction prise par la colonne, qu'elle faisait fausse route et allait se jeter dans les terrains marécageux où viennent s'arrêter les eaux du Sig et de l'Habra. Leurs avis et leurs observations, qui n'allaient à rien moins qu'à nous sauver d'un désastre, s'ils eussent été écoutés, furent repoussés ; ils n'inspiraient pas encore assez de confiance pour qu'on put ajouter foi à leur parole.

Nous croyons devoir citer les noms de ces arabes qui, dé-puis ce jour où l'on vit, pour la première fois, non sans quelque étonnement et quelque défiance, le burnous mêlé à l'uniforme française au milieu des balles et de la fusillade, n'ont pas cessé de se trouver constamment avec nous, présents à nos combats, à toutes les époques de crise ; ce sont :

Parmi les Douairs

Adda-ould-Othman, — Ismaël-ould-Cadi, actuellement lieutenant de spahis ; — Kaddour-ould-Adda, aujourd'hui aga du Tessala ; — Sahraoui-ould-Ali, — El-hadj-Ennacer, — El-Arbi-ould-Youcef, — Kada-ben-Chekelal, — Abd-el-Kader-el-Bouanani, — Mohammed-ben-Kara, — Boum'dinben-Ballout ;

Parmi les Zmelas,

El-hadj-Maklouf, mort aga des Zmelas, — El-hadj-Chikr, — El-hadj-Elouza, — El-Arbi-ould-Ahmed, — Kaddour-beu-Miloud, à présent lieutenant de spahis.

Malgré l'insuccès de nos troupes, le combat de la Macta fut considéré par l'armée, et peut-être par Abd-el-Kader lui-même, comme un événement heureux pour nous. Il posait nettement la question, en faisant connaître aux moins clairvoyants de quel côté venait le danger, et quels étaient en Afrique les amis ou les ennemis de la France.

Les Douairs et les Zmelas ne furent pas ébranlés par ce désastre dans leur résolution de nous servir. C'est en faisant leurs jeux de fantazia, que conduits par des officiers français, MM. le commandant de La Moricière et le capitaine Cavaignac entre autres, ils allèrent chercher à Arzew les débris de cette colonne, sur laquelle ils comptaient, quelques jours auparavant, pour leur assurer protection.

Mais s'ils avaient été témoins de notre mauvaise fortune, ils avaient eu à admirer, dans la même journée, la valeur de nos troupes et le calme et la résignation de leur général.

Lorsque le général Trézel reçut, le 12 juillet 1835, l'ordre du gouvernement, qui, sur sa demande, le rappelait en France, il convoqua tous les chefs du Maghzen et leur fit ses adieux en termes qui sont encore profondément gravés dans leurs coeurs : « Douairs et Zmelas, leur dit-il, je suis heureux de me trouver le premier général français qui ai reçu votre soumission. C'est pour répondre à vos intentions et à mes engagements que je viens d'entreprendre contre notre ennemi et le vôtre, cette campagne de quelques jours. Si l'issue n'a pas été favorable à nos armes, soyez sans crainte ; la France saura me venger et tenir les promesses que je vous ai faites en son nom. Je n'ai qu'un regret, celui de n'avoir pas pu sceller de mon sang la protection que je vous ai promise. Mais puisque Dieu a voulu me laisser la vie, je pars pour rendre compte de ma conduite au roi, et j'espère revenir bientôt parmi vous avec des renforts qui me permettront de vous conduire à Mascara, à Tlemcen, partout où nous devrons aller pour combattre l'ennemi commun. "

Les Douairs et les Zmelas furent profondément affectés du départ du général ; en son absence, il ne leur restait pour tout garant de l'avenir que sa parole, sanctionnée, il est vrai, par un acte officiel qui devait leur assurer que le gouvernement français persévérerait dans sa politique.

La nomination d'un chef musulman, sollicitée par les chefs du Maghzen pour calmer les scrupules religieux de la foule, avait été accordée. Ibrahim-le-Bosniaque, qui, à l'époque du départ d'Hassan, s'était renfermé dans Mostaganem avec les débris des noubas turques de la province, et avait tenu dans cette place contre les attaques des arabes et d'Abd-el-Kader lui-même, avait été nommé, sur leur demande, leur chef avec le titre de bey. Ibrahim était un homme de sens qui comprit et accepta parfaitement la position qui lui était faite.

Les Douairs et les Zmelas installèrent et équipèrent leur bey aussi bien que leurs ressources pouvaient le permettre. Ils le firent sortir pour le montrer à la foule superstitieuse, en lui promettant l'arrivée prochaine de secours qui le replaceraient dans toute la plénitude de son pouvoir.

Cependant, après quelques mois d'attente, l'irrésolution commençait à gagner les esprits les mieux disposés ; cet état de choses durait depuis la fin de juin, et nous étions arrivés au mois de septembre. Resserrés autour d'Oran, les tribus manquaient d'espace pour nourrir leurs bestiaux sur un terrain brûlé par les chaleurs de l'été. Des engagements de tous les jours, soutenus contre les arabes des environs, des surprises dans lesquelles des troupeaux étaient journellement enlevés, commençaient à jeter le découragement et l'incertitude au milieu du Maghzen. La faible garnison d'Oran, récemment réduite par le départ pour l'Espagne de deux bataillons de la légion étrangère, ne donnait pas signe de vie en dehors des portes.

Dans ces conjonctures, les chefs résolurent d'avoir recours à Alger pour chercher à améliorer une situation devenue intolérable. Abd-el-Kader-ben-Daoud fut chargé par eux d'y porter leurs demandes et leurs réclamations. Il eut plusieurs entretiens avec le gouverneur-général comte d'Erlon, dans lesquels il dépeignit avec énergie la fausse et malheureuse position, où se trouvaient les tribus Maghzen depuis leur soumission.

Les partisans de l'émir, nombreux autour de M. le gouverneur, cherchèrent par tous les moyens possibles, à combattre chez lui l'effet de si justes observations. Ben-Daoud finit cependant par obtenir l'autorisation d'opérer parmi les turcs et coulouglis, partout, où il le jugerait convenable, un recrutement pour former une garde au bey Ibrahim. En peu de temps, ce recrutement réunit une troupe de cinq cents hommes qui permit au bey de poser son camp à Misserghin pour protéger les tentes et les troupeaux des Douairs et des Zmelas. La formation de cette troupe, favorisée par les primes données par le gouvernement, fut une mesure qui rendit de grands services aux arabes, en leur permettant de refaire leurs troupeaux, que la mort décimait aux environs d'Oran. Bientôt arrivèrent les lettres flatteuses que M. le maréchal Clauzel, parvenu au pouvoir, écrivit au Maghzen aussitôt après son arrivée à Alger. Elles relevèrent son moral par l'assurance des sentiments de bienveillance dont le gouvernement était animé en faveur des tribus soumises, et de ses intentions formellement arrêtées d'agir avec vigueur contre Abd-el-Kader.

Après le combat de la Macta, l'émir était arrivé à l'apogée de sa puissance. Tous ceux que de vieux ressentiments ou de récentes jalousies contre les Hachems avaient retenus jusque là loin de lui, reconnurent, après cette éclatante victoire, le véritable triomphateur de la religion, le maître de la force, et se hâtèrent de venir se ranger sous ses drapeaux. C'est avec les nombreux contingents, que lui fournirent toutes ses tribus soumises, qu'énorgueilli de son triomphe, il vint camper, le 8 octobre 1835, au Tlelat, dans le but d'enlever de vive force les Douairs et les Zmelas.

Le bey Ibrahim, sur les ordres du général d'Arlanges, commandant la province depuis le départ du général Trézel, se replia sur Oran et attendit les événements, appuyant ses derrières sur la ligne de nos blockhaus. Le 9 novembre, à la pointe du jour, les goums ennemis se déployèrent sur un immense arc de cercle, partant à l'ouest du rideau des mamelons qui couvrent Misserghin, et venant s'appuyer à l'est à la mer. Le Maghzen ne se laissa pas intimider par ce grand déploiement de forces ; il sut se multiplier pour faire face sur tous les points menacés, et il repoussa partout vigoureusement toutes les attaques. Le général d'Arlanges, spectateur de toute l'action, vit les femmes, les enfants, les troupeaux se réfugier en désordre vers la ville ; mais il ne voulut pas compromettre sa petite troupe, affaiblie et encore ébranlée par son dernier revers, dans les chances d'un nouveau combat ; il resta dans l'intérieur de ses lignes et laissa les Douairs et les Zmelas supporter seuls tout le poids de la lutte, sans chercher à leur donner cette protection que nous leur avions promise, mais que nous étions, pour le moment, hors d'état de leur prêter. Néanmoins, le Maghzen, qui combattait pour ses familles et sous les yeux des siens, tint partout admirablement et ne se laissa entamer sur aucun point. Abd-el-Kader, partout repoussé, fut forcé de se retirer le lendemain avec des pertes considérables, tandis que les tribus alliées n'avaient eu que douze cavaliers tués et trente mis hors de combat.

Cette attaque ayant été ainsi brillamment et énergiquement soutenue, le bey Ibrahim se porta de nouveau, avec son camp, en avant dans la plaine ; mais il s'arrêta à la Senia, de peur de voir ses communications coupées avec Oran. Abd-el-Kader, néanmoins, n'avait pas renoncé à ses prétentions ; il voulait, au contraire, se hâter de mettre ses projets à exécution avant que nous ne reprissions l'offensive, et tâcher de nous enlever le précieux concours des arabes dans la revanche qu'il savait bien que nous chercherions à prendre, et qu'il n'ignorait pas devoir être prochaine. Quelques jours plus tard, il réunissait de nouveau des goums à Arbal. Pour préluder à cette nouvelle attaque, El-Mezary fut envoyé du côté de Misserghin avec mission de vider les silos appartenant aux Zmelas. Le bey Ibrahim, ayant eu connaissance de ce mouvement, monta précipitamment à cheval et surprit ses cavaliers dispersés sur les Matamores, les attaqua avant qu'ils eussent le temps de se reconnaître, et les mit en déroute complète. El-Mezary, vivement repoussé, s'enfuit en toute hâte, non sans avoir éprouvé des pertes sensibles. Après ce succès, Abd-el-Kader-ben-Daoud fut de nouveau dépêché à Alger pour aller informer le maréchal Clauzel de l'avantage que les tribus alliées venaient de remporter sur les partisans de l'émir. Il était chargé, en outre, de remettre au duc d'Orléans, qui venait de débarquer en Afrique, des lettres, pour l'assurer du dévouement du Maghzen, au roi et à la France.

Cependant, le maréchal Clauzel, voyant arriver la saison des pluies, pressait autant qu'il était en lui l'arrivée des renforts que le gouvernement avait mis à sa disposition pour venger l'affront subi par nos armes à la Macta. Les troupes commençaient à se réunir au camp du Figuier, ou le corps expéditionnaire s'organisait ; enfin, vers le milieu de novembre 1835, il débarqua à Oran avec le prince royal, que nos tribus alliées attendaient avec une vive impatience, et qui devait laisser parmi elles un nom et un souvenir encore aujourd'hui si populaires.

Le Maghzen mit avec joie à la disposition du maréchal, cinq cents cavaliers pour le combat et mille chameaux pour le transport des approvisionnements. Après avoir achevé de former sa colonne avec ces ressources, le maréchal Clauzel la mit en mouvement sur Mascara par le Tlelat et le Sig, prenant la même direction qu'avait suivie quelques mois auparavant le petit corps de troupe du général Trézel. Elle traversa le bois de Muley-Ismaël jonché encore des débris du récent combat dans lequel tant de braves, entre autres le jeune colonel Oudinot, avaient trouvé une mort glorieuse ; enfin, le neuvième jour, elle arriva à Mascara, après avoir dans deux engagements sérieux, l'un dans les gorges du Sig, l'autre dans les bois de l'Habra, battu les multitudes qu'Abd-el-Kader avait rassemblé contre elle. Le corps expéditionnaire resta trois jours dans cette place, alors capitale du pouvoir ennemi que nous combattions, occupé à en épuiser les approvisionnements et à en ruiner les défenses et les magasins. Le bey Ibrahim n'ayant pas cru pouvoir l'occuper pour la France avec les ressources qu'on laissait à sa disposition, l'armée dut l'évacuer en l'incendiant et en emmenant avec elle toute la population juive qu'elle avait trouvée dans ses murs. Au moment où la colonne quittait Mascara, les Hachems, épouvantés de la prise de leur ville, pillaient, dans la plaine de Gréris, les équipages de leur sultan, et se préparaient à venir nous faire leur soumission, soumission qu'il nous a fallu acheter six ans plus tard au prix de tant de combats, de misères et de fatigues. Assailli par les pluies torrentielles de l'hiver, le froid, le mauvais temps, le corps d'armée se dirigea de Mascara sur Mostaganem où il arriva après une marche lente, laborieuse, pour prendre un repos de quelques jours dont les troupes, après de dures souffrances et des privations inouïes, éprouvaient le plus urgent et le plus indispensable besoin.

Le spectacle des ressources que la France pouvait au besoin tirer de son sein, la grandeur des événements qui venaient de s'accomplir, donnèrent à nos arabes confiance et foi dans l'avenir. Le bey qu'ils avaient demandé, commençait à leur paraître fort onéreux, et ne tarda pas par cela même à devenir inutile ; aussi demandèrent-ils à ce qu'il leur fut retiré. Le maréchal le laissa donc à Mostaganem en lui allouant une solde, lui conservant son titre et reportant ses fonctions sur quelques petites tribus dont on espérait la soumission. Après quelques jours passés à Mostaganem, où le duc d'Orléans la quitta pour retourner en France, la colonne rentra à Oran en suivant les bords de la mer pour se préparer à marcher de la sur Tlemcen.

Après les deux échecs éprouvés successivement par ses armes sur le Sig et sur l'Habra ; après avoir vu sa capitale envahie et ruinée, la puissance d'Abd-el-Kader fortement ébranlée par ce triple choc, resta quelque temps incertaine et chancelante. Ses ennemis, ses rivaux et les jaloux que lui avaient suscités son génie et sa fortune, osèrent lever la tête et provoquer une réaction contre ce pouvoir sur lequel il avait su si audacieusement et si habilement mettre la main ; son autorité fut pendant quelque temps compromise et même méconnue. El-Mezary, aga sous les turcs, avait été, auprès du bey Hassan, l'instigateur des mesures rigoureuses qui furent prises contre les Hachems après la tentative de Tedjini dont ils avaient partagé la révolte. Onze têtes des principaux de leurs cliefs, désignées par El-Mezary, étaient tombées par les ordres du bey. L'ex-aga, dans ce moment d'anarchie, se trouvait en butte à de violentes haines et redoutait des vengeances que l'émir aurait été impuissant alors à maîtriser ; il jugea donc prudent, pour échapper à ces ressentiments, de se réfugier chez les Beni-Chougran ; peut-être même ces craintes n'étaient-elles qu'un prétexte dont il se servait pour mettre à exécution le projet formé depuis qu'il avait cru voir décliner la fortune de l'émir. Quoi qu'il en soit, ce chef douair, qui depuis la chute du pouvoir turc n'avait cessé de faire scission avec sa tribu, résolut d'abandonner Abd-el-Kader aussitôt qu'il vît son étoile pâlir ; c'est ainsi qu'il avait fait quelques années auparavant vis-à-vis des turcs en faveur de Moulai-Abd-er-Rhaman, lorsque le cherif voulut établir à Tlemcen un pouvoir hostile aux anciens dominateurs ; c'est ainsi qu'il avait fait vis-à-vis de ce dernier lorsque la puissance de l'émir avait commencé à s'élever et à briller au-dessus de l'horizon. Fidèle à son inconstance, il se tourna du coté des français aussitôt qu'il pensa que la fortune changeait ; il changea avec elle et déserta la cause de son ancien maître. El-Mezary s'adressa au bey Ibrahim pour obtenir l'aman ; le maréchal Clauzel le lui accorda après s'être assuré toutefois de l'assentiment des arabes alliés, et il le laissa auprès du bey, à Mostaganem, en qualité d'aga, avec les cavaliers qui, s'étant attachés à sa fortune, étaient venus avec lui de Mascara. Néanmoins, sur sa demande, il vint momentanément à Oran pour faire partie de l'expédition prochaine que le maréchal projetait sur Tlemcen.

Cependant les coulouglis enfermés dans le Mechouar, et bloqués étroitement par les Hadars, occupant une partie de la ville, et par les tribus des environs, écrivaient tous les jours au gouverneur pour hâter le moment de son arrivée, qui devait être pour eux le moment de la délivrance. Des lettres de Mustapha-ben-Ismaël venaient joindre ses vives instances aux leurs ; enfin, vers les derniers jours du mois de décembre 1835, le maréchal partit avec une colonne forte de huit mille hommes pour se porter sur Tlemcen ; le Maghzen fournit encore avec empressement ses moyens de transport, ses cavaliers et tous les renseignements sur les routes et le pays propres à nous éclairer pour que l'opération fut conduite à bonne fin.

Pendant que les troupes se refaisaient à Oran des fatigues et des souffrances de la dernière expédition, en se préparant à une expédition nouvelle, Abd-el-Kader raffermissait son autorité un instant ébranlée. Les anciens alliés des Douairs et des Zmelas, dans leurs dernières luttes, les Angads, apprenant l'arrivée prochaine d'une colonne française à Tlemcen pour secourir Mustapha et les coulouglis, s'étaient rapprochés de cette place sous la conduite des fils du Chikr-el-Gremari, dont le père avait été récemment mis à mort à Mascara par ordre de l'émir. Ils venaient vendre quelques approvisionnements aux assiégés qui en manquaient, et s'entretenir avec l'aga Mustapha de ce qu'il convenait de faire dans les circonstances présentes. Abd-el-Kader ayant connaissance de ce mouvement, réunit à Mécid, les goums des Hachems, des Beni-Amer, etc., toujours prêts à monter à cheval lorsqu'il est question de razzia et de pillage, et le lendemain matin il tombait à l'improviste sur les Angads campés dans les ruines de Mansoura et mettait à. feu et à sang toutes les tentes qu'il pouvait atteindre. Les coulouglis, entendant une vive fusillade du côté du campement des Angads, sortirent en foule et en désordre pour se porter à leur secours. Abd-el-Kader profita habilement de cette faute, les laissa s'engager et vint se placer sur leurs derrières. Lorsque les cavaliers rappelés par le bruit du combat revinrent de la poursuite des Angads, les coulouglis dispersés, coupés de la ville, se retrouvèrent placés entre deux feux. Soixante-quinze de leurs meilleurs soldats restèrent sur la place dans cette mêlée appelée le combat de l'Aoucheba du lieu où il se livra, et soixante-quinze têtes promenées sous les murs de Tlemcen, vinrent jeter, dans cette malheureuse ville l'épouvante et la consternation.

Trois jours après cette triste affaire, la colonne française faisait son entrée dans Tlemcen, et la population, imposant silence à son deuil, fêtait, au bruit des salves d'artillerie, l'arrivée tardive de l'armée libératrice. L'autorité d'Abd-el-Kader, après le brillant succès qu'il venait d'obtenir, avait recouvré tout son prestige ; il put faire évacuer la partie de la ville occupée par les Hadars dans laquelle commandait Bennouna, caïd nommé par lui, et entraînant à sa suite tous les habitants, hommes, femmes, enfants, il se retira dans les montagnes des Beni-Ournid et des Beni-Smiel situées au sud de Tlemcen. Le maréchal établit ses troupes dans les maisons nombreuses laissées libres par le départ des familles des Hadars, et s'occupa d'organiser les moyens de défense et d'administration de la ville qu'il avait l'intention d'occuper. Fidèle à la politique qu'il avait adoptée dès le début de son premier commandement en Afrique, malgré le mauvais succès qu'avait eu sa combinaison avec la maison de Tunis, le maréchal Clauzel, convaincu de l'insuffisance des moyens que le gouvernement laissait à sa disposition, cherchait à s'en créer de nouveaux en s'appuyant sur les débris épars dans le pays des anciens dominateurs. Il ne s'apercevait pas que les restes de cette puissance déchue n'avaient plus ni autorité morale, ni consistance, et ne lui apportaient au lieu d'appui que leur faiblesse.

Un bey avait été laissé à Mostaganem, un autre fut nommé à Tlemcen, un troisième, par un étrange caprice, était investi, dans l'ancienne capitale des rois de Tlemcen, du titre de bey de Constantine, capitale encore inconnue d'un autre royaume, grande par les souvenirs, grande aussi par le prestige de son éloignement, et distante de la première de plus de cent quatre-vingt lieues [8].

On sait comment les événements firent justice de cette pauvre parodie d'un grandiose qui n'était plus ni dans les faits ni dans les mœurs de notre temps. Mustapha-ben-Mkallech, homme de peu de capacité et de peu d'énergie, fut donc nommé bey à Tlemcen pendant qu'un bataillon français s'organisait sous les ordres du capitaine Cavaignac pour occuper le Mechouar : en même temps deux brigades, commandées par les généraux Perregaux et d'Arlanges, se mettaient sur les traces de l'émigration des habitants, l'atteignaient dans le pays des Beni-Ournid à Ibder, et la ramenaient à Tlemcen après avoir chassé et poursuivi Abd-el-Kader qui avait essayé vainement de la défendre.

Mustapha-ben-Ismaël délivré enfin de sa longue captivité, parut pour la première fois avec ses cavaliers, fiers de le revoir à leur tête ; il eût l'honneur, dans cette journée, d'échanger les premiers coups de fusil avec Abd-el-Kader : il le rejeta dans le Djebel-Tizi et lui tua un bon nombre de fantassins réguliers que le goum put atteindre avant qu'ils eussent gagné les terrains difficiles de la montagne.

Nous voudrions ici passer sous silence un fait qui, nous l'espérons dans l'intérêt de la morale de notre occupation, dans l'intérêt de cette générosité dont notre nation s'est toujours fait gloire, sera flétri un jour dans ses auteurs autrement qu'il ne nous est permis de le faire aujourd'hui, s'il est donné à nos travaux en Afrique de laisser quelques traces dans l'histoire. Mais ce fait pouvant donner une appréciation de l'effet moral qu'ont dû produire sur les populations indigènes quelques actes de cette domination que nous proclamions tout haut si désintéressée et si paternelle, nous ne pouvons pas négliger au moins de l'indiquer. Nous voulons parler de la contribution extraordinaire de guerre que le maréchal Clauzel, dans un but louable, nous voulons le croire, jugea convenable de frapper sur les habitants de Tlemcen ; sur ces coulouglis qui nous avaient appelés comme des alliés et reçus comme des sauveurs. Nous reculons devant l'obligation de dire les moyens odieux qui furent employés pour la perception de cet impôt. La France s'en émut à cette époque et elle fût loin de connaître la vérité dont le temps a révélé les hideux détails. Félicitons nous pour l'honneur du pays de ce que dans l'espèce de commission occulte qui fut établie en dehors de toutes les règles tracées pour en opérer le recouvrement, on n'osa faire figurer aucun nom français.

L'occupation du Mechouar par une garnison française ayant été décidée, il était du plus haut intérêt d'assurer les communications de Tlemcen avec la mer par une voie plus courte et plus facile que celle qui séparait cette ville du siège du commandement militaire ; c'est dans cette prévision que le maréchal Clauzel avait fait occuper dès la fin d'octobre 1833 la petite île de Rachgounqui commande l'embouchure de la Tafna et n'est séparée que de quinze à dix-huit lieues de Tlemcen. Pour compléter l'établissement de cette nouvelle base de ravitaillement, il restait à poser un poste fortifié sur les bords de la rivière en face de l'île occupée. Le maréchal-gouverneur résolut donc de pousser une reconnaissance dans la direction de Rachgoun et d'aller déterminer lui-même le point où devraient être établis le camp retranché et les fortifications projetées. Il partit de Tlemcen dans les derniers jours du mois de janvier, ne laissant dans la ville pour la garder, que la brigade du général Perregaux. Les cavaliers arabes auxiliaires au nombre d'environ cinq cents chevaux sous les ordres de Mustapha-ben-Ismaël, marchèrent avec la colonne.

Mais pendant les quelques jours, qui s'étaient écoulés depuis le combat de l'Ibder, l'infatigable activité d'Abd-el-Kader était parvenue à nous susciter de nouveaux ennemis. Il avait appelé à lui tous les goums de l'ouest de la province, tous les cabyles du pâté montagneux qui sépare Tlemcen de la mer : il avait même entraîné dans sa cause la puissante tribu des Beni-Znassen du Maroc.

En arrivant sur la Tafna la colonne commença à être attaquée : après quelques tiraillements peu sérieux, une charge du Maghzen, dans laquelle il coupa une vingtaine de têtes aux cabyles, suffît pour éloigner les groupes ennemis et la colonne établit tranquillement son bivouac au Meldga, confluent de cette rivière et de l'Isser ; mais dès le soir on pût voir qu'une grande concentration de forces s'opérait. De tous côtés et aussi loin que la vue pouvait s'étendre on voyait accourir des contingents d'hommes à pied et à cheval. D'après ces indications non équivoques, le maréchal jugea prudent d'appeler à lui la brigade du général Perregaux pour le combat qui se préparait ; en effet le lendemain dès le matin et avant même que la colonne eût levé son camp elle fut sérieusement engagée sur toutes ses faces. Devant un tel déploiement de forces le maréchal dut renoncer à pousser plus avant une reconnaissance qu'il ne pouvait plus dès lors songer à exécuter, qu'avec toutes ses troupes ; d'ailleurs la saison était avancée, le pays difficile et coupé de cours d'eau que les pluies d'hiver pouvaient d'un moment à l'autre rendre infranchissables pour le convoi de voitures qu'il emmenait avec lui. Il se décida, donc à rétrograder sur Tlemcen. La marche était lente, pénible, vivement inquiétée, lorsque la brigade Perregaux, qui s'était mise en mouvement pendant la nuit, déboucha sur le lieu de l'action ; son arrivée inopinée suffît pour déterminer la retraite de ces multitudes. Le Maghzen qui avait couvert la gauche en tiraillant pendant le combat, chargea vigoureusement lorsque le mouvement de retraite fut dessiné et revint chargé des dépouilles de l'ennemi [2]

Rentré à Tlemcen le maréchal s'occupa de mettre la dernière main à l'organisation de la défense et à réunir dans le Mechouar le plus d'approvisionnements qu'il put trouver dans la ville et dans les environs, pour la petite garnison qu'il y laissait. Enfin, le 7 février, le corps expéditionnaire se mit en route pour revenir à Oran. Le maréchal ne voulut pas prendre au retour la marche qu'il avait suivie en venant ; il passa parle pays des Oulad-Zaïr en obliquant à l'est et se rapprochant du chemin de Tlemcen à Mascara. La marche ne fut pas inquiétée les premiers jours du départ, mais arrivée dans le défilé de Tchira l'arrière-garde fut attaquée avec vigueur par de nombreux rassemblements pendant que le convoi s'avançait avec peine dans un passage difficile. Le défilé franchi, les arabes cessèrent leurs attaques ; le lendemain la colonne débouchait dans la plaine de Melata, pays des Douairs et des Zmelas, et le 12, elle faisait sa rentrée à Oran après une absence de trente-cinq jours.

Ces deux expéditions, dont nous venons d'esquiser sommairement le récit, avait fortement ébranlé sans doute la puissance d'Abd-el-Kader, mais elle était encore debout. Le combat de Tchira, livré à un jour de marche d'Oran, prouvait qu'elle était encore vivace et avait de profondes racines dans le pays ; pour l'abattre complètement il eut été nécessaire que les opérations dans la province fussent continuées avec suite, avec persévérance. Or, le gouvernement réclamait déjà le retour en France des renforts qui avaient été envoyés à Oran pour venger l'échec de la Macta. Cette précipitation ne devait pas tarder à nous faire perdre tous les avantages que nous aurions pu espérer de cette campagne : elle devait établir plus solidement dans le pays celui que nous avions eu la prétention de renverser et nous rendre plus difficile pour l'avenir, l'accomplissement de la tâche qui nous était un jour réservée. Cependant le maréchal avant de quitter Oran pour retourner dans la province d'Alger, où il méditait de nouvelles opérations, voulut profiter encore de la présence des troupes et laissa au général Perregaux l'ordre de se diriger avec une forte colonne dans l'est, ou les tribus de l'Habra et de la Mina manifestaient des intentions de se rapprocher de nous. Le bey Ibrahim s'était rendu à Oran pour présenter lui-même au maréchal les nombreuses lettres par lesquelles les tribus demandaient la présence d'une colonne sur le Chelif pour faire leur soumission.

Le 14 mars 1836, le général Perregaux sortit donc à la tête d'environ six mille hommes de toutes armes. Mustapha-ben-Ismaël, nommé aga supérieur des Douairs et des Zmelas, l'accompagnait avec cinq où six cents chevaux du Maghzen. La colonne prenant la direction de Goudielet du vieil Arzew, bivouaqua le deuxième jour de sa marche à Fornaka, dans le pays des Abid-Cheragas. Le lendemain, au moment où elle levait le camp pour se porter dans la direction de Ferrates des Borgia, elle fut attaquée par des goums nombreux appartenant aux Garabas, aux Hachems, etc., et à toutes les tribus de la chaîne des montagnes qui séparent les plaines basses, de Mascara et du plateau de Gréris. Ils étaient conduits par Si-ben-Fréah-ben-Kratir, personnage important, d'une puissante famille des Hachems, considérée presqu'à l'égal de la famille des Ouled-Sidi-Kada-bel-Mocktar à laquelle appartenait Abd-el-Kader. Si-ben-Kratir était le premier kalifa nommé par le jeune émir depuis son élévation au pouvoir. Après quelques escarmouches dans lesquelles fut tué, du côté de l'ennemi, Si-Mohammed-ben-Djilali, caïd de Kalaa, le Maghzen, appuyé par les chasseurs d'Afrique, chargea à fond les arabes, les mit en déroute et poussa la poursuite jusque chez les Chareb-er-Rihheu, à quelques lieues de Mascara ; un nombre considérable de troupeaux fut pris et conduit au camp dans cette première razzia, exécutée par nos arabes alliés. Ils nous enseignaient, par la pratique d'une longue expérience, comment devait se faire logiquement la guerre en Afrique, pour atteindre comme dans toutes les guerres possibles, les intérêts matériels des populations. Cet exemple, nous ne devions malheureusement le comprendre et le suivre que bien des années plus tard.

Le bey Ibrahim, venant de Mostaganem, avait rejoint la colonne après l'engagement de Ferrates ; il la suivit lorsqu'elle continua son mouvement dans l'est en passant par le gué de l'Habra, les puits de Romri, Madar, où elle séjourna deux jours, l'Hill-Hill et le pont sur la Mina. Là les tribus de Sirat, de l'Hill-Hill et du bas Chelif vinrent présenter leurs chevaux de soumission qui furent acceptés par le général. Elles ne devaient pas tarder à se repentir amèrement de cette démarche et elles allaient expier par de longues années de persécution et d'outrages, le tort d'avoir cru à notre parole et d'avoir eu confiance en notre force et notre puissance. Accepter cette soumission c'était implicitement accepter aussi la charge de protéger les tribus, le cas échéant, contre l'ennemi commun : la faiblesse numérique des troupes laissées dans la province, après le rappel des renforts venus de France, nous força à répudier les clauses de ce contrat synallagmatique et nous dûmes les abandonner sans défense après les avoir compromises, aux ressentiments d'un despote irrité et vindicatif. La colonne précédée de goums nombreux des tribus, exécutant leurs jeux de fantazia, suivit le cours de la Mina et vint camper successivement à Sidi-bel-Assel, au Toumiat et au gué des Ouled-Snoussi.

Les principales tribus qui nous firent leur soumission, dans cette espèce de marche prématurément triomphale, furent les suivantes :

tous les Medjehers, à l'exception des Ouled-bou-Kamel, de la rive droite du Chelif ; les Mekahalias ; les Sahri ; les Mehals ; les Eukerma ; les Oulad-Sidi-Laribi, dont l'influence s'étend sur toutes les tribus de l'ouest de la plaine ; les Sedjrara, la petite ville de Kalaa.

La colonne, partant du gué des Ouled-Snoussi, situé près du Meldga, confluent de la Mina et du Chelif, fut vivement attaquée, en levant le camp, par les tribus de la rive droite, les Beni-Zeroual, Ouled-Krelouf, Ouled-bou-Rama, etc., qui vinrent l'assaillir dans les terrains boisés et coupés de ravins qui séparent les puits d'Ennaro du bassin des rivières. Ce fut une nouvelle occasion pour Mustapha-ben-Ismaël de donner des preuves de cette haute capacité militaire qui le distinguait, et pour le goum sous ses ordres de se montrer brillamment dans les retours vigoureusement offensifs qu'ils exécutèrent sur l'ennemi, qui ne cessa de nous inquiéter qu'au bivouac d'Ennaro. De là, la colonne se porta sur Mostaganem, d'où elle rentra à Oran, poussant devant elle ses nombreuses prises. Le général Perregaux, ayant accompli sa mission, retourna à Alger, laissant le commandement et la direction des affaires de la province au général d'Arlanges.

Nous avons cru devoir donner avec quelque étendue la relation de cette expédition secondaire, qui fixa peu à cette époque l'attention, presque entièrement absorbée par l'importance des opérations principales. Ces détails pourront donner la raison d'une des plus grandes difficultés que nous ayons eu à vaincre pour déterminer la soumission des tribus, lorsque le gouvernement, se décidant enfin à vider la question, commença la grande lutte qui a duré plusieurs années sans qu'il se manifestât aucun résultat favorable à notre cause. L'abandon de ces tribus compromises, habilement exploité par Abd-el-Kader et présenté par lui comme un épouvantail et un exemple, a longtemps arrêté toute démarche et comprimé toute manifestation en notre faveur. Ce n'a été que lorsque nos intentions bien formelles ont été bien clairement exprimées par nos actes mêmes, aux yeux des moins clairvoyants, que les coups nombreux portés aux tribus ont enfin fait brèche à cet édifice, si solidement cimenté par nos fautes, et qu'il a fini par crouler pierre par pierre.

TROISIÈME PARTIE

Blocus de la colonne commandée par le général d'Arlanges à la Tafna. — Combat d'El-Razer. — Combat de Sidi-Yagoub. — Arrivée du général Bugeaud. — Le général d'Arlanges est remplacé par le général Létang. — Combat du Chabat-el-Laham.

Après le départ du général Perregaux, une partie des troupes qui avaient concouru aux opérations de la dernière campagne fut rappelée et quitta la province. La partie mobilisable de la garnison d'Oran, après avoir pourvu strictement aux besoins de défense de la place, se trouva alors réduite au chiffre de trois mille hommes de toutes armes. C'est avec ce faible effectif que le général commandant la division resta chargé d'accomplir deux missions difficiles et dangereuses : l'établissement d'un camp retranché à l'embouchure de la Tafna et le ravitaillement de la petite garnison française laissée dans le Mechouar de Tlemcen. Nous avons vu précédemment que le maréchal Clauzel, comme préliminaires à ces deux opérations, avait voulu diriger lui-même une reconnaissance sur la Tafna, et qu'il avait dû y renoncer autant à cause des multitudes ennemies qu'il avait trouvées devant lui, que par suite des craintes que pouvaient lui inspirer les difficultés de la saison. Rien n'était changé dans la province de l'ouest depuis le combat de Tchira, où Abd-el-Kader avait pu inquiéter encore, le dernier jour de notre retraite sur Oran, avec des forces considérables. Les mouvements de soumission de quelques tribus de l'est, détachées de la grande coalition arabe par suite de l'ébranlement produit dans le pays par les derniers événements, mouvements qui du reste n'avaient eu ni conséquences ni imitateurs, ne pouvaient pas être considérés comme ayant pu apporter un changement notable à l'état des choses et moins encore une amélioration à la situation. Ces tribus, laissées en l'air sans protection et sans défense, ne pouvaient dans aucun cas être considérées comme secours ; elles ne pouvaient être qu'une nouvelle cause d'embarras. Abd-el-Kader, toujours en armes dans l'ouest, tenait

Tlemcen bloquée, et reprenait confiance et courage en apprenant le départ pour France d'une partie de nos forces. Le maréchal Clauzel jugea, cependant praticables les deux opérations dont il avait reconnu par lui-même les difficultés, et ordre fut donné au général commandant à Oran de procéder sans délai à leur exécution.

Le 7 avril 1836, le général se mit donc en mouvement en passant au sud du grand lac (Sebgha), et se dirigeant sur la chaîne du Tessala pour y vider les riches silos où quelques fractions des Beni-Amer emmagasinent leurs grains. Mustapha-ben-Ismaël reçut l'ordre de monter à cheval avec tous les cavaliers du Maghzen, et de faire suivre toutes les bêtes de transport qu'il pourrait réunir dans ses tribus. Abd-el-Rader ayant eu connaissance du départ de la colonne d'Oran, et devinant facilement son but à sa direction, fit appel à tous les combattants, fantassins et cavaliers de toutes les populations arabes et cabyles de l'ouest ; il les réunit à Seba-Chioukr point central dominant les lignes d'opération qu'il nous supposait devoir suivre, et d'où il pouvait, suivant les circonstances, se porter soit sur la communication directe d'Oran à Tlemcen, soit sur la route obligée de la colonne si elle marchait sur la Tafna. Pendant ce mouvement de concentration des forces de l'ennemi, le général pût opérer, sans être inquiété, le chargement de son convoi, et l'ayant accompagné jusqu'à Hammam-bou-Hadjer, il le dirigea sans escorte sur Oran ; le 13, il porta son bivouac sur l'Oued-Sinan, le 14, il campa sur l'Oued-Getara, et le 15, en arrivant sur les pentes abruptes et déchirées du ravin profond et sans eau appelé l'Oued-Razer, sa colonne fut très-vigoureusement attaquée par des multitudes de fantassins et de cavaliers débouchant des marabouts de Seba-Chioukr par les pentes nord de Hadjer-el-Cot. Le combat commencé dès le matin, se continua avec acharnement jusqu'à deux heures de l'après-midi, et ce ne fut que lorsque l'infanterie, lancée à la baïonnette dans l'Oued-Razer, fut parvenue à balayer le lit et les ravins affluents des fantassins cabyles qui les encombraient, qu'Abd-el-Kader se décida à la retraite et que la colonne put se remettre en mouvement.

Les cavaliers du goum, sérieusement engagés pendant l'action, se conduisirent admirablement sous la direction intelligente de leur chef ; mais cette journée leur coûta cher : ils emportèrent avec eux du champ de bataille plus de trente des leurs mis hors de combat, et dont le plus grand nombre vint mourir sur les sables de la Tafna. Bien que la journée du 15 avril eut été en définitive à notre avantage, ce succès n'avait pas été assez décisif pour ne pas laisser à l'ennemi des espérances. Avant de s'engager dans les montagnes de ces populations guerrières, il eut été nécessaire qu'elles fussent effrayées par quelque grand succès ou du moins frappées par une incontestable défaite. Aussi Mustapha-ben-Ismaël crut-il devoir faire au général de sérieuses observations sur la position de sa colonne.

Il lui représenta qu'il était de la plus grande imprudence de s'aventurer dans le pays des montagnards cabyles après un succès aussi disputé, aussi incertain ; il pensait qu'en poussant en avant sous l'influence morale de ce combat, la colonne s'exposait à voir se renouveler, pendant tout le cours de sa marche à travers les terrains difficiles qui la séparaient encore de la Tafna, l'attaque qu'elle avait repoussé à grand'peine dans cette journée, et qu'arrivée à l'embouchure de la rivière, si elle y parvenait, elle courait le risque de s'y voir assiégée par toutes les populations de ces montagnes qui n'allaient pas manquer de concentrer sur elle tous leurs efforts ; il opinait pour que la colonne campât sur le lieu de l'action et attendit l'ennemi dans une belle position afin de le battre assez complètement pour qu'il renonçât à toute attaque ultérieure. Le général ne crût pas devoir se rendre à ces raisonnements dont les événements allaient se charger bientôt de prouver la justesse.

Pendant que la division d'Oran se mettait en devoir d'aller exécuter sur la Tafna les ordres du gouverneur-général, celui-ci partait pour Paris le 14 avril, appelé à la chambre des députés par le gouvernement, après avoir dirigé sur Medeah une brillante, mais inutile reconnaissance.

Le général d'Arlanges, le soir de la rude journée d'El-Razer, vint bivouaquer à Mechera-Messaouda, gué de la basse Tafna, et le lendemain il s'établissait sans combat au bord de la mer sur la rive droite du fleuve. Les troupes se mirent immédiatement à l'œuvre pour commencer les travaux du camp retranché et des fortifications projetées. Pendant que le corps expéditionnaire s'occupait ainsi activement de mettre à l'abri ses établissements et magasins derrière les parapets qu'il élevait, Abd-el-Kader, campé à Seba-Chioukr en présence de nos lignes d'où on apercevait tous les soirs les feux de ses bivouacs, envoyait des lettres et des émissaires dans toutes les directions et chez toutes les tribus de l'ouest et du sud jusque chez les tribus sahariennes. « L'infidèle, leur disait-il, était acculé par lui à la mer et n'osait plus sortir de ses retranchements ; il ne lui restait plus aucun moyen d'échapper à la vengeance des musulmans, et il leur promettait son extermination et de riches dépouilles. "

De tous côtés, des multitudes innombrables arrivèrent à sa voix, sur une proie qu'elles regardaient comme certaine. Voulant dissimuler à nos yeux ses forces qui augmentaient chaque jour, afin de nous inspirer sécurité et confiance, il se rapprocha de l'Isser et porta son camp derrière le rideau de montagnes dans lesquelles la rivière est encaissée.

Cependant le relief des ouvrages étant assez dessiné pour mettre le camp à l'abri d'une attaque de vive force, le général d'Arlanges dût songer à s'occuper de la deuxième partie de sa mission, le ravitaillement du Mechouar. L'ennemi ne paraissait plus en aussi grand nombre, bien que ses éclaireurs vinssent journellement tirailler avec nos fourrageurs ; le général résolut donc de pousser une reconnaissance du côté du Marabout de Sidi-Yagoub, position élevée située à l'ouest du camp, sur les hauteurs du bord de la mer, d'où il pourrait juger l'aspect du pays et d'où il espérait reconnaître les forces et la position de l'ennemi. Le 25 avril il se mit en route dans cette direction avec une colonne d'environ 1,500 hommes de toutes armes. — L'ennemi ne se montrait nulle part et il put arriver jusque sur la hauteur du marabout, sans avoir été inquiété ; mais là, comme à un signal donné, la colonne est inopinément assaillie et enveloppée de tous cotés ; Abd-el-Kader avait lancé contre elle ses bandes désordonnées, contenues avec peine jusqu'à ce moment. C'est, entourés de toutes ces multitudes que leur nombre toujours croissant rendait de plus en plus audacieuses, qu'il nous fallut songer à exécuter le mouvement de retraite. L'acharnement de l'ennemi était tel que le canon ébranlait à peine toutes ces masses confuses. Nos tirailleurs eurent souvent à lutter à la baïonnette et corps à corps contre les cabyles. Une pièce d'artillerie sur laquelle ils se jetèrent résolument resta pendant quelque temps entre leurs mains et ne fut reprise et sauvée que grâce à une charge vigoureuse de Mustapha-ben-Ismaël à la tête de son goum. Les cavaliers du Maghzen, combattant séparés de la colonne, eurent à souffrir cruellement dans cette terrible mêlée. La conduite de Mustapha et des siens fut au-dessus de tout éloge : nous en appelons au souvenir de tous ceux qui témoins et acteurs de cette lutte acharnée, n'ont point oublié l'imposante figure du vieillard. Dix fois il chargea seul à la tête de ses cavaliers, sans être appuyé ni soutenu, et dix fois les multitudes reculèrent épouvantées à l'aspect de ses drapeaux. La colonne fut un instant compromise ; le général d'Arlanges, blessé, dut remettre le commandement au colonel Combes, et ce combat, si disproportionné, ne cessa enfin que sous la protection des canons du camp, après avoir duré plus de quatre heures et demie. Les Douairs et les Zmelas rapportaient dans nos lignes trente-huit de leurs cavaliers tués ou bléssés pendant la durée de l'action.

A dater de ce jour, nos troupes étroitement resserrées et toujours observées par l'ennemi, durent se borner à défendre leurs retranchements. Nous ne mentionnerons pas les engagements qui eurent lieu presque journellement pendant cette longue période de plus d'un mois, toutes les fois que la cavalerie et surtout le Maghzen s'aventuraient hors du camp pour fourrager. Dans deux de ces combats livrés l'un sur la rive gauche de la Tafna, l'autre sur la rive droite et appelé par eux Achiat-ech-Chebak, ils eurent à déplorer la perte de plusieurs des leurs. D'un autre côté, l'état de la mer ne permettait pas les arrivages et la disette commençait à se faire sentir dans le camp. Les troupes furent successivement réduites à la demie et bientôt au quart de la ration ; mais si nos soldats souffraient de la misère, les cavaliers du Maghzen avaient à souffrir bien plus encore. Depuis longtemps leurs vivres étaient épuisés et ils n'en recevaient pas des magasins ; ce ne fut que le 14 que les chevaux reçurent un peu d'orge. Pour ajouter une souffrance nouvelle à ces souffrances, les cavaliers ennemis venaient de temps en temps leur jeter par dessus les retranchements ces désolantes paroles : « Vos femmes et vos enfants sont prisonniers ; tout ce qui n'a pas été tué par le sultan autour d'Oran, a été enlevé, et pendant que vous mourrez de faim sur cette plage, nous nous partageons vos troupeaux [10]. "

En effet Abd-el-Kader profitant de l'inactivité, à laquelle il nous réduisait forcément dans notre camp de la Tafna, était parti une nuit à l'improviste et, suivant le bord de la mer, avait atteint dans l'Eufra, et à Empsila quelques douars des Douairs, dont il avait emmené les femmes, les enfants et les troupeaux ; mais, grâce à la vigoureuse défense de quelques hommes laissés dans la tribu, cette tentative n'avait pas eu les fâcheuses conséquences qu'on aurait pu craindre. Enfin, l'état de la mer, devenu plus tranquille, permit de faire arriver à la colonne, avec des approvisionnements et des vivres, des nouvelles qui calmèrent un peu les inquiétudes des cavaliers du Maghzen.

La situation critique dans laquelle se trouvait placée la plus grande partie des forces de la province, ne tarda pas à être connue dans toute la contrée ; les tribus de la Mina et du bas Chelif dont nous avions accepté la soumission, effrayées du danger qui les menaçait, vinrent sommer leur bey de leur donner protection. Celui-ci, hors d'état de venir à leur secours, et craignant de plus pour lui-même les intentions hostiles qui commençaient à se réveiller partout autour de lui, dut quitter en toute hâte Mazagran, où il était campé depuis quelques mois, pour venir abriter son impuissance derrière les murs de Mostaganem.

Après l'affaire de Sidi-Yagoub, le général d'Arlanges, ignorant encore quel serait la détermination du gouvernement, après les événements qui venaient de s'accomplir, jugeant d'ailleurs qu'il était impossible, sans s'exposer à un désastre inévitable, de chercher à ramener par terre à Oran sa division, affaiblie encore par la garnison qu'il devait laisser dans les fortifications de la Tafna, eut un moment l'intention de l'embarquer toute entière et de partir avec elle sur des navires nolisés pour le transport, en laissant dans le camp : retranché les troupes nécessaires à sa défense et à sa conservation. Il fit part de son projet à l'aga Mustapha-ben-Ismaël, qui, après l'avoir longuement discuté avec lui, ajouta que pour son compte, il n'eût point à se préoccuper de lui ni des siens ; qu'il ne connaissait pas la mer ni les vaisseaux, qu'il ne connaissait que la terre et son cheval, et qu'il serait toujours assez fort pour regagner son pays dans une marche de nuit.

Cependant, dans la prévision du mouvement rapide qu'il pourrait avoir à exécuter et aussi pour renforcer le plus promptement possible ses tribus dans la crainte d'une nouvelle tentative d'Abd-el-Kader, il pria le général de faire embarquer les chevaux et les hommes malades et éclopés de son goum avec les troupes qu'il faisait évacuer sur les hôpitaux d'Oran. Ce fut ainsi que cent quarante cavaliers des Douairs rentrèrent par mer dans leur pays. Sur ces entrefaites, les résolutions du gouvernement furent notifiées au général d'Arlanges. Des secours étaient promis et prochainement annoncés ; 4,500 hommes s'embarquaient en toute hâte pour venir dégager les troupes compromises. Quelques mois auparavant, le rappel prématuré d'un effectif semblable, avait été précisément la cause de la situation humiliante pour nos armes dans laquelle nous nous trouvions. Il ne restait donc plus qu'à attendre patiemment sur cette triste plage l'arrivée des troupes de secours. Dans cet intervalle, le général se rendit à Oran de sa personne, pour y pourvoir à quelques mesures de défense contre les Garabas qui infestaient les environs de la ville, et retourna immédiatement à la Tafna, au poste du danger.

Enfin, le 6 juin 1856, les vaisseaux qui portaient les troupes annoncées furent signalés à l'horizon et vinrent remplir de joie et d'espérances français et arabes alliés, en leur faisant oublier les souffrances, les privations, les misères qu'ils enduraient depuis près de trois mois. Les troupes de renforts étaient sous les ordres du général Bugeaud qui venait prendre dans la province la direction supérieure des opérations, le général d'Arlanges restant toujours investi du commandement titulaire de la division. Aussitôt après son débarquement le nouveau général s'occupa de la formation de son corps expéditionnaire et de l'organisation de ses services, et quelques jours après, ayant pourvu à la défense du camp retranché, il partit pour Oran par la route qu'avait suivie quelques mois auparavant la colonne du général d'Arlanges. A peine hors du camp, l'attaque commença ; mais la venue des renforts avait enlevé aux ennemis la confiance qu'elle avait donnée aux nôtres ; aussi, arrivée à l'Oued-Razer, où les arabes nous attendaient en force, la colonne ne fut-elle attaquée que mollement. Mustapha-ben-Ismaël et son Maghzen, qui attendaient avec impatience le moment de se venger, firent cependant une charge, qui, dans un ordre du jour où presque personne ne fut cité, leur mérita de la part du général la mention suivante : « Mais je ne puis oublier nos braves auxiliaires : leur chef Mustapha a fait avec beaucoup d'à-propos une charge qui a été poussée à fond et dans laquelle un bon nombre d'ennemis ont été terrassés. " (Ordre du jour du 18 juin.) A partir de ce point les arabes se dispersèrent et le 16 la colonne rentra à Oran sans avoir eu à tirer un coup de fusil.

Il devenait urgent de compléter l'opération dont le général d'Arlanges n'avait pu qu'à grand' peine exécuter la première partie. Depuis cinq mois, la petite garnison du Mechouar entièrement coupée de toute communication avec la côte, était restée dans son isolement au milieu des populations ennemies et commençait à inspirer des inquiétudes. Le général Bugeaud dût donc au plus tôt se préoccuper de son ravitaillement ; il avait hâte, d'abord, d'aller voir dans quelle position morale et matérielle elle se trouvait ; il résolut donc de se porter directement sur Tlemcen, et de l'approvisionner ensuite par la Tafna. Abd-el-Kader, de son coté, connaissant l'impérieuse nécessité qui devait nous porter le plus tôt possible vers cette place, appelait de nouveau ses contingents. Le général fit réunir cinq à six cents bêtes de somme du Maghzen, qui devaient suivre la colonne à vide, et prenant la route basse de Djemâa, il se dirigea sur Tlemcen où il arriva, le 24 ; il trouva la garnison dans un état satisfaisant ; elle n'avait pas eu encore à souffrir, mais ses ressources commençaient à s'épuiser. Le général se hâta donc de se porter sur ses magasins de la Tafna d'où il partit, le 4 juillet, après avoir chargé son convoi. Le soir de ce même jour, trois bataillons, sous les ordres du colonel Combes, furent poussés en avant, dans la direction de Tlemcen, pendant que le gros de l'armée, ainsi que les bagages et le convoi venaient camper a quelque distance en arrière. A deux heures du matin, les trois bataillons levèrent le camp, sans bruit, et vinrent occuper, à deux lieues et demie de leur bivouac, le col de Seba-Chioukr, où ils furent rejoints, une heure après, par le convoi et le reste de la division.

Le col n'était pas gardé, et les Beni-Amer arrivés trop tard pour l'occuper, n'essayèrent même pas d'inquiéter la colonne au passage de l'Isser qu'elle franchit tranquillement pour aller bivouaquer sur la rive gauche de cet affluent de la Tafna. Abd-el-Kader, décidé à tenter les chances d'une affaire générale, en essayant de s'opposer à notre passage, se mit alors en mouvement et se prépara à une lutte sérieuse pour le lendemain ; il jeta 2,000 chevaux sur la rive droite de la rivière et vint s'établir lui-même, avec le gros de ses forces, à une lieue environ au-dessous du camp français, non loin du confluent.

Nous ne chercherons pas à retracer ici, dans ses détails, les diverses phases si connues de ce brillant combat, le plus beau sans contredit et le plus complet, par ses résultats, de de tous ceux qui avaient été livrés par nous, jusqu'alors, contre les arabes en Afrique. Il nous suffra de dire que l'ennemi, engagé dans l'espèce de trapèze formé à l'ouest, à l'est et au nord par la Tafna, la Sikkak et l'Isser, et fermé, au sud, par la colonne expéditionnaire, devait nécessairement, s'il était mis en fuite, être acculé à un de ces trois obstacles, et éprouver de grandes pertes pour peu que la poursuite fût vigoureuse. Le général profita avec une grande habileté de la faute de l'ennemi, de s'être laissé enfermer dans cet impasse, et le résultat prévu et annoncé d'avance fut vérifié avec la plus heureuse exactitude par les événements.

Nous renvoyons, pour l'exposé saisissant de toutes les péripéties de cette action, au rapport officiel si précis et si dramatique du général sur cette affaire [11]. Nous n'empruntons, à ce document, que les passages suivants, où il fait connaître la conduite de Mustapha-ben-Ismaël et de son goum, dans cette décisive journée.

« Les arabes ennemis ont plié une sconde fois, une seconde fois aussi je leur ai lancé ma cavalerie, mais alors 400 Douairs et Zmelas m'avaient rejoint ; malheureusement, leur aga Mustapha venait d'être blessé d'une balle à la main. Malgré la privation de cet excellent chef, ils m'ont rendu de grands services ; eux et les chasseurs se sont couverts de gloire. Tout a été culbuté ; la cavalerie arabe a perdu beaucoup d'hommes, d'armes et de chevaux ; ses morts et ses blessés sont restés en notre pouvoir. "

On lit encore dans les citations de cet ordre du jour le passage suivant : « Les Douairs et les Zmelas, nos alliés, ont selon leur habitude chargé avec beaucoup de vigueur ; il faudrait les citer presque tous ; mais j'ai remarqué surtout Ismaël-ould-Cadi, qui blessé le 25 avril l'a été encore le 5 juillet, parce qu'il se trouve toujours au premier rang. " (Ordre du jour du 6 juillet 1836.) Ce fut à la suite de cette affaire que le général Bugeaud ne crut pouvoir récompenser le brillant courage du Maghzen, qu'en demandant dix croix de la Légion-d'Honneur pour ses principaux chefs.

La colonne déposa son convoi à Tlemcen, où elle entra, le 7 juillet. Après y être restée quelques jours à vider les silos et à moissonner le territoire des tribus hostiles des environs, elle repartit, le 12, laissant la petite garnison du Mechouar bien approvisionnée et retrempée d'une nouvelle dose de courage et de résignation. Le général prit la direction du Mekerra, passant par l'Isser, Tellout, le Tlelat, et arriva le 18 à Oran, après avoir ravagé tout le pays qu'il traversait. Oran vit rentrer, avec sa colonne, les premiers prisonniers arabes que le sort des armes eut fait tomber entre nos mains depuis le commencement des hostilités. Ils furent dirigés de là sur Alger et ensuite sur France.

L'ennemi fut quelque temps à revenir du coup vigoureux porté à ses espérances par le combat de la Sikkak. Pendant que, pour échapper aux atteintes de cette action puissante qui venait ébranler l'édifice de son pouvoir aussitôt qu'il commençait à le consolider, Abd-el-Kader méditait de relever de ses ruines l'ancienne ville de Tekedempt, le pays put jouir de quelques moments de calme. Après avoir ainsi accompli sa mission, le général Bugeaud ne tarda pas à rentrer en France, laissant de nouveau la direction des affaires au commandant titulaire de la province, le général d'Arlanges. Quelques temps après, le général d'Arlanges, lui-même, était remplacé dans son commandement par le général Létang qui, au début de notre occupation, avait commandé, d'une manière brillante, un régiment de cavalerie d'Afrique dans la province.

Le général arrivait avec le grand et précieux avantage de connaître les hommes et les choses du pays où il avait à opérer. Convaincu que le meilleur système défensif contre les arabes consiste dans l'attaque, c'est-à-dire dans la menace continuelle de leurs intérêts, et qu'il faut constamment les iuquiéter chez eux, si l'on veut être respecté chez soi, il s'occupa à lestenir incessamment en haleine par des incursions fréquentes et inopinées sur le territoire des tribus. Ainsi, dans une première sortie, il passe par le Tlelat, Djenin-Meskin, Djerf-el-Hamar et va vider les silos des Beni-Amer sur le Mekedra ; plus tard, il pousse jusqu'au Mekerra par le Tenia des Ouled-Ali, et va jeter le trouble dans les tribus dont il traverse le pays ; le Maghzen prend part à toutes ces excursions, dont nous n'indiquons que les principales, et rend toujours d'utiles services, soit par ses combattants, soit par les bêtes de transport qu'il met à la disposition des colonnes, soit par les renseignements qu'il fournit.

Le 2 octobre 1836, le général Létang sortit à la tête de toutes les troupes disponibles de sa division, formant un effectif de 6,000 hommes et 500 chevaux des arabes auxiliaires commandés par Mustapha-ben-Ismaël ; il se dirigea dans l'est, par la vallée du Sig, sur les marabouts de Masra, appartenant à la tribu des Medjehers ; il y vida les silos appartenant aux Ouled-sidi-abd-Allah de cette tribu ; de Masra il se porta sur Madar où il continua la même opération. Après plusieurs mouvements alternatifs entre ces deux points, la colonne rencontra Abd-el-Kader, avec trois ou quatre mille cavaliers, sur la direction de Madar à Sour-Kelmitou.

Le Maghzen et le bey Ibrahim, qui était venu de Mostaganem avec sa faible troupe faire jonction avec la division sur l'Habra, marchaient en tête de la colonne. Cette avant-garde fut attaquée inopinément par un gros d'ennemis, dans ce pays accidenté et couvert de bois épais, et ramenée sur la colonne après avoir eu une dixaine d'hommes mis hors de combat ; Abd-el-Kader ne cherchait pas à engager une action ; il manœuvrait devant nos troupes pour empêcher par sa présence, les démonstrations des tribus de la Mina et du bas Chelif qui, nous ayant été momentanément soumises, nous avaient abandonnés dans la mauvaise fortune, lorsque nous n'avions plus pu les défendre, et qu'il craignait de voir se rapprocher de nous, maintenant que le sort des armes semblait de nouveau vouloir nous favoriser. Pendant que les deux partis étaient ainsi en présence, le général reçut, à Masra, l'ordre de faire partir immédiatement quatre bataillons de sa division pour Bône, où ils étaient appelés pour faire partie de l'expédition que le maréchal Clauzel, revenu de France, allait diriger sur Constantine. Pour se conformer aux instructions, qu'il venait de recevoir, le général dût ramener, le plus tôt possible, sa colonne à Oran, où il était rendu le 21.

La diminution des troupes était on ne peut plus intempestive. Elle arrivait précisément au moment où il devenait impérieusement nécessaire d'aller encore une fois ravitailler Tlemcen. Quatre mois et demi s'étaient écoulés depuis que le général Bugeaud avait visité la garnison du Mechouar, et les approvisionnements qu'il avait jeté dans la place ne devaient pas être loin d'être épuisés.

Abd-el-Kader, toujours bien informé de ce qui se passait chez nous, n'ignorait pas le départ d'une partie considérable des troupes de la province. L'opération était difficile ; nous nous trouvions, après huit mois à peine, dans des circonstances à peu près semblables à celles qui avaient amené les événements de la Tafna, et l'expérience de la leçon récente que nous avions reçue aurait pu être entièrement perdue pour nous, si l'habileté du général n'avait suppléé à l'insuffisance des moyens. Il fallait mettre en défaut un ennemi vigilant et actif ; le général y parvint avec un rare bonheur.

Pour donner le change sur ses intentions, il commença par se montrer, dans toutes les directions, dans des excursions de deux ou trois jours, après lesquelles il rentrait à Oran.

Après avoir pour ainsi dire habitué l'ennemi à le voir dans un rayon de quelques lieues autour de la place, il prit inopinément, le 23 novembre, la route de Tlemcen avec son convoi.

Mustapha, dont il avait sondé, à Almeria, les dispositions, marchait avec son goum réduit et fatigué par la pénurie des fourrages dont souffraient ses chevaux depuis le commencement de l'hiver. L'ennemi était à peine prévenu de la marche de la colonne, qu'elle arrivait, le 28 à Tlemcen, sans combat. Le général Létang fit aussitôt connaître aux habitants musulmans de la ville et à la garnison que, son intention étant de demeurer quelques jours à Tlemcen avant de descendre au camp de la Tafna, ils eussent à se préparer pour aller vider les silos des tribus hostiles des environs. Abd-el-Kader et Bou-Hamedi, son kalifa de l'ouest, trompés par ces manifestations, n'employèrent pas à réunir leurs contingents toute la célérité qu'ils auraient pu mettre, aussi le général, parti dans la nuit du 29, pût arriver sur l'Isser sans tirer un coup de fusil. Le lendemain, quelques cavaliers ennemis commencèrent à se montrer à hauteur de Nekrelet-bou-Haït, et tiraillèrent avec l'arrière-garde jusqu'au point où a été établi depuis le camp d'Aïn-Temouchent ; là, pendant la nuit, Abd-el-Kader joint à son kalifa, Bou-Hamedi, atteignit la colonne avec des forces considérables et, le matin, elle commença à être attaquée vigoureusement dès en quittant son bivouac. Les masses ennemies furent contenues avec aplomb et sang-froid dès le commencement de cette marche en retraite ; la cavalerie et les drapeaux de Mustapha marchaient sur le flanc gauche ; l'infanterie du colonel Combes flanquait la droite et tenait l'arrière-garde. Cependant, l'ennemi réservait tous ses efforts pour le défilé de Chabat-el-Laham, le défilé de la Chair, célèbre dans les chroniques du pays par le souvenir d'une sanglante défaite qu'y auraient éprouvé jadis les espagnols. Le général, avant de s'engager dans ce passage difficile, résolut de faire un retour offensif vigoureux sur les forces ennemies, concentrées principalement à l'arrière-garde de la colonne. Ce mouvement fut exécuté avec beaucoup d'élan et d'entraînement. Le général chargea lui-même à la tête du goum, et arracha des mains de l'ennemi le nommé Mohammed-ould-Kaddour, un des chef des Douairs. Mustapha et ses cavaliers se conduisirent brillamment, comme de coutume, dans cette circonstance : ils combattirent comme une arme régulière, et le flanc gauche, qu'ils occupaient fut vaillamment défendu. La poursuite fut continuée à plus d'une lieue et demie, en arrière de l'entrée de la gorge, jusqu'à peu de distance d'Aïn-Temouchent ; pendant que l'ennemi était ainsi réfoulé et mené battant, le convoi sous une escorte suffisante avait franchi le défilé. Après cette offensive hardie, le mouvement de retraite de la colonne, libre de ses impedimenta, ne fut plus sérieusement inquiété ; les tiraillements cessèrent même à la sortie de Chabat-el-Laham. Arrivé à son bivouac, le général vint en personne, ainsi que plusieurs officiers supérieurs, à la tente du vieil aga, le féliciter de la belle conduite que lui et son goum avaient tenu pendant cette journée. Le ravitaillement de Tlemcen, accompli avec bonheur dans ces circonstances défavorables, fut une des plus belles opérations de la campagne, et le passage de Chabat-el-Laham, exécuté devant les forces considérables conduites par Abd-el-Kader et son kalifa, peut être compté au nombre des beaux faits d'armes de la guerre d'Afrique ; l'un et l'autre fixèrent peu l'attention publique à cette époque ; elle fût entièrement absorbée par les tristes préoccupations du désastre qui venait presque simultanément d'affliger nos armes, dans l'échec éprouvé devant Constantine. Le 4 décembre, le général Létang rentrait à Oran. Le même jour, le maréchal Clauzel, arrivé le 1er du même mois à Bône, après sa belle mais désastreuse retraite partait de cette ville pour retourner à Alger.

La succession des commandements nous amène actuellement à une époque affligeante et pénible, époque que l'on ne peut sonder sans douleur, que l'on ne peut étudier sans éprouver un sentiment amer de honte et de regret. A des temps d'ignorance des choses, d'erreurs, de fautes politiques peut-être et de trompeuses illusions, temps malheureux quelquefois pour notre cause, mais toujours honorables pour notre caractère, va succéder une période d'immoralité et d'impudeur, de basses intrigues et d'odieuse cupidité. Un général français, ayant pour agents avoués des traitres et des hommes sans honneur, va pouvoir être soupçonné lui-même d'avoir trafiqué de son honneur, d'avoir prêté l'oreille à des propositions de trahison ! Notre intention, dans cette notice, n'étant que de faire connaître l'attitude du Maghzen allié dans toutes les phases du travail de notre conquête et les services rendus par lui à notre cause depuis son adhésion, nous n'aurons à nous occuper que des faits qu'il est absolument indispensable de faire ressortir pour remplir notre but, nous réservant, si des loisirs nous sont donnés un jour, de dire avec tous ses détails, dans un cadre moins restreint, toutes les intrigues des déplorables et ténébreuses affaires que le temps a révélées et qui n'ont été connues que bien imparfaitement jusqu'à, ce jour.

Avant de partir pour Paris où il était appelé pour rendre compte du mauvais succès de son entreprise, le maréchal Clauzel avait envoyé le 13 janvier 1837, M. le général Brossard pour prendre le commandement de la province d'Oran, en remplacement du général Létang, qui, sur sa demande, rentrait en France. Ce ne fut pas sans de vives appréhensions et de tristes pressentiments pour l'avenir que le Maghzen vit arriver le nouveau général accompagné des deux frères Ben-Durand, misérables intrigants juifs, auxquels notre ignorance du pays avait donné cette fatale influence qui s'est si déplorablement exercée sur toutes les époques malheureuses de notre occupation ; les Douairs et les Zmelas n'oubliaient pas que l'aîné des frères Ben-Durand, admis dans les conseils de M. le comte d'Erlon, avait été un des plus ardents soutiens de la cause d'Abd-el-Kader et un de leurs ennemis les plus acharnés, au moment où ils venaient demander la protection de la France, et où allait se rompre violemment la paix faite avec l'émir. La funeste influence de ces deux hommes ne tarda pas à se manifester à Oran ; au grand étonnement de tous et à la consternation de nos arabes alliés, l'on sut bientôt que des voitures chargées de toutes sortes de marchandises de guerre, fer, acier, soufre etc., sortaient tous les soirs jusqu'en avant de Dar-Beida, où livraison en était faite à des agents de l'ennemi. Le nombre considérable de ces expéditions, qui se succédaient presque journellement, divulgué chaque soir aux arabes par le gardien musulman de la, porte, l'espèce de secret dont on semblait vouloir les couvrir, justifiaient toutes les craintes et légitimaient tous les soupçons. Or, voici ce qui s'était passé, et les circonstances qui avaient amené cette incroyable transaction. Les Garabas ayant enlevé le troupeau de l'administration, il ne restait plus dans la place d'approvisionnement en viande pour la troupe, et les marchés locaux taris par la guerre ne pouvaient plus en fournir. Au lieu d'avoir recours à l'extérieur, à des achats faits en Espagne, par exemple, comme cela s'est pratiqué facilement plus tard, on aima mieux écouter les propositions des frères Ben-Durand qui promettaient de faire arriver des ressources en viande en s'adressant à Abd-el-Kader lui-même, s'il leur était permis de lui fournir en échange les matières premières de guerre, qu'il ne pouvait se procurer que dans nos ports.

Indépendamment de ce qu'il y a d'illogique et de mauvais à fournir soi-même des armes à celui que l'on combat, on a de la peine à se figurer, qu'un général, en admettant même des idées, et la prévision d'une paix prochaine, puisse consentir à se mettre ainsi à la discrétion de son ennemi, à grandir lui-même ses prétentions en lui donnant des motifs plausibles de croire à l'impossibilité, pour son adversaire, de subsister même sur la côte, sans son concours. Mais ce qui aurait lieu de surprendre encore plus que cet étrange traité lui-même, c'est l'approbation qui lui fût donnée par le gouvernement, si l'on ne connaissait l'indifférence qui a accompagné, dans tout le cours de son développement, cette question qui, longtemps, n'a point été sérieuse, parce que, longtemps, elle n'a pas appelé sérieusement l'attention du gouvernement de la France. Quoi qu'il en soit, le marché fût approuvé, conclu et exécuté. Mais ce n'était pas assez pour Ben-Durand dont l'avidité avait été éveillée par les riches bénéfices, qu'il retirait de cette première transaction. Une large voie venait d'être ouverte à ses intrigues pour satisfaire sa cupidité ; l'occupation du Mechouar, cette malheureuse conception du maréchal Clauzel, qui nous avait légué tant d'embarras, et qui a pesé d'une manière si fâcheuse sur notre politique dans la province de l'ouest, allait bientôt nous imposer cette nécessité périodique de ravitaillement qui se représentait tous les quatre ou cinq mois. Le général commandant la division pensa ne pas être en position, avec les forces dont il disposait, d'entreprendre cette opération ; voulant à tout prix l'éviter, il accepta de nouveau les ouvertures de Ben-Durand, qui proposait encore de faire approvisionner la garnison de Tlemcen par Abd-el-Kaderluimême. Traitant au nom de la France avec ce dernier, Ben-Durand lui promettait, pour prix de ce service, la remise de ses prisonniers de la Sikkak, détenus en France. Représentant, d'un autre coté, Abd-el-Kader vis-à-vis de l'autorité française, il passait un marché avec l'administration, et touchait le montant de cette fourniture sans qu'il fût, en aucune manière, question des prisonniers. Le double rôle joué par cet homme eut été facilement connu et dévoilé, si l'autorité eut voulu voir, si elle n'eut point fermé volontairement les oreilles aux révélations que les gens du Maghzen, suivant avec anxiété les démarches de cet agent, cherchaient à faire arriver jusqu'à elle ; mais l'autorité était aveugle et sourde ; d'un autre côté, la perplexité de nos arabes alliés devenait de plus en plus grande ; des bruits étranges de trahison circulaient ; des révélations, des avis officieux de leurs parents et amis de Mascara même, venaient jeter le trouble et la perturbation au milieu d'eux ; ces avis étaient clairs, précis, circonstanciés, et semblaient avoir tous les caractères de la vérité. En outre, des femmes indigènes admises dans les petits soupers du Château-Neuf racontaient, dans leurs indiscrétions, des propos bizarres, des conversations extraordinaires, qui ajoutaient un nouveau poids, et donnaient un nouveau crédit à toutes ces rumeurs. Tous les arabes, grands et petits, étaient sous une impression profonde de crainte et de vague terreur qui n'aurait pas tardé à les pousser à quelque résolution extrême, si cette situation se fût prolongée quelque temps encore. Enfin, le général Bugeaud arriva, ils reprirent courage et confiance ; quoi qu'il dût arriver, ils étaient au moins certains avec lui de ne pas être livrés, de ne pas être trahis ; ils savaient qu'ils pouvaient, dans tous les cas, compter sur la loyauté du brave soldat qu'ils avaient su apprécier dans les combats.

QUATRIÈME PARTIE

Traité de la Tafna. — Commandement du général Rapatcl. — Commandement du général Guéhéneuc. — Rupture de la paix.

Les incertitudes et les irrésolutions du gouvernement relativement à notre position en Afrique étaient toujours les mêmes : le pays n'étant ni connu, ni étudié, chaque nouvelle législature, chaque remaniement ministériel apportaient de nouvelles hésitations, de nouvelles fluctuations dans la question. L'unité de vues et la persistance dans une décision une fois arrêtée, qui n'auraient pu naître que d'une connaissance exacte des difficultés à vaincre, que d'une conviction approfondie et raisonnée de la possibilité de les surmonter, manquant au pouvoir dirigeant, l'unité d'impulsion manquait aussi, et les déterminations sur la conduite des affaires étaient toujours laissées à la merci des événements du moment. Ce sera certainement un signe caractéristique de notre époque, et un motif d'étonnement pour l'avenir que l'entreprise la plus considérable de notre temps, le seul fait vraiment grand, vraiment digne d'occuper l'activité d'une grande nation, qui se soit produit de nos jours, ait été considéré longtemps comme un événement secondaire, comme une espèce de nécessité fâcheuse qu'il fallait subir, et qu'il se soit, pour ainsi dire, imposé à nous malgré nous-mêmes. Et maintenant que, près d'atteindre le but de nos efforts, nous pouvons déjà, par l'espérance, voir s'ouvrir devant nous les vastes horizons et les perspectives de l'avenir, nous demanderons à ceux qui ont été plus d'une fois tentés de reculer devant la grandeur de cette œuvre, quelle trace nous aurions laissée dans l'histoire, nous qui succédons à une époque fertile en grands événements, si nous avions supprimé la seule page où seront inscrits un jour les glorieux travaux de notre conquête.

Le gouvernement, qui avait été forcé, par les circonstances, à entamer la lutte, était fatigué des difficultés qu'elle faisait journellement surgir, et voulait en finir à tout prix, par lassitude. Son intention formelle était de faire le plus tôt possible la paix ; mais il était gêné dans ses résolutions, par les susceptibilités de l'amour-propre national, qu'il craignait de froisser par cette manifestation de notre impuissance dans une lutte entreprise déjà pour venger un échec. Aussi faisait-il des préparatifs, en annonçant hautement la guerre, tandis que le général à qui il confiait le soin de la poursuivre, arrivait chargé d'une mission impérative de paix. De son côté, Abd-el-Kader ne désirait pas moins que nous une trêve qu'il n'osait espérer, et que nous allions encore une fois lui offrir : il était à bout de moyens ; ses arabes, fatigués de l'état d'hostilité qui durait depuis près de deux ans, ne soupiraient plus qu'après le repos. Quelques efforts encore, et nous aurions vu bientôt, peut-être, commencer à se dissoudre, à s'égrener, pour ainsi dire, cette coalition des tribus, se produire, en un mot, les faits qui ont amené plus tard, au prix d'une plus grande et plus difficile persévérance, la soumission effective du pays ; mais il était dit que nous augmenterions toujours bénévolement, nous-mêmes, les difficultés de notre entreprise ; que nos fautes en retarderaient constamment la solution, en donnant intempestivement aux arabes, chaque fois que nous étions sur le point d'atteindre le but que nous poursuivions, des motifs plausibles de mettre en doute la force de notre volonté et l'énergie de notre constance.

    Le maréchal Clauzel avait été remplacé dans son commandement. Un nouveau gouverneur, le général Damrémont, était venu dans les premiers jours d'avril 1837, prendre la direction du gouvernement, et peu de temps après le général Bugeaud était envoyé dans la province de l'ouest avec un mandat qui ne fut pas d'abord clairement défini, mais qui, par le fait, le plaçait en dehors de l'autorité du gouverneur-général ; ce vague, qui fut laissé dans les délimitations des attributions des deux généraux commandant en Afrique, fut préjudiciable dès l'origine à la bonne direction à donner au début d'une affaire aussi importante que celle qu'il s'agissait de traiter ; il fut la cause d'un échange de communications qui ne furent pas sans une certaine acrimonie, laquelle ne cessa que devant les explications pleines de franchise qui furent données de part et d'autre. Le général Bugeaud arrivait avec des troupes de renfort qui portaient l'effectif mobilisable de la division au chiffre de plus de 8,000 hommes de toutes armes ; ces forces considérables permettaient de se présenter sur le terrain soit des combats, soit de négociations dans une attitude respectable et même imposante.

En arrivant à Oran, le général trouva que les intentions pacifiques du gouvernement avaient été prévenues et devancées. Tout était déjà préparé pour un arrangement prochain ; des relations avaient été nouées avec Abd-el-Kader par les frères Ben-Durand, et les marchés passés par eux furent présentés comme des résultats dûs à leur influence et à leur habileté ; malheureusement, la personne que le général, lui-même, en partant de France avait choisie pour intermédiaire de ses négociations futures avec l'émir, celui en qui il croyait pouvoir placer sa confiance, et qui aurait dû, par sa spécialité, l'éclairer et contrôler les actes des premiers agents, était, de longue date, acquis à leur cause. Un jeune officier, d'origine tunisienne, que le général Bugeaud s'était attaché comme officier d'ordonnance, avait eu des relations d'intérêt et d'amitié avec les juifs Ben-Durand, dès l'époque de la première paix, et des liens d'intimité l'unissaient même à celui qui devait être chargé des pouvoirs de l'émir dans les négociations qui allaient s'ouvrir, à Miloud-ben-Arach, un de ses conseillers les mieux placés et les plus influents ; de façon que, dès le début, le général fut jeté, à la discrétion d'agents n'ayant que la cupidité et des vues personnelles pour mobile, dans un réseau inextricable d'intrigues, et qu'il se trouva seul de tous ceux qui s'employaient à cette œuvre de paix, à être du parti de la France ; tous les autres étaient ligués entr'eux pour ne faire entendre qu'une seule parole et faire prévaloir contre lui les intérêts d'Abd-el-Kader. L'aîné des Durand, qui parut seul activement dans ces démarches, que nous n'osons pas appeler des négociations, fut envoyé une première fois à Mascara, et revint avec Miloud-ben-Arach, l'agent accrédité par Abd-el-Kader, qui avait été déjà chargé de conclure le premier traité avec le général Desmichels. Ben-Durand avait tout intérêt à exagérer les difficultés de la paix, parce que c'était un moyen d'accroître d'abord son importance, ensuite il espérait, par là, se faire acheter à un plus haut prix par les deux partis ; d'un autre côté, connaissant le secret des intentions du gouvernement, sachant qu'il désirait et voulait la paix, il pensait pouvoir, sans la compromettre, exalter les prétentions de notre adversaire. Aussi, Miloud-ben-Arach, parlant d'après le thème qui lui avait été dicté d'avance par lui, commença par déclarer que la paix serait impossible tant que les Douairs et les Zmelas resteraient avec les français. Il demandait donc qu'ils fussent éloignés du pays, ou qu'ils fussent remis sous le commandement de son maître. Accepter ces conditions, c'eût été renoncer de prime-abord au privilége que nous avions revendiqué de couvrir de notre protection les populations qui se retiraient sous la sauve-garde de notre drapeau ; c'eût été répudier les prétentions de haut patronage sur les tribus que nous avions élévées à l'origine, prétentions qui avaient été les premières et uniques causes de la guerre. C'eût été, en outre, payer d'ingratitude les services rendus par nos deux tribus alliées depuis l'époque de leur adhésion à notre cause, en les livrant à la vengeance de leur implacable ennemi, après les avoir librement et volontairement accueillies sous des conditions réciproques auxquelles, pour leur part, elles étaient restées fidèles. Miloud-ben-Arach ajoutait, de plus, que son maître ne consentirait à céder à la France que le Sahel d'Alger, et dans la province d'Oran, que le pays compris entre Bredia et la Macta. Ces propositions outrecuidantes furent énergiquement repoussées comme elles devaient l'être, et Ben-Arach dût partir immédiatement pour Mascara, accompagné des deux agents qui étaient censés parler au nom et dans l'intérêt de la France. Après de fréquentes allées et venues d'Oran à Mascara, de Mascara à Oran, et de longs pourparlers, le général voyant les choses traîner en longueur, et commençant à soupçonner l'intérêt que pouvaient avoir à cette tactique les négociateurs eux-mêmes, prit le parti de sortir à la tête de sa colonne, pour traiter les armes à la main, en laissant à Oran tous ceux qui s'étaient entremêlés dans cette affaire avant et depuis son arrivée.

Mustapha-ben-Ismaël et les tribus maghzen qu'on avait représentés au général comme opposés à la paix, autant qu'il était en eux, et cherchant, par tous les moyens possibles, à l'entraver ; contre lesquels, en un mot, on avait cherché à le prévenir, ne pouvaient, en effet, voir sans inquiétude des négociations où leurs intérêts les plus chers, leur existence comme tribu et, pour plusieurs peut-être, leur vie même étaient en question, et en dehors desquelles ils étaient laissés complètement.

L'ennemi cherchait à augmenter encore ces inquiétudes par les bruits qu'il faisait répandre et les avertissements, sous forme de communications officieuses, qu'il faisait arriver par ses lettres et ses émissaires à tous ceux ayant voix écoutée parmi les gens du Maghzen. Ils allaient, disait-on, être abandonnés à la vengeance et à la colère d'Abd-el-Kader par leurs amis les chrétiens. On leur insinuait qu'ils auraient tout avantage à séparer leur cause de celle d'un allié qui traitait de leurs intérêts, de leur sort même, sans leur participation. On leur représentait qu'il vaudrait bien mieux, pour eux, se donner le mérite de venir d'eux-mêmes se rendre au sultan, en traitant isolément avec lui, plutôt que de subir l'humiliation de lui être livré, lorsque les conventions avec les chrétiens seraient définitivement arrêtées. Ces ouvertures furent dignement repoussées par Mustapha-ben-Ismaël, et comme leur chef, les tribus alliées attendirent patiemment le résultat des négociations, sans témoigner ni crainte ni mécontentement, sans prêter l'oreille à ce qu'il pouvait y avoir de spécieux et de fondé dans les défiances et les récriminations qu'on leur suggérait.

Le corps expéditionnaire se mit en mouvement, le 15 mai. Mustapha-ben-Ismaël et ses cavaliers marchaient avec la colonne. La nuit, pendant qu'elle bivouaquait à Bredia, l'ennemi vint tomber sur les douars du Maghzen campés presque sous les canons de nos blockhaus, à Heïdj-el-Kebir, et en pilla quatre, entr'autres celui de Kaddour-ben-Ismaël, parent de Mustapha. Le général Bugeaud emmenait avec lui, à Tlemcen, un négociant israélite d'Oran, le nommé Maclouf-Calfon, avec lequel il avait eu antérieurement quelques relations, et dont il avait obtenu d'utiles renseignements, pendant son premier séjour dans la province. Maclouf lui avait même fait écrire en France, en lui signalant, comme un intermédiaire pouvant traiter avec avantage de la paix, s'il entrait dans les intentions du gouvernement de la faire, du nommé Si-Hammadi-Sakkal, qui avait été autrefois caïd des Hadars de Tlemcen pour Abd-el-Kader. Quand la colonne arriva dans cette ville, Si-Hammadi, ainsi que plusieurs autres notables habitants, était en prison par ordre du commandant français, comme soupçonné d'intelligence et de relation avec son ancien maître. Le général le fit aussitôt mettre en liberté et, sans plus tarder, l'expédia sur le champ, avec ses instructions, au camp d'Abd-el-Kader, établi alors à Tellout-el-Kesbat, dans le pays des Oulad-el-Mimoun ; dès le lendemain, le nouvel agent était de retour, porteur de propositions qui pouvaient servir de base à un traité. Les difficultés que Ben-Durand et ses acolytes d'Oran exagéraient à dessein, s'étaient trouvées tout à coup bien amoindries ; Si-Hammadi-Sakkal fut expédié de nouveau auprès de l'émir, avec un projet sur lequel devaient porter dès lors les négociations.

Aussitôt après le départ de Si-Hammadi-Sakkal, la colonne se mit en route pour le camp de la Tafna. L'émir, marchant parallèlement sur notre flanc droit, vint s'établir, de son côté, à Sidi-Ali-ez-Zenagui, non loin de notre poste actuel d'Aïn-Temouchent. Le négociateur ne tarda pas à rejoindre le corps d'armée, à la Tafna ; il était accompagné d'El-bou-Hamedi, un des kalifas de l'émir ; d'Hadj-Mohammed-el-Kraroubi, un de ses hommes de confiance, munis de ses pouvoirs, pour arrêter définitivement les conditions du traité. Les bases principales furent acceptées de part et d'autre, seulement ils avaient ordre de ne point se soumettre au tribut annuel demandé par le projet, la religion ne permettant pas, disaient-ils, qu'un prince musulman fut tributaire et vassal d'une puissance chrétienne ; les quotités imposées par année furent admises, et l'on proposa de payer immédiatement, pour un certain nombre d'années, les quantités qui seraient exigées ; c'était tourner la difficulté en détruisant le principe, et réduire la question aux proportions d'une affaire d'argent.

La belle plaine de Melata, pays des Douairs et des Zmelas, fit partie du territoire cédé à l'émir. Quoi qu'ils ressentissent vivement ce qu'ils étaient en droit de regarder comme un abandon de leurs intérêts, nos arabes ne firent entendre ni plaintes ni réclamations ; Mustapha-ben-Ismaël, à qui le traité ne fut communiqué que lorsque les conditions en eurent été définitivement convenues et déterminées, se contenta de dire : « Vous savez mieux que moi ce qui vous convient, mais je pense que vous faites une faute dont vous ne tarderez pas à vous repentir. " Il connaissait trop bien le caractère de son ennemi pour croire à la, durée d'une paix qu'il ne pouvait voir sans douleur, mais qu'il se résignait à, subir avec dignité. Les chefs du Maghzen imitèrent son exemple, avec l'espérance que ce nouvel essai de pacification finirait comme le premier, mais par une plus décisive et plus sérieuse rupture.

Cependant, ce ne fut pas sans peine que les négociations arrivèrent à une conclusion définitive. La coterie des intrigants d'Oran ne devait pas voir sans dépit et sans mécompte se terminer, sans son intervention, un traité préparé par elle de longue main, et s'évanouir ainsi les espérances qu'elle avait pu fonder en vue de ses intérêts particuliers ; vainement, le général, voyant que les affaires prenaient une tournure qui semblait présager une solution favorable, et craignant que les démarches d'Oran ne vinssent contrarier celles de la Tafna, avait écrit au général Brossard, en lui rendant compte de la situation des choses, lui enjoignant de s'opposer au départ de Ben-Durand pour Mascara, et de couper court à toute communication ou ouverture ultérieure de sa part. La lettre fut censée arriver trop tard et Ben-Durand partit pour Mascara, où il se hâta de mettre tout en œuvre pour susciter des embarras et entraver la fin des négociations ; aussitôt après son arrivée, il écrivit à Miloud-ben-Arach, qui se trouvait au camp, auprès d'Abd-el-Kader, d'agir le plus activement et le plus efficacement possible dans le sens de leurs intérêts communs, pour créer des obstacles à la conclusion de la paix qui se négociait en dehors d'eux. Ce fut l'action occulte de cet homme qui vint subitement accroître les prétentions et les exigences de l'émir, et qui fit naître, à la fin de la négociation, toutes ces tracasseries, toutes ces chicanes de détail qui la compromirent et faillirent la faire échouer. Les difficultés sans cesse renaissantes sous l'influence directe de Miloud-ben-Araeh, et d'après les suggestions de Ben-Durand, ne cessèrent que grâce à l'intervention énergique de Bou-Hamedi, et aux vives et sévères représentations qu'il adressa à son maître. Il restait, pour finir complètement, une dernière formalité à laquelle le général attachait beaucoup d'intérêt et d'importance ; c'était une entrevue qu'il avait demandée à Abd-el-Kader et qui devait avoir lieu au gué de la Tafna, appelé Mekta-oum-Rebiahh, situé à peu près à égale distance d'El-Ansor, où Abd-el-Kader avait transporté son camp, et de l'embouchure de la Tafna, où était établi le nôtre. L'émir qui avait accueilli d'abord cette proposition, d'une rencontre, sans répugnance, qui l'avait même acceptée avec faveur, commença à témoigner de l'hésitation et de l'embarras quand il vit approcher le moment de remplir son engagement. Une lettre de Mascara, arrivée la veille du jour où l'entrevue devait avoir lieu, était venue jeter la crainte et la méfiance dans son esprit. Ben-Durand, toujours dans l'espoir de faire rompre, par quelque complication inattendue, l'arrangement intervenu au grand détriment de ses projets et de ses espérances, avait écrit à Miloud-ben-Arach et recommandait de se tenir en garde jusqu'au dernier instant, et de ne pas avoir confiance ; cet avis, donné comme un conseil dicté par l'intérêt, et exprimé par un ami à l'oreille d'un homme soupçonneux par position et par caractère, avait éveillé toutes ses défiances et fait chanceler sa résolution ; tel fut le secret de tous ces prétextes, de ces faux fuyants qu'il mit d'abord en avant pour tacher de décliner cette rencontre, et depuis, lorsque, après des instances un peu comminatoires, elle fut devenue inévitable, telles furent les causes de ces tergiversations, de ces retards qui lassèrent la patience du général et finirent par le conduire seul, avec quelques personnes de sa. suite, au milieu du camp de l'émir.

Nous ne rapporterons pas les détails de cette célèbre et dramatique entrevue, où le général français montra combien peut imposer, même à des barbares, un acte d'énergie et de résolution ; ils sont consignés dans toutes les relations officielles de l'époque [12] ; nous nous bornerons à citer un fait fort peu connu alors, mais qui n'en est pas moins d'un haut enseignement en ce qu'il prouve toute l'importance qu'Abd-el-

Kader attachait à enlever à notre cause les anciennes tribus maghzen et combien il tenait à nous priver, pour l'avenir, du concours puissant qu'elles nous avaient prêté dans la. lutte qui se terminait à, peine. Au moment de se séparer, après avoir réciproquement pris congé l'un de l'autre, Miloud-ben-Arach s'approcha des deux interlocuteurs et remit à l'émir une lettre que celui-ci présenta lui-même au général en le priant de n'en prendre connaissance que lorsqu'il serait arrivé à son camp. Voici ce que contenait cette lettre : Persistant jusqu'au dernier moment dans son idée de ne point nous laisser les précieux auxiliaires qui, en haine de lui, s'étaient donnés à nous ; sachant que les propositions directes qu'il avait faites de lui rendre ces deux tribus, propositions qu'il avait commencé par poser comme conditions *sine quâ non* de tout accomodement, avaient été hautement et énergiquement rejetées, Abd-el-Kader ne désespérait pas encore d'arriver à son but en tournant la difficulté. Il se contentait de présenter, dans sa lettre, une liste de douze des principaux personnages des Douairs et des Zmelas, ses ennemis personnels, disait-il, dont il demandait, dans l'intérêt de la paix et de la bonne harmonie entre les deux nations, l'expulsion ou au moins l'éloignement momentané du pays. Il savait que si sa proposition était acceptée, il était certain d'arriver par cette seule concession aux fins auxquelles il voulait parvenir ; en effet, dans la constitution toute aristocratique des tribus arabes en général et du Maghzen en particulier, les douars se séparent et se dissolvent, quand ils ne sont plus réunis entre eux par des chefs qui donnent à leur assemblage de la force de cohésion, en obéissant eux-mêmes à un centre commun. Si donc il obtenait de faire éliminer les chefs principaux, les tribus ne tarderaient pas de se disperser d'elles-mêmes par tentes et. par douars. Voici les noms de quelques-uns des personnages les plus connus qu'il voulait nous faire comprendre dans cet ostracisme. En première ligne, son plus constant et son plus dangereux adversaire, celui sur lequel était assis, suivant l'expression arabe, tout l'édifiée du Maghzen, l'aga Mustapha-ben-Ismaël.

En second lieu, El-Mezary, neveu de Mustapha, qui avait été aussi aga, du temps du bey Hassan, et autour duquel, à défaut de celui que l'opinion unanime reconnaissait comme chef, auraient pu se grouper et se maintenir encore les Douairs et les Zmelas.

Ensuite, Ismaël-ould-Cadi, cause première de la désobéissance formelle de ces tribus à son autorité. Àdda-ould-Othman et Hadj-el-Ouzza, délégués des Douairs et des Zmelas pour traiter de leur soumission avec les Français. Mohammed-ould-Kaddour, un des plus braves et des plus brillants cavaliers du Maghzen, etc., etc.

Enfin notre bey de Mostaganem, Ibrahim, qui avait encouru la haine et la colère du sultan, non pas par ses hautes qualités et la crainte qu'il pouvait lui inspirer, mais par sa fidélité à notre cause.

Le général Bugeaud laissa la lettre et les propositions sans réponse ; mais quelques jours plus tard, le titre de général donné à Mustapha-ben- Ismaël, sur sa demande, vint prouver à Abd-el-Kader que nous ne faisions pas aussi bon marché qu'il le pensait de ceux dont nous avions à récompenser les services. Cette haute distinction accordée au vieil aga, dût en même temps lui faire comprendre que celui qui pouvait se prévaloir de ce titre était par l'acte même qui le lui conférait, placé pour jamais en dehors de ses atteintes. Une mesure générale prise également en faveur des cavaliers du Maghzen, à peu près à la même époque, fut à la fois pour eux un témoignage d'intérêt et une récompense : elle leur rendit moins sensible la perte de leur pays de Melata, dont ils étaient exilés par le traité. D'après la convention passée avec le général Trézel, les cavaliers arabes auxiliaires, n'avaient droit à une rétribution que lorsqu'ils étaient appelés à prendre les armes pour une expédition ; ils allaient d'un commun consentement recevoir mensuellement une solde moins élevée, mais fixe et régulière. C'est cette solde qui a été supprimée peu de jours avant l'insurrection de 1845.

Le traité fut conclu le 30 mai [13]. Le 4 juin le général Bugeaud quitta l'établissement de la Tafna, qui fut complètement abandonné à l'exception de l'île de Rachgoun) dont l'occupation fut maintenue, et le 9, le corps expéditionnaire rentrait à Oran. Le traité fut ratifié le 15 juin, et en vertu de cette ratification le Mechouar de Tlemcen fut évacué, le 12 juillet 1837, par nos troupes et remis aux fondés de pouvoir d'Abd-el-Kader. Peu de temps après, de somptueux cadeaux furent envoyés, au nom du roi, à notre nouvel allié qui en fit immédiatement hommage à l'empereur de Maroc, Moulai-Abd-er-Rhaman, sur lequel il cherchait alors à s'appuyer et dont il s'intitulait le kalifa. Ben-Durand qui par son astucieuse finesse et à l'aide des puissantes influences qui agirent en sa faveur, était parvenu de nouveau à rentrer en grâce auprès du général et à capter sa bienveillance, parvint à être désigné pour faire partie des envoyés chargés d'aller offrir le présent royal. Ce fut encore lui qui arriva à persuader qu'il était convenable, dans l'intérêt du maintien et de la stabilité de la paix qui venait de se conclure, d'envoyer des cadeaux en argent aux personnes composant l'entourage d'El-hadj-Abd-el-Kader et à sa famille. Des crédits furent demandés et obtenus pour cet usage. La mère de l'émir, sa femme, El-hadj-Djilali, un de ses conseillers intimes, El-hadj-Boukari, caïd de Mascara, etc., etc., reçurent tous des sommes dont Ben-Durand parvint à se faire allouer une bonne part par chacun des intéressés. Ayant peu à peu reconquis une partie de son influence, cet homme, vendu aux intérêts de l'émir, osa, malgré les intentions formelles du général et à son insu, faire agir auprès de Mustapha-ben-Ismaël et d'El-Mezary, pour tacher de les déterminer à aller à la Mecque. Mustapha répondit que si on voulait lui faire quitter le pays, on n'avait qu'à lui en donner l'ordre, qu'il était prêt à obéir, mais que le pélérinage étant une chose de religion, il ne consulterait, pour accomplir cette obligation, que la voix de sa conscience ; que pour le présent, le moment ne lui paraissait pas opportun ; qu'il pensait être plus utile aux siens en restant au milieu d'eux, qu'en les abandonnant, sans conseil et sans direction, au milieu des circonstances difficiles où ils se trouvaient. El-Mezary refusa également, d'une manière péremptoire, les offres qui lui furent faites et dont il n'était point difficile de deviner les motifs. Ben-Durand n'osa pas insister, mais Hadj-el-Ouzza, cédant à ses sollicitations, consentit à partir pour Alger avec un emploi, et le bey Ibrahim, sacrifié aux exigences du sultan, dut abandonner le pays et se retirer également à Alger avec une pension.

Aussitôt que la satisfaction générale causée par la cessation des hostilités fut un peu calmée et qu'Abd-el-Kader fut assuré d'une trêve qui permettrait aux arabes de respirer et de reprendre des forces, son mauvais vouloir ne tarda pas à percer et l'on put dès-lors deviner les arrière-pensées qu'il dissimulait à peine. Exigeant sur les articles du traité qui étaient à son avantage, il se montrait plein de difficultés pour satisfaire aux quelques conditions qui lui étaient onéreuses ; il ne se soumit même que de mauvaise grâce à exécuter une partie de celles qu'il avait consenties sans opposition. D'après l'article 10 de la convention, le commerce et les transactions devaient être libres entre les arabes et les français. Cette stipulation explicite ne l'empêcha, pas d'établir, à l'instigation de Ben-Durand, sur les limites du territoire que nous nous étions réservé, une espèce de ligne de douane, qui frappait de droits onéreux l'entrée des marchandises dans les places que nous occupions. Le général Bugeaud eût plusieurs fois à se plaindre de ses mauvaises dispositions qu'il ne tarda pas à reconnaître lui-même, et il dut partir avant que les causes du traité relatives aux fournitures et approvisionnements eussent été exécutées.

Dégagé des préoccupations nombreuses que lui avait causées cette paix laborieusement obtenue, cette lutte dans laquelle il avait l'ennemi dans son camp, le général put enfin porter ses regards sur ce qui l'entourait : il ne tarda pas à connaître le secret des manœuvres occultes qui se continuaient jusques auprès de lui, par les gens déhontés et cupides qui cherchaient encore à le tromper, à le circonvenir ; ce fut alors qu'il commença à soupçonner une partie des intrigues, dans lesquelles trempait le général Brossard, et qu'il n'hésita pas à le livrer à la justice du pays, aussitôt que ses présomptions furent devenues des certitudes ; il n'entre ni dans nos intentions, ni dans le but de cette notice, de faire connaître dans leur détail les causes qui amenèrent le scandaleux procès qui vint plus tard affliger la France entière ; nous nous contenterons de dire, en restant toujours au point de vue auquel nous nous sommes placé, que Ben-Durand, craignant les indiscrétions d'Abd-el-Kader, un jour qu'il savait que des explications lui avaient été officieusement demandées sur des faits qui étaient à sa connaissance, fit partir, à minuit, un courrier porteur de deux lettres : une pour Miloud-ben-Arach et l'autre pour Abd-el-Kader lui-même, et qu'il ne crût pas payer trop cher le service du cavalier des Zmelas auquel il les confia, en lui payant cinq cents francs, une course qui eût été généreusement rétribuée avec la vingtième partie de cette somme. Le contenu de ces deux lettres a été depuis divulgué par le nommé Aggo-Amesellem, juif affidé d'Abd-el-Kader. Nous ajouterons que les dépositions faites par les arabes du Maghzen, tant dans l'enquête préparatoire qui précéda le procès de Perpignan, qu'aux débats eux-mêmes, ne furent insignifiantes que parce que des lettres leur étaient arrivées, dans lesquelles on leur disait, sous forme de conseil, de rester en dehors de ces affaires, dont ils n'auraient à recueillir que des désagréments et de l'ennui. Les arabes, ignorant encore complètement à cette époque nos formes et nos usages, étaient déjà effrayés d'avoir à intervenir dans cette grave question : ils suivirent donc les avis qui leur étaient donnés et voulurent rester entièrement étrangers à ces débats.

Pendant que se passaient ces divers événements et que les opérations complémentaires de la paix se terminaient dans la province de l'ouest, la seconde expédition de Constantine avait lieu à l'est, et le gouverneur-général, tué glorieusement le 12 octobre 1837, en face de la brêche ouverte, était remplacé par le général, bientôt après maréchal Vallée.

Le général Bugeaud quitta l'Afrique vers la fin de l'année (6 décembre 1857), laissant le commandement de la province au général Auvray, qui avait succédé au général Brossard. Cet officier-général ne tarda pas à être appelé à Alger, pour y remplir, auprès du maréchal Vallée, les fonctions de chef d'état-major de l'armée (25 janvier 1838). Il fut remplacé par le lieutenant-général Rapatel, qui avait commandé les troupes à, Alger, sous les gouvernements du comte d'Erlon et du maréchal Clauzel, pendant lesquels il avait rempli plusieurs fois les fonctions intérimaires de gouverneur-général. Le général Rapatel était peu partisan de la paix qui venait de se conclure, et qu'il était chargé de maintenir dans la province de l'ouest ; enfermé dans les étroites limites que nous nous étions données, il dût accepter le rôle qui lui était fait par le traité, rôle d'observation, où il n'y avait plus, dès-lors, à déployer que la patience et la finesse diplomatiques au lieu de l'activité du soldat. Son commandement fut, du reste, de courte durée. Au bout de quelque temps il tomba malade et dût partir, au mois d'août 1838, pour France, afin d'aller y rétablir sa santé sérieusement altérée. A peu près à la même époque (25 juillet), Miloud-ben-Arach, qui avait été envoyé à Paris comme oukil ou chargé d'affaires d'Abd-el-Kader, avec mission d'offrir au roi le présent que son maître lui envoyait, rentrait d'un voyage où il avait été comblé d'honneur et de flatteuses prévenances. Frappé du spectacle imposant de la grandeur du pays qu'il venait de visiter, il signait à Alger les modifications officielles réclamées par le gouverneur-général à quelques articles du traité, qui, déjà, avaient été la cause de plusieurs difficultés. Ces modifications, du reste, ne furent jamais ratifiées par l'émir [14]. Quelques jours auparavant (22 juin), Mustapha-ben-Ismaël, appelé comme témoin dans la cause qui s'instruisait à Perpignan, contre le général Brossard, avait quitté Oran pour quelques mois, partant pour la France, où il devait recevoir partout une somptueuse et cordiale réception.

Le lieutenant-général Guéhéneuc, qui avait commandé avec distinction le corps d'occupation de la Morée, fut désigné pour venir prendre la direction des affaires dans la province de l'ouest (1er septembre 1838.) Le nouveau général, condamné à l'inaction par l'état de pacification où il prenait le commandement de la division, allait avoir une position difficile et délicate à garder entre nos arabes alliés, qui commençaient déjà à être travaillés par les intrigues du dehors, et Abd-el-Rader, avec lequel il lui était ordonné de conserver de bonnes relations. Celui-ci, qui songeait déjà à recommencer la guerre contre nous, profitait des loisirs que lui laissait la paix, pour se préparer à la lutte ; craignant pour la ligne des établissements qu'il avait fondés sur la limite du Tell, il cherchait un point qu'il pût croire complètement à l'abri de nos atteintes. Il fut confirmé encore davantage dans ses intentions par Ben-Arach, lorsque, à son retour de France, celui-ci lui fit connaître les forces et les ressources immenses dont nous pouvions disposer, et qu'il ne lui laissa pas ignorer que le renouvellement des hostilités était prochain et inévitable, s'il persistait à marcher dans la voie ambitieuse où il s'était engagé. Cette résolution arrêtée, Abd-el-

Kader fixa son choix sur Aïn-Mahdi, ville du Sahara algérien, contre laquelle étaient venues échouer plusieurs fois les tentatives des turcs. Dans ses projets, Aïn-Mahdi, qui était alors un point perdu pour nous dans l'immensité de l'inconnu, devait former son dernier boulevard, son extrême ligne de refuge et de ravitaillement. L'entreprise était difficile ; mais bien qu'il n'eût rien négligé pour la mener à bonne fin, le sultan y usa pendant plus de six mois toutes ses ressources, sans parvenir à vaincre la résistance du marabout Tedjeni, maître de la ville. Il eût été obligé de se retirer sans avoir pu y pénétrer, si, renonçant à la force, il n'eût eu recours à la ruse et à la trahison. Une ambassade de marabouts, conduite par Mustapha-ben-Thami, son kalifa et son beau-frère, alla par son ordre, trouver Tedjeni, pour tacher d'entrer avec lui en accomodement. Ils lui représentèrent que le prince des croyants, le défenseur et le triomphateur de la religion contre les infidèles, reconnaissant l'éclatante protection dont Dieu entourait la ville et les habitants, par l'intercession du saint homme qui y commandait, se résignait avec joie à sa volonté, et renonçait à toute prétention ultérieure de conquête ; mais il avait juré de faire sa prière dans la mosquée de sa ville ; il ne voudrait pas lui, chérif et marabout, lui faire subir aux yeux des chrétiens l'affront de n'avoir pas pu accomplir ce vœu sacré. Il ne demandait à rester dans la ville que quelques jours, après lesquels Tedjeni pourrait y rentrer, et reprendre, comme par le passé, son commandement indépendant.

Crédule et confiant, le vigoureux défenseur d'Aïn-Mahdi accepta ces propositions, se retira à quelques journées de marche au sud, et fit ouvrir ses portes à Abd-el-Kader, le 27 choual 1254 (12 janvier 1839.) Celui-ci ne fut pas plutôt introduit dans l'intérieur de la place qu'il en fit abattre les remparts et ruiner les défenses. Du reste, le succès obtenu par cette odieuse violation de la parole donnée, ne fut pas de longue durée. Cette indigne trahison souleva contre lui toutes les populations du désert. Coupé du Tell, sa base d'opérations, par leurs cavaliers qui pillaient journellement ses convois et massacraient leurs escortes, il dût bientôt évacuer la ville en proclamant bien haut une victoire à laquelle son retour précipité à Tekedempt empêcha tout le monde d'ajouter foi.

Cet échec, sur lequel il chercha, autant et aussi longtemps qu'il le pût, à tromper l'opinion publique, ne le fit pas renoncer cependant à ses projets de guerre prochaine.

Aussitôt qu'il fut rentré dans le Tell, il s'occupa à préparer les tribus à cette reprise d'hostilités ; pendant qu'il confiait à El-bou-Hamedi le soin de réveiller et d'exciter les passions dans l'ouest, il lui recommandait, sur toutes choses, d'agir par tous les moyens possibles, pour tâcher de provoquer des défections chez les Douairs et les Zmelas, et lui-même se portait dans l'est, jusque sous les murs de Bougie, pour réchauffer, partout, le fanatisme des populations (juin 1839), et chercher à les entraîner dans un grand mouvement contre nous. Les tribus voisines des points que nous occupions recevaient en même temps l'injonction, sous les peines les plus sévères, d'interrompre toutes relations commerciales avec nous, et nos marchés cessaient d'être approvisionnés. Nos arabes, qui osaient se présenter sur ceux de l'extérieur, étaient accueillis par un redoublement d'injures et de mauvais traitements, lorsqu'ils n'étaient pas ignominieusement chassés par les fervents musulmans, qui ne voulaient plus être souillés par le contact des infidèles.

Ce fut après son retour d'Aïn-Mahdi, et pendant son voyage dans l'est, qu'Abd-el-Kader acquit la conviction qu'il était à son tour dupe de la cupidité et des intrigues du juif Ben-Durand. Il le fit empoisonner, à Miliana.

Les provocations d'El-bou-Hamedi eurent d'abord peu de succès auprès des tribus du Maghzen ; l'abondance régnait encore parmi elles, et quelques tentes isolées seulement, par suite de frottements avec les autorités intérieures des tribus, prêtèrent l'oreille à ses propositions ; conformément au texte même du traité, elles allèrent librement s'établir sur le territoire dont l'émir avait l'administration ; elles furent bien traitées et parfaitement accueillies par le kalifa, qui cherchait à tirer parti, dans l'intérêt de ses projets, de la bonne réception qu'il leur faisait avec ostentation aux yeux de tous. Nous croyons devoir consigner ici, les noms des chefs de ces tentes qui, les premiers, abandonnèrent notre cause. Ce furent :

Chez les Douairs,

El-hadj-Kada-ben-Groul, Iahia-ben-Baho, El-hadj-Bakrti ;

Chez les Zmelas,

Si-Ahmed-ben-Mocktar, Ben-Iahia, Ben-Ioussef, Kaddour-ben-Chaïla.

Cependant, le prince royal, qui portait un intérêt si vif et si puissant à tout ce qui avait rapport à l'Afrique, venait de visiter Oran, en passant pour se rendre à Alger, vers le milieu de septembre 1839 ; et, le 28 octobre, avait lieu le célèbre passage des Bibans ; cette marche hardie consolidait notre position à l'est, et compensait un peu, dans l'ensemble général, ce que pouvait avoir d'incertain et de mal assis notre situation, de jour en jour plus précaire dans l'ouest ; ce ne fut pas sans un violent déplaisir qu'Abd-el-Kader vit cette brillante démonstration ; elle hâta sa détermination, et aussitôt que la nouvelle lui en fut parvenue, la guerre sainte commença à être ouvertement prêchée dans le pays. L'infanterie et la cavalerie régulière, dont l'institution était déjà ancienne, mais qui avaient reçu une organisation et un développement nouveaux, depuis le traité de la Tafna, furent partout renforcées ; enfin, le jour de la fête d'Aïd-el-

Kebir, le *djehed* fut solennellement proclamé et juré dans une réunion de kalifas, agas, caïds et hommes influents de toute la contrée, convoqués à Miliana pour cette solennité.

Aussitôt, dans la province d'Alger, la Metidja est envahie et incendiée, nos convois attaqués, leurs escortes massacrées ; dans la province de l'ouest, Bou-Hamedi, revenant de cette assemblée avec tous les chefs dépendants de son commandement, passe, à la tête de cette brillante escorte, à quelques lieues d'Oran, et tire, contre nos arabes alliés, les premiers coups de fusils de cette longue campagne. D'un autre côté, les Garabas commencent, dès ce jour, à harceler nos tribus par ce système d'incessantes attaques, qui ne devait plus leur laisser ni trêve ni repos. A partir de cette époque, chaque mois fut marqué par un nouveau combat, chaque jour, par une tentative nouvelle. Le 22 janvier 1840, Mustapha-ben-Thami, kalifa de Mascara, vient assaillir les Douairs et les Zmelas, à Bou-Techich en avant de la Maison-Carrée, et est repoussé, après un long combat, par les seuls cavaliers de nos tribus alliées.

Du 2 au 6 février, ce même kalifa se porte d'abord sur Mostaganem et concentre, ensuite pendant trois jours, sur Mazagran, tous ses efforts qui viennent échouer devant les. faibles défenses de ses murailles. Le temps a réduit aujourd'hui, à sa juste valeur, le retentissement exagéré que l'engouement du moment, que l'enthousiasme d'une sorte de succès, au milieu des mécomptes de tous les jours, fit donner à ce combat. Son importance a été ramenée à ce qu'elle doit être, une vigoureuse défense de poste ; mais cet exemple vint prouver une fois encore ce qu'on savait déjà, ce que l'expérience de la période de guerre qui allait suivre, devait confirmer encore davantage, que les arabes sont complètement inhabiles à s'emparer du moindre point fortifié, lorsqu'il est bien défendu [15].

Le 5 mars, le camp de Misserghin est attaqué, et c'est à grand'peine que les Douairs et les Zmelas, campés aux environs, parviennent à mettre leurs douars à l'abri des atteintes de l'ennemi. Le 10, leurs cavaliers viennent donner avis que Bou-Hamedi, campé près de Sidi-abd-Allah-Berkan, pays des Ouled-Zaïr, est sorti, avec une cavalerie nombreuse, de son camp permanent de Sidi-Yaïah, et le 12, malgré cet avertissement, les troupes de Misserghin se laissent entraîner dans une embuscade où elles ont quarante-sept têtes coupées, et où notre cavalerie régulière indigène est ramenée en désordre jusque sur les bords du fossé de la redoute du camp. C'est cette malheureuse affaire, qui ne devint pas un complet désastre, grâce à la bonne tenue d'un bataillon d'infanterie formant réserve, qui a été appelée le combat de Ten-Salmet [16].

Le 14 mai, El-bou-Hamedi revient encore à la charge : il s'aventure témérairement, avec une nombreuse cavalerie, entre le marais de Bredia et la montagne, n'ayant pour retraite que l'étroite langue de terre laissée par les pentes abruptes et rocheuses des hauteurs d'Empsila, au point appelé Kreneug-Bredia, où elles s'avancent jusque auprès du marais. La division, prévenue longtemps à l'avance de cette attaque, était là, forte de trois mille hommes, avec une belle et impatiente cavalerie. Si l'ennemi eut été poussé avec vigueur, il eut sans nul doute éprouvé des pertes considérables ; mais l'engagement se borna, de notre côté, à une longue et peu efficace canonnade. Les cavaliers du Maghzen, seuls, conduits par El-Mazary, chargèrent spontanément et sans ordre, mais tardivement, et malgré leur faiblesse numérique, ils abordèrent franchement la queue des goums ennemis qui couvrait la retraite, tuèrent plusieurs cavaliers et en jetèrent un grand nombre dans le marais. Plusieurs jours après ce combat, nos arabes retiraient encore du marais les chevaux abandonnés par leurs maîtres, dans les terrains boueux où ils avaient dû les abandonner, dans leur fuite précipitée [17]. Le 28 juin, ce même kalifa commet une semblable imprudence : conduit par quelque transfuge, il s'aventure témérairement dans l'Eufra, par l'étroit sentier de Si-Hammadi, et pousse jusqu'à Aïn-Kredidja, à peu de distance de Mers-el-Kebir. Les cavaliers du Maghzen soutiennent seuls l'attaque, depuis huit heures du matin jusqu'à deux heures de l'après-midi, et maintiennent vigoureusement l'ennemi, après avoir mis leurs tentes et leurs troupeaux à l'abri sous les murs du fort. Un mouvement des troupes de Misserghin, par lequel elles se seraient portées sur le défilé resserré et difficile, seule ligne de retraite de l'ennemi, seule issue par laquelle il pouvait échapper, aurait pu le faire repentir de son imprudence, lui faire éprouver de grandes pertes et l'anéantir peut-être dans ce dangereux impasse. Ces troupes, qui se montrèrent sur les hauteurs de Bou-Sefar, soit qu'elles ne comprissent pas la gravité de la faute commise par le kalifa, soit qu'elles fussent encore sous l'impression de leur combat de Ten-Salmet, ne lui fermèrent pas la retraite par ce simple mouvement, et l'ennemi pût s'écouler lentement, sans être inquiété, et se retirer du mauvais pas où il s'était si imprudemment compromis, et d'où il aurait dû ne pas sortir.

Les troupes qui n'avaient pas encore acquis cette admirable mobilité Qu'elles devaient atteindre plus tard, et qui devait être, non moins que leur constance et leur courage, une des causes de nos succès, étaient lentes, lourdes et difficiles à mettre en mouvement ; aussi n'arrivaient-elles, généralement que tardivement sur le lieu de l'action, et souvent, lorsque tout était terminé par les seuls cavaliers du Maghzen. Nous ne parlons pas ici des petits combats journaliers, des alertes de tous les instants, des attaques sur tous les points de la circonférence que les tribus occupaient autour d'Oran, des vols de nuit et de jour qui tenaient les tribus constamment en éveil, sans leur laisser un instant de relâche. Cet état fût la situation normale, pour nos arabes, pendant toute la période dont nous nous occupons.

Pendant que nous étions réduits à un état de défensive, tel que nous ne pouvions même plus communiquer avec nos postes extérieurs sans un appareil de force considérable, les troupes actives de la province d'Alger livraient les beaux combats du 31 décembre, entre le camp supérieur de Blidah et la Chiffa, celui de l'Afroun (27 avril 1840), forçaient le passage du Col et s'emparaient de Medeah (17 mai) et de Miliana (8 juin.)

Le maréchal Vallée, qui ne connaissait pas la province d'Oran, entièrement préoccupé sans doute par la gravité des événements qui se passaient autour de lui, ne voulait pas avoir à porter son attention sur un autre théâtre ; il n'avait peut-être pas bien apprécié l'effet que devait produire, aux yeux des arabes amis et ennemis, la situation de forces imposantes, capables, sinon de tenir longtemps la campagne, du moins de se faire respecter au loin, paralysées par l'obligation de rester dans l'intérieur de leurs lignes, ou bien encore les ordres donnés à la division d'Oran, de se tenir sur la défensive, avaient-ils été peut-être interprêtés d'une manière trop absolue ; quoi qu'il en soit, l'audace de l'ennemi croissait de jour en jour, par notre inaction, en même temps que diminuait la confiance de nos tribus alliées. Sans nul doute, si en nous interdisant tout mouvement prolongé d'offensive, nous avions tenté quelques incursions rapides sur le territoire des tribus voisines, nous aurions fait rapidement le vide autour de nous, à une grande distance. Ces sorties, en faisant respecter nos dehors, auraient empêché ces attaques partielles de tous les jours qui, renouvelées pendant dix mois consécutifs, ne pouvaient, à la longue, que jeter le découragement et la démoralisation chez les arabes qui s'étaient attachés à notre fortune. Elles auraient forcé l'ennemi à craindre pour ses intérêts menacés, l'auraient enfin empêché de venir constamment nous inquiéter chez nous en le faisant trembler chez lui pour sa tente, sa famille, ses richesses. En un mot, le rôle passif de stricte défensive, qui fût adopté, était le genre de guerre qui convenait le mieux à nos ennemis, le moins à nous et à nos alliés ; aussi, dans un semblable état de choses, qui ne semblait pas devoir être modifié de long-temps, il était impossible que quelques tentes des tribus Maghzen ne prêtassent pas l'oreille aux excitations de Bou-Hamedi. Resserrées dans l'espace limité que nous nous étions réservé par le traité du 30 mai, entre le grand lac et la mer, ces tribus manquaient d'espace, tant pour leurs cultures que pour le pacage de leur troupeaux ; la première année de la paix, leurs récoltes avaient été insuffisantes ; la seconde, leurs moissons sur pied avaient été en outre détruites en partie par les dévastations de l'ennemi, qui étaient venues se joindre à cette insuffisance. D'un autre côté, elles voyaient au-delà de la Sebgha, le pays de leurs pères, la fertile plaine de Melata, cultivée par des mains étrangères et couverte de riches moissons. En regard de cet état précaire, Bou-Hamedi leur offrait de belles terres, aux sources de l'Oued-el-Besbass, dans le pays des Ouled-Zaïr, et leur réhabilitation dans le sein de la famille musulmane, dont elles avaient été exclues comme alliées des infidèles, comme infidèles elles-mêmes. La position présente de ceux qui les avaient précédés chez les arabes d'Abd-el-Kader leur était un sûr garant du religieux accomplissement des promesses du kalifa. Aussi, des tentes nombreuses et même des douars entiers ne purent plus attendre ou ne surent pas résister à la séduisante perspective de l'abondance à la place de la misère, de la sécurité à la place de l'inquiétude de tous les jours, de l'espérance de la victoire au lieu de la crainte de la défaite. Elles passèrent à l'ennemi.

Le douar des Oulad-bou-Ali, celui des Megan, les Feratsa, les Oulad-Behilil, les Ouchachna, les Keratsa, etc., chez les Douairs, furent les premiers qui se laissèrent entraîner à la défection. Cédant à la contagion de l'exemple, les Zmelas, de leur côté, s'adressèrent au kalifa de Mascara, pour obtenir du repos et de l'espace. Ils furent placés par lui dans la plaine du Sig, au milieu des Garabas, auxquels les douars émigrants étaient alliés. Les principaux de ceux qui abandonnèrent alors notre cause furent : les Guiza, les Toualia, les Kedadra, les Chemalil, etc.

L'anxiété et le trouble étaient à leur comble dans nos deux tribus ; la défiance était partout, entre les tentes dans un même douar, entre les membres de la famille dans une même tente ; la sécurité n'était nulle part. Les soupçons pouvant planer également sur tous, les mesures préventives de surveillance employées par nous, atteignaient souvent nos partisans les plus dévoués, les irritaient par des précautions vexatoires, et finissaient par les aliéner et les jeter dans le parti ennemi. Tous les jours, de nouvelles désertions étaient signalées et venaient attrister, en la décourageant, la grande majorité des tribus décidées à tout souffrir avant de se détacher de notre cause, avant de subir l'humiliation d'un pardon d'Abd-el-Kader. Lorsque cette agitation fiévreuse finit enfin par se calmer, dix-sept douars des Zmelas, seize des Douairs étaient passés du côté de l'ennemi. Mais la misère était extrême chez les nôtres. Des familles souffraient littéralement de la faim, et aucune mesure n'était prise pour venir à leur secours, pour les aider à franchir cette période de crise. Tous les troupeaux avaient été vendus, soit par l'impossibilité de les nourrir, soit pour ne pas les laisser devenir la proie de l'ennemi, et les gens les plus considérables jadis, privés de ces ressources indispensables de la vie arabe, en étaient réduits à se nourrir de farine mêlée avec de l'huile. L'immense majorité résista cependant à ces rudes épreuves, qui durèrent encore plusieurs mois ; elle eut confiance en la fortune de la France, et cette confiance ne fut pas trompée. L'arrivée d'un nouveau général, le général de La Moricière, vint mettre, comme par enchantement un terme à cette difficile position et inaugurer l'ère de jours meilleurs. L'offensive fut hardiment reprise aux environs d'Oran ; les secours nécessaires aux familles nécessiteuses leur furent distribués avec sollicitude ; quelques razzias, sur les tribus des environs, vinrent bientôt accroître ces ressources en diminuant l'insolence de leurs attaques, et faire renaître partout la confiance et l'espoir dans l'avenir.

CINQUIÈME PARTIE

Nomination de M. le général de La Moricière au commandement de la province. — Combat de Sidi-Lakdar. — Nouvelle attitude de la garnison de Mostaganem. — Impulsion donnée aux opérations par l'arrivée deM. le général Bugeaud, nommé gouverneur-général. — Expédition de Tekedempt. — Combat d'Akbet-Kredda. — Combat de Sour-Kelmitou. — Résultats obtenus dans la vallée du Chelif, par la petite colonne de Mostaganem. — Nomination du bey de Mostaganem et de Mascara. — Campagne d'automne. — Combat d'El-Bordj. — Destruction de Saïda. — Coup demain d'El-Bou-Hamedi sur les tentes des Douairs, à Oran. — Retour des tentes dissidentes. — Mascara devient le centre de nouvelles opérations.

Le jeune général qui, aussitôt après sa nomination, venait d'être jugé à la hauteur de la mission difficile de rétablir les affaires dans la province de l'ouest, et d'y diriger les opérations, vint prendre possession de son commandement, le 20 août 1840. Connaissant, par son expérience des choses d'Afrique, par sa longue pratique des arabes, avec lesquels il avait, pour ainsi dire, grandi, de quel intérêt puissant il était, pour la bonne et facile conduite des opérations dont la province devait, tôt ou tard, être le théâtre, de rattacher solidement, à notre cause, les Douairs et les Zmelas, qu'une indifférence, causée par l'ignorance de leurs besoins et l'espèce d'abandon dans lequel ils étaient laissés, tendait à en éloigner chaque jour davantage, il porta, dès en arrivant, ses préoccupations de leur côté. Il se hâta non-seulement de les mettre, eux et leurs familles, à l'abri du besoin, par des distributions journalières d'orge et de froment, qui firent cesser la disette à laquelle ils étaient en proie, mais il s'occupa encore de leur sécurité. Un fossé avec parapet, reliant entre eux les blockhaus avancés de la place, et présentant un relief capable d'arrêter les rapides incursions des goums arabes, fut immédiatement commencé par les troupes, et permit de faire camper, dans une vaste enceinte, tous les douars des arabes alliés, placés à l'abri des atteintes de l'ennemi, derrière cet obstacle. Cette sage mesure, tout en faisant cesser leurs craintes et en rassurant leur moral, présentait le double avantage de rendre la surveillance plus facile pour prévenir de nouvelles défections et de permettre, en même temps, de disposer constamment de tous les cavaliers pour le combat, en se bornant à laisser dans les tentes, pour les défendre, les seuls fantassins armés des tribus. En outre, un service de coureurs de nuit était organisé et allait, à son tour, porter au loin l'inquiétude au milieu des populations hostiles, et un système d'espionnage, régulièrement et largement installé, nous faisait sortir enfin de l'ignorance dans laquelle nous étions restés jusqu'à ce jour sur les mouvements, les tentatives, les projets de l'ennemi. Tout se préparait, en un mot, avec intelligence et promptitude, pour sortir avec honneur de la situation d'apathique défensive que nous avions gardée depuis la reprise des hostilités, et pour passer rapidement à une attitude plus active et plus énergique. Toutes ces prévoyantes dispositions ne tardèrent pas, en effet, à porter leurs fruits. Coup sur coup, et avant, pour ainsi dire, que les kalifas de l'émir eussent eu le temps de se reconnaître, le douar de Ben-Yagoub, personnage important des Garabas et ex-aga de cette tribu, était surpris et enlevé, au pied des montagnes d'El-Mhaguen [18] ; les matamores de Bou-Ckouïcha nous livraient, chez les Ouled-Ali, leurs riches approvisionnements de céréales [19] ; les Ouled-Djebara et les Oulad-Kralfa [20], atteints par d'habiles et hardies marches de nuit, étaient frappés, à dix-huit ou vingt lieues d'Oran, et nos arabes alliés, acteurs principaux dans toutes ces heureuses entreprises, retrouvant enfin leur véritable manière de combattre, dans cette guerre d'agression et de coups de main, se partageaient, pleins de joie et d'espérance, de riches dépouilles. (Octobre, novembre et décembre 1840.)

Cependant, Mustapha-ben-Thami, kalifa de Mascara, cédant aux pressantes sollicitations de ses arabes, se décida à ne pas rester plus longtemps spectateur indifférent de ces attaques incessantes. Il quitta inopinément son camp de Bordj-Tchalabi, et il se dirigeait sur Oran, dans la nuit du 12 au 13 janvier, avec l'intention de faire une tentative sur les douars des tribus du Maghzen, lorsqu'il apprend que les troupes de la division, croisant son mouvement dans une marche de nuit, ont atteint, sur ses derrières, dans la plaine du Sig, les populations et les troupeaux des Garabas. Il s'arrête aussitôt, et attendant le mouvement de retraite de la colonne, il l'attaque vivement avec sa cavalerie, dans la plaine de Ceirate, et embusque son infanterie dans les ravins et les pentes boisés qui avoisinent le marabout de Sidi-Lakdar [21]. L'arrière-garde, engagée dans ces terrains difficiles, était pressée avec beaucoup de vigueur et de résolution, lorsqu'une charge, lancée avec un grand à-propos et exécutée avec un admirable entraînement à travers tous les obstacles, fit promptement justice de cette témérité. Le bataillon d'infanterie régulière de Mascara fut presque entièrement détruit, et plus de trois cents cadavres, qu'il laissa sur le terrain, donnèrent, pour l'avenir, plus de circonspection au kalifa, et vinrent lui apprendre que le temps des audacieuses imprudences était passé. Les Douairs et les Zmelas partagèrent, avec les chasseurs français et les spahis, l'honneur de cette belle charge, et plusieurs d'entre eux, honorablement cités, figurèrent à l'ordre du jour de la division sur cette brillante journée.

A cette même époque, la petite garnison de Mostaganem, composée d'un bataillon et, pour toute cavalerie, des quelques cavaliers arabes qu'y avait laissé El-Mezary à son départ pour Oran, commençait également, sous les ordres d'un nouveau commandant supérieur, M. le colonel Tempoure [22], à sortir de son repos et à faire respecter ses abords. La place était rigoureusement observée par un fort détachement de cavaliers rouges, campés au puits d'Ennaro, sous les ordres du fameux Tayeub-ben-Gueurnia, un des agas les plus audacieux et les plus entreprenants de la cavalerie régulière de l'émir.

Cette espèce de blocus, entretenu avec vigilance, ne laissait pénétrer que bien difficilement les quelques arabes de la tribu des Medjehers, qui fréquentaient encore habituellement son marché, et, de plus, les hardis coureurs que cet obstacle n'aurait pu arrêter et qui avaient continué à venir, bravant les punitions sévères, la mort même dont ils étaient menacés, vendre, de temps à autre, quelques bestiaux volés et donner des nouvelles de l'ennemi, avaient cessé toute communication avec nous à la suite de faits déplorables, dont les environs du poste de Mazagran avaient été le théâtre. D'indignes soldats, appartenant à la garnison de ce fort, s'étaient embusqués dans la Vallée-des-Jardins, avaient attaqué, à la sortie de la ville, ces émissaires précieux pour nous, les avaient maltraités dans le but infâme de leur arracher le prix de vente de leurs bestiaux ; en dernier lieu, ces agressions ne s'étaient plus bornées à des sévices, mais plusieurs de ces malheureux avaient été indignement mis à mort, et, pour faire disparaître les traces du crime, leurs cadavres avaient été brûlés dans un silos. Traqués par l'ennemi jusqu'à nos avant-postes, maltraités, dépouillés, assassinés dans l'intérieur de nos lignes, ils avaient cessé avec nous toutes relations. Il était cependant de la plus grande importance de chercher à les rétablir, pour sortir d'un isolement qui nous laissait entièrement étrangers à tous les événements du dehors, pour échapper à cette ignorance complète, dans laquelle nous restions plongés, relativement aux positions, aux mouvements, à l'attitude de l'ennemi. Pour obtenir ce résultat, la première chose à faire consistait à élargir le cercle de surveillance qui étreignait, pour ainsi dire, la ville, et ensuite à ramener peu à peu la confiance, en usant de bons traitements envers les arabes qu'on parviendrait à ramener à soi. Ce double but fut promptement atteint : les Chourfa et les Hachems-Daroghr, qui venaient journellement insulter les murs de Mostaganem et assassiner la nuit, jusque sous ses remparts, furent frappés à leur tour et châtiés sur leur propre territoire [23]. Quelques sorties vigoureuses, quelques hardies surprises de leurs douars, suffrent pour éloigner de ses portes ces surveillants incommodes, et nous trouvons encore, comme éclaireurs, comme guides, comme combattants en tête de ces aventureux coups de main, des cavaliers des Douairs et des Zmelas. (Décembre 1840 et premiers mois de 1841.)

Cependant une ère nouvelle allait bientôt s'ouvrir pour la lutte déjà commencée depuis longtemps, sans que des résultats bien décisifs eussent encore été obtenus. La guerre, qui jusqu'alors n'avait été que timidement engagée avec des moyens insuffisants, allait prendre enfin des proportions en rapport avec le but qu'on se proposait d'atteindre. Avec des renforts considérables arrivait, en outre, le général qui l'avait et le mieux comprise et le plus habilement conduite. Celui à qui était réservé l'honneur de mener à bonne fin cette grande entreprise, à qui il était donné de subjuguer des populations qu'on commençait à croire indomptables, de poursuivre, de fatiguer, de réduire enfin ces mobiles cavaliers regardés comme insaisissables, en adoptant, pour vaincre des ennemis nouveaux, une tactique nouvelle, venait encore une fois de mettre le pied sur la terre d'Afrique. M. le général Bugeaud, nommé gouverneur-général de l'Algérie en remplacement du maréchal Vallée, rappelé en France, était arrivé à Alger le 22 février 1841. Une Impulsion, une activité inconnues jusqu'alors, étaient immédiatement imprimées partout à toutes les opérations. En même temps que le théâtre de la guerre, concentré encore à cette époque sur un seul point, allait s'agrandir et embrasser l'Algérie tout entière, tout se préparait, à l'est et à l'ouest, pour faire tomber, d'un seul coup, cette seconde ligne d'établissements de la lisière du Tell, qu'Abd-el-Kader avait cru, à l'origine, placer hors de nos atteintes.

La ville de Mostaganem, située sur le méridien de Mascara et le point de notre ligne le plus rapproché de Tekedempt, avait été choisie pour nouvelle base des opérations de la campagne qui allait s'ouvrir, et de vastes et nombreux approvisionnements s'y accumulaient depuis quelques mois, lorsque le gouverneur-général y débarqua vers le milieu du mois de mai. Il était accompagné de M. le duc de Nemours. qui avait voulu concourir, de sa personne, au mouvement imprimé à la reprise des hostilités, dans la phase nouvelle où elles entraient, et qui venait prendre dans l'ouest, le commandement d'une division, après avoir déjà coopéré, dans l'est, à l'ouverture de la campagne dans les ravitaillements de Medeah et de Miliana. Le général de La Moricière l'y avait précédé de quelques jours avec sa division, à laquelle était attaché Mustapha-ben-Ismaël, avec un goum de six cents chevaux et avec tous les moyens de transport qu'il avait pu réunir dans ses deux tribus.

Le corps expéditionnaire se mit en route le 18. Bien qu'ils eussent amené, avec eux, toutes les bêtes de somme dont ils pouvaient disposer, les cavaliers du Maghzen n'en durent pas moins, comme ceux des régiments organisés, mettre pied à terre, pour charger leurs chevaux de denrées, afin que la colonne pût emporter avec elle une plus grande quantité d'approvisionnements, tenir plus longtemps la campagne, sans être obligée de retourner à sa base de ravitaillement et compléter, d'un seul coup, les projets qu'il était dans les intentions du gouverneur-général d'exécuter dans cette première période de ses opérations.

Nous ne suivrons pas, pas à pas, dans leurs itinéraires, les mouvements multipliés des colonnes qui, pendant plusieurs mois, sillonnèrent, dans toutes les directions, le sud-est de la province, mouvements auxquels prirent constamment part nos arabes alliés, dont les guides nous tracèrent les routes dans ces pays alors encore entièrement inconnus pour nous. Nous nous bornerons, pour indiquer la suite et la liaison des événements, à signaler sommairement les faits principaux des premiers temps de cette laborieuse lutte. La simple énumération de ces marches, de ces combats, de ces travaux, en rappelant tout ce qu'il a fallu de constance, d'abnégation, de courage à nos généreux soldats, pour accomplir la glorieuse entreprise de cette conquête, fera ressortir, en même temps, les importants services de nos arabes alliés, qui ne leur firent jamais défaut, les accompagnèrent sans cesse dans leurs longues pérégrinations, marchant, combattant et souffrant constamment avec eux.

Le 25 mai, le corps expéditionnaire arriva, après quelques escarmouches, à Tekedempt, dont il s'empara après un vif combat livré dans les terrains boisés et difficiles, défense naturelle de ses abords. Il fait sauter et détruit, de fond en comble, les établissements élevés à grands frais par l'émir, et incendie les maisons couvertes en chaume qui composent cette bourgade. De là il se dirige, par Mechera-Asfa, Sidi-Djilali-ben-Omar, Fortassa, où l'ennemi essaie vainement d'entraver sa marche en inondant la vallée de l'Ouedel-Tat, sur Mascara, dont il prend possession le 30, après avoir dispersé les nombreux rassemblements ennemis qui semblaient d'abord vouloir essayer de la défendre. Le général Bugeaud séjourne deux jours dans cette ville, et après avoir pourvu à l'établissement d'une garnison française, pour son occupation, il en part le 1er juin, se dirigeant sur Mostaganem par la route directe d'Akbet-Kredda. A peine la tête de la colonne a-t-elle pénétré dans cet étroit défilé, qu'Abd-el-Kader, qui, partout présent et partout inaperçu, suivait et observait tous nos mouvements, débouche des environs d'El-Bordj, à la tête d'une nombreuse cavalerie arabe et des corps des cavaliers réguliers des provinces de l'ouest et du centre, et attaque avec fureur la partie de nos troupes qui n'était pas encore engagée dans le passage. Mustapha-ben-Ismaël et son goum sont lancés seuls contre les nombreux rassemblements de la droite, pour dégager l'entrée du col ; ils les abordent intrépidement, les mettent en fuite, les poursuivent jusqu'en vue de Mascara ; mais serrés de près dans leur mouvement de retraite, ils perdent quelques cavaliers, entr'autres le jeune Hadj-Mohamed-ben-Châa, d'une famille considérable des Zmelas. La colonne, vivement inquiétée dans ce dangereux passage où toute manœuvre, tout mouvement offensif était impossible par les difficultés de terrain, eut à soutenir, sur son flanc droit et à son arrière-garde, un combat rude, acharné, dans lequel l'ennemi dut, plusieurs fois, être repoussé à la bayonnette, et qui ne cessa qu'à Ardjet-Beïda, sur les bords de l'Habra, où elle prit son bivouac [24].

Le 4 juin, le corps expéditionnaire rentrait à Mostaganem, après avoir accompli la première partie de sa tâche pour cette campagne ; mais il ne venait toucher à la mer que pour prendre de nouvelles forces pour la continuer. Le 7, il en repartait avec un convoi destiné à apporter, à la garnison de Mascara, un premier ravitaillement, et à fournir à sa propre alimentation pendant les opérations qui allaient être poursuivies contre les tribus des environs et du sud de cette place.

M. le duc de Nemours, qui, à la tête de sa division, venait de prendre une part active aux combats et aux fatigues de cette première série d'expéditions, s'était embarqué, le 5 juin, pour rentrer en France. Du 10 au 20 de ce même mois, la colonne parcourt et sillonne, dans tous les sens, le pays des Hachems, moissonnant et détruisant tout ce qu'elle peut des immenses récoltes dont la belle plaine de Gréris est couverte [25]. Elle rentre vers le 20 juin à Mostaganem, d'où le général Bugeaud se dispose à retourner à Alger. La campagne du printemps de cette année était à peu près terminée. Quelques combats heureux, la preuve éclatante donnée à l'ennemi par notre invasion de pays lointains, entièrement inconnus pour nous, que nous pouvions l'atteindre partout où il se retirerait ; l'impossibilité bien avérée pour lui, par la destruction de Tekedempt, qu'il ne pouvait nulle part songer à élever des établissements permanents, et, enfin, la prise et l'occupation de Mascara, le cœur de sa puissance, tels étaient les importants résultats moraux et matériels obtenus dans cette période d'un mois à peine, par le fait des opérations qui l'avaient remplie. Cependant, pour assurer encore la position de Mascara contre toute éventualité, le général La Moricière reçoit l'ordre de repartir immédiatement (premiers jours de juillet) avec un nouveau convoi, qu'il jette dans la place. Il s'établit ensuite au milieu des abondantes moissons des environs, et soldats et arabes alliés, combattant et travaillant tour à tour, s'occupent activement de la récolte de ces riches produits, au moyen desquels la ville se remplit et s'approvisionne, pour plusieurs mois, avec les propres ressources de l'ennemi.

Le gouverneur-général, resté à Mostaganem, reçoit, au moment d'en partir, quelques ouvertures indirectes des tribus de l'embouchure du Chelif, par lesquelles semblait se manifester une certaine propension, de leur part, à se détacher de la cause ennemie. Voulant sonder leurs dispositions réelles et favoriser une tendance si avantageuse pour nos intérêts, quelle que fut l'importance des tribus chez lesquelles elle se produisait, il fait sortir, le lendemain du départ de la colonne expéditionnaire principale, dans la direction de Sour-Kelmitou, le peu de troupes laissées dans la place, et dont l'effectif se montait à environ douze cents hommes d'infanterie et à une quarantaine de chevaux des cavaliers arabes du Maghzen de Mostaganem. Mais Abd-el-Kader, qui tenait réunis, dans la plaine de la Mina, de nombreux rassemblements pour surveiller les opérations de la colonne de Mascara, ayant eu connaissance du mouvement de ce faible corps de troupes, se rejeta sur lui, et l'assaillit avec d'autant plus d'acharnement que la disproportion des forces étant plus grande, pouvait lui faire concevoir l'espoir de le battre et de le détruire. Pendant deux jours consécutifs, il le fit attaquer avec beaucoup de vigueur et d'audace dans sa position de Sour-Kelmitou ; mais le colonel Tempoure, qui le commandait, repoussa énergiquement tous ses efforts. Les cavaliers du Maghzen, malgré leur petit nombre, s'associèrent bravement à cette belle défense et fournirent plusieurs charges brillantes contre l'ennemi, lorsqu'il osa s'approcher de trop près de nos lignes. Enfin, le nombre des assaillants devenant de plus en plus considérable, il fallut se décider à quitter cette position et à faire retraite sur Mostaganem. Elle s'opéra pendant la nuit, avec beaucoup d'ordre et de sang-froid, sans que l'ennemi osât sérieusement l'inquiéter. La présence d'Abd-el-Kader, à la tête de ces forces imposantes dans le Chelif, avait dû nécessairement paralyser les bonnes intentions des tribus, comprimer toute manifestation en notre faveur, et empêcher même, avec elles, toute communication ; mais ces ouvertures devaient, quelques mois plus tard, être reprises, et, cette fois, avec un plein succès (7 et 8 juillet [26].)

Après la rentrée de cette petite colonne, M. le général Bugeaud retourna dans la province d'Alger, où M. le général Baragnay-d'Hilliers, poursuivant, dans l'est, des opérations parallèles à celles qui venaient de s'accomplir dans l'ouest, venait de faire tomber Boghar et Thaza, deux des principaux établissements de l'émir sur la frontière du Tell (23 et 26 mai.)

Cependant Abd-el-Kader ne se lassait pas par notre constance. Après ses inutiles efforts contre notre faible détachement de Sour-Kelmitou, il s'était porté sur la Mina, du côté de Fortassa, d'où il épiait les mouvements du corps expéditionnaire principal, qui manœuvrait autour de Mascara, pour venir, fidèle à sa tactique, l'assaillir pendant sa retraite. En effet, lorsque, vers le milieu de juillet, cette colonne se mit en route pour rejoindre enfin la mer, elle le trouva sur son passage, au petit village de Teliouanet, où une attaque de nuit, la première qui eut été tentée jusqu'alors par les arabes, vint échouer contre le sang-froid et la bonne tenue de nos soldats. Pendant toute cette marche harrassante, sous les ardeurs d'un soleil brûlant, elle ne cessa d'être vivement harcelée, et ces attaques n'eurent enfin un terme que sur l'Hill-Hill, à une journée de marche de Mostaganem.

Ce dernier ravitaillement ayant définitivement complété la série des opérations de la campagne du printemps, le général de La Moricière, avec les troupes de sa division, et Mustapha-ben-Ismaël, avec son goum, rentrèrent à Oran le 25 juillet.

Après le départ de ces forces, Abd-el-Kader dispersa ses contingents, en laissant cependant, dans le bas Chelif, un détachement de cavaliers réguliers chargé de surveiller les Medjehers, dont il suspectait les intentions. Cette nombreuse et puissante tribu avait été, de sa part, l'objet de mesures violentes, dans le but de lui fermer entièrement le marché de Mostaganem, qu'elle avait l'habitude de fréquenter. Pour la punir de quelques infractions aux ordres sévères qui interdisaient toute communication et toute transaction avec les français, il l'avait, peu de temps après le renouvellement des hostilités, violemment arrachée toute entière de son territoire et l'avait reléguée au-delà de la Mina, dans le pays des Flittas, entre le Melâab de Garboussa et Relizan. Elle n'avait obtenu, qu'après plusieurs mois d'exil, en payant une forte amende et fournissant, pour l'armement et la remonte des forces régulières du sultan, trois cents chevaux harnachés, ayant chacun un fusil pendu à l'arçon de la selle, l'autorisation de retourner dans son pays. Ce traitement rigoureux, les exigences continuelles d'Abd-el-Kader pour la maouna (impôt de la guerre sainte), avaient jeté dans la tribu des germes de profonds mécontentements, dont Abd-el-Kader avait pu déjà, une première fois, arrêter l'explosion, mais qui n'attendaient qu'une circonstance favorable pour se produire et se développer.

Aussitôt que l'émir se fut retiré, les manifestations qui avaient été étouffées par sa présence se firent jour de nouveau, et, sur la demande du nommé Alimed-ben-Kerdaghr, chef d'une petite fraction des Oulad-bou-Kamel, les Amarnas, le colonel Tempoure sortit à la tête de sa faible garnison et de son goum arabe, renforcé de deux escadrons de chasseurs. Les cavaliers réguliers essayèrent vainement de s'opposer à cette première défection. Vivement poursuivis par les cavaliers du goum, acculés aux falaises hautes et escarpées dans lesquelles le Chelif est encaissé dans son voisinage de la mer, plusieurs d'entre eux payèrent de leur vie cette tentative de résistance, et ceux qui échappèrent à nos coups durent se résigner à voir s'exécuter, devant eux, ce mouvement qu'ils étaient impuissants à empêcher.

Les tentes d'Ahmed-ben-Kerdaghr et celles de la fraction dont il était le chef vinrent s'établir sous les murs de Mostaganem, et quelques jours plus tard, les Chourfa et les Hachems-Daroghr sollicitaient, à leur tour, la présence de nos troupes pour protéger leur émigration. Abd-el-Kader, qui était chez les Flittas, accourut en toute hâte de sa personne, espérant arrêter, par sa présence, l'égrènement de cette grande tribu, qui lui échappait pièce à pièce. Mais il était trop tard : la colonne de Mostaganem était déjà sur]es bords du Chelif. Le colonel Tempoure le fait charger, sans hésitation, aussitôt qu'il se présente à la tête de ses réguliers, le met en fuite, le mène battant en lui tuant bon nombre des siens, et lui-même, un instant compromis, dut franchir, avec son cheval, les berges escarpées du lit de la rivière, pour ne pas tomber entre les mains des cavaliers du goum, acharnés à sa poursuite et sur le point de l'atteindre. Il se retira de l'autre côté du fleuve, d'où il put voir, avec douleur, les tentes de ses arabes défiler devant lui sous notre protection et désormais à l'abri de ses vengeances. C'était une première et inquiétante atteinte portée à son autorité ; c'était le premier anneau de la chaîne qu'il croyait, lui, assujétir solidement les tribus, qui se brisait. Aussi cet échec, quelque faible qu'il fut en réalité, lui fut, dit-on, très-sensible et l'affecta vivement : il lui prouvait qu'il était plus facilement vulnérable qu'il ne le croyait, et lui donnait tout lieu de craindre que les tribus du Chelif, celles qui, soumises à l'influence des Oulad-Sidi-Laribi, nous avaient fait jadis leur soumission, et qu'il avait traitées avec une grande rigueur, ne suivissent bientôt cet exemple. Aussi redoubla-t-il, à leur égard, de sévérité et de précautions. Les deux brillants combats, à la suite desquels furent recueillis les premiers résultats de toute cette campagne, eurent peu de retentissement à cette époque ; ils furent étouffés sous l'importance des résultats eux-mêmes qu'on attribua, avec raison, à l'action morale exercée sur tout le pays par les dernières opérations, mais qui eussent pu être longtemps différés, si les circonstances n'eussent été appréciées avec intelligence et saisies avec habileté.

Bien que les fractions des tribus détachées, par cette défection, de la cause ennemie, fussent peu considérables par elles-mêmes, ces faibles adhésions furent néanmoins regardées comme un fait d'une grande importance, tant en France qu'en Afrique. En France, elles furent une première preuve que la soumission des arabes que nous poursuivions, n'était pas un espoir chimérique, comme se plaisait à le répéter une malveillante incrédulité ; en Afrique, elles furent considérées comme d'un présage heureux pour l'avenir : elles firent renaître l'espérance au cœur de tous, en donnant à l'armée la preuve et la conviction que ses courses, ses fatigues, ses travaux, pouvaient ne pas être toujours stériles, et que la constance devait finir par lui faire atteindre le but glorieux qu'elle se proposait. En outre, relativement au gouvernement de la métropole, ces résultats, comme le disait, à cette époque, l'homme le mieux placé de la province pour les apprécier sainement, quelque peu significatifs qu'ils fussent en réalité, sauvèrent peut-être alors la question d'Afrique. Il était à craindre en effet, avec les intentions peu bienveillantes dont étaient animées les chambres, à l'égard de notre entreprise algérienne, que si, à l'issue de la campagne, on n'avait eu quelques soumissions de tribus à leur présenter, elles n'eussent refusé les crédits nécessaires pour continuer les opérations.

Le gouverneur-général et M. le général de La Moricière, qui jugèrent ainsi de la gravité des événements, se hâtèrent d'accourir successivement d'Alger et d'Oran à Mostaganem. Pour favoriser et rattacher à un centre commun les éléments de dissolution de la cause ennemie, qui commençaient à se divulguer et qui se trouvaient partout épars dans cette partie de la. province, ils pensèrent devoir produire, aux yeux des tribus, un homme d'un nom connu dans le pays, où ses ancêtres avaient longtemps commandé sous la domination turque, et qui, dans certaines prophéties populaires, puissantes sur l'esprit impressionnable des arabes, paraissait être indiqué comme devant servir, un jour, de point de ralliement et de drapeau. Cet homme était Hadj-Mustapha, fils du bey Osman, et petit-fils de Mohammed-el-Kebir. Par son insuffisance, par sa profonde nullité elle-même, il convenait parfaitement pour remplir le rôle auquel il était destiné. Il fut institué bey de Mostaganem et de Mascara, avec une grande pompe, le 9 août 1841.

Après avoir complété l'installation du bey, par la nomination d'El-Mezari comme son aga, et avoir pourvu, par diverses mesures de détail, aux nécessités que créait la situation nouvelle [27], le gouverneur-général et le général de La Moricière quittèrent Mostaganem. Pendant l'intervalle qui s'écoula entre cette époque et l'ouverture de la campagne d'automne, les Oulad-Hamdan, les Oulad-Malef, les Oulad-Sidi-Abd-Allah, les Oulad-bou-Kamel, etc., vinrent successivement achever, par leurs adhésions, la soumission de la tribu entière des Medjehers.

Vers le milieu du mois de septembre, la division d'Oran et le Maghzen retournèrent à Mostaganem pour la reprise des opérations, et, le 19, le gouverneur-général arrivait d'Alger pour présider encore à leur direction dans l'ouest. Mustapha-ben-Ismaël n'avait pas approuvé la mesure qui créait le nouveau bey ; il avait regardé cet expédient comme insignifiant et sans portée ; mais cette opinion, qui n'était qu'une juste appréciation des choses, et dont la campagne qui s'ouvrait allait se charger de prouver la justesse, ne fut attribuée qu'à un sentiment de rivalité et de jalousie, qu'on pardonna, au vieil aga, mais dont il ne fut pas tenu compte.

Les forces réunies à Mostaganem furent formées en deux corps, sous les noms de colonne politique, dont le gouverneur-général prit la conduite immédiate, et de colonne de ravitaillement, sous la direction du commandant de la province. Ce deuxième corps était destiné, dans le cours de la première période de la campagne, à accumuler dans Mascara, des ressources assez considérables pour y maintenir et y faire vivre une partie des forces de la division, appelée à y opérer activement pendant l'hiver. Les cavaliers des tribus nouvellement soumises, accompagnant le bey, marchaient avec la première colonne ; Mustapha-ben-Ismaël, avec ceux de nos anciennes tribus alliées, faisait partie de la deuxième.

La première colonne, marchant à petites journées, vint manoeuvrer dans les plaines de la Mina et du Chelif, pour chercher à nouer des relations avec les tribus dont on pouvait espérer la soumission, d'après les dispositions qu'elles avaient antérieurement manifestées ; mais les tribus ne se présentèrent pas. Contrariées dans leurs intentions par la présence d'Abd-el-Kader qui, établi sur le haut Hill-Hill, surveillait leurs mouvements, après avoir pris de sévères mesures de précaution pour empêcher toute communication avec nous, elles avaient dû se résigner à obéir à ses ordres, se retirer devant la colonne française et s'interdire avec soin toute démonstration en notre faveur.

Le gouverneur, après avoir vainement attendu leurs ouvertures, dut enfin se décider à agir hostilement contre elles. Ayant appris que les nombreuses populations des plaines basses étaient réfugiées chez les Flittas, dans les bois épais et les profonds ravins de Thifour, il surprend, par une marche de nuit, cette agglomération de tribus amoncelées dans ces terrains couverts et difficiles, leur fait subir une razzia considérable, fait un grand nombre de prisonniers, hommes, femmes et enfants, et ramène à Mostaganem toutes ces immenses captures avec la cavalerie de sa colonne, dont il laisse l'infanterie à la fontaine de Madar, sous les ordres du colonel Tempoure.

Pendant ce temps, la seconde colonne, après un ravitaillement dans lequel sa marche, pendant l'allée et le retour, ne fut que faiblement inquiétée, s'était de nouveau remise en route, après avoir chargé un deuxième convoi. Arrivée aux puits de Romri, elle eut connaissance de nombreux rassemblements, appelés de l'est et de l'ouest par Abd-el-Kader lui-même, et établis à Aïn-Kebira, dans le but, annoncé d'avance, d'engager une action et de lui disputer le passage. Craignant de s'engager, avec sa colonne alourdie par un pesant convoi, dans la longue route sans eau qui traverse les montagnes des Sedjeraras, le général de La Moricière arrêta son mouvement et fit prévenir le gouverneur-général de cette concentration des forces de l'ennemi et de ses intentions. Le gouverneur-général, saisissant avec empressement l'occasion qui lui était enfin présentée d'une lutte corps à corps avec lui, renonça aussitôt à ses projets antérieurs d'offensive contre les tribus des plaines et résolut de marcher sur cette nombreuse agglomération. Les deux corps expéditionnaires firent jonction au gué de Sidi-el-Megrdade sur l'Hill-Hill. Le 7 octobre, la colonne formée par leur réunion atteignait Aïn-Kebira, et le 8 elle livrait, auprès d'El-Bordj, un beau combat contre les nombreux contingents appelés de tous côtés sur ce point par l'émir. Notre cavalerie, régulière et irrégulière, dirigée par le général Mustapha, s'engagea résolument, les goums en tête, et poussa vigoureusement les groupes ennemis ; mais, arrêtés par les réguliers de Mascara et de Tlemcen, nos arabes plièrent un instant et furent ramenés. Revenus à la charge avec nos chasseurs, les cavaliers réguliers cèdent à leur tour devant notre admirable cavalerie d'Afrique, non sans avoir toutefois opposé une vive et opiniâtre résistance, dans laquelle bon nombre de combattants des deux côtés furent tués et mis hors de combat. Après cette affaire de cavalerie, dans laquelle l'honorable défense des cavaliers réguliers contre les charges de nos chasseurs eux-mêmes, prouva, encore une fois, que ces corps étaient loin d'être des ennemis méprisables, surtout lorsqu'ils combattaient sous les yeux d'Abd-el-Kader, toutes ces multitudes, qui s'étaient trouvées le matin devant nous, disparurent dans toutes les directions, et la colonne vint bivouaquer dans la plaine de Gréris, sur l'Oued-Maoussa, à peu de distance de Mascara.

Le 9, elle jette son convoi dans cette place et marche sur l'Oued-Fekan, où, pour inquiéter davantage les populations et les frapper de crainte, en les menaçant sur plusieurs points, elle se divise en deux corps, manœuvrant isolément dans un rayon de quelques journées de marche autour de Mascara. Le premier corps, sous les ordres du gouverneur-général, se porte à Sefisef, d'où il traque et essaie d'atteindre les nombreuses tribus réfugiées dans les affreuses gorges du pays des Guetarnias, à Tichtiouin ; de là il remonte la vallée de l'Oued-el-Hammam, et vient détruire, le 16, la guetna de Sidi-

Meheddin, dont il vide les silos et transporte, à Mascara, une partie des immenses approvisionnements.

Pendant ce temps, la deuxième colonne, commandée par le général Levasseur, accumulait également, dans la place, toutes les céréales qu'elle parvenait à découvrir. Le 17, ces deux corps se réunissent à Mascara, d'où ils partent en une seule colonne, le 19, pour marcher sur le fort de Saïda, dernier poste important qui restât debout des établissements d'Abd-el-Kader sur la limite du Tell. Le corps expéditionnaire ainsi reformé arriva, le 22, sous ces murailles élevées au prix des plus grands sacrifices, après avoir repoussé, sur l'Oued-Krerarib, une audacieuse attaque de nuit, la seconde que les arabes osaient essayer contre nos troupes, depuis le renouvellement des hostilités. Les murs de Saïda étaient déserts ; la population qu'Abd-el-Kader avait violemment réunie de tous les points de la province, et qu'il y avait maintenue avec grand'peine, par la force, sous les ravages incessants causés par une position malsaine et un climat meurtrier, les avait abandonnés dès la veille, ne laissant que ruine et solitude dans cette enceinte désolée. Les troupes se mirent immédiatement à l'oeuvre, pour miner et faire sauter les remparts construits, ainsi que les divers établissements de Tiaret et de Saïda, par des ouvriers français, dont nous avions nous-mêmes favorisé l'émigration auprès de notre adversaire, pour lui servir de guides dans ses travaux. Cette œuvre de destruction terminée au bout du deuxième jour, la colonne parcourt la Yagoubia rencontre de nouveau les cavaliers rouges à Tagremaret, où sa cavalerie leur fait encore éprouver un grand et sanglant échec, et rentre dans la plaine de Gréris par l'Oued-Tazouta et Cachrou. De là elle vient toucher à Mascara, d'où elle repart aussitôt pour aller rallier le lieutenant-colonel Géry, qui, détaché de Cachrou avec une colonne légère, avait surpris, à Benian, une fraction des Hachems, à laquelle il avait fait éprouver des pertes considérables.

Dans les derniers jours d'octobre, les troupes se concentraient sous Mascara, après cette longue et laborieuse campagne [28], et les Douairs et les Zmelas y apprenaient une fâcheuse nouvelle qui, grossie encore par l'incertitude de rapports exagérés, les accabla de douleur et de consternation.

El-Bou-Hamedi, revenant dans l'ouest après le combat d'El-Bordj, s'était approché d'Oran, et, grâce aux intelligences qu'il s'était ménagées avec un traître, il fit combler, près de Ras-el-Aïn, le fossé derrière lequel étaient établies les tentes des arabes alliés. Dans la nuit du 21 au 22 octobre, il pénètre dans l'intérieur de l'enceinte et enlève les femmes et les enfants d'un grand nombre de familles des Douairs, avant que les défenseurs, laissés dans la tribu pendant l'absence du goum, détournés de leur surveillance par le changement d'habitude qu'apporte dans la vie arabe le jeûne du Rhamadan qui venait de commencer, aient eu le temps de s'apercevoir de cette audacieuse tentative. El-Bou-Hamedi se sauva en toute hâte avant qu'on pût songer à le poursuivre ; et, arrivé au point du jour à Almeria, hors de toute atteinte, il divisa ses captives entre les tentes principales de ses Douairs du Tessala, qui étaient venus impérieusement les réclamer. Mais une jeune femme d'entre elles, nommée Bedra, refusa avec hauteur de les suivre et d'accepter leur patronage, les appelant lâches et traîtres et les accablant de son mépris. Elle apostropha même le kalifa devant toute la foule, lui disant qu'il n'était qu'un misérable voleur de nuit, fort contre de pauvres femmes sans défense, et fuyant, comme un homme sans cœur, devant leurs cavaliers, dont il n'oserait pas regarder en face les fusils. Mais c'était en vain qu'il se sauvait, ajoutait-elle, Mustapha-ben-Ismaël et les français sauraient bien l'atteindre partout où il se cacherait, et leur vengeance ne se ferait pas attendre. Elle fut envoyée à Nedroma, et lors de la soumission de l'ouest de la province, quelques mois plus tard, lorsqu'une colonne, dont faisait partie le Maghzen, vint se présenter devant cette petite ville, la seule chose que Mustapha-ben-Ismaël exigea des habitants, fut que Bedra lui fut amenée avec pompe par les notables, escortant eux-mêmes cette courageuse jeune fille montée sur une mule richement équipée.

La colonne et le Maghzen rentrèrent, le 5 novembre, à Mostaganem. Tous, généraux et officiers, n'avaient pu rester insensibles au malheur qui avait frappé les Douairs. Quelque étranger que l'on soit, par les mœurs et les habitudes, on ne partage pas, pendant de longues années, les mêmes fatigues, les mêmes privations, les mêmes dangers, sans qu'il s'établisse, entre les combattants d'une même armée, une espèce de solidarité, une sorte de confraternité qui ne permet pas aux uns de rester étrangers à ce qui arrive d'heureux ou de malheureux aux autres ; aussi toute l'armée s'associait-elle vivement aux désirs de vengeance des Douairs. Cette vengeance, du reste, commençait déjà à se préparer.

Quoique dans un camp différent, les Douairs dissidents, témoins des traitements auxquels avaient été en butte des femmes de leur tribu, avaient profondément ressenti la honte qui en rejaillissait sur eux-mêmes. L'espèce de nationalité ou d'esprit de corps, qui relie entr'eux toute aggrégation d'hommes portant un même nom, leur avait rendu cette injure commune avec leurs frères et, pour ainsi dire, personnelle. La conduite et les paroles de Bedra n'étaient peut-être pas tout-à-fait étrangères à ce sentiment de honte qui se réveillait en eux. Quoi qu'il en soit, plusieurs des principaux cherchèrent à abandonner une cause dans laquelle ils ne pouvaient plus se dissimuler qu'ils n'étaient acceptés qu'avec défiance, dans laquelle ils venaient d'être impuissants à faire respecter des femmes qui leur appartenaient par le sang, quels que fussent les sacrifices qu'ils eussent faits à cette cause, quels que fussent les garanties qu'ils lui eussent données. Pendant l'absence des cavaliers du Maghzen opérant dans le sud, une première tentative avait été faite auprès du colonel commandant à Oran. Mais, réduit à des ressources tout-à-fait insuffisantes, cet officier supérieur était condamné à l'inaction, malgré tout son bon vouloir. Une sortie qu'il voulut essayer échoua par suite de ce manque absolu de moyens, et, arrivé à Bredia, il dut renoncer à son projet et rentrer dans la place.

Mais Mustapha, dès sa rentrée à Mostaganem, avait reçu des lettres. Ces ouvertures ayant été communiquées au gouverneur-général, le général Levasseur reçut l'ordre d'accompagner à Oran, avec sa brigade, le général Mustapha-ben-Ismaël et son goum, et d'appuyer leurs mouvements. Mustapha trouva en arrivant, un émissaire des chefs principaux de la fraction dissidente qui l'avait précédé. Hadj-Chikr-el-Bou-Alaoui, Oudiâa, Si-el-Habib-ben-Zouawi, Brahim-Ould-Sidi-Adda, lui faisaient savoir qu'ils s'étaient rapprochés d'Oran autant qu'ils l'avaient pu, sans éveiller les soupçons, et que leurs campements étaient disséminés entre Hammam-Bou-Hadjer et le marabout de Si-Abd-Allah-Berkan.

Le 14 novembre, le général Levasseur sortit d'Oran. Il se dirigea parallèlement à la mer, sur le marabout de Sidi-el-Baroudi, dissimulant son mouvement derrière le rideau de montagnes des Rameras : il s'y établit jusqu'à la nuit. A huit heures du soir, il leva son camp, et Mustapha-ben-Ismaël, devançant la colonne, se trouva au jour naissant au-delà des douars campés aux lieux qui lui avaient été indiqués.

L'opération avait eu un succès complet ; mais cette heureuse réussite ne désarma point sa vengeance. Son cœur ulcéré l'avait attendue avec patience trop longtemps, pour ne pas lui donner cours du moment qu'elle lui était facile. El-Miloud-Ould-el-Hassasna, caïd nommé par Bou-Hamedi, Be-Kredda et Beloufa-bel-Hadj, qui avaient été les premiers à donner l'exemple de l'abandon dans la mauvaise fortune, et avaient été depuis les fauteurs les plus actifs d'intrigues et de défections, furent immédiatement mis à mort, et quatre autres, également compromis, n'échappèrent à sa colère que par la fuite. Ce furent : Si-Soliman-ben-Trari, ancien cadi ; Hadj-Chikr-el-Bou-Alaoui, qui avait été précédemment caïd pour Abd-el-Kader ; Mohammed-ben-Krelifa et Aid-ben-Ansali. Après cet acte de sévère justice, Mustapha, poussant devant lui toute cette population avec ses nombreux troupeaux, vint rejoindre la colonne française campée sur l'Oued-Mezemzema, au milieu des jeux de fantazia de ses anciens cavaliers et de ceux de la fraction nouvellement ralliée, qui allaient ajouter une notable force à son Maghzen. Le général Levasseur se porta de là jusqu'à El-Bridge, en vue de Tlemcen, à travers le pays vide des Beni-Amer, et rentra à Oran le 23 novembre, sans avoir rencontré l'ennemi.

Pendant que ces événements se passaient du côté d'Oran, le gouverneur-général rentrait à Alger et le général de La Moricière, qui avait reçu l'ordre de s'établir à Mascara et d'y manœuvrer avec une forte colonne, préparait, à Mostaganem, les éléments de cette belle campagne de l'hiver de 1842, qui allait porter les coups les plus décisifs à la puissance d'Abd-el-Kader dans l'ouest. Cette suite non interrompue de marches incessantes, de combats, de razzias, qui dura plus de quatre mois, dans un pays où la rigueur de la saison et l'absence complète de ressources, présentaient des difficultés qui ne furent vaincues que grâce à l'admirable constance de nos soldats et à l'infatigable énergie de leur chef, transporta le centre des efforts au centre même de la résistance, au point véritablement stratégique. Elle causa cet ébranlement qui, se propageant jusqu'aux extrémités de la contrée, fit naître partout de nouvelles complications favorables à nos armes, et prépara des succès qui n'en furent, pour ainsi dire, que le corollaire. Le corps expéditionnaire de Mascara se mit en route le 27 novembre. Retenu par les difficultés d'y nourrir une nombreuse cavalerie, le général n'emmena avec lui, comme cavalerie irrégulière, que quelques cavaliers d'élite du Maghzen et des guides, qui, par les immenses services qu'ils lui rendirent, furent une des causes les plus actives des succès de cette colonne pendant cette longue et difficile époque de crise.

SIXIÈME PARTIE

Moulai-Chikr-ben-Ali et Si-Mohammed-ben-Abd-Allah-Ould-Sidi-Chikr, kalifa de l'ouest. — Occupation de Tlemcen. — Soumission des Garabas. — Expédition du Chelif. — Combat du col de Terrien. — Établissement d'Orléansville et de Tiaret. — Prise de la Daïra. — Mort de Mustapha-ben-Ismaël.

Arrivé à cette période de la lutte, dans la province de l'ouest, l'action qui, jusqu'ici, y avait été à peu près invariablement une, se subdivise, à mesure que le théâtre s'agrandit, en plusieurs séries d'opérations rayonnant autour de différents centres, isolés et indépendants les uns des autres. Pour rester dans les limites du cadre auquel nous nous sommes, pour le moment, astreint, nous devrons, dans la suite de notre récit, n'indiquer que les résultats généraux et nous attacher plus spécialement aux opérations des colonnes dans lesquelles le Maghzen fut successivement appelé à jouer un rôle. Ce rôle allait être actif et important dans l'ouest, car c'étaient Mustapha-ben-Ismaël et le Maghzen qui allaient être les principaux et presque les uniques acteurs dans les événements qui se préparaient du côté de Tlemcen et qui nous restent actuellement à faire connaître.

Le retour des Douairs et des Zmelas dissidents, dans leur pays, sembla être un coup fatal porté à l'autorité de Bou-Hamedi ; les divisions intestines, les haines de tribu à tribu, fruits de la mauvaise et partiale administration de ce kalifa, autant que des jalousies ardentes, des rivalités antérieures et des répulsions dont son origine cabyle était la cause, de la part de plusieurs des chefs principaux des tribus de son commandement, se réveillèrent avec une nouvelle activité, et fermentèrent pendant quelque temps dans l'ombre. Moulai-Chikr-ben-Ali, originaire de la tribu des Hachems, ennemi juré de Bou-Hamedi, avec lequel il avait eu de sérieux démêlés, et qui l'avait destitué de la position d'aga, qu'il avait occupée pendant tout le temps que Mustapha-ben-Thami, issu de la même tribu que lui, avait été kalifa de

Tlemcen, jouissait d'une grande influence, non-seulement sur les Ghossels, tribu qu'il avait eue sous ses ordres, mais en général sur toutes les tribus de l'ouest de la contrée. Attentif aux symptômes de dissolution qui se manifestaient dans ce pouvoir qu'il ne supportait plus qu'avec impatience, il crut le moment venu de satisfaire son désir de vengeance contre le kalifa. Il commença donc à agir sourdement et à agiter les populations sur lesquelles s'étendait son action. Les Ghossels, à l'exception des Meguennia-Mtâa-el-Ouad, étaient pour lui, et il ne tarda pas à s'entendre avec une partie des Traras et la fraction des Oulassas, les Beni-Rhiman, hostile par jalousie à la fraction des Bem-Fouzech, à laquelle appartenait Bou-Hamedi. Moulai-Chikr, homme adroit et astucieux, comprenant bien que sa position ne lui donnait ni l'autorité ni la force nécessaire pour se poser lui-même en compétiteur d'un lieutenant d'Ald-el-Kader, choisit, pour jouer ce rôle, un homme revêtu du prestige religieux, toujours tout-puissant aux yeux de la foule, mais qui, par sa valeur personnelle, ne pouvait ni porter ombrage à son ambition, ni faire obstacle à son ardent désir du pouvoir. Si-Mohammed-ben- Abd-Allah, sur lequel il jeta les yeux, sortait d'une famille obscure de la grande tribu des Oulad-Sidi-Chikr, dont les chefs comptent, parmi leurs serviteurs religieux, la plus grande partie des arabes de diverses tribus de la province. C'était un pauvre *derrer* ou maître d'école, qui ne s'était fait remarquer, jusqu'alors, que par les pratiques d'une dévotion exagérée. Tous les vendredis, depuis plusieurs années, il allait en pèlerinage, nu-pieds, au tombeau de Sidi-bou-Meddin, près Tlemcen, et là, il passait la nuit en prières. Il ne fut pas difficile de persuader à cet homme, dont l'imagination était exaltée par la contemplation et l'ascétisme, et qui, comme la plupart des marabouts, n'avait pas manqué d'entrevoir la puissance dans le vague de ses rêves d'halluciné, que le ciel l'appelait à de hautes destinées. Chez ces populations d'une ignorance primitive, aux idées inquiètes et changeantes, tout est possible dans cette sphère d'idées, à l'aide du puissant levier de la superstition et du fanatisme. L'histoire du pays, remplie d'exemples de malheureux derviches que l'engoûment populaire à fait passer, en quelques jours, de la position la plus humble à la fortune la plus élevée, peut, à cet égard, légitimer les écarts des plus invraisemblables ambitions.

Mohammed-ben-Abd-Allah fut donc facilement convaincu qu'il était dans sa destinée d'arriver, comme tant d'autres, au faîte de la puissance, et il se mit à courir les tribus, en prêchant lui-même son élévation prochaine et la chûte de ceux qui tenaient en main le pouvoir. Bou-Hamedi, effrayé de ces menées, avait vainement essayé de se saisir ou de se défaire de sa personne. Mohammed-ben-Abd-Allah, prévenu toujours à temps, était parvenu jusque-la à échapper aux poursuites des agents du kalifa, et à éviter le sort dont il était menacé, en se cachant momentanément, soit chez les Traras, soit chez les Beni-Rhiman eux-mêmes.

Mustapha-ben-Ismaël, dont l'attention n'avait pas cessé d'être fixée de ce côté depuis son retour à Oran, avait déjà reçu des communications de Moulai-Chikr, et avait été initié, dès l'origine, à ses projets et à ses espérances. Il s'était tenu en relations constantes avec ce foyer d'intrigues, qu'il attisait par l'intermédiaire du nommé Hamed-Ould-Merouan, surnommé Bou-el-Nouar des Oulassas, homme d'une grande intrépidité et d'une grande finesse. Lorsque le futur sultan crut les choses assez avancées pour pouvoir se démasquer et agir ouvertement, il écrivit à Mustapha, lui demanda son appui et celui des troupes françaises, contre l'ennemi commun. Son intention avouée était de se servir momentanément de ces secours, jusqu'à ce que son établissement eût acquis assez de force et de puissance pour pouvoir se maintenir seul par lui-même, en se bornant à se reconnaître vassal et tributaire de la France, se promettant bien, sans doute, de s'affranchir de cette dernière dépendance, aussitôt que les circonstances le lui permettraient. Mais c'était un nouveau drapeau qui s'élevait, c'était une nouvelle scission qui venait briser l'unité de cohésion qu'Abd-el-Kader maintenait encore à peu près intacte dans ses tribus. Il y avait donc tout intérêt à favoriser ce mouvement, à soutenir le nouveau prétendant, sauf à compter plus tard avec lui ; aussi, sans s'expliquer sur ses inacceptables prétentions, Mustapha-ben-Ismaël fut-il autorisé à promettre à l'insurrection la coopération du Maghzen et des troupes françaises. Mohammed-beny-Abd-Allah écrivit alors à Mustapha pour lui demander une entrevue et convenir des derniers arrangements. Il désignait, pour le lieu de la rencontre, les marabouts de Seba-Chioukr.

Le 3 décembre 1841, Mustapha sortit à la tête de son goum, appuyé d'une colonne aux ordres du colonel Tempoure, commandant supérieur d'Oran et de son territoire. Cette colonne se dirigea sur Hammam-bou-Hadjer, où le Maghzen arriva pendant la nuit. Arrivé au lieu convenu, personne ne se présenta. Après avoir attendu sur ce point toute la matinée, Mustapha se retirait sans comprendre quelle pouvait être la cause de l'absence du marabout d'une entrevue qu'il avait lui-même sollicitée, craignant même quelque trahison ou quelque embuscade, lorsque ce manque à la parole donnée lui fut expliqué par quelques coureurs des Ghossels, ramassés par ses éclaireurs. Mohammed-ben-Abd-Allah, allant au rendez-vous avec tout l'appareil de sa nouvelle dignité, avait reçu une brillante réception chez les Mediouna, lorsque Bou-Hamedi, prévenu de sa présence dans cette tribu, était tombé sur lui à l'improviste, avait mis à sac les douars qui lui avaient donné l'hospitalité, pris les troupeaux, et la population, épouvantée, s'était sauvée, laissant les tentes et tout ce qu'elle possédait entre les mains des soldats du kalifa. Quant à Mohammed-ben-Abd-Allah, ses drapeaux, insignes de sa future puissance, étaient restés au pouvoir de l'ennemi, et lui-même n'était parvenu qu'à grand'peine à échapper aux cavaliers, acharnés à sa poursuite. Il s'était réfugié dans les montagnes des Traras.

Mustapha-ben-Ismaël, en rejoignant le camp français, fut rencontré par des cavaliers des El-Aghouat qui, instruits de son arrivée dans le pays, étaient à sa recherche et venaient, au nom de leur tribu, lui offrir leur soumission et le prier de faire protéger leur émigration par son goum. Mustapha fit faire demi-tour à une partie de ses cavaliers, qui se portèrent jusqu'à Arlal, dans le pays des Ouled-Zaïr, couvrirent le mouvement de retraite des El-Aghouat, dont les douars furent établis au milieu de ceux du Maghzen.

Cependant, Mohammed-ben-Abd-Allah, échappé aux dangers qu'il venait de courir, ne perdit pas courage, et ce fâcheux événement n'ôta rien à ses partisans de leur aveugle confiance. Il renouvela bientôt sa proposition pour une entrevue, et le commandant français, appuyant Mustapha-ben-Ismaël et son goum, sortit une seconde fois, le 18 décembre, et vint s'établir, par un temps affreux, au marabout de Sidi-Ahmed-Bou-Kerâa, non loin de son premier camp d'Hammam-bou-Hadj er. La colonne séjourna là pendant tout le temps que durèrent les pourparlers et les négociations préliminaires, relatives à la soumission de plusieurs tribus, qui arrivèrent successivement pour demander l'aman. Enfin, le 28, M. le colonel Tempoure se mit en marche avec son escorte, quelques officiers de son état-major et le goum de Mustapha-ben-hmaël, laissant dans son camp la colonne française, pour aller à la rencontre de Mohammed-ben-Abd-Allah.

L'entrevue eut lieu à Coudiat-ed-Diss, près de la fontaine d'El-Bridge. Ce fut un spectacle étrange et saisissant, que celui qui s'offrit aux yeux des quelques officiers qui avaient accompagné le commandant français, lorsqu'ils virent tous les mamelons se couronner tout-à-coup de cavaliers, et Mohammed-ben-Abd-Allah, laissant ses goums à distance, s'avancer, suivi de ses drapeaux, de Moulai-Chikr, son aga, et de son escorte, vers le vieux Mustapha et le groupe des officiers français placés en avant du Maghzen rangé en bataille. C'était un homme d'un âge mur, d'une stature élevée, sur la figure duquel les veilles de l'ambition et de la vie ascétique avaient laissé des traces profondes. Ses yeux noirs et ardents sur ce visage pâle et fatigué, sa parole brève et sententieuse, son maintien grave et sévère et, à cette époque surtout, la nouveauté de cette scène, tout était fait pour exciter l'intérêt et piquer la curiosité. A droite et à gauche, le pays était nu et désert, et quelque marabout, perché sur quelque lointain mamelon, venait seul rompre la monotonie du paysage. Au loin, perdue dans le vague de l'horison et éclairée, de temps en temps, par quelques rares rayons du soleil, apparaissait comme suspendue aux flancs de la montagne à laquelle elle est adossée, Tlemcen, la ville aux mystérieuses chroniques, avec ses blanches coupoles et ses hauts minarets. Mohmnmed-ben-Abd-Allah et Moulai-Chikr mirent pied à terre, et, assis sur une touffe de palmiers, s'entretinrent longtemps avec Mustapha. Le colonel remit au marabout quelques cadeaux qu'il avait apportés à son intention, l'assura de la protection de la France, de la coopération de ses troupes, pour aller prochainement s'emparer de Tlemcen et l'y établir. Sur sa demande, il lui promit de tenir encore pendant quelque temps la campagne, pour le garantir d'une tentative pareille à celle dont il avait failli être victime ; après quoi les deux goums se séparèrent. Le colonel Tempoure resta peu de temps dans la position qu'il occupait : rappelé à Oran par les ordres du gouverneur-général, il dut opérer une retraite que le mauvais temps rendait du reste indispensable.

    Mohammed-ben-Abd-Allah ne tarda pas à l'y suivre ; hors d'état de lutter seul contre un ennemi dont il reconnaissait la supériorité, craignant pour lui-même, il vint demander l'hospitalité à Mustapha, et attendit, en lieu de sûreté, les secours qui lui avaient été promis. Moulai-Chikr resta dans le pays pour y entretenir, sous main, l'agitation.

Le gouverneur-général, aussitôt qu'il avait été instruit de la gravité des faits qui venaient de se produire dans l'ouest, s'était hâté d'accourir et était débarqué à Oran le 20 janvier 1842. La colonne, sous ses ordres directs, se mit en route le 24, et malgré toutes les difficultés que la rigueur du temps, l'état des routes, les cours d'eau débordés opposèrent à sa marche, il arriva le 30 à Tlemcen. La ville avait été depuis longtemps évacuée ; les habitants, coulouglis, hadars et juifs avaient été violemment expulsés de leurs maisons, lorsque la colonne du général Levasseur avait, deux mois auparavant, poussé une reconnaissance en vue de la ville, jusqu'à la fontaine d'El-Bridge. Le gouvrrieur-général en prit immédiatement possession, et après avoir ordonné les dispositions nécessaires pour son occupation, il en partit le 2 février, se dirigeant sur les Ouled-Riahh, qui n'avaient encore fait aucune démonstration en faveur de Mohammed-ben-Abd-Allah.

Abd-el-Kader, de son côté, appréciant toute l'importance des faits qui se déroulaient contre lui, dans cette partie de la contrée, s'était porté en toute hâte sur le point où le danger lui paraissait le plus imminent. Abandonnant à son kalifa de l'est, Mustapha-ben-Thami, le soin de défendre les tribus situées dans le rayon d'action de la colonne de Mascara, il était arrivé dans les environs de Tlemcen, où il tâchait de relever le moral et de réchauffer le zèle de ses partisans. Le 4, il se présente sur le : trajet de la colonne, qu'il cherche à inquiéter dans sa marche. Le gouverneur-général lance contre lui le goum de Mustapha, qui l'aborde intrépidement, le met en déroute, l'atteint dans le pays des Ouled-Sidi-Medjahed, lui tue bon nombre de ses cavaliers, prend trente-six chevaux, un étendard et ramène des prisonniers. Après ce brillant combat, où les cavaliers du Maghzen, seule cavalerie de la colonne, furent seuls engagés, le gouverneur-général rentre à Tlemcen, d'où il se dirige sur le fort de Zebdou, qu'il ruine et fait sauter le 9. Dans le cours de cette expédition, courte de durée mais féconde en résultats importants, la majeure partie des tribus du cercle de Tlemcen avait reconnu l'autorité de Si-Mohammed-ben-Abd-Allah. Allah.

Pendant que ces événements donnaient dans l'ouest une tournure favorable à nos affaires, la division de Mascara, infatigable malgré le mauvais temps d'une saison rigoureuse, vivant du pays sur le pays lui-même, se montrait partout dans la plaine de Gréris et dans les montagnes qui entourent ce bassin, menaçant les Hachems et ne leur laissant ni trêve ni repos. Dans les premiers jours de décembre, elle avait atteint, dans leurs âpres montagnes, les Beni-Chougran et les Oulad-Sidi-Daho, et les avait forcés à la soumission, s'assurant ainsi de précieuses ressources pour son marché et une utile coopération pour les travaux de réinstallation de la ville à demi-ruinée. Le même jour (8 décembre), le général Bedeau qui, après le départ du général de La Moricière pour Mascara, avait pris le commandement des troupes de Mostaganem, surprenait les Borgias dans les bois de l'Habra, leur faisait éprouver des pertes considérables et les amenait à composition le 22 du même mois [29].

Par suite de cette double série d'opérations parallèles, vigoureusement et habilement dirigées des deux côtés, dans le courant des mois de janvier et de février, soit par l'action directe de la colonne de Mostaganem, soit par l'action indirecte exercée par la présence de la division à Mascara, toutes les tribus comprises dans le périmètre partant du coude du Chelif à Mascara, et de Mascara à Arzew, étaient soumises ou du moins réduites à ne plus être hostiles.

Les Garabas, à leur tour, nos plus constants et nos plus anciens ennemis, devenus vulnérables du côté de Mostaganem, par la reddition des Borgias, placés au sud, à portée des atteintes des troupes de Mascara, et saisissables également à l'ouest par celles d'Oran, ne pouvaient plus tenir dans leur position, au milieu de ce triangle ennemi, et se décidaient à faire des démarches auprès du gouverneur-général, entraînant dans leur mouvement une portion des Beni-Amer. Ramené à la mer par ces manifestations, le gouverneur quitte Tlemcen, ayant confié au général Bedeau, appelé de Mostaganem, la mission difficile et délicate de poursuivre les opérations si heureusement commencées et si efficacement conduites dans l'ouest.

Arrivé à Tlemcen le 24 février avec un grand convoi dont les Garabas, pour premier acte de soumission, avaient dû fournir les bêtes de transport, le général Bedeau se mit immédiatement en campagne. Pour ne pas laisser à Abd-el-Kader le temps de réagir sur l'œuvre commencée, et pour contrebalancer l'influence de sa présence sur les tribus nouvellement soumises, il descendit vers le nord, traversant le pays des Ghossels, auxquels il donna un commencement d'organisation, et se présenta devant Nedroma, petite capitale des montagnes cabyles du littoral, dont les habitants vinrent lui demander l'aman ; il accepta leurs offres de soumission à la condition de fournir des ôtages qu'il fit désigner par Mustapha-ben-Ismaël.

Les Beni-Senous, dans les montagnes du sud-ouest de Tlemcen, conservaient encore une attitude hostile. Les habitants de la ville, juifs et musulmans, qui s'étaient réfugiés chez eux, à l'époque où Bou-Hamedi les avait violemment expulsés de leurs demeures, y étaient retenus de force, et il ne leur était pas permis de retourner à Tlemcen, que nous avions un grand intérêt à voir se repeupler. La colonne, précédée par le goum, pénètre dans leur pays et se dirige sur le village du Kef : les habitants ayant essayé de faire résistance, Mustapha fait mettre pied à terre à ses cavaliers, s'en empare et le met à sac. Les autres villages, véritables nids d'aigles, placés dans les gorges de ces diffciles montagnes,, épouvantés par cet exemple, se rendent à discrétion et sont respectés.

Pendant que le général Bedeau, rentré à Tlemeen après la réduction des Beni-Senous, y donnait quelque temps à l'installation de sa garnison et de ses services, Mohammed-ben-Abd-Allah, qui commençait à s'apercevoir qu'on ne se servait de lui que comme d'une sorte d'amorce pour attirer les tribus, et qui arrivait à comprendre le rôle précaire auquel il était destiné, voulut essayer de sortir de tutelle et entreprendre quelque chose par lui-même. Il réunit les contingents des tribus ralliées et forma un camp à Ennaya. Abd-el-Kader qui, aussitôt après notre départ de chez les Beni-Senous, s'était hâté de s'y transporter pour chercher à paralyser l'effet que venait de produire la colonne qui quittait ce pays, se trouvait au village ruiné : du Kef au moment où Mohammed-ben-Abd-Allah se hasardait, pour la première fois, à tenir la campagne sans la protection du Maghzen ou des troupes françaises. Instruit de ce : mouvement par ses affidés, il s'empresse de profiter de la bonne fortune que lui offre la folle présomption de ce compétiteur indigne de lui., Il part, pendant la nuit, avec le projet d'enlever le camp et de s'emparer de Mohammed-ben-Abd-Allah lui-même. Pour lui couper sa retraite, sur la ville, où il pensait qu'il chercherait à se réfugier, il se dirigea entre Ennaya et Tlemcen, pendant qu'il faisait attaquer, par quelques cavaliers, le camp à l'ouest de sa position. Mais Mohammed-ben-Abd-Allah, prévenu à temps de l'attaque qui le menaçait et du piège, qui lui était tendu, ne songea pas même à se défendre. Les cavaliers de son goum, saisis d'une terreur panique se débandèrent au seul nom d'Abd-el-Kader, et lui-même, aussi peu rassuré que les siens, se sauva en toute hâte dans le petit village d'Aïn-el-Hout, où il se tint caché.

Cet essai malheureux acheva de prouver, à notre kalifa, son insuffisance et enleva, aux siens et à lui-même, toute confiance. Effrayé par cette leçon et le danger qu'il avait couru, il renonça, pour l'avenir, à agir seul, et il dut se résoudre à reconnaître, comme les véritables maîtres, ceux qu'il avait espéré d'abord ne se donner que comme auxiliaires. Il voulut bien essayer d'élever, dans l'origine, quelques ridicules et exorbitantes prétentions ; mais M. le général Bedeau, tout en l'entourant de marques extérieures de considération, le maintint inflexiblement dans sa nullité, détruisit peu à peu son crédit sur les populations, et finit bientôt par les détacher complètement de lui. Mohammed-ben-Abd-Allah fut amené ainsi à se désister de toute part dans le commandement, et dut se contenter de toucher les émoluments élevés qui lui avaient été attribués et la part régulière, dans les impôts, à laquelle il avait droit. Enfin, il finit par s'éclipser complètement, et, pour n'avoir point à revenir sur son compte, nous dirons, dès à présent, qu'après l'insurrection de 1845, à laquelle il resta tout à fait étranger, au mois de juillet 1846, il partit pour la Mecque, où il paraît s'être fixé.

Trompé dans les espérances qu'il avait fondées sur ce coup de main, pour abattre d'un seul coup ce drapeau qui ralliait à notre cause une fraction considérable des tribus de l'ouest, Abd-el-Kader se rejeta sur les Oulad-Sidi-el-Krouan et les Aouamer, fractions des Ghossels, les plus voisines et les plus à sa portée. Il les surprend, les pille et leur enlève tous leurs troupeaux, qu'il se met en devoir de conduire dans l'ouest, par la route d'Hammam-ben-Zemera et de la Tafna. Prévenu, à huit heures du matin seulement, de cette razzia, exécutée audacieusement presque sous nos yeux, Mustapha-ben-Ismaël fait monter immédiatement son goum à cheval et le lance dans la direction indiquée. Abd-el-Kader, serré de près, abandonne successivement ses prises, après une courte résistance, et échappe à la poursuite en se jetant, sur la droite, dans le pays des Traras. Les cavaliers du goum poussent jusqu'au Melâab, sur la rive droite de la Tafna, et rentrent dans la même journée, en ramenant à Tlemcen tout ce qui avait été enlevé, après avoir accompli cette rapide opération en moins de dix heures.

Les chevaux du Maghzen, qui, pendant toute cette série d'expéditions, avaient été la seule cavalerie de la colonne, étaient exténués par les fatigues, les mauvais temps qu'ils avaient eu à supporter, et avaient un besoin urgent de repos pour se refaire et pouvoir prendre part aux opérations qui se préparaient pour le printemps. Le 7 avril, un escadron de chasseurs, formé à grand'peine de tous les chevaux disponibles qu'il fut possible de réunir à Oran, arriva pour les relever, et les Douairs et les Zmelas rentrèrent dans leurs tentes, le 12, après une campagne laborieuse, dans laquelle ils avaient été souvent les agents principaux, soit dans les négociations, soit dans les combats, et qui n'avait pas duré moins de deux mois et demi, dans la saison la plus pénible et la plus rigoureuse de l'année.

Les coups vigoureux et réitérés portés incessamment à notre infatigable adversaire, sur tous les points de l'est et de l'ouest de la province, avaient fini par ébranler fortement l'édifice de sa puissance ; elle commençait à crouler, et les tribus à s'en détacher successivement par groupe, suivant le degré de ruine ou de fatigue auquel elles étaient arrivées. La lassitude et la misère commençaient à être grandes pour la plupart d'entre elles, et, s'il est vrai qu'un ennemi généreux s'honore lui-même en rendant justice à ses adversaires, nous devons ne pas hésiter à reconnaître que la résistance énergique, opposée par les arabes à l'asservissement de leur pays, que l'interminable lutte qu'un peuple ignorant et primitif a pu soutenir contre les meilleurs soldats du monde, agissant avec tous les moyens d'action qui mettent à la disposition des armées européennes, des procédés qui font de la guerre moderne un art et une science, ne laissent pas que d'offrir un imposant spectacle, et révèlent, chez ce peuple, une puissante énergie morale et une valeur peu commune.

Pendant que le général d'Arbouville, remplaçant le général Bedeau, à Mostaganem, se portait sur le Chelif, à la maison de Ben-Arach, et y recevait la soumission des tribus de ce bassin, depuis la Mina jusqu'aux Oulad-Krouidem et aux Oulad-el-Abbas, le général de La Moricière, après une lutte désespérée ; avait réduit à composition les Hachems, une portion des Flittas, la totalité des Zedamas, des Krellafas, des Aouaret, la majeure partie de la Yagoubia, etc.,[30]. L'est, cependant, continuait à tenir bon ; la coalition des tribus, contre nous, s'y maintenait encore intacte, et ne participait pas à cette décomposition d'un pouvoir qui s'y débattait énergiquement contre sa ruine.

Le gouverneur-général, décidé à frapper un grand coup, pour achever de briser cette résistance, prescrivit qu'une forte colonne, dont il se réservait de prendre lui-même le commandement, fût réunie à Mostaganem, dans les premiers jours du mois de mai. M. le général de La Moricière, voulant présider lui-même à l'exécution des ordres donnés pour cette concentration de forces et pour leur organisation, quitta Mascara, le 14 avril, après avoir appelé le général d'Arbouville pour le remplacer. Des moyens de transport immenses se rassemblent à Mostaganem ; tous les cavaliers des tribus soumises sont convoqués pour accompagner cette colonne, et montrer, aux populations de l'est, les goums de l'ouest marchant sous nos drapeaux et faisant cause commune avec nous. Le général de La Moricière reçoit l'ordre de manœuvrer au sud, sur son flanc droit, pour opérer une diversion, pendant qu'en suivant la grande artère du Chelif, elle frappera, à droite et à gauche, les tribus des deux rives du fleuve non encore soumises. M. le général Changarnier, partant simultanément de Miliana, doit suivre cette immense vallée jusqu'à l'Oued-Rouïna, où les deux corps expéditionnaires feront jonction.

En exécution des ordres qu'il avait reçus, pour coopérer à ce plan, le général de La Moricière part d'Oran, dans les derniers jours d'avril, avec Mustapha-ben-Ismaël et un goum nombreux, auquel viennent se réunir les cavaliers des tribus sahariennes nouvellement soumises, les Beni-Methar et les Oulad-Baleghr. Suivi de cette masse de cavaliers, il se dirige, par le Tenira, Dayat-el-Khala, Kersout, etc., dans le sud-ouest, atteignant, dans ce rapide mouvement circulaire, les Ouhaïba, les Oulad-Sidi-Yahia, les Douï-Tabet, les Beni-Meniarine, etc., tribus situées sur les limites des rayons d'action des colonnes de Tlemcen et de Mascara, et, le 9 mai, il rentre dans cette dernière place. De là, comme le rôle de ses troupes, dans le commencement de cette nouvelle campagne, devait se borner à menacer, en les prenant à revers, les tribus de la rive gauche du Chelif, pour les empêcher de se jeter toutes sur la colonne principale, il renvoie, à Oran, le goum de Mustapha-ben-Ismaël, pour ménager cette cavalerie.

Le 15 mai, le même jour où le gouverneur-général partait de Sidi-bel-Assel, où il avait concentré et organisé sa colonne, le général de La Moricière quittait Mascara, traversait les plateaux de Mondes et arrivait à Tekedempt, après avoir dispersé, dans un combat de cavalerie, à Aïn-Krima, un rassemblement de cavaliers des Flittas et des tribus sahariennes, que le kalifa du sud, Ben-Abd-el-Baki, avait essayé de lui opposer pour inquiéter et entraver sa marche. Il incendie une seconde fois les gourbis de cette bourgade que la population avait entrepris de rétablir ; de là, cette colonne franchit les Kefs et se montre, pour la première fois sur les hauts plateaux, passe par les ruines romaines de Tiaret et pousse jusqu'à Aïn-Touda, au-delà du méridien d'El-Asnam, où elle campe, le 27. Pendant cette marche dans l'est, les Oulad-Cherif, les Oulad-Lekreud, les Harrar-Cheragas, les Hallouya, etc., s'étaient mis en relation avec nous et nous avaient fait des semblants de soumission [31]. Dans son mouvement de retour, le général La Moricière apprend, le 31, à son bivouac de Medrossa, qu'Abd-el-Kader, profitant de son éloignement, s'est jeté sur ses derrières et a atteint les Hachems-Gheragas, sur l'Oued-el-Abd ; le goum de Mustapha-ben-Ismaël est immédiatement rappelé à marches forcées, et vient camper, le 3 juin, au Keurt, près de Mascara. Le général se met aussitôt en route pour le sud-ouest, direction dans laquelle Abd-el-Kader s'est retiré, et, pour empêcher une nouvelle aggression en arrière de lui, par un de ces rapides mouvements tournants habituels à notre agile ennemi, il pourvoit à la défense de la plaine et des environs de Mascara, par l'organisation d'une petite colonne mobile, destinée à manœuvrer, dans un court rayon, autour de cette place. La colonne aux ordres du général, passe par Saïda, Aïn-el-Hadjer, Timetlas, et pousse jusqu'au puits du Séfid, où une fraction des Djafras vient lui faire une équivoque soumission. Pendant ce temps, fidèle à son système, de se dérober en tournant autour de nous lorsque nous marchions sur lui, Abd-el-Kader n'avait pas manqué de se présenter de nouveau dans la plaine de Gréris, à la tête de quelques cavaliers ; mais ses tentatives avaient été paralysées, cette fois, par la présence du petit corps de troupes chargé de couvrir Mascara. Rentré dans cette ville, le 17, le général de La Moricière en repart le 20 pour se porter à Fortassa, au confluent de la Mina et de l'Oued-el-Tat, où il séjourne jusqu'au 5 juillet, moissonnant les riches récoltes des Flittas et des Hachems insoumis.

Pendant que les troupes de la division d'Oran, qui avaient fait partie de l'expédition du Chelif, rentrent à Mostaganem, sous les ordres du général d'Arbouville, dans les premiers jours de juillet, la colonne de Mascara et le goum quittent Fortassa, le 5, et se dirigent, de nouveau, dans le sud-est, par Ardjet-el-Ketof, Sidi-Djilali-ben-Omar, Sidi-bel-Kassem, où les Harrar viennent faire une nouvelle et plus sérieuse soumission, et poussent jusqu'au kseur de Goudjila, sur le piton de ce nom, où A-bd-el-Kader avait déposé les restes des approvisionnements en armes et en munitions qu'il avait sauvés de la ruine de Tekedempt, et qu'il avait pu jusqu'alors soustraire à nos recherches. Goudjila était le point le plus au sud où nous eussions pénétré jusqu'à ce jour ; c'était le premier pas fait dans ces contrées alors inconnues des hauts plateaux, vastes solitudes au sein desquelles nous devions être appelés bientôt à poursuivre notre infatigable ennemi, et que nos colonnes devaient sillonner plus tard dans tous les sens, jusqu'aux limites des régions habitables, jusqu'aux bords de la mer de sable. On dit que Mustapha-ben-Ismaël, à l'aspect de ce pays, que pendant longtemps il avait dû ne plus espérer revoir, éprouva un vif sentiment de joie et de satisfaction. Monté au sommet le plus élevé de la montagne sur laquelle est bâti ce petit village, et plongeant avec orgueil son regard sur l'immense plaine ondulée qui s'étend au sud, sans autre limite que l'horizon et sur les montagnes boisées qu'on distingue encore confusément au nord, dans la direction du Tell, il s'écria : « Fils de Meheddin, ce pays ne peut pas être destiné à appartenir à un marabout comme toi, à, un homme de Zaouia. Enlevé par la conquéte à ceux que j'avais servi toute ma vie, c'est à la nation qui a su le leur arracher qu'il revient, et non pas à toi, qui n'avait fait que le voler. J'ai aidé de toutes mes forces les Français à reprendre leur bien, parce que moi, soldat, je ne pouvais obéir qu'à des soldats. Je les ai conduits jusqu'aux portes du Sahara. Je puis maintenant mourir tranquille !... car justice complète sera bientôt faite de ta ridicule ambition, " Du kseur de Goudjila, M. le général de La Aloricière rétrograda sur le Tell, et les cavaliers du Maghzen rentrèrent à Oran dans les premiers jours du mois d'août.

Ces longues et pénibles marches et contre-marches, de nos colonnes, avaient partout divisé la résistance ; mais il était de la plus grande-importance de ne pas la laisser se reconstituer sous la puissante influence de notre habile et persévérant adversaire. Aussi, le gouverneur-général ayant réuni à Mostaganem, le 8 septembre, les généraux de La Moricière et Bedeau, il fut résolu que les troupes continueraient à tenir la campagne, malgré leur fatigue et les difficultés de la saison. M. le général d'Arbouville reçoit l'ordre de retourner chez les Flittas du nord, contre lesquels il venait récemment de soutenir quelques sérieux combats dans le haut Riou, à Kreneug-el-Ketâa, au Melâab de Garboussa, et dans le pays difficile et boisé des Chourfa, au défilé d'El-Ansor et chez les Amameras (30 et 51 août, 4 et 5 septembre 1842.) Mustapha-ben-Ismaël doit également se mettre de nouveau en mouvement et fait jonction, le 16 septembre, avec la colonne du général de La Moricière à Aïn-Krima, à la tête de six cents chevaux. Cette colonne se porte, en passant par le col de Torrich, Aïn-Touda, l'Oued-Soussellem, le kseur de Ben-Hammade, jusqu'à Ras-el-Aïn-Mtâa-Taguin, point qui était déjà signalé comme une relâche de la zmela d'Abd-el-Kader. Celui-ci, sans s'inquiéter de ce mouvement, répond à notre offensive sur le Sahara par une offensive sur le Tell. Il passe, par son excessive mobilité, à travers toutes nos troupes en opération, vient tomber sur la rive gauche du Riou et du Chelif, sur les Oulad-Krouidem et les Oulad-el-Abbas, limite extrême, à l'est, des tribus dont nous avions reçu la soumission, et frappe de terreur toute cette contrée, par les affreuses rigueurs qu'il exerce sur ces malheureuses populations. Après ces sauvages exécutions, il se porte du côté de Mascara, et le jour même où la colonne du sud arrivait à Taguin, dans la nuit du 29 au 30 septembre, il venait brûler, à côté de cette place, le petit village d'El-Bordj, avant que les colonnes de seconde ligne eussent eu le temps de s'opposer à cet acte d'audacieuse témérité.

Le 8 octobre, ayant eu connaissance qu'une caravane nombreuse de Harrars, autorisée par M. le général de La Moricière, se chargeait d'orge et de blé, sur les matamores des Oulad-Cherif insoumis, il accourt sur eux, ignorant encore que la colonne française, revenant de Taguin, était campée non loin de là, près du col de Torrich. Prévenue immédiatement de cette attaque, la cavalerie monte aussitôt à cheval, les Douairs et les Zmelas en tête ; le goum ennemi est atteint et rejeté, après une ardente poursuite, sur un profond ravin ; deux cent huit chevaux lui sont pris, plus de cent réguliers restent sur le champ de bataille, cinquante sont ramenés prisonniers, et tout ce qui avait été enlevé aux Harrars est repris et rendu à cette tribu. Les Douairs et les Zmelas furent cités avec les plus grands éloges, pour l'élan et l'entraînement dont ils avaient, encore une fois, donné des preuves dans ce brillant combat, qui venait de porter à l'ennemi un coup sensible, et, pour le moment, irréparable. Mais les chevaux du Maghzen, hors d'état de continuer la campagne, par suite des privations et des fatigues de ces longues et pénibles marches, avaient un besoin indispensable de repos ; ils reçurent l'ordre de retourner à Oran, où ils rentrèrent, le 22 octobre, pendant que la colonne continua de manœuvrer au sud de Mascara., et chez les Flittas de Mendès.

La présence des cavaliers des Douairs et des Zmelas n'était plus aussi nécessaire dans les colonnes, depuis que des cavaliers des tribus, sur le territoire desquelles on opérait, marchaient avec elles et pouvaient, mieux que ceux du Maghzen, servir de guides, d'éclaireurs et de cavaliers de correspondance. Dès-lors, autant dans le but de ménager cette cavalerie et de la réserver pour une occasion où elle pourrait être d'un plus utile secours, que pour ne pas laisser la capitale de la province entièrement dégarnie, un détachement de cent cinquante à deux cents chevaux continua seul à être attaché à la colonne de Mascara, pour surveiller, en cas de besoin, ces nouveaux et encore peu sûrs auxiliaires, et rester chargé des missions qui demandaient des hommes auxquels on pût avoir une entière confiance ; pendant qu'infatigable dans sa persévérance elle continuait à tenir en échec l'ennemi, qui semblait puiser une nouvelle activité, une nouvelle énergie, de nouvelles ressources dans ses revers ; pendant qu'elle poursuivait sans relâche les révoltes sans cesse renaissantes, que cet ennemi insaisissable ne cessait de fomenter dans les tribus, chez les Flittas du sud, les Chekkalas, les Allouyas, les Keraïch, les Beni-Messellem, dans le courant de janvier et février 1843, et chez les Flittas de la première chaîne, les Chourfa, etc., pendant le mois de mars. Antérieurement à cette époque, Abd-el-Kader, profitant du retour forcé des colonnes de la division d'Alger, dans leurs cantonnements, avait envahi les montagnes de l'Ouenséris [1], la vallée du Chelif central et le Dahra, contrées qui n'avaient pu être qu'imparfaitement soumises dans nos passages rapides à travers leurs populations. L'armée n'ayant aucun magasin d'approvisionnement, ni dans le Chelif, ni au sud des Keffs, ne pouvait prendre l'offensive qu'à courte distance, forcée de revenir à ses bases éloignées de ravitaillement, pour reprendre des forces et continuer à tenir la campagne. Aussi Abd-el-Kader put-il, sans être sérieusement inquiété, rester, pendant tout l'hiver, maître d'une grande partie du pays compris entre la Djeddiouia, à l'ouest, et l'Oued-Eouïna, à l'est, depuis les hauts plateaux jusqu'à la mer. Il profita activement de cette paisible occupation de ce pays pour se recruter, remonter sa cavalerie et rétablir son autorité sur ses tribus.

Cependant, toutes les colonnes, comme celle de Mascara, n'avaient point cessé de se tenir constamment en mouvement pendant tout l'hiver, malgré les pluies, les neiges, les difficultés des routes et des ravitaillements, pour concentrer là ses progrès, pour s'opposer à de nouveaux envahissements. Les troupes de Mostaganem avaient manœuvré, depuis les premiers jours de janvier, dans les plaines de la basse Mina et du Chelif, chez les Flittas du nord et dans le Dahra, réprimant les menées et les tentatives de l'ennemi, aussitôt qu'elles essayaient de se reproduire, dans le cercle d'action où il lui était possible de les atteindre. Le 20 mars, elle livrait, sur la rive droite du fleuve, sous les ordres de M. le général Gentil, le beau combat de Sidi-Lekhhal [32], où les sauvages montagnards cabyles reçurent une première et sanglante leçon, et après lequel la puissante tribu des Beni-Zeroual fut amenée à composition.

La colonne de M. le général Bedeau, à Tlemcen, ne restait pas non plus inactive, bien qu'elle n'eût plus devant elle le rude adversaire qui tenait alors en haleine les corps de Mascara et de Mostaganem. Dans le courant du mois de novembre, le général parcourt pacifiquement le vaste pays des Beni-Amer, et laisse à cette grande tribu cette organisation sage, bienveillante et paternelle, dont le souvenir a laissé, encore jusqu'à ce jour, un profond sentiment de gratitude, dans l'esprit de ces populations, envers celui qui la leur avait donnée. Dans les mois de mars et d'avril, il manœuvre, au sud de Tlemcen, dans les montagnes des Beni-Senous et des Beni-bou-Saïd. La colonne reçoit, sur le territoire de cette dernière tribu, en partant de Sedjera-Beraferaf, les premières provocations des marocains : des coups de fusil sont tirés, traîtreusement et sans aucune provocation, sur nos soldats par des cavaliers réguliers du Maghzen de l'empereur. Le 5 avril, le général Bedeau appelle le caïd d'Oudjeda à une entrevue, pour régler à l'amiable quelques contestations de frontières, et demander des explications sur l'attaque perfide dont sa troupe avait été l'objet. Pendant la conférence, qui a lieu au Hammam, la tourbe indisciplinée, qui escorte le caïd, se livre à de nouveaux excès, malgré tous les efforts de cet agent marocain pour empêcher ces actes de coupable déloyauté. De nouveaux coups de fusil viennent assaillir nos troupes, qui imposent à cette horde désordonnée par leur attitude et le sang-froid qu'elles opposent seul à ces sauvages aggressions. Pour ne pas ajouter de nouvelles complications à celles au milieu desquelles nous avions à nous débattre, le général Bedeau est obligé de se contenter des excuses du caïd, et d'admettre les promesses de satisfaction qu'il lui donne. Une conduite semblable, dans des circonstances analogues, devait recevoir plus tard une punition sanglante et doublement méritée.

Les événements de l'hiver et les difficultés qui avaient paralysé les efforts de nos colonnes, pendant la période de la mauvaise saison qui venait de s'écouler, avaient fait sentir la nécessité d'occuper, d'une manière permanente, un point sur le Chelif central et quelques postes sur la lisière du Tell, pour agir efficacement, soit au sud, soit sur les revers des montagnes. Aussi, au début de la belle et décisive campagne de 1843, le gouverneur-général se hâta de fonder, sur les ruines romaines d'El-Asnam, la ville aux statues, située à peu près au milieu de la longue ligne parallèle à la côte que le Chelif suit dans son cours, l'établissement d'Orléanville, qu'il lia à la mer, au port de Tenès, pour servir de base aux opérations qui allaient s'ouvrir. Pendant ce temps, M. le général de La Moricière commençait, en relevant aussi des ruines romaines, à Tiaret, le rétablissement de cette ligne de postes de la frontière du Tell, base d'opération d'où Abd-el-Kader s'élançait contre nous, à l'origine de la lutte. Ces établissements, à la limite des terrains cultivables, ces haltes à l'entrée du désert, allaient nous permettre soit de prendre l'ennemi à revers, s'il pénétrait sur les derrières de nos colonnes, soit de retrouver, sur ces points éloignés, de nouvelles forces pour le poursuivre, s'il s'enfonçait profondément dans le sud. Leur efficacité pour ruiner les dernières espérances de l'ennemi, ne devait pas tarder à être démontrée par des résultats concluants et décisifs.

Pendant que la colonne de Mascara s'occupait activement, dès le mois d'avril, des travaux préparatoires nécessaires à l'installation du nouveau poste, Abd-el-Kader, débusqué du pays qui lui avait servi de refuge pendant tout l'hiver qui venait de s'écouler, fuyait devant les colonnes conduites par M. le gouverneur-général, et passait dans l'ouest, chez les Djafras, les Oulad-Brahim et les autrés tribus occupant la contrée boisée et montagneuse, connue sous le nom de la Yagoubia. De là, il se jette à l'improviste dans la plaine de Gréris, à la tête de dix-huit cents chevaux, et enlève, le 19, la plus grande partie de la tribu des Hachems. Dans l'appréhension de ce mouvement offensif, Mustapha-ben-Ismaël avait été appelé d'Oran, avec son goum, pour couvrir, concurremment avec une colonne aux ordres de M. le colonel Géry, les tribus du sud de Mascara. Mais la rapide attaque d'Abd-el-Kader, brusquée par les sollicitations des Hachems eux-mêmes, rendit inutiles ces prévoyantes mais tardives dispositions. Le général de La Moricière, ne se laissant pas détourner, par ce contre-temps, de l'œuvre principale dont il était du plus grand intérêt de hâter l'exécution, quitte la plaine vide de Gréris, laissant la colonne de M. le colonel Géry, et le Maghzen, manœuvrer dans la Yagoubia, chez les Oulad-Kraled, les Hassasnas, etc., et continue sa route sur Tiaret, avec son grand convoi de premier établissement. Il y arrive, le 21 avril, et, après avoir jeté les premières bases du poste, il vient s'établir dans une position plus centrale, sous Frenda, attendant l'arrivée du second convoi, qu'il a envoyé chercher à Mascara. Pendant ce temps, Abd-el-Kader fait encore une fois irruption en arrière de sa position, sur le plateau de Medrossa ; mais les populations, fatiguées enfin d'un état de choses, dans lequel elles étaient tour à tour et sans relâche harcelées par les deux partis, se décident à sacrifier leurs sympathies à leurs intérêts et à se mettre du côté des maîtres de la force. Abd-el-Kader est reçu à coups de fusil par les Zedamas et les Krellafas, qui, donnant à la colonne le temps d'accourir, par une résistance énergique et prolongée, prennent vigoureusement l'offensive à son approche, et tuent, à l'ennemi, cinquante cavaliers dans une poursuite acharnée. L'émir, après cet insuccès, avait bivouaqué sur la haute Mina ; ce tenace adversaire, inépuisable en constance et en ressources, ne se laisse pas rebuter par cet échec : il débouche de son bivouac par la vallée du Menasfa, sur les plateaux de Mendès ; mais là aussi allait se manifester de nouveau le symptôme d'heureux augure qui venait de commencer à se produire, la résistance des populations elles-mêmes à une action qu'elles avaient longtemps acceptée avec dévouement et supportée avec patience. Abd-el-Kader allait trouver des ennemis chez ses anciens partisans. Les Flittas du haut pays, depuis quelque temps soumis, soutenus par la pré-, sence, fortuitement heureuse, dans leurs parages, de l'escorte du convoi retournant de Mascara à Tiaret, se défendent vaillamment, lui tuent trente réguliers et lui prennent cinquante-six chevaux. Le 4, le général de La Moricière communique, sur l'Oued-el-Abd, avec la colonne du colonel Géry, à laquelle il prend le goum de Mustapha-ben-Ismaël.

Rassuré par ces deux échecs successifs de l'ennemi, qui prouvent que le résultat que nous poursuivions, en faisant la guerre aux tribus, commence à être obtenu, que le pays se résoud enfin à le rejeter énergiquement de son sein, le général de La Moricière part, le 7 au matin, de Sidi-Djilali-ben-Omar ; il rencontre, sur la haute Mina, les Harrars, qu'il établit entre la rivière et le bord du Tell, formant entre eux, les Zedamas et les Krellafas, une sorte de confédération capable de résister aux efforts d'Abd-el-Kader sans l'appui de sa colonne, et il se dirige dans le sud, pour concourir aux opérations que M. le duc d'Aumale entreprenait, le 10 mai, contre la zmela, cette mobile capitale de l'ennemi, désormais le but et l'objet de toutes nos poursuites. Le 13, cette colonne avait atteint la pointe occidentale du Nadhor, et, le 15, elle arrivait, sur la trace de nombreuses émigrations, au kseur abandonné d'Ousseughrou-Regraï au-delà du parallèle de Taguin.

La zmela, qui se gardait du côté de l'ouest, était sans défense du côté de l'est, et fuyant aux approches de la colonne de Mascara, elle se dirigeait. sur le Djebel-Amour, lorsqu'elle fut surprise par un coup de main des plus brillants et des plus audacieux, qui dispersa ce centre flottant, et jusque-là insaisissable de la puissance de l'émir. Le général de La Moricière, forcé de rebrousser chemin, dans la crainte qu'ainsi traquée des deux côtés, elle ne se rabattit sur le Tell par le col de Torrich ou les Sebaoun-Aïoun, revint sur ses pas par Aïn-sidi-Mansour et la tête des eaux de la Mina.

Dans la nuit du 19 mai 1843, à Tiaret, un nègre qui s'était sauvé de l'immense foule de prisonniers que la colonne dé l'est ramenait à Chabouniah, vint lui apprendre la nouvelle de la prise de la zmela et lui annoncer, en même temps, qu'une nombreuse émigration de Hachems, échappés au désastre, s'est dirigée, par le Nahr-Ouassel, chez les Keraïch. La cavalerie régulière et le goum montent aussitôt à cheval et atteignent, après une course de plus de dix lieues, cette population au Kremis, s'emparent des chameaux, des troupeaux, des bagages, et complètent, par ce coup de main, l'heureux succès de Taguin.

La colonne campe le jour même à Aïn-Terid et se porte le lendemain, 23, sur le Telilat. Là, elle se divise : le convoi des prisonniers faits dans cette razzia est envoyé à Mascara, sous l'escorte d'un bataillon ; le général, avec le gros des troupes, remonte à Tiaret, et Mustapha-ben-Ismaël, malgré les sages conseils qui lui sont donnés, s'obstine à vouloir partir seul en traversant, avec son goum, le pays des Flittas, et en rejoignant la plaine de la Mina par la vallée du Menasfa.

En arrivant sur l'Oued-Temda, à peu de distance du point de séparation, il commença à être inquiété par de rares groupes de cavaliers, avec lesquels cependant il dut tirailler pour les maintenir à distance. Les mulets de bagages, les chevaux mêmes des cavaliers du goum, étaient chargés outre mesure des dépouilles de la dernière razzia sur les Hachems. Au lieu de poursuivre plus loin, en voyant ces symptômes menaçants, Mustapha aurait dû se rabattre sur Sidi-Djilali-ben-Omar, où il eut trouvé la colonne d'escorte qui ramenait les prisonniers à Mascara ; mais, par une obstination fatale, il tint à honneur de ne point invoquer cette facile protection, et il continua sa route.

Les quelques cavaliers d'élite, dont les chevaux n'étaient pas chargés de prises, maintinrent toute la journée l'ennemi, en usant contre lui leurs dernières cartouches. A quatre heures, cette foule, marchant sans ordre et sans précaution, suivant l'habitude, et dont la retraite seule était protégée par ce petit nombre de cavaliers, les seuls eux-mêmes qui fussent encore en état de combattre, s'engagea dans les terrains boisés et difficiles qui séparent la vallée du Menasfa de la plaine basse de la Mina. Les guides de ce convoi de bagages s'égarèrent dans le labyrinthe d'étroits chemins qui coupent ce pays accidenté, et, arrivé à Akbet-Beïda, la tête de la colonne fut arrêtée par le resserrement du sentier, entre un escarpement boisé, à gauche, et un arrachement de terrain à pic, formant un précipice profond sur la droite. Pendant qu'au milieu des cris et du tumulte, la foule agglomérée à l'entrée du passage, commençait à s'écouler lentement, quelques coups de feu, tirés à l'improviste sur les flancs dégarnis et en tête de cette cohue confuse, par des hommes cachés dans les bois, vinrent encore augmenter la confusion et le désordre. Ceux qui s'étaient déjà dégagés de ce mauvais pas, refluent sur ceux qui étaient en train de le passer ; les bêtes de somme tombant, soit atteintes par les balles de l'ennemi ; soit par suite de la précipitation que chacun mettait à vouloir faire demi-tour, pour rebrousser chemin ou chercher une autre issue pour franchir le défilé, vinrent encore accroître les difficultés du passage. Le petit nombre de cavaliers, qui se trouvaient en tête, formant avant-garde, essaie vainement d'atteindre, dans les bois où ils échappent à leurs coups les hommes à pied, peu nombreux, qui jettent le trouble et la terreur dans cette foule désordonnée. Indépendamment des accidents du terrain, qui rendaient cette tentative difficile, la plupart d'entre eux avaient épuisé leurs feux. Cependant, Mustapha-ben-Ismaël s'avançait, imposant silence, par sa présence, aux cris et aux vociférations tumultueuses. C'était une noble et imposante figure de vieillard à barbe blanche, dont le nez aquilin et la profondeur du regard rappelaient le type de l'aigle. Lorsqu'on le voyait, au moment de combattre, suivi de ses deux étendards, marchant en tête de la foule de ses cavaliers haletants sous sa parole brève et saccadée, son aspect avait quelque chose de grandiose et de sauvage, qui reportait involontairement l'imagination vers le souvenir de ces guerriers des premiers temps de l'islamisme, qui conduisirent, à travers le désert, leurs hordes fanatiques à la conquête de l'occident. Ayant reconnu l'obstacle qui arrêtait le mouvement, et apprécié la gravité de la situation, Mustapha s'élance lui-même, le fusil haut, contre ces invisibles et inabordables ennemis, lorsqu'il tombe mortellement frappé d'une balle dans la poitrine.

L'épouvante s'empare alors de cette multitude que l'énergie morale du chef soutenait seule encore : une aveugle panique précipite, les uns sur les autres, chevaux et cavaliers, qui fuient dans toutes les directions, laissant aux mains de l'ennemi leurs drapeaux et le corps de leur chef.

Dans la précipitation de cette incompréhensible déroute, tout est abandonné : bêtes de somme chargées, riches,dépouilles, causes premières du désastre, tout roule dans les ravins, dans les escarpements de la route, et devient la proie d'indignes ennemis, étonnés eux-mêmes de leur facile victoire. Le corps de Mustapha ne fut pas d'abord reconnu par eux ; éblouis par la richesse de cette proie, ils ne songèrent qu'à dépouiller le cadavre encore palpitant et à s'arracher, entre eux, l'immense butin si inopinément tombé entre leurs mains. Ce ne fut que plus tard, lorsqu'à la nouvelle de ce triomphe inespéré, toutes les populations, sortant de leurs sauvages retraites de Garboussa, accoururent sur le lieu du désastre, qu'ils eurent connaissance de l'importance de la victime que le sort venait d'atteindre. Mustapha fut reconnu, par un homme étranger à la tribu des Chourfa, à sa main droite mutilée par une blessure reçue, dans nos rangs, au combat de la Sikkak.

Ce fut une triste nouvelle qui affecta péniblement toute l'armée, que celle qui fit connaître la catastrophe du vieillard qu'elle avait l'habitude de voir toujours au milieu d'elle, dont tous avaient pu admirer le brillant courage, dont quelques-uns seulement avaient été à même d'apprécier le beau caractère et la distinction d'esprit. Mais ce fut un jour qui dut être doux à la vengeance d'Abd-el-Kader, que celui où il vit à ses pieds la tête et la main sanglantes de son implacable ennemi, de celui qu'il avait tout fait pour détacher de notre alliance, et dont il regardait la coopération comme une des premières causes de ses malheurs ; de cet homme enfin qui, après avoir fait trembler, au bruit des pas de son cheval, toutes les populations de la province de l'ouest, venait d'être abattu par la balle obscure de quelque pâtre inconnu. Ce moment dut adoucir, pour lui les peines de son désastre de Taguin, comme l'annonce de ce coup fatal vint altérer chez nous les joies de ce succès. La foule superstitieuse vit le doigt de Dieu, et peut-être sa vengeance, dans l'accident qui frappa, au moment où se décidait le triomphe de notre cause, celui qui avait si puissamment contribué à en préparer le succès ; il fut même pour nous un de ces événements en présence desquels nous ne craignons pas de prononcer le mot de la fatalité. Ce fut, en outre, un nouvel exemple de ces inexplicables épouvantes qui s'emparent quelquefois des multitudes, et desquelles ne sont pas toujours exemptes même celles qui sont liées par la cohésion de l'ordre et de la discipline.

Abd-el-Rader traita avec générosité les dépouilles de son ennemi vaincu ; il les fit ensevelir pieusement. Quant au corps mutilé de Mustapha, il fut enlevé le surlendemain, pendant la nuit, par les siens, transporté à Oran, où, après les honneurs rendus, à sa sépulture, en raison du grade qui lui avait été conféré dans l'armée, il eut de la peine à trouver un tombeau [33].

Telle fut, à près de quatre-vingts ans, la fin de cet homme que nous n'avons connu qu'à son déclin, et qui, placé sur un plus grand théâtre vivant sur une plus vaste scène, eût été certainement appelé, par son énergie, son intelligence et son caractère, à jouer partout un brillant rôle. Nous ne parlerons pas de cet instinct éminemment militaire qui le distinguait d'une manière si particulière, et qui lui faisait tirer un si grand parti des éléments informes dont il disposait, bien des gens ont pu le voir et l'admirer à l'œuvre mais nous rappellerons, ce qui est moins connu que sa capacité comme soldat, que, du temps des turcs, il avait été appelé Mustapha-el-Haq, Mustapha la justice, et il avait, certes, fallu qu'il fût doué d'un sens moral bien profond et d'un grand esprit d'équité, pour mériter ce glorieux surnom à une époque où, investi d'un immense pouvoir arbitraire, il fut souvent le principal agent d'un gouvernement basé sur la violence et la spoliation. Il était connu, parmi les gens peu scrupuleux dans leur foi, au milieu desquels il vivait, que la parole de Mustapha était la plus solide des garanties, et, sous ce rapport, la dernière partie de sa vie fut digne de celles qui l'avaient précédée ; il avait donné sa parole à la France, et jamais, dans les circonstances difficiles qu'il eut à traverser avec nous, malgré les dégoûts dont il fut parfois abreuvé, et dont nous avons dû indiquer quelques-uns, dans le courant de ce récit, son expérience des hommes et des choses du pays, son dévouement dans les combats, sa coopération dans les conseils, ne nous firent défaut toutes les fois qu'on voulut bien les invoquer, toutes les fois qu'on voulut bien y avoir recours. Les hommes de la trempe et du caractère de Mustapha-ben-Ismaël sont trop rares, et de semblables types, même dans les grandes luttes de notre histoire, sont trop peu communs pour qu'il ne convienne pas de chercher à appeler l'attention sur cette grande figure de nos petits démêlés africains, pour que le souvenir des services qu'il nous a rendus ne soit pas compté pour quelque chose à ces tribus dont il nous a laissé la tutelle, à ceux qu'il appelait ses enfants.

Les grandes catastrophes, comme tous les événements qui frappent les imaginations, qu'ils soient heureux ou malheureux, impriment leurs traces dans le souvenir des peuples, quel que soit le degré de leur civilisation, par des poésies, par des chants populaires. La mort de Mustapha était un fait trop considérable dans l'histoire du pays pour laisser silencieux les rapsodes ou meddahs arabes.

Nous croyons devoir citer, comme spécimen de ces sortes de poëmes, une chanson très-répandue dans la province d'Oran. En voici la traduction textuelle :

SUR LA MORT DE L'AGA MUSTAPHA,

« O malheur ! le fils de Mustapha se jette éperdu au milieu du goum ; il parcourt les rangs des cavaliers et ne voit plus Mustapha, Mustapha le protecteur des malheureux.

Il parcourt les rangs des cavaliers et demande son père. Hélas ! l'homme aux vertus héroïques, celui dont l'ascendant maintenait la paix dans les tribus, a quitté pour toujours cette terre, et nous ne le verrons plus !

Lorsqu'il s'élançait à la tête des goums, sur un coursier impétueux, l'animant des rênes et de la voix, les guerriers le suivaient en foule.

Pleurons le plus intrépide des hommes, celui que nous avons vu si beau sous le harnais de guerre, faisant piaffer les coursiers chamarrés d'or. Pleurons celui qui fut la gloire des cavaliers.

Tant que les hommes se réuniront, ô Dieu miséricordieux, ils verseront des larmes sur son trépas ; ils passeront dans le deuil les heures et les années.

Braves guerriers, poussez des gémissements unanimes sur cette mort si soudaine qui a fermé pour nous les portes de l'espérance.

Comment est-il tombé dans les ténèbres de la mort, lui si brillant de gloire, laissant ses amis dans l'affliction, comme s'il n'avait jamais existé !

Comme si jamais nos yeux ne l'avaient vu. Ah ! quelle blessure pour nos cœurs. Il ne s'élancera plus à notre tête, au jour du combat !

Guerriers, pourquoi vous rassemblez-vous ? Qui pourrait avoir aujourd'hui la prétention de vous commander, d'égaler celui qui a rempli le pays de la renommée de ses hauts faits ?

Souvenez-vous du jour où il fut appelé à Fez par ordre du cherif ; comme il brilla parmi les grands de la cour, plus grand par ses belles actions que tous ceux qui l'entouraient.

On reconnut en lui le sang de ses nobles ancêtres, et, pour le lui témoigner, le cherif le combla d'honneurs.

Présents de toutes sortes, chevaux richement caparaçonnés qui semblaient composer à son coursier une escorte d'honneur : on lui offrit tout ce qu'il pouvait désirer.

Qu'il était beau dans l'ivresse du triomphe, lorsque, sur le noir coursier du soudan, à la selle étincelante de dorures, il apparaissait comme le génie de la guerre ou le dragon des combats !

Souverain dispensateur de la justice éternelle, tu nous l'as enlevé, et cette mort, ô mes frères ! rend intarissable le fleuve de nos larmes.

Contemplez ces armes, ces nobles dépouilles, et, devant ce spectacle de désolation, vos yeux se consumeront dans la douleur !

Comme les rameaux de nos jardins se dessèchent après avoir fleuri, de même, dans ces temps malheureux, les vents et la tempête l'ont emporté dans leur tourbillon.

Il fut la gloire de notre époque, mais le flambeau de sa maison s'est éteint depuis qu'il a mêlé sa poussière à la poussière des cavaliers qui l'avaient précédé dans lé tombeau.

Il ne reste plus personne qui puisse remplacer le lion, et ses amis consternés n'ont plus de force que pour remplir la contrée de leur désolation.

Dieu est témoin que Mustapha-ben-Ismaël fut fidèle à sa parole jusqu'à la mort, et qu'il ne cessa jamais d'être le modèle des cavaliers. "

SEPTIÈME PARTIE

El-Hadj-el-Mezary nommé à la place de Mustapha. — Nouvelle série d'opérations auxquelles prennent pari les tribus Maghzen. — Combat de Loha, de Sidi-Youssef, d'El-Malah. — Démission d'El-Mezary. — Démêlés avec le Maroc. — Bataille d'Isly. — Réflexions sur l'organisation indigène du pays. — Insurrection de 1845. — Deux systèmes de colonisation. — Colonisation arabe.

Après la catastrophe de Mustapha-ben-Ismaël, le général de La Moricière se hâta de descendre dans le pays qui venait d'être le théâtre de ce déplorable drame ; mais il fut immédiatement rappelé dans le sud par de nouveaux événements. Le 8 juin, Abd-el-Kader, profitant de son absence, était tombé sur les Harrars, auprès de Tiaret, et leur avait fait subir une grande et sanglante razzia. Les Douairs et les Zmelas sont aussitôt convoqués de nouveau, et le rejoignent, le 13, sur le Menasfa, avec El-Hadj-el-Mezary qui était arrivé de la Mecque, le jour même de la mort de Mustapha, son oncle, et avait été nommé, à sa place, aga supérieur des tribus Maghzen. Mais Abd-el-Kader avait fui à notre approche et s'était porté dans l'ouest de la province, où il entraînait les débris de sa zméla. Renonçant alors à le poursuivre, le général, se jeta dans le haut Riou, sur une immense émigration de tribus qui, cherchant à échapper à nos colonnes, poussées de l'une vers l'autre, attaquées successivement par chacune d'elles, étaient venues chercher un refuge dans les montagnes des Keraïch. A la suite d'un vif engagement, dans lequel les Douairs et les Zmelas, jaloux de se réhabiliter, combattirent vaillamment et perdirent deux de leurs caïds et plusieurs de leurs cavaliers, de nombreux troupeaux et une immense quantité de butin restèrent en notre pouvoir.

La colonne était campée, le 4 juillet, à Tiaret, lorsqu'elle eut connaissance que des cavaliers réguliers et un grand nombre de cavaliers, irréguliers ennemis, s'étaient hasardés jusqu'à se rapprocher de son campement, et à venir vider des silos des tribus soumises, situés dans les environs. Le goum, soutenu par la cavalerie régulière, s'élance aussitôt sur leurs traces ; les Douairs et les Zmelas, animés par le désir de la vengeance, ont retrouvé leur ancien élan ; ils atteignent l'ennemi, après une poursuite acharnée, dans les environs de Loha ; plus de cent cinquante hommes sont mis hors de combat dans cette action, et cent dix-neuf chevaux enlevés à leurs cavaliers portent un coup fatal à ses ressources. C'est ainsi qu'en reparaissant au milieu de nous, ils débutent par une éclatante revanche de leur récent échec et qu'ils commercent à racheter, par de nouveaux services, un moment de faiblesse dont ils avaient été les premières et uniques victimes.

Le général de La Moricière se porte ensuite chez les Hallouya et communique, le 27, sur le haut Riou, avec le gouverneur-général qui, manœuvrant depuis un mois chez les Beni-Ouragr et dans la chaîne de l'Ouenseris, venait de recevoir enfin successivement les soumissions des Beni-Messelem, des Chekltalas, desHallouya, des Keraïch et des Ghozelia, interdisant par là, à Abd-el-Kader, l'accès de ce pays, qui lui avait servi pendant si longtemps de refuge et de base d'opérations.

Parvenus à ce point du débat, nous allons voir enfin l'émir, rejeté au-delà de l'Oued-Riou, essayer de se maintenir encore au sud de la province d'Oran, s'appuyant, à l'est sur les Flittas insoumis, à l'ouest sur les Djafras, soutenu en outre par quelques tribus du sud, notamment par celles du Sahara occidental, jusqu'à ce que, lassé par notre constance, et voyant tomber successivement tous ces centres de résistance qu'il élevait l'un après l'autre contre nous, il soit repoussé d'abord dans le petit désert, dans le voisinage des Chotts, et enfin chassé même de ce dernier refuge, au-delà de notre frontière de l'ouest.

Les troupes formant la colonne mobile de Mostaganem, avaient puissamment concouru au succès des opérations dans l'Oued-Riou ;

depuis le 10 janvier, cette colonne avait constamment tenu la campagne, manœuvrant tantôt dans le Dahra, tantôt dans les plaines de la basse Mina et du Chelif, tantôt chez ces indomptables Flittas du nord, qui, réfugiés dans les affreuses retraites de leur pays, continuaient à braver tous nos efforts. Le 14 mai, sous les ordres du général Gentil, elle surprend, par une marche de nuit, les nombreuses populations de ces tribus, et deux escadrons de sa cavalerie soutiennent, au marabout de Sidi-Rached, contre quatre cents réguliers et une multitude de cavaliers des tribus, commandés par le kalifa El-Hadj-Mohammed-bel-Karoubi, un des plus rudes et des plus glorieux combats de cette campagne [34]. Le 4 juillet, conduite par le général de Bourjoly qui venait d'en prendre la direction, elle attaquait, dans les bois de Zamora, et dispersait, après lui avoir fait éprouver de grandes pertes, un rassemblement nombreux, formé à la voix du cherif Ben-Abd-Allah qui avait osé la provoquer et l'attendre dans ce passage difficile. Le 14, elle se réunissait, à Fortassa, aux troupes du général de La. Moricière. Là, la colonne, formée par cette réunion, est fractionnée en plusieurs petits corps séparés qui fouillent, pendant plusieurs jours consécutifs, les retraites et les forêts impénétrables du plateau de Garboussa, et l'inextricable labyrinthe de ses ravins. Les Douairs et les Zmelas, décidés à tirer une vengeance éclatante de l'affront qu'ils avaient reçu dans ces mêmes parages, se mettent à la poursuite de ces sauvages populations, atteignent successivement, après d'ardentes investigations, les Chourfa, les Oulad-Sidi-Yahia, les Oulad-Sidi-Lazreug, et sont renvoyés, a Oran, sur la demande de ces tribus, qui prétextent de la crainte que leur inspire le ressentiment du Maghzen pour refuser de se soumettre ; ils y rentrent, le 20 juillet, et les colonnes se séparent et se retirent encore sans avoir obtenu la pacification complète de ce difficile pays.

Après sa grande razzia sur les Harrars, Abd-el-Kader, avons-nous dit, s'était porté dans l'ouest ; mais là un nouvel et grave échec l'attendait encore. Le 21 juillet, le colonel Géry surprend son camp à Aïoun-el-Beraness, à trois jours de marche au sud de Mascara ; tout est enlevé, et l'émir lui-même ne parvient à se sauver qu'à grand'peine, laissant, sur le champ de bataille deux cent cinquante fantassins ou cavaliers réguliers tués, et, entre nos mains, cent quarante prisonniers, cent vingt-un chevaux, ses tentes, ses tambours et une immense quantité de bagages.

Pour répondre à ces revers qui n'abattaient pas son courage, Abd-el-Kader essaie, par des coups d'audace désespérés, non plus d'enlever des tribus ou même de faire renaître la confiance chez ses partisans, mais de jeter l'inquiétude au sein des populations soumises, qui commencent, à se rétablir par le repos, en reparaissant soudainement au milieu d'elles, sur les derrières de nos colonnes. Quelques jours après ce nouveau coup qui vient de le frapper, le 25 juillet, il fait irruption dans la plaine de Gréris, à la tête de quatre cents réguliers et de sept à huit cents chevaux des Angads, des Djafras, des Beni-Methar, etc., en passant à travers les troupes de Mascara et de Tlemcen, manœuvrant au sud. Il s'avance jusqu'aux portes du faubourg de Mascara, appelé L'Hargoub ; de là, pénétrant en arrière de cette place, dans la vallée de l'Oued-el-Hammam, il vient attaquer, le 26, un détachement de deux cent cinquante hommes de toutes armes, occupés aux travaux d'un pont sur cette rivière. Mais ces témérités ne servent qu'à achever d'user ses ressources et à constater, aux yeux de tous, l'époque prochaine de sa ruine et de son impuissance.

Dans les premiers jours d'août, il partait de chez les Djafras, se montrait aux marabouts de Mecid, sur l'Oued-Melgreir, et s'avançait jusqu'à Aïn-Sefra, dans le Tessala,, en vue des montagnes d'Oran et de la plaine de Melata. Le colonel Tempoure, prévenu, pendant la nuit, de sa marche, sort de Sidi-bel-Abbès, poste qui venait d'être établi à dix-huit lieues sur le méridien d'Oran, l'atteint et le force à fuir devant lui après lui avoir fait éprouver de nouvelles pertes.

Les Douairs et les Zmelas, aussitôt que la présence d'Abd-el-Kader fut connue sur le haut Mekerra, durent aller établir un camp à Djerf-el-Hamar, pour couvrir leur pays. Après avoir occupé cette position tout le temps que la plaine put être menacée, ils reçurent, le 16, l'ordre d'aller rainer, à Sidi-bel-Abbès, la colonne du général Bedeau accouru de Tlemcen. Depuis le mois d'avril, cette colonne avait constamment opéré sur la limite des hauts plateaux, chez les Djafras et dans le pays des Beni-Amer, pour garantir ces derniers des tentatives de l'ennemi. Partie de Tlemcen, le 30 avril, elle avait atteint sur l'Oued-Seffoun, après de nombreuses marches et contremarches, El-Zeitouni, surnommé Bou-Chareb, que l'émir avait installé son kalifa chez les Djafras. Ce kalifa, de récente création, avait été surpris et fait prisonnier avec toute son escorte, et cette capture avait amené à composition, le 23, sur l'Oued-Berbour, les Douï-Tabet et une faible fraction des Djafras, mais la majeure partie de cette tribu s'était enfuie sur les hauts plateaux, après avoir vidé ses silos du Tell et brûlé ses approvisionnements de paille, pour nous priver de cette ressource précieuse pour l'alimentation de notre cavalerie et de nos transports. Cette colonne touche, le 13 juin, à Tlemcen, pour s'y ravitailler, et en repart, le 25, pour continuer ses opérations sur cette tribu. Arrivée, le 30', aux puits de Taoudemoute, sa cavalerie finit par atteindre une immense émigration de ces populations ; elle lui enlève dix-sept mille têtes de bétail, des prisonniers, des bagages, et rentre à son camp après des marches forcées et des fatigues inouïes. Renforcée, le 16 août, par six cents chevaux du Maghzen, elle reprend ses attaques contre ces mêmes Djafras, les atteint de rechef, sur l'Oued-Krechiba, un des affluents de l'Oued-Seffoun, et fait, de nouveau sur eux, une razzia considérable. Ruinés par toutes ces pertes successives, les Djafras résistent cependant encore et se retirent sur le Chott de l'est, croyant se mettre enfin à l'abri de nos atteintes. Après cette série continue d'opérations, les cavaliers du Maghzen rentrent dans leurs tentes, chargés de riches dépouilles et largement récompensés, par le général, pour leur utile concours.

Pendant ce temps, la colonne aux ordres du général de La Moricière surprenait encore, le 26 août, un camp que l'émir avait laissé, sur l'Oued-Berbour, en se portant lui-même, avec la plus grande partie de ses forces, sur les Hassasnas de la Yagoubia. Les tentes du camp sont prises, les gardiens tués ou enlevés ; des charges de poudre, des effets d'habillements, des armes pour ses réguliers, tombent également en notre pouvoir. Quant à Abd-el-Kader, avec ses forces actives, il venait se heurter, dans sa tentative sur les Hassasnas, contre les troupes du colonel Géry qui le mettaient en déroute et le menaient battant, sans pouvoir l'atteindre.

Éprouvant ainsi échec sur échec, Abd-el-Kader songeait enfin à faire usage de ses dernières ressources. Il avait appelé à lui, les restes de son infanterie régulière, forte de dix bataillons, formant un effectif de plus de huit mille hommes au commencement de la lutte, et réduite actuellement aux débris des deux bataillons de Medeah et de Miliana, commandés par Ben-Allal-ould-Sidi-Embarek, le plus intrépide et le plus remarquable de ses kalifas. Le 17 septembre, la colonne aux ordres du général de La Moricière, qui n'avait pas eu connaissance de cette augmentation des forces de l'émir, partait d'Ouizert pour la Yagoubia, où d'après les renseignements obtenus, il était établi dans les environs de l'Oued-Foufot. Le 20, elle arrivait à Aïn-Zebdou. Prévenu de cette marche, Abd-el-Kader nous attendait au marabout de Sidi-Youssef, décidé à tenter le combat et à chercher à tirer parti de l'imprudente confiance qui nous faisait, depuis quelque temps, compromettre au loin notre cavalerie régulière, toujours peu nombreuse, et l'engager sans aucune troupe de soutien. Lorsqu'il vit nos escadrons lancés dans un terrain difficile, à une. grande distance de l'infanterie, se diriger sur ses bataillons qu'il avait laissé en évidence, il déboucha lui-même sur notre flanc gauche, à la tête de quatre cents cavaliers en bel ordre, qui abordèrent, avec ensemble et résolution, les trois cent cinquante chevaux dont se composait notre cavalerie. Arrêtée par l'infanterie, en tête, et attaquée vigoureusement en flanc, elle éprouva de l'hésitation, et le désordre se mit un instant dans ses rangs ; plusieurs chasseurs furent tués, plusieurs autres démontés et faits prisonniers. Ce fût dans ce moment que le brave trompette Escoffer donna ce bel exemple de dévouement auquel applaudit la France entière. Revenus cependant de cette surprise, les escadrons se rallièrent sous le feu de l'ennemi et reprirent vigoureusement l'offensive, au moment où la tête de la colonne débouchait encore au loin. L'ennemi, vivement ramené, laissa, entre nos mains un drapeau et perdit, dans le combat, Ben-Abd-el-Baki, kalifa du sud, et Bouzian-Ould-Bassit, un des chefs les plus importants des Hachems-Garabas.

Après cet engagement, qu'il ne manqua pas d'exalter comme une victoire, dont il montrait nos prisonniers comme les trophées, Abd-el-Kader tenta, le 2 octobre, un coup de main sur les Oulad-Soliman, dont il ne put atteindre que quelques douars, et dut se porter au sud-ouest de Tlemcen, pour aller présider lui-même à l'installation de sa daïra, au milieu des tribus remuantes et indisciplinées de la frontière, chez lesquelles elle n'était plus assez puissante pour s'imposer par la force. Il partit, emmenant avec lui trois cents chevaux réguliers et laissant le reste de ses bataillons dans les forêts de la Yagoubia, aux ordres de son kalifa Ben-Allal. Deux colonnes, sous le commandement du général Tempoure et du colonel Géry sont aussitôt organisées à Mascara, pour poursuivre sans relâche, jusqu'à leur destruction ou leur expulsion du pays, ces forces, menaces permanentes contre les tribus soumises, et centre de résistances et d'intrigues pour tous nos ennemis occultes ou avoués. Le colonel Géry entre le premier en campagne, manœuvre pour surprendre ce camp et, mainte fois, est sur le point de réussir dans ses tentatives ; mais Ben-Allal, alerte et vigilant, finit toujours par échapper à ses actives investigations, dans les terrains boisés et difficiles des Hassasnas. Ramené sur Mascara par les pluies et le besoin de se ravitailler, il est remplacé dans sa laborieuse tâche par la deuxième colonne aux ordres du général Tempoure.

Le gouverneur-général, qui avait reçu, le 13 août, la récompense bien justement méritée de ses travaux, de la grande œuvre qu'il achevait d'accomplir, et des succès de cette armée qu'il avait si habilement conduite, par la dignité de maréchal de France, se trouvait, le 5 novembre, en tournée à Mascara. Il lança, lui même, le 6, cette colonne qui allait mettre, pour ainsi dire, par un grand coup, la dernière main à l'acte de la pacification.

Abd-el-Kader, comprenant que Ben-Allal ne pourrait pas échapper longtemps aux incessantes poursuites dont il était l'obj et, s'était décidé à le retirer pour un moment de la lutte et à le rappeler à lui. Le kalifa avait commencé, le 5, son mouvement rétrograde vers l'ouest, se dirigeant sur le Gor des Angads où il devait être rejoint par Abd-el-Kader. Mise sur sa trace à Assi-el-Kerma, la colonne de Mascara s'attache à ses pas comme un ardent limier, et parvient, après des fatigues inouies, à travers des sentiers affreux, au milieu des terrains défoncés par les pluies qui n'ont cessé de l'assaillir depuis son départ, à l'atteindre dans le lit de l'Oued-Malah. Nous renvoyons, pour les détails de cette poursuite acharnée, couronnée par un combat décisif, au rapport, plein d'émouvantes péripéties, de M. le général Tempoure sur cette affaire [35]. Nous dirons seulement que cette infanterie, le dernier espoir sur lequel Abd-el-Kader se fondait, pour maintenir longtemps encore l'agitation dans les tribus, fût complètement anéantie, et que le général Tempoure qui, à l'origine, avait porté à sa puissance les premiers coups suivis de quelques résultats, dans la vallée du Ghelif, eut encore l'honneur de lui porter ce qu'on peut appeler le coup de grâce, au combat d'El-Malah.

Après ce dernier épisode, Abd-el-Kader ne fit plus qu'une seule apparition dans le Tell, dans les montagnes au sud de Tlemcen, chez les Beni-Hediel et se retira momentanément de la scène, attendant des circonstances plus favorables. Après avoir erré pendant quelque temps dans le sud-ouest de la province, il finit par se retirer dans. le Maroc, d'où il se borna à quelques excursions dans le Sahara occidental, sans entreprendre rien de sérieux contre notre établissement du Tell. C'est dans cette première région que l'armée dut aller combattre son influence, et dans le bas pays elle ne se trouva plus en présence que de la résistance ou du mauvais vouloir individuels de quelques tribus isolées, qu'il fut facile de réduire.

Pendant que le général Tempoure achevait de ruiner à Sidi-Krelifa, sur le Chott de l'est, les derniers débris de la tribu naguère si puissante des Djafras (13 décembre), la colonne de Mostaganem, aux ordres du général Bourjoly, obtenait peu à peu la sécurité dans le pays des Flittas et le général Bedeau infligeait une sévère punition aux cabyles de la Tafna.

El-Mezary, remplaçant de Mustapha-ben-Ismaël, n'apportait pas dans la position où il succédait à son oncle, les hautes qualités qui distinguaient ce dernier. C'était un homme connu depuis longtemps pour son avidité et la surveillance que la tranquillité régnant dans le pays permettait déjà d'introduire dans l'administration des indigènes, surveillance qui aurait peut-être pu éveiller les susceptibilités de

Mustapha par fierté, lui était, à lui importune parce qu'elle entravait ses actes d'âpre cupidité. Espérant de se débarrasser de ce fâcheux contrôle, il profita de la présence de M. le maréchal-gouverneur à Oran, pour lui offrir une démission qu'il croyait ne pas devoir être acceptée ; il pensait au contraire être prié de nous conserver un concours qu'il jugeait nous être indispensable et à l'aide de cette espèce de menace, il se flattait de l'espoir de conserver son action indépendante sur les tribus et d'éloigner cette intervention directe de l'autorité française qui le gênait. Mais, contrairement à ses espérances, M. le maréchal reçut sa démission et un officier français fut chargé de le remplacer et d'exercer comme chef administratif et militaire des tribus Maghzen, le commandement dont El-Mezary venait de se démettre [36] : cette mesure, vue de mauvais œil par quelques personnages qui ambitionnaient la succession de l'aga, n'éprouva pas d'obstacle de la part des arabes ; ils virent au contraire avec satisfaction, l'éloignement de ce chef qui les avait mécontentés par ses exactions ; ce fut dans ces circonstances que le goum des Douairs et des Zmelas fut appelé à concourir, sous les ordres de cet officier, à l'expédition dirigée par le général Bedeau contre les cabyles de la Tafna.

Les Oulassas, sous l'influence du kalifa Bou-Hamedi, s'étaient rendus coupables de plusieurs actes d'insubordination et de brigandage, qu'il était indispensable de réprimer sévèrement. Deux colonnes parties l'une de Tlemcen et l'autre d'Aïn-Temouchent avec six cents cavaliers du goum, envahissent simultanément leur territoire, le 25 décembre 1843, les poursuivent dans leurs retraites les plus inaccessibles et font jonction sur la Tafna, au gué de Bou-Roubia. Les fractions qui avaient montrés de bonnes dispositions en notre faveur furent épargnées ; les autres reçurent un rude châtiment qui, n'atteignant que les coupables, fut d'un effet salutaire pour le pays. Il montra à ces populations, les plus sauvages et les plus indisciplinées de la contrée, que nous ne nous contentions pas d'une soumission nominale, mais que nous entendions et pouvions commander et être obéis partout. Le Maghzen mérita les éloges et les félicitations du général, dans cette affaire qui clôtura, pour le moment, la phase de guerre dans la province de l'ouest.

Telle est la série non interrompue de rares combats, de fatigues et de marches incessantes, de courses continuelles qui, suivie sans un instant d'intermittence pendant cette longue période de quatre années, avec un dévouement et une constance admirables, nous avait enfin conduits à la soumission et à la pacification du pays, autant par la lassitude et la ruine des populations, que par la destruction des forces de l'ennemi. Nous ne nous dissimulons pas que la nomenclature sèche et aride de la succession des faits qui composent toute cette guerre, où ne se présente jamais rien de de ce qui exalte l'imagination du soldat et soutient son courage, ne soit bien loin d'offrir l'attrait de ces grands drames appelés des batailles, dans lesquels se tranche d'un seul coup le sort des nations. Nous ne doutons pas non plus que l'attention que nous cherchons à appeler sur ces ouvriers ignorés et inconnus qui, seuls, nous ont prêté leur concours dès l'origine, pour dénouer laborieusement cette : trame de résistance qui enlaçait toute la contrée et qui, les premiers, ont mis la main à l'œuvre, ne soit bien difficile à attirer sur eux et nous n'ignorons pas que cette attention ne peut guère être éveillée que chez ceux qui ont eux-mêmes coopéré à ces travaux ; mais pour ceux-là, pour nos compagnons d'armes, nous espérons que ce simple canevas sur lequel ils pourront intercaller, par le souvenir en leurs lieux et places, les faits auxquels ils ont eux-mêmes pris part, ne sera pas tout à fait dénué d'intérêt : nous nous plaisons à croire, en outre, que cette rapide revue des événements qui se sont succédés dans la province, pourra ne pas être sans quelque utilité pour ceux qui, mêlés actuellement aux affaires du pays, n'ont pas assisté à l'origine de leur développement et ne se rendent peut-être pas un compte exact des difficultés qui ont dû être surmontées pour en arriver au point de pacification où ils l'ont reçus des mains de leurs devanciers.

Abd-el-Kader, avait été enfin expulsé de cette terre sur laquelle il avait régné, pendant quelque temps, en souverain et dont il avait eu la prétention et la présomptueuse espérance de nous chasser nous-mêmes ; pour la première fois, depuis plus de quatre ans, nous étions arrivés à un instant de trêve et la poudre, suivant l'expression arabe, ne parlait plus dans le pays. Le calme succédant à cette longue agitation ne fut pas cependant le repos pour l'armée ; pendant qu'elle continuait à surveiller avec vigilance les démarches de l'ennemi et les intrigues de ses partisans, elle eut à s'occuper, pendant tout l'hiver de 1844, des travaux d'utilité générale que la guerre avait dû laisser languir, et au printemps, sans cesser de travailler, elle prit de nouveau les armes pour combattre. Pour ne pas laisser dans tout ce pays du milieu, où nous voulions partout être les maîtres, un seul point où flottât encore le drapeau de notre ennemi tombé et mis hors du combat, mais susceptible encore de se relever, M. le duc d'Aumale marcha sur Biskara et repoussa des Zibans Mohammed Seghir, son kalifa,qui tenait encore, pour lui, avec un bataillon régulier (mars 1844.) En même temps le général Marey montrait nos armes jusqu'au sud d'Aïn-Mahdi, aux limites extrêmes du petit désert, pendant que le maréchal, s'attachant au kalifa Ben-Salem, pénétrait chez les cabyles des pentes nord du Jurjura et, après deux sérieux combats, soumettait tous les pays compris entre la rive droite de l'Isser et la Safsaf. A la même époque, les colonnes de l'ouest s'occupaient des travaux préparatoires relatifs aux deux établissements de Zebdou et de Lella-Maghnia, qui devaient compléter notre système de postes sur la limite du Tell et sur la frontière marocaine (avril et mai.) Ces travaux allaient être le prétexte de nouvelles complications, de nouveaux orages, et notre récente conquête allait être soumise à une des plus rudes épreuves qu'il lui eut été réservé jusqu'alors de traverser.

La création du poste de Lella-Maglmia, à seize kilomètres des frontières bien connues, bien déterminées de l'empire de Maroc à l'est, porta ombrage à son gouvernement, et le 23, le caïd d'Oudjeda envoya demander des explications sur les travaux qui s'exécutaient sur un point aussi rapproché de sa ville. Le général de La Moricière se rejeta sur les ordres qu'il avait reçus et renvoya pour la solution de la question aux deux gouvernements qui, seuls, avaient qualité pour la traiter. Si-Ali-el-Guehnaoui, caïd d'Oudjeda, avait paru se rendre à ces raisons, lorsque le 50 mai la colonne fut inopinément assaillie par une multitude de cavaliers qui espéraient la surprendre. Cette première et déloyale attaque, dans laquelle les agresseurs apprirent, pour la première fois, à nous connaître, nous révéla la manière de combattre de ces nouveaux adversaires et nous prouva que, pour les vaincre, nous n'avions qu'à rester constants à nos précédents, sans avoir besoin de changer de tactique. C'était toujours la bravoure individuelle, mais sans ensemble, sans discipline : l'ordre et le sang-froid de nos vieilles bandes pouvaient affronter en se jouant, ces foules désordonnées. Le gouverneur-général prévenu, chez les cabyles du Jurjura, des événements qui se préparaient dans l'ouest, accourut à Oran en toute hâte, et le 7 juin il en partait avec les troupes de renfort embarquées avec lui à Alger, pour aller rejoindre le commandant de la province emmenant quatre cents chevaux des Douairs et des Zmelas, comme cavalerie de sa colonne.

Le maréchal arrivé le 13 à Lella-Maghnia, fit proposer immédiatement au caïd d'Oudjeda, pour débattre nettement les points en litige, une entrevue qui fut acceptée pour le 15. La rencontre eut lieu à neuf heures du matin, dans une vaste plaine située à peu de distance de la petite rivière de la Mouïlah sur les bords de laquelle le camp avait été établi. Si-Ali-el-Guennaoui arriva, suivi de hordes nombreuses dont les drapeaux flottaient au loin au vent et qui se rangèrent derrière lui, formant d'immenses arcs de cercle concentriques, pendant que le général Bedeau, qui avait été désigné pour représenter les intérêts français dans cette conférence avec le chef marocain, se présentait en avant de quelques bataillons et de toute la cavalerie régulière et irrégulière déployés en bataille. Les deux négociateurs et leur suite mirent pied à terre et s'assirent sous un arbre placé dans l'intervalle de ces deux lignes. Les choses se passèrent d'abord pacifiquement, mais l'entretien se prolongeant, ces sauvages et fanatiques multitudes s'exaltèrent peu à peu par notre présence, par la sévère et silencieuse attitude de nos soldats, et des coups de fusil commencèrent à être tirés sur nos troupes, qui méprisèrent d'abord ces insultes. Pendant ce temps, l'aile gauche de cette ligne confuse ayant fait un mouvement qui la rapprochait du groupe central, un bataillon fut poussé en avant pour protéger nos représentants qui pouvaient être compromis : les coups de fusil redoublèrent alors et force fut à ce bataillon de repousser cette insolente provocation. Le chef marocain, après avoir fait quelques inutiles efforts pour rétablir l'ordre, déclara au général français, pour ne pas prolonger plus longtemps cette entrevue, que son dernier mot était que les frontières des deux pays devaient être reportées à la Tafna et que, si nous n'acceptions pas cet ultimatum, c'était la guerre. Ces paroles rompirent la conférence ; mais au moment où nos troupes se retiraient, elles furent vivement harcelées et une fusillade sérieuse s'engagea sur toute la ligne. Le gouverneur, prévenu de cette sauvage agression, accourut du camp où il était resté, pendant l'entrevue, avec quelques bataillons de renfort ; il fait faire immédiatement. demi-tour aux troupes que le général de La

Moricière avait mises en retraite sur le campement de la Mouïlah, prend vigoureusement l'offensive et ayant attiré les marocains sur la rive droite de cette rivière, il les accule par un rapide changement de front contre les berges escarpées de son lit, et les fait charger à fond par toute sa cavalerie ; étonné par ce brusque retour offensif, l'ennemi que notre patience avait enhardi, fuit épouvanté dans toutes les directions, laissant trois à quatre cents hommes sur le champ de bataille. Le goum des Douairs et des Zmelas mérita d'être cité avec éloge par M. le gouverneur-général dans cette affaire [37].

L'indigne conduite des ennemis, pendant la conférence, détermina le maréchal à envahir le territoire marocain, et quelques jours après, le 19, il s'empara sans coup férir de la ville d'Oudjeda que les troupes de l'empereur abandonnèrent en toute hâte, lorsqu'elles eurent connaissance de la marche de l'armée. Elles se retirèrent à Aioun-Sidi-Mellouk, à dix lieues ouest de cette ville sur la route de Fez.

La sévérité de cette deuxième leçon paraissant avoir amené les marocains à des sentiments plus pacifiques, le goum fut congédié et rentra à Oran le 1er juillet ; mais ce châtiment ne suffisait pas encore, et le 3 du même mois, étant revenus une troisième fois à la charge sur la rive droite de l'Oued-Isly, ils furent repoussés et mis en déroute, de nouveau, avec de nouvelles pertes. Après ce combat qui n'eut peut-être pas les résultats qu'on pouvait en attendre, car l'infanterie ennemie put échapper à notre cavalerie en se cachant dans le lit escarpé de la rivière, M. le maréchal sentit le besoin d'avoir avec l'armée des éclaireurs arabes et fit encore une fois convoquer le Maghzen qui arriva à Lella-Maghnia le 19.

Le caïd, nouvellement nommé, d'Oudjeda, Si-Hammida, qui avait remplacé Si-Ali-el-Guennaoui, disgracié, ne cessait d'écrire que l'intention de l'empereur était de faire la paix, mais les nouvelles données par nos arabes et nos espions démentaient ces assertions mensongères et empêchaient qu'on ne s'abandonnât à la sécurité qu'il voulait nous inspirer. Toutefois, le maréchal, dans l'attente dés événements, se porta du côté de la mer, avec l'intention d'achever de reduire les Mesirdas, la dernière de nos tribus cabyles de l'extrême frontière, encore insoumise ; mais l'armée n'avait pas fait deux marches au nord, que les nouvelles de l'arrivée des forces marocaines, sous les ordres du fils de l'empereur, Moulai-Mohammed, prirent une telle consistance, qu'il fallut se hâter de rebrousser chemin et d'aller prendre position aux environs du fort. En effet, le 7 août, la présence de l'armée de Moulai-Mohammed à Coudiat-Abd-er-Rhaman, fut dénoncée par des renseignements qui ne pouvaient plus laisser aucun doute ; ses camps purent même être reconnus des hauteurs qui commandent le poste de Lella-Maghnia. Le 11, l'armée reçut avec joie la nouvelle du bombardement de Tanger : le chef de l'armée ennemie apprit sans doute en même temps que nous cet événement, et, espérant venger sur terre l'échec que les armes marocaines venaient d'essuyer par notre armée de mer, il cessa toute hésitation, se décida à tenter immédiatement le sort du combat, et fit assaillir le camp français par une forte reconnaissance de quinze cents à deux mille cavaliers, que les chasseurs et le Maghzen furent chargés de maintenir. Après cette agression, le maréchal n'avait plus à garder aucun ménagement ; car les ordres qui lui avaient été apportés, quelques jours auparavant, par un aide-de-camp du ministre de la guerre, prescrivaient seulement de ne pas commencer les hostilités, et de n'agir offensivement qu'après que l'armée aurait été attaquée.

Les dispositions du combat furent donc prises, les positions dans l'ordre de bataille indiquées à chaque corps, et le 13, à. trois heures du soir, l'armée se mit en route : cette heure avait été choisie pour donner le change à l'ennemi ; c'était celle à laquelle sa nombreuse cavalerie et ses bêtes de transport sortaient quotidiennement du camp pour aller fourrager.. Ce mouvement fut donc pris, par l'ennemi, pour un grand fourrage, et le laissa dans la plus profonde sécurité. Le 14, au jour naissant, l'armée se trouvait en présence des nombreux camps marocains répandus sur une immense surface ; quelques moments plus tard, elle franchissait l'Isly. Nous ne rappellerons pas les détails de cette brillante action, où l'on vit encore une fois tout ce qu'ont de puissance l'ordre, la tactique, le sang-froid de bonnes troupes, contre la fougue et l'impétuosité de foules désordonnées, quel que soit leur nombre, parce qu'elles ne peuvent agir avec quelque ensemble que lorsqu'elles attaquent et qu'elles sont forcément désunies, et impuissantes lorsqu'elles sont résolument attaquées. Les Douairs et les Zmelas, malgré les scrupules, légitimes en quelque sorte, qui auraient pu les faire hésiter dans des actes d'hostilité contre un cherif, descendant du prophète, contre celui qui se prétend et s'intitule le successeur des kalifes ; en un mot, contre leur souverain religieux, combattirent suivant leur habitude : leur cause était trop identifiée avec la nôtre pour qu'ils fussent arrêtés même par ces puissantes considérations. Les préjugés, le fanatisme, les sympathies peut-être, se turent devant leur intérêt, ce souverain mobile des actions des hommes [38].

Après la bataille d'Isly, le pays qui, dans l'attente de la victoire ou de la défaite, était resté tranquille spectateur du débat, vit, de nouveau, la manifestation de la volonté de Dieu dans cet éclatant succès. Abd-el-Kader, établi sur la Moulouïa avec sa daïra, décimée par les maladies, n'avait pas pu tirer parti des complications que nous venions de traverser si heureusement. Pendant la fin de 1844 et les neuf premiers mois de 1845, la paix ne fut un instant troublée, dans la province, que par la folle attaque des Dercaouafanatiques contre le poste de Sidi-bel-Abbès (30 janvier 1845 [39].)

La préoccupation de la guerre ayant cessé, l'attention se porta exclusivement sur la colonisation européenne et sur l'organisation indigène du pays.. Quant à la suite de la lutte dont nous venons de retracer sommairement les diverses phases, les tribus avaient commencé successivement à se détacher de la cause ennemie et à se soumettre à notre autorité ; on avait dû s'occuper, au fur et à mesure des soumissions, au milieu des embarras et des péripéties de la guerre, à pourvoir au commandement de ces populations et à instituer un mode de gouvernement qui donnât quelque force de cohésion à tous ces éléments épars. Il n'était pas possible, dans les circonstances où l'on se trouvait, d'essayer une forme nouvelle. On fit ce qui était commandé par les nécessités du moment : on laissa fonctionner l'ancienne administration arabe, et l'on s'appropria les institutions, qui avaient été adoptées par Abd-el-Kader lui-même ; seulement, pour pouvoir contenter plus d'ambitions, qu'il y avait intérêt à satisfaire, les rouages furent plus multipliés, et le gouvernement des indigènes, par des chefs pris parmi eux, se constitua peu à peu à mesure que les progrès : de nos armes amenèrent de nouvelles, soumissions. Or, quel était l'esprit de l'administration créée par Abd-el-Kader ? C'était, comme celui du gouvernement turc qui l'avait précédée, de faire rentrer au trésor plus ou moins régulièrement, plus ou moins justement, sous le nom d'impôt de toute nature, tout ce qui pouvait être exprimé des tribus ; mais les ressources fournies par ces impôts devaient, sous Abd-el-Kader, être employées dans un intérêt général, dans un but religieux et patriotique ; elles ne devaient pas servir exclusivement, comme sous les turcs, à solder et à enrichir les agents du gouvernement : il s'agissait de la guerre sainte, de l'expulsion de l'étranger du sol du pays ; il était question de reconstituer une nationalité, d'émanciper enfin, après tant de siècles d'esclavage, le peuple arabe de l'Algérie de la domination des conquérants. Ces mobiles étaient nobles et élevés, et devaient rendre le mode de gouvernement, quels qu'en fussent les vices, léger à la population qui en comprendrait la portée. Nous, étrangers, conquérants et chrétiens, en adoptant la forme du gouvernement, nous avions supprimé le but qui le rendait facile à supporter sans rien lui substituer pour combattre de légitimes tendances. Ainsi, en rétablissant le gouvernement des arabes sous la forme et d'après les bases que nous avions trouvées existantes avant nous, nous avions laissé subsister son esprit. L'élément qui fut ajouté en plus, les bureaux arabes, intermédiaires entre la population indigène et les autorités françaises, ne vivant pas d'une vie propre, et n'étant qu'un organe de transmission des ordres reçus, ne servit qu'à régulariser un peu le mode d'action des anciennes institutions et à établir un peu plus de justice dans la répartition et la perception ; mais, en résumé, l'on peut dire avec exactitude que les arabes ne furent organisés que dans l'intérêt égoïste de notre domination ; ils ne furent considérés que sous le rapport du parti qu'on pouvait tirer d'eux, soit relativement à l'impôt, soit relativement aux corvées de toute nature, services de guerre, etc., auxquels ils étaient plus ou moins arbitrairement soumis. Quant aux intérêts généraux de la population elle-même, intérêts dont il eût été du devoir de tout bon gouvernement de se préoccuper sérieusement, si nous excluons les formes et les idées de la conquête barbare, ils furent complètement négligés par notre administration, comme ils l'avaient été par celles qui nous avaient précédés. Cette création des bureaux arabes, toute précaire et incomplète qu'elle fut, avait fourni des agents actifs et précieux pour la bonne conduite des opérations pendant la guerre, et rendu, à l'origine de la paix, d'incontestables services pour l'organisation du pays ; mais cette institution ne put cependant être qu'une espèce de régulateur, souvent impuissant, du système que nous avions adopté. Manquant de direction, chacun agit isolément, sans impulsion commune, d'après le caractère individuel, soit du chef de bureau, soit du commandant militaire, quelque fût son grade, dont il n'était que l'agent passif. Cette absence de direction, ce manque d'un contrôle uniforme pour régulariser, partout, l'action de l'autorité, laissait à l'arbitraire de chacun, soit d'être sévère jusqu'à la brutalité et à l'injustice, soit d'être indulgent jusqu'au laisser-aller et à la faiblesse ; en un mot, il ne fut donné à la population arabe aucune garantie, et elle continua, comme par le passé, à pouvoir être, dans l'état où furent laissées les choses, exploitable et corvéable à merci, à la discrétion du chef militaire dont elle dépendait, sans qu'il lui eût été ménagé aucun recours régulier contre des exigences quelquefois excessives. En outre, un danger se présentait : sortant à peine de la lutte ardente qui avait duré de si longues années, les officiers, devenant administrateurs de populations, comme commandant de postes, de subdivisions, de province, ne pourraient-ils pas apporter, dans ces nouvelles positions, l'esprit d'hostilité qui les animait lorsqu'au lieu d'avoir devant eux des administrés, ils n'avaient que des ennemis ? N'était-il pas à craindre que si de pareilles dispositions d'esprit se présentaient, elles ne fissent perdre aux populations la confiance qu'elles doivent avoir dans la justice et la bienveillance de l'autorité chargée du commandement ? A peines soumises et commençant seulement à être gouvernées par nous, elles devaient être conduites avec patience, avec douceur, à l'aide de l'influence des gens importants du pays, sans exclure toutefois la fermeté, mais une fermeté s'effaçant quelquefois avec intelligence devant des habitudes mauvaises sans doute, mais profondément imprimées dans les mœurs par une pression de plusieurs siècles, et qu'on ne pouvait pas essayer de faire disparaître violemment sans causer de dangereux déchirements.

 La règle de conduite à tenir vis-à-vis des populations indigènes, règle qui auraient dû être tracée à tous les officiers chargés de leur commandement, et sévèrement surveillée et maintenue, était donc dictée autant par la raison et la justice que par notre intérêt bien entendu lui-même. Sévérité impitoyable à l'égard des tribus lorsqu'elles sont à l'état d'insoumission ; tout acte d'indulgence et de pardon est alors un acte de faiblesse, est alors mal placé et inopportun ; mais bienveillance et bons traitements, condescendance même que leur état social commande, lorsqu'elles obéissent, que le cas de guerre, en un mot, n'existe plus. Cette ligne de conduite, qui était logique parce qu'elle était juste, ne fut peut-être pas celle qui fut constamment suivie dans la province de l'ouest.

Cependant, les circonstances étaient devenues propices pour chercher à prouver aux arabes que notre gouvernement était animé, à leur égard, de quelque sollicitude. Si l'organisation d'Abd-el-Kader avait été suffisante pendant la période de crise, il était naturel de penser que nous, qui nous étions donné une mission de civilisation, nous ne nous en contenterions plus une fois arrivés à l'état normal de soumission des tribus auquel nous étions parvenus. La tranquillité régnait partout, et il était facile de profiter de la paix dont jouissait le pays, et, pour consolider cette paix elle-même, d'essayer de sortir des errements du passé, de faire que la machine gouvernementale ne fût plus simplement une machine à exploitation, mais que quelques nouveaux rouages y fussent adaptés pour sauvegarder les intérêts de la population, de chercher à jeter un peu de lumière sur les ténèbres de ces intelligences, à contrebalancer le fanatisme des croyances en mettant en jeu le puissant levier des intérêts ; de faire, en un mot, la part du vaincu après la victoire. Y fût-on parvenu dès cette époque ? Nous le croyons, et les faits qui se sont succédés depuis ne sont point de nature à affaiblir en nous cette conviction ; mais, quoi qu'il en soit, ces idées ne furent pas partagées alors par ceux qui avaient autorité pour les faire prévaloir. Rien ne fut fait, après la conquête matérielle, pour ce qu'on peut appeler la conquête morale ; rien ne fut fait pour rattacher moralement les arabes à notre cause, pour faire-cesser ou du moins pour amoindrir la répulsion naturelle contre l'étranger, contre le chrétien ; aussi n'y a-t-il pas lieu d'être surpris que leurs sympathies et leurs regrets fussent tous entiers pour un ordre de choses qui, s'il ne leur assurait pas un régime meilleur, leur promettrait au moins l'indépendance du pays.

Néanmoins, cet oubli profond des intérêts du peuple vaincu, contraire, en définitive, à nos propres intérêts, pouvait encore trouver une excuse dans les nécessités et les préoccupations du moment, dans les difficultés de trouver une transition possible entre le régime existant et un régime meilleur. Mais ce qui n'admet pas d'excuse, c'est l'indifférence dont ont fit preuve vis-à-vis des tribus maghzen ; c'est l'espèce de disgrâce qui les frappa aussitôt qu'on pensa pouvoir se passer de leur coopération. Nous ne sommes pas, nous l'avouons, de cette école qui, prétendant escompter l'avenir, met en oubli les services rendus en vue d'hypothétiques services à rendre, et nous croyons un peu, comme un grand moraliste, que non - seulement les grandes pensées, mais aussi les grandes choses, ont leur source aussi bien dans le cœur que dans l'intelligence. Nous croyons encore qu'il n'y a pas deux manières d'apprécier les actes dans la conduite des hommes, et que ce qui est mauvais dans les relations individuelles ne peut pas être bon dans les rapports de peuple à peuple. Ces convictions sont peut-être des erreurs, de graves hérésies en politique ; mais nous aimons encore mieux les conserver que d'en revenir en passant par l'ingratitude.

Déjà, dès le commencement des soumissions, les tribus maghzen avaient pu trouver que c'était une singulière justice que celle qui attribuait aux chefs des tribus nouvellement soumises, des traitements cinq à six fois plus considérables que la solde allouée aux chefs qui nous servaient depuis de si longues années avec tant de fidélité et de dévouement. Cependant, quelques mesures de bienveillance dont elles avaient été l'objet les avait contentées. Quatre agas, pris dans leur sein, avaient été donnés aux Zedamas, aux Flittas, à la Yagoubia et à Tiaret. Mais l'esprit de fiscalité commençait à nous envahir, et, devant cet esprit, disparaissait tout souvenir des services rendus. Il fallait, sauf à mécontenter les populations, en vue d'un bien mince profit pour le trésor, sauf à compromettre l'œuvre de pacification à peine édifiée, faire rendre au pays tout ce qu'il pouvait rendre, suivant l'expression consacrée. La faveur était du côté des économies ; il fallait, quelles que pussent en être les conséquences, présenter des économies pour conquérir la faveur. Aussi, pendant qu'on exigeait avec toute rigueur les impôts consentis par les tribus maghzen lors de leur soumission, on leur enlevait, le 16 août, la solde qui leur avait été solennellement promise à la même époque. La seule raison qui fut mise en avant pour dissimuler ce qu'il y avait de peu généreux dans cet abus d'autorité, dans ce manquement à un engagement réciproquement accepté, ce fut, en effet, la raison d'économie, comme si des économies, quelles qu'elles fussent, pouvaient, pour une nation comme la France, être mises en balance avec la foi à la parole donnée ; comme s'il ne fallait pas surtout, et avant son argent, être économe de sa considération et de sa gloire ! Qu'était-ce, d'ailleurs, que ces économies, qu'étaient ces misérables sommes que l'on faisait entrer triomphalement dans le trésor, souvent sans acception du juste et de l'injuste, si les moyens employés pour les percevoir pouvaient nous aliéner les populations, compromettre à leurs yeux l'esprit de générosité dont nous avions fait parade, et les jeter à la première occasion dans une insurrection qui devait coûter à réprimer mille fois plus que nous n'avions laborieusement recueilli par des mesures vexatoires. La bonne et intelligente économie, c'était et c'est encore la bonne et paternelle administration des populations que la conquête nous à appelés à gouverner ; c'est leur ralliement à la France qu'il faut essayer, au moins de tenter, avant de le proclamer impossible.

Retiré sur les bords de la Moulouïa, Abd-el-Kader surveillait avec attention les germes irritants de mécontentement, qu'en outre de ces griefs généraux, notre conduite, à l'égard des populations indigènes, semait incessamment parmi elles, dans l'exercice journalier du commandement. Dans un pays où les institutions manquent, où les populations ignorent et leurs droits et les limites du pouvoir de celui auquel elles doivent obéir, le choix des hommes chargés de l'autorité était de la plus grande importance, car les hommes sont tout lorsque les institutions ne sont rien. Cette désignation intelligente d'hommes de sens et de caractère, capables d'apprécier avec sagacité ce qu'ils pouvaient se permettre et ce qu'ils devaient s'interdire, ne fut pas et ne put peut-être pas être observée avec assez de soin et de discernement. Le grade souvent commanda ces choix, et l'on vit quelquefois, investis de commandements territoriaux importants, des hommes entièrement étrangers aux mœurs, aux usages, aux traditions des populations, essayer vis-à-vis d'elles la rigueur et la sévérité dont on peut user sans inconvénients à l'égard de soldats, que lie et maintient la discipline dans un régiment, les fatiguer de leurs exigences et les blesser dans leur juste fierté. C'est ainsi, pour en citer quelques exemples, qu'un homme qui nous avait rendu de grands, d'incontestables services à l'origine de l'occupation de Mascara, l'aga des Beni-Chougran, était envoyé en prison à Oran, escorté par deux gendarmes, comme un malfaiteur, pour avoir répondu irrévérentieusement à un certain kalifa, homme sans portée, sans précédents, sans influence personnelle. C'est ainsi encore qu'un homme, dont le frère avait été tué à notre service, le caïd de la tribu des Azedj, était jeté dans un silos en présence de tous les siens, menacé d'être pendu, et définitivement conduit prisonnier, de Sidi-bel-Abbès à Oran, pour n'avoir pas réuni, à l'heure précise, à la minute déterminée, un convoi de bêtes de somme qui lui avait été demandé ; c'est ainsi, enfin, pour ne pas pousser plus loin ces citations, qu'on pourrait indéfiniment multiplier, que le caïd de Nedroma était mis à pied et condamné à conduire son cheval par la bride, de cette ville au poste de Djemâa-Ghazaouat, comme on aurait pu le faire à l'égard d'un soldat de cavalerie coupable de quelque faute contre la discipline.

Ces actes de capricieuse autocratie, d'inintelligente rigidité qui se répétaient sur divers points du territoire, irritaient profondément les populations, et, loin de trouver dans l'autorité supérieure un blâme qui eût suffi pour les faire cesser, ils n'y rencontraient, au contraire, qu'encouragement et approbation. En outre, dans l'ouest de la province, on abordait trop prématurément et trop directement, à notre avis, l'annihilation systématique des chefs indigènes. On dut sévir plusieurs fois contre eux, parce qu'ils mettaient des entraves constantes à l'application de ce commandement direct qui tendait à annuler complètement leur action. Ces rigueurs nous aliénaient en pure perte les personnages importants des tribus, et l'objet que nous nous proposions n'était pas atteint. Nous ne faisions que des progrès insensibles dans l'esprit des masses, parce que nous n'étions pas encore, comme nous ne le serons de longtemps, moralement assez forts pour les dominer par nous-mêmes et nous passer complètement de l'influence des grandes familles. Ce système était sans doute bon à suivre : ce devait être alors, comme ce doit être encore aujourd'hui, le but que nous devons nous proposer. Mais on voulait supprimer, pour l'atteindre, un élément indispensable de toute profonde modification politique : le temps. Ce n'est pas dans quelques jours, ce n'est pas même dans quelques années qu'on peut changer les mœurs et les habitudes séculaires de tout un peuple.

Les agents d'Abd-el-Kader, envoyés par lui dans toutes les tribus, les partisans ardents qu'il avait laissés au milieu d'elles, entretenaient et développaient activement les ferments latents de la haine première, à laquelle ces excitations et ces griefs de tous les jours ajoutaient encore une nouvelle véhémence. Tel était l'état des tribus au commencement de septembre 1845. Des symptômes de malaise, de mécontentement, de sourde agitation se révélaient bien de temps à autre, mais ces indices étaient pour nous sans enseignement, et nous restions plongés dans une sécurité profonde à la veille d'une révolte qui, dans l'intervalle de quelques jours, devait embraser, comme un vaste incendie, deux provinces entières de l'Algérie, et ne s'arrêter, pour ainsi dire, qu'aux portes d'Alger. Du reste, cette insurrection ne fut pas le résultat d'un projet prémédité d'avance et devant faire explosion à jour fixe. On peut même dire que la masse de la population n'était pas encore préparée à une levée de boucliers, et que ce grand mouvement, qui se propagea si rapidement de proche en proche et de tribu à tribu, fut la conséquence de cette situation générale des esprits elle-même, qui ne fit que se manifester à la suite de nos fautes et de nos malheurs militaires, plutôt que le fait d'un dessein, arrêté et préparé de longue main.

En un mot, et pour résumer cette appréciation, nous sommes convaincu, et cette opinion est partagée par ceux qui, comme nous, ont pu voir de près ces événements et les apprécier sans esprit de système et en dehors de toutes considérations personnelles, que l'insurrection de 1845 doit être attribuée à une mauvaise direction dans l'administration des populations indigènes et à nos fautes, plutôt qu'à l'action d'Abd-el-Kader, et qu'elle eut été évitée si les tendances de certains hommes, revêtus de commandements importants, eussent été réprimées au lieu d'être encouragées. Maintenant, dira-t-on, la répression de l'insurrection de 1845 a été la sanction définitive de la conquête, en faisant voir clairement aux arabes toute leur impuissance, et, sous ce rapport, elle doit être considérée comme un fait, en définitive, heureux pour nous. Nous répondrons que cette manière de considérer ce grand mouvement serait, suivant nous, pleine de dangers. Ce n'est pas par la force seule qu'on désarme une nation qui lutte pour son indépendance, pour sa nationalité, pour sa religion. Les mêmes causes, si elles se reproduisaient au même degré, produiraient encore, certainement, les mêmes résultats, et ce serait se faire une étrange illusion que de croire que l'exemple de cette révolte comprimée suffrait pour arrêter une révolte nouvelle, des circonstances semblables ou analogues venant à se représenter. L'enseignement qui doit ressortir de ce soulèvement doit être un avertissement pour nous. Quant aux arabes, sa répression n'a pu être pour eux que la leçon du moment. Ce qui diminue et fait disparaître les haines, ce qui rapproche et finit par confondre les nationalités, c'est une sollicitude paternelle pour les intérêts des populations, c'est une sévérité juste et éclairée. Si l'insurrection de 1845 a pu être évitée, comme nous le croyons, si elle a été occasionnée par nos fautes, par nos erreurs, c'est un événement à déplorer, n'eut-il été pour nous qu'une perte de temps dans l'œuvre de la colonisation, n'eut-il eu d'autre résultat que de suspendre la confiance, de paralyser momentanément l'élan qui commençait à se produire. Tout ce qui a pu retarder les progrès de cette immense entreprise, apporter un temps d'arrêt à son développement, doit, à notre avis, être considéré comme un grand malheur et est, à présent plus que jamais, à regretter amèrement.

Depuis quelque temps déjà, un de ces nombreux aventuriers, qui surgissent toujours lorsque de sourdes inquiétudes travaillent le pays, pour grouper autour d'eux les ambitieux, les fanatiques et les mécontents, agitait le Dahra et ces indomptables Flittas du nord, que tous nos efforts n'avaient pas pu jusqu'alors amener à une soumission complète. Traqué partout par nos colonnes, il leur échappait toujours, parce qu'il trouvait toujours un refuge dans les sympathies des populations. Quelques tentatives audacieuses, couronnées de succès, acquirent bientôt une certaine célébrité à son nom, et alors des récits merveilleux, propagés dans les tribus par les malveillants, les fanatiques, tous ceux, en un mot, qui croyaient avoir contre notre autorité des motifs de plaintes, le grandirent encore aux yeux de la foule superstitieuse et crédule. Ce fut un cherif arrivant on ne sait d'où et révélant sa mission divine par des miracles ; ce fut Bou-Maza, Bou-Ghezala, l'homme à la gazelle, recevant des inspirations d'en haut par l'intermédiaire d'une gazelle, qui, disait-on, l'accompagnait toujours ; ce fut Mohammed-ben-Abd-Allah, le Moul-es-Saâ, le maître du temps, prédit par les prophéties et envoyé pour faire disparaître les infidèles oppresseurs de la terre de l'Islam. L'attention et les espérances de tous les mécontents furent bientôt tournées vers lui, et son nom, de l'est à l'ouest, courut dans toutes les bouches et frappa toutes les imaginations.

Dans le mois de juillet, il s'était présenté jusque chez les tribus maghzen, et, un jour que leurs cavaliers étaient réunis pour une revue aux portes d'Oran, Mohammed-ben-Abd-Allah, invisible aux yeux des chrétiens et ne se révélant qu'aux véritables croyants, avait passé dans leurs rangs et avait annoncé qu'à l'Aïd-el-Kebir il viendrait faire boire les chevaux de ses guerriers au ravin d'Aïn-Rouïna et qu'il ne laisserait pas pierre sur pierre de la ville infidèle.

Pendant les mois de juillet et d'août, l'effervescence, causée par toutes ces rumeurs, avait éclaté dans plusieurs tribus par des mouvements partiels étouffés aussitôt qu'ils se produisaient. Cependant, le 13 septembre, M. le général de Bourjoly, commandant la province en l'absence de M. le général de La Moricière, nommé gouverneur-général par intérim, dut partir pour aller prendre le commandement de la colonne de Mostaganem et rétablir l'ordre troublé plus sérieusement chez plusieurs tribus des Flittas. Mais croyant encore n'avoir a réprimer qu'une révolte locale, il vint se heurter contre une insurrection. Le 23 septembre, il livrait, dans les bois et les défilés de Typhour, un sanglant et brillant combat, dans lequel il put apprécier, aux multitudes qu'il rencontra devant lui et à l'acharnement qu'elles déployèrent dans l'action, toute la gravité et toute la portée de ce mouvement [40].

En même temps, à l'ouest, de nombreux symptômes indiquaient également un prochain orage. Abd-el-Kader avait quitté son campement de la Moulouïa et s'était rapproché de la frontière, sous le prétexte de visiter les marabouts des Beni-Znassen. D'un autre côté, la conduite de Moulai-Chikr-ben-Ali, cet aga du kalifa de l'ouest dont nous avons signalé précédemment le caractère inquiet, entreprenant et impatient de toute autorité, commençait à inspirer quelques inquiétudes. Cet homme, dont la coopération, comme on l'a vu, nous avait été d'un puissant secours pour aider à notre prise de possession de l'ouest de la province, commandait, sans une surveillance bien sévère et pour ainsi dire par lui-même, la grande tribu des Ghossels et la fraction des Traras, la plus rapprochée de la Tafna, appelée les Beni-Ouersous, qui sont en communauté d'intérêts agricoles avec cette tribu. Pendant les premières années de notre occupation, il nous avait servi ostensiblement avec zèle et dévouement ; mais après la victoire remportée sur les marocains à Isly, la tranquillité du pays et notre connaissance plus approfondie des hommes et des choses nous ayant permis de nous occuper plus directement et avec un peu plus de suite et d'entente de l'administration des indigènes, il ne supportait plus qu'avec impatience un contrôle qui gênait son action et tendait à paralyser son influence. Il avait été le premier à faire alliance avec nous pour combattre, dans l'ouest, la puissance d'Abd-el-Kader ; il fut aussi le premier qui conspira avec Abd-el-Kader contre nous, pour se soustraire à notre autorité. On ne tarda pas à être sur la trace de ses menées et à avoir de graves indices que, tout en étant l'ennemi de Bou-Hamedi, Moulai-Chikr entretenait des relations suivies avec la daïra. Ces soupçons n'allaient pas tarder à se changer pour ainsi dire en certitude.

Une bande de rôdeurs, envoyée des bords de la Moulouïa, avait été signalée comme venant, de temps à autre, s'embusquer chez les Ghossels et intercepter les communications entre Lella-Maghnia et Tlemcen. Quelques cavaliers indigènes coulouglis furent envoyés pour l'observer et l'attaquer, s'ils étaient suffisamment en force. Ils la rencontrèrent un jour ; mais se trouvant en nombre bien inférieur, ils restèrent embusqués, observant de loin ce qui se passait. Au bout de quelque temps, ils aperçurent des gens de Meguennia, connus pour être dévoués à Moulai-Chikr, qui vinrent causer avec des cavaliers du groupe ennemi et qui remirent à l'un d'eux une lettre. L'acte de trahison était flagrant. L'autorité supérieure, informée de ce fait, qui paraissait ne plus devoir laisser de doutes sur la réalité des manœuvres qui avaient été signalées, semblait appelée à faire un exemple qui put arrêter les menées des traîtres ; mais elle se laissa tromper par la duplicité et les dénégations mensongères de cet homme astucieux. Il se plaignit amèrement des intrigues auxquelles il était en butte, intrigues qu'il attribua aux ennemis que lui avaient créés les services qu'il avait rendus à notre cause, et demanda à être confronté avec ses calomniateurs. Les cavaliers indigènes, qui avaient donné des renseignements si précis sur le fait dont ils avaient été les témoins, mis en présence de ce vieillard auquel ils avaient été habitués à obéir, soit par ménagement, soit par crainte, ne furent plus aussi explicites, aussi affirmatifs qu'ils l'avaient été dans leurs premières déclarations, et furent accusés de mensonge. Quelques jours plus tard, dans la nuit du 12 au 13 septembre, Moulai-Chikr se sauvait chez les Beni-Ouersous, jetant l'alarme et l'agitation sur toute sa route.

La sécurité dans laquelle nous étions restés plongés, malgré tous ces symptômes précurseurs, était telle, que toutes nos troupes, par les ordres du commandant supérieur de la province, avant son départ pour Alger, étaient disséminées par petits groupes sur tous les points du territoire. Les bataillons, réduits en outre à de faibles effectifs par les libérations, n'avaient pas encore reçu leurs contingents de remplacement. Aussi, lorsque, pour arrêter le mouvement de défection qui commençait à prendre d'alarmantes proportions, M. le général Cavaignac, commandant la subdivision de Tlemcen. en remplacement du général Bedeau, nommé lieutenant-général après la bataille d'Isly, se décida à sortir, il ne put réunir que deux bataillons et deux escadrons : le reste des troupes de cette subdivision, réparti par petits camps, travaillait à la construction des routes auprès de Zebdou et du côté de Daya. Le 15, cette petite colonne vint camper sur la Tafna, au gué de Si-Mohammed-bou-el-Nouar. La djemaâ des Beni-Ouersous et Moulai-Ghikr-ben-Ali furent sommés de se rendre au camp. Ils n'obéirent pas à cet ordre. On leur écrivit de nouveau, en fixant un délai : ils répondirent par une lettre insignifiante. Voyant enfin que cette tribu ne cherchait qu'à gagner du temps et que l'effervescence, loin de se calmer, allait toujours croissant, M. le général Cavaignac, ayant rallié à lui le bataillon et les deux escadrons détachés sur la route de Zebdou, se décida à entrer, le 22, dans les montagnes des Traras, pour avoir raison de ces désobéissances. En même temps, ordre était envoyé à deux bataillons et à deux escadrons, stationnés à Lella-Maghnia, de pénétrer par Nedroma dans le pâté de montagnes des Beni-Ouersous, pour appuyer cette opération. Cette deuxième colonne devait être renforcée, dans sa route, par le 8e bataillon de chasseurs à pied, qui tenait garnison à Djemaâ-Ghazaouat. Malheureusement ces ordres, transmis à travers un pays déjà, en fermentation, ne parvinrent pas à destination dans le délai prescrit. D'un autre côté, M. le lieutenant-colonel de Montagnac, à qui il répugnait de se dégarnir de son bataillon pour le placer sous le commandement d'un offcier de son grade, se mit en mouvement, le 22, sans ordres, pour prêter appui aux Souhalia, qui lui avaient signalé l'approche d'Abd-el-Kader, et qui ; connaissant son caractère ardent et résolu, étaient venus, dans une intention perfide, réclamer sa protection contre lui, en le trompant sur l'effectif de ses contingents. Le 23 au matin, cette héroïque troupe, présentée à l'ennemi par fractions, au lieu de lui être opposée compacte et réunie, venait se briser successivement, dans le malheureux combat de Sidi-Brahim, contre les forces disproportionnées qu'elle rencontra devant elle, et le colonel Montagnac expiait, par une mort glorieuse, son imprudente témérité et son aveugle confiance [41]. La colonne de Lella-Maghnia, campée, le 23 au matin, sous Nedroma, entendit la fusillade de cette lutte inégale, où la valeur fut écrasée par le nombre ; mais elle dut se retirer en toute hâte sur sa garnison, pour ne pas laisser à l'ennemi le temps d'occuper le col de Bab-Taza et de menacer sa retraite.

Pendant ce temps, le général Cavaignac, vigoureusement attaqué, dès son entrée dans les montagnes cabyles, livrait, le 25, le sanglant et beau combat de Bab-el-Mesmar, contré des multitudes innombrables, déployant contre lui une audace et un acharnement inusités. Vers le milieu de l'action, les combattants firent entendre de sauvages cris de joie accompagnés de salves de réjouissance et se ruèrent avec un incroyable accroissement de fureur sur nos impassibles bataillons : ils venaient d'apprendre la nouvelle de notre désastre de Sidi-Brahim, que nous ignorions encore. Mais tous leurs efforts vinrent échouer devant le calme et le sang-froid de nos admirables soldats. Néanmoins le général, se sentant trop faible pour séjourner plus longtemps dans la position difficile qu'il occupait, voyant en outre que ce n'était plus une simple révolte qu'il avait à réprimer, mais une grande insurrection qu'il avait à combattre, se décida à se mettre en retraite sur la Tafna, après avoir fait partir, pendant la nuit, son convoi et ses bagages. C'est pendant cette marche rétrograde seulement qu'un jeune arabe des Oulad-Mellouk arriva à la colonne et rendit compte des déplorables événements qui venaient de se passer [42].

Abd-el-Kader, de son côté, ne perdait pas son temps après l'éclatant succès qu'il venait d'obtenir : il brûlait nos ponts sur l'Isser et la Tafna, venait s'établir sur la rive gauche de cette rivière et se hâtait de faire passer la frontière aux tribus qui l'avaient appelé et qui lui avaient fait acte d'adhésion. Connaissant bien l'impossibilité qu'il y avait pour lui de lutter de front contre nous, il ne songeait pas à reconquérir l'Algérie par ce coup de main, il ne voulait pas même essayer de se maintenir dans la province d'Oran : son but était d'emmener avec lui au Maroc le plus grand nombre de tribus qu'il pourrait, soit de gré soit de force, pousser à l'émigration, afin de se refaire de l'autre côté de la frontière une nouvelle zméla comme celle qui avait été dispersée à Taguin. Par la manière dont nous avions appris à dominer le pays, il n'ignorait pas que les tribus laissées sur leur territoire, seraient toujours sous la main de nos colonnes et sous le coup des razzias. Dans l'intérieur du Maroc, au contraire, les populations se trouvant à l'abri de nos atteintes, il pensait qu'il pourrait disposer contre nous de forces toujours mobiles dont les chefs et les cavaliers, n'ayant plus rien à craindre pour leurs biens, pour leurs femmes et leurs enfants, seraient toujours disponibles pour le combat. Il espérait, en nous harcelant sans cesse, nous empêcher de fonder les bases d'un solide établissement et, comptant sur les complications que pourrait faire naître l'avenir, arriver à nous décourager peut-être un jour. En outre, par cette tactique, il faisait le vide autour de nous, et son projet était de chercher à faire tomber nos postes éloignés de la lisière du Tell et d'immobiliser nos colonnes, en nous privant des moyens de transports arabes qui nous étaient indispensables pour les approvisionner et les faire vivre. Profitant, habilement autant de l'étonnement dont nous avaient frappés ces audacieuses aggressions, qui nous surprenaient à l'est et à l'ouest, non préparés à les repousser, que de l'exaltation que ses succès excitaient parmi les mécontents des tribus et des espérances qu'ils faisaient naître, il envoyait, dès le 24, ses cavaliers chez les Ouled-Kralfa et les Ouled-Zaïr répandre la bonne nouvelle de sa victoire, et Bou-Hamedi venait, le 26, se mettre à cheval sur la route d'Oran à Tlemcen, intercepter la communication, et menacer le poste d'Aïn-Temouchent, mal fortifié, mal approvisionné et n'ayant qu'une faible et insuffisante garnison.

La ville d'Oran avait été vivement émue par ces nouvelles malheureuses arrivant ainsi de tous côtés à coups répétés. Il est assez, en effet, dans la nature du caractère national de passer, pour ainsi dire, sans transition de la plus extrême confiance à un découragement exagéré et souvent peu réfléchi. Des bruits grossis, comme à plaisir, par ceux qui se plaisent à répandre l'alarme, venaient en outre d'un moment à l'autre augmenter les perplexités et redoubler les craintes.

Du reste, en réalité la position pouvait devenir critique : Oran, la capitale de la province, entièrement dégarnie de troupes, n'avait pas même un seul bataillon à mettre dehors et l'ennemi, qui avait poussé jusqu'à Arlal, menaçait la plaine de Melata, dans laquelle il pouvait descendre s'il était constant à son audace, et dans ce cas le chemin lui était ouvert pour venir, renouvelant autour d'Oran le coup fatal dont il avait frappé la colonisation européenne, dans la Metidja, à l'origine des hostilités, ravager la plaine jusque sous les remparts de la ville et ruiner, dans leurs premiers essais, les tentatives d'établissements européens déjà formées dans la banlieue, sans que nous eussions le moindre obstacle à lui opposer. Ce fut dans ces graves circonstances que le Maghzen reçut, le 26, l'ordre de monter à cheval et d'aller manœuvrer à la pointe ouest du grand lac pour chercher à empêcher l'ennemi de s'avancer sur Oran, mouvement que l'on commençait à craindre. Bien qu'Abd-el-Kader n'eut pas manqué de chercher à exploiter, par ses lettres et ses agents, les motifs de mécontentement existant dans ces tribus et en particulier celui qu'avait fait naître la mesure récente, relative à la solde, qui venait de les frapper, elles avaient fermé l'oreille à ses propositions et n'avaient pas été sérieusement ébranlées dans leur fidélité. Obéissant à l'ordre qui leur était donné, leurs cavaliers se rassemblèrent aux puits de Bou-Rechach, point extrême où la route d'Oran à Tlemcen vient rencontrer la pointe occidentale de la Sebgha : arrivés là, de nouveaux désastres leur furent annoncés. Un détachement de deux cent vingt hommes, escortant un convoi de trente mille cartouches, imprudemment aventuré sur une route déjà coupée par les populations en armes, avait été dirigé de Tlemcen pour renforcer le poste d'Aïn-Temouchent. Sur le point d'arriver à sa destination, il était tombé, le 27 au matin, au milieu des forces réunies d'Abd-el-Kader et de son kalifa Bou-Hamedi et avait mis bas les armes aux marabouts de Sidi-Moussa, sans même essayer de combattre. C'était la première fois qu'un acte de semblable faiblesse venait flétrir nos armes depuis l'origine de cette longue lutte. Jusqu'alors nos soldats avaient su mourir, mais ils n'avaient pas su se rendre.

Ce nouveau malheur, plus que tous les autres, était de nature à impressionner vivement les esprits. Les marabouts fanatiques, pour entraîner les tribus à se déclarer contre nous, leur promettaient, dans leurs prédications, que les armes tomberaient sans combat des mains des infidèles et que leurs balles n'atteindraient pas ceux qui se lèveraient pour la guerre sainte, pour la défense de la foi. L'événement de Sidi-Moussa semblait venir justifier leurs prédictions : aussi l'aspect de nos malheureux soldats, qui devaient expier plus tard, par un lâché assassinat, la faiblesse de leur chef, chassés sans armes, comme un vil troupeau, à travers les populations étonnées, entraîna-t-il immédiatement la défection de toutes les tribus des Beni-Amer-Gharabas, qui occupent toute la région comprise à droite et à gauche de la communication d'Oran à Tlemcen jusque près de l'Isser. Ce mouvement tendait à se propager rapidement de proche en proche et tout cet échaffaudage de soumissions si patiemment, si laborieusement obtenues, semblait se détacher et tomber successivement pièce à pièce. Les nouvelles d'accidents malheureux qui ne cessaient, dans cette triste période, de nous assaillir de moment en moment, venaient, en jetant le découragement dans l'esprit de ceux qui nous étaient restés fidèles, exalter la confiance de ceux qui nous étaient hostiles. Le bruit se répandait que M. le chef de bataillon Billaut, commandant supérieur du cercle de Zebdou, et M.de Dombasle, officier chargé des affaires arabes de ce poste, avaient été massacrés avec leur escorte chez les Ouled-Ouriach.

Les Ouled-Abd-Allah, dont le territoire est situé dans la plaine de Melata, au débouché des montagnes, étaient la seule fraction des Beni-Amer-Gharabas qui n'eût pas fait défection. La présence des cavaliers des Douairs et des Zmelas, dans leur voisinage, les avait empêchés jusqu'alors de suivre l'exemple de leurs frères. Mais El-bou-Hamedi s'étant avancé jusqu'au milieu du pays des Ouled-Zaïr, le Maghzen reçut l'avis que, dans la nuit du 28 au 29, cette tribu devait lever le camp sous la protection du kalifa, et rallier l'ennemi sur les bords de la Tafna. En effet, à une heure du matin, les émissaires qui avaient été envoyés pour surveiller ce mouvement, vinrent prévenir que les bêtes de somme étaient chargées, et que l'émigration se mettait en route. Il était de la plus grande importance d'arrêter enfin, au moins à notre base d'opérations, la contagion de toutes ces défections successives ; car toute tribu, en passant à l'ennemi, nous privait des ressources que nous pouvions puiser dans son sein, et augmentait les difficultés que nous allions avoir à surmonter dans le nouveau travail de pacification du pays qu'il devenait nécessaire d'entreprendre. Les feux de l'ennemi rougissaient l'horizon sur toutes les crêtes des montagnes du fond de la plaine et signalaient sa présence, à courte distance, pour protéger cette fuite Le goum reçut immédiatement l'ordre de monter à cheval ; il se porta rapidement en tête de l'émigration, et, après quelques actes de rigueur que la circonstance rendait indispensables, il obligea la tribu tout entière à rebrousser chemin, la contraignit à passer le lac, et le matin, elle se trouvait, au jour naissant, à l'abri des atteintes de l'ennemi, concentrée dans la chaîne de collines situées entre la Sebgha et la mer. Toutes les tribus des environs qui n'avaient pas fait défection furent en même temps repliées sur la rive nord du grand lac, et les cavaliers du Maghzen, placés en arrière des berges escarpées du Rio-Salado, se préparèrent à recevoir l'ennemi s'il se présentait, et à faire face à l'orage.

Cependant, le poste d'Aïn-Temouchent, isolé au milieu de l'insurrection, manquant de cartouches, et sa faible garnison ne pouvant pas s'aventurer hors des retranchements pour aller chercher l'eau nécessaire à son alimentation, au ruisseau qui coule au pied du mamelon sur lequel il est établi, inspirait de sérieuses inquiétudes. Abd-el-Kader, connaissant la position difficile dans laquelle il se trouvait, l'avait fait sommer de se rendre, après son succès inespéré de Sidi-Moussa, s'il ne voulait pas être enlevé le lendemain. Bien que le capitaine qui le commandait eût répondu comme il le devait à cette insolente sommation, il était urgent de chercher à se mettre en communication avec lui. Dans la nuit du 29 au 30, cent cinquante cavaliers, escortés jusqu'au pied dés montagnes par tout le goum, reçurent l'ordre de conduire à cette redoute un mulet chargé de cartouches et de chasser les gardes ennemis qui l'observaient, afin de donner le temps à la garnison de renouveler son approvisionnement d'eau et de faire boire son troupeau. Ces ordres furent pleinement exécutés : nos vieux cavaliers Douairs jetèrent leurs munitions dans le poste, chassèrent et tinrent éloignées les védettes ennemies, donnèrent des nouvelles qui rassurèrent la garnison, et rapportèrent des lettres qui firent connaître sa situation et la position de l'ennemi.

Le Maghzen était, depuis le 26, en face de forces imposantes, les tenant en échec par sa présence, et s'attendant à chaque instant à une attaque de la part d'un ennemi entreprenant et exalté par le succès, lorsque l'arrivée de M. le général de La Moricière, accouru en toute hâte d'Alger avec une forte colonne, vint enfin le relever, le 3 octobre, de la longue, pénible et laborieuse faction qu'il avait acceptée avec dévouement et remplie avec succès.

Nous citons en note le rapport officiel [43] que M. le général de La Moricière écrivait, à la date du 4 octobre 1845, à M. le ministre de la guerre, sur le précieux concours que lui avait prêté le Maghzen dans cette circonstance difficile ; mais ce que nous devons dire ici, et qui est à la connaissance de tous ceux qui ont gardé le souvenir de cet événement, c'est que les Douairs et les Zmelas rendirent à cette époque un nouveau et signalé service, et que si le flot de cette formidable insurrection ne s'étendit pas jusque sous les murs d'Oran, c'est en grande partie à leur bonne tenue et à leur attitude dans cette affaire qu'il est juste de l'attribuer.

M. le général de La Moricière, emmenant avec lui toutes les troupes, infanterie et cavalerie, qu'il put incorporer à Oran à sa colonne, laissa le Maghzen avec la mission de continuer à défendre son pays, et à couvrir la ville pendant son mouvement dans l'ouest ; il mit seulement en réquisition, pour ses transports, les bêtes de somme de ces tribus, qui étaient devenues nos seules ressources pour recommencer la guerre. Pendant qu'il opérait chez les Traras [44], et qu'après deux brillants combats, livrés à Bab-Mesmar et à Aïn-Kebira, il usait envers ces tribus d'une indulgence qu'elles ne méritaient point [45], la majeure partie de sa nombreuse cavalerie, qu'il n'avait pas voulu faire entrer dans ce difficile pays, et qui eût pu être si avantageusement utilisée, soit à Oran, soit à Sidi-bel-Abbès, était immobilisée à Djemâa-Ghàzaouat. Abd-el-Kader profitait habilement de cette circonstance : il envoyait Bou-Hamedi se porter, par un mouvement tournant, chez les Beni-Amer-Cheragas, et enlevait ces tribus, sans que la capitale de la province, dégarnie encore une fois de troupes, pût chercher à y apporter le moindre obstacle.

Du reste, dans l'intervalle de quelques jours, la sédition avait fait d'immenses progrès : le pays en entier était en feu, et, à l'exception des populations voisines du littoral, dans l'espace compris entre le Rio-Salado et Mostaganem, qui tenaient encore pour nous, bien que travaillées et chancelantes, toutes les tribus en armes prenaient part ouvertement à la rébellion. La route d'Oran à Mascara était coupée ; un convoi de voitures, dans le pays des Beni-Chougran, avait été attaqué, pris, et une partie des conducteurs massacrée. Tous nos établissements de la ligne frontière du Tell, Zebdou, Daya, Saïda, Tiaret étaient noyés au sein de l'insurrection. Le chef du bureau arabe de ce dernier poste, M. le lieutenant Lacotte, attiré dans un infâme guet-apens, voyait son escorte indignement massacrée, et lui-même était emmené prisonnier auprès d'Ad-el-Kader, pour y être plus tard lâchement assassiné. Le 12 octobre, un nouveau marabout, c'est-à-dire un de ces intrigants qui pullulent dans les temps de trouble comme les animaux malfaisants après l'orage, le nommé Si-Ali-bou-Ta. lef, osait venir attaquer une tribu jusque sous les murs de Mascara.

Le 28 du même mois, Bou-Maza, suivi de trois à quatre cents chevaux et d'un grand nombre de fantassins, venait audacieusement essayer d'enlever les Hachems-Daroghr, établis à portée de canon de la ville de Mostaganem, et ne se retirait que sur la vigoureuse offensive prise par le commandant supérieur de. cette place à la tête du petit nombre de cavaliers qu'il put rassembler à la hâte dans sa ville dégarnie [46] ; en un mot, l'œuvre de la soumission et de la pacification du pays était tout entière à recommencer sur de nouveaux frais, et M. le maréchal Bugeaud, accouru en toute hâte pour reprendre la direction des affaires, arrivait à Alger le 15 octobre, annonçant que des renforts considérables (six régiments d'infanterie et deux de cavalerie) étaient mis à sa disposition pour l'entreprendre et la conduire rapidement à bonne fin. Le succès de cette nouvelle lutte ne pouvait plus être douteux ; mais, malgré les grands moyens que le gouvernement avait généreusement accordés, il fut long et difficile à obtenir, et il ne fallut pas moins d'une année entière de combats, de fatigues, de nouveaux travaux pour ramener les affaires au point où elles se trouvaient à l'origine de cette levée de boucliers. Nous n'accompagnerons pas nos colonnes dans cette nouvelle série de marches incessantes par lesquelles elles durent encore une fois sillonner le pays dans tous les sens ; nous ne les suivrons pas dans la poursuite de notre infatigable ennemi dans le désert, jusque sur la ligne extrême des Kssours, sa nouvelle base d'opérations ; nous ne ferions que répéter à peu près, dans le même cercle d'action, ce que nous avons antérieurement fait connaître : nous nous contenterons de dire que nous retrouvâmes, dans cette seconde péripétie du drame de la conquête, le concours actif et dévoué du Maghzen, qui nous avait été si utile dans la première partie. Parmi les opérations auxquelles il fut appelé à prendre part, nous signalerons seulement celle qui eut lieu dans les premiers jours du mois de février 1846, dans le but d'essayer d'enlever, par un coup de main, nos malheureux prisonniers établis, depuis le commencement de leur captivité, sur la rive gauche de la Moulouïa. Cette opération, tardivement entreprise, malgré les sollicitations réitérées de M. le général Cavaignac, échoua, par une déplorable fatalité, lorsque toutes les difficultés avaient été surmontées avec bonheur pour la faire réussir. Nous étions, le 9, à neuf heures du matin, sur les bords de la Moulouïa, et nos prisonniers ne recevaient qu'à midi, du même jour, l'ordre précipité de lever leur camp, sur la position duquel on n'avait pas été suffisamment renseigné.

Après de longs et constants efforts, le calme et la sécurité avaient été enfin encore une fois rétablis dans le pays, et la question de colonisation, question que nous n'avions pas encore osé aborder sérieusement, se posait de nouveau devant nous, et il devenait d'autant plus nécessaire et urgent de proposer des solutions pour la résoudre, que les sacrifices que venait de s'imposer la France avaient été plus considérables. Parmi les différents systèmes qui furent présentés, deux surtout fixèrent l'attention et furent mis en présence, et l'on peut dire en opposition, Le premier demandait à la mère-patrie un dernier et puissant effort pour la libérer définitivement du danger politique et du fardeau financier que lui imposait le maintien prolongé d'une grande armée en Afrique. Il proscrivait les demi-moyens, qui, dans toute entreprise sérieuse, ne sont que de ruineuses économies, et voulait assurer un rapide succès, quelles que fussent les nouvelles charges à s'imposer pour l'atteindre, car un prompt succès était seul réellement économique et politique. D'après ce projet, les premières assises de la colonisation devaient être établies sur la vigoureuse population des camps, sur ces intrépides soldats dont l'héroïque dévouement avait doté la France de cette magnifique conquête qu'eux seuls étaient assez forts pour défendre et conserver. Dans les solides réseaux de cette colonisation virile, devait venir se placer la colonisation par immigration, dont la première garantissait la sécurité.

Le second système, dont l'idée première appartenait à un riche financier de la capitale, avait pour objet, au contraire, d'exonérer le gouvernement des lourdes dépenses et des embarras auxquels le condamnait le premier. Il se proposait d'attirer les capitaux particuliers par l'aliénation des territoires de colonisation, faite par adjudication au profit de compagnies ou de capitalistes, à la condition de satisfaire à des conditions déterminées de peuplement, imposées, par un cahier des charges, sur une portion du territoire concédé.

Le premier système, en donnant au peuple de l'armée une juste et légitime part dans la répartition du sol, en récompense de ses travaux, jetait dans le pays les germes vigoureux de la création du futur peuple dominateur ; le second, laissant le peuplement exclusivement aux hommes d'argent, pouvait ne donner qu'une population débile en présence de la race guerrière à dominer. L'un, cherchant à réunir, dans une haute et puissante synthèse, toutes les forces vives de la nation conquérante et de la nation conquise, appelait la nation indigène à prendre part, dans de certaines limites, à l'œuvre de la colonisation ; il proposait d'attacher d'abord les arabes au sol, pour les assimiler, plus tard, par la communauté des intérêts ; l'autre, renouvelant de notre temps le mode de la conquête des époques barbares, n'en tenait compte que subsidiairement, et ne s'en préoccupait que pour les dominer par la force, ou les refouler méthodiquement devant le flot de l'invasion européenne. L'un tendait à démocratiser la propriété en la divisant ; l'autre à créer, à l'aide des grands capitaux, une féodalité terrienne. Celui-là était pratique et abordait directement la difficulté pour la résoudre ; celui-ci était ingénieux, cherchait à la tourner, et séduisait par la perspective d'économies, qui obtenaient alors toute faveur. Le premier fut appelé le système militaire et fut accueilli avec défiance ; le second le système civil, et il fut accepté avec faveur. Nous ne dirions rien de ces distinctions puériles, sans signification réelle et sans portée dans un pays où tout citoyen est soldat, et où tout soldat devient citoyen après avoir payé sa dette à la patrie, si nous ne savions quelle est chez nous la toute puissance des mots ; si ces dénominations elles-mêmes n'avaient servi de drapeau, pour ainsi dire, à une scission déplorable, de motif à des divergences d'opinion, à des tiraillements fâcheux, devant une œuvre qui avait besoin du concours et de la bonne volonté de tous pour être conduite à bonne fin. Cet antagonisme dans les plans, cette division des forces dont l'union eût été si nécessaire dans l'élaboration de l'œuvre commune, prirent-ils leur source uniquement dans des idées d'intérêt général, dans la confiance intime puisée dans l'excellence des conceptions ? N'eurent-elles pas plutôt pour causes réelles des rivalités trop exclusives des deux côtés et trop absolues dans leurs conclusions, l'une se bornant à suivre l'opinion en la flattant dans ses aveugles sympathies, lorsqu'il fallait, au contraire, chercher à la diriger dans ses écarts ; l'autre, n'ayant peut-être pas assez de condescendance pour elle, et voulant la pousser avec l'énergie d'une volonté que rien ne faisait dévier du but que lui indiquait une haute raison, dans la voie où elle commence enfin à revenir d'elle-même ? Ce but n'a-t-il pas été, d'un côté, obscurci par les préoccupations de la personnalité, se laissant égarer à la poursuite d'une vaine et décevante popularité ; de l'autre, compromis par trop de raideur, en cherchant à imposer ce qu'il fallait faire accepter, en transigeant avec les répulsions du moment. C'est ce que le présent se demande et ce que l'avenir décidera. Quoi qu'il en soit, l'histoire recherchera un jour avec étonnement, si nos efforts, sur cette terre, laissent quelque trace dans l'histoire, quels ont été les motifs de cette systématique et jalouse exclusion qui fit refuser aux artisans de la conquête, à ceux qui avaient versé leur sang pour l'accomplir, ce que l'on accordait libéralement, non-seulement à tous nos nationaux qui se présentaient, mais encore à des étrangers qui n'avaient aucun titre à cette générosité. Jamais armée, peut-être, n'avait fait preuve de plus de dévouement, de patience et d'abnégation ; et jamais, peut-être aussi, nation conquérante ne montra, à l'égard de son armée, plus d'ingratitude, plus d'injustes défiances. Ce n'est pas ainsi, jusqu'à ce jour, qu'avaient agi, à l'égard de leurs soldats, les peuples assez forts, assez vigoureux pour entreprendre et consolider des conquêtes : ils ne craignaient pas d'en faire une large part à leurs légions, et ils s'honoraient eux-mêmes en ne leur marchandant pas la reconnaissance. Nous désirons pour notre patrie, si grande naguère et si glorieuse par les armes, que cette fiévreuse et haineuse impatience a exclure, pour ainsi dire, du pays, de toute participation à la direction de ses affaires, les ouvriers de la conquête, avant même que la conquête ne soit assurée, que cette ingratitude envieuse, que cet oubli prématuré de leurs laborieux travaux, ne soient pas de ces symptômes qui annoncent la décadence et la caducité des nations plutôt que leur marche ascendante dans le progrès.

Devant l'autorité imposante des deux hommes les plus considérables de l'Algérie, auteurs de ces projets, et sans contredit les plus compétents pour proposer des solutions à cette grande question, le gouvernement resta longtemps hésitant et incertain ; enfin, les promesses économiques du second système séduisirent le parlement, et des essais furent autorisés autour d'Oran. On sait à présent que l'expérience fut loin de lui être favorable, et qu'il n'obtint pas le succès qu'on en attendait. Le résultat le plus certain de cette expérimentation fut encore une fois du temps perdu. Mais déjà les remarquables travaux préliminaires qui avaient été entrepris pour établir l'assiette sur laquelle ces essais avaient dû être tentés, avaient éveillé l'inquiétude de la population indigène : quelques mesures acerbes et violentes prises vis-à-vis des Douairs et des Zmelas, mesures auxquelles il eut été peut-être plus juste et plus prudent d'apporter plus de ménagement, avaient jeté chez eux le germe de sérieux mécontentements. Effrayés moins peut-être par les mesures elles-mêmes, que par la manière dont elles étaient prises et là tendance qu'elles signalaient, ils se demandaient avec effroi, si la dépossession de quelques-uns, violente et brutale dans la forme, mais généralement jusqu'alors juste quant au fonds, n'était pas le prélude d'un plan général ayant pour but de les exclure systématiquement d'un sol qu'ils cultivaient depuis des siècles de père en fils, et pour la reprise et la défense duquel, mêlés à nos soldats, ils n'avaient point été avares de leur sang. Les assurances verbales qui leurs étaient données, contredites par les stipulations du projet écrit qu'ils n'ignoraient pas, que ces mesures n'étaient qu'individuelles et que nos intentions n'étaient pas de les troubler dans la possession d'un sol dont ils étaient les détenteurs depuis de si longues années étaient insuffisantes pour calmer leurs craintes. La violation de la clause stipulée dans le traité du 16 juin, dont nous avons déjà plusieurs fois parlé, n'était pas, en outre, de nature à les rassurer beaucoup sur la valeur de ces promesses. C'était autrement que par des paroles qu'il convenait de dissiper ces préventions.

Le 7 mars 1847, les chefs parlant au nom des tribus s'adressèrent à M. le gouverneur-général et quelques mois plus tard, M. le maréchal soumettait au conseil supérieur d'administration, qui l'adoptait à l'unanimité, un projet qu'il avait provoqué, d'après lequel on proposait de concéder en toute propriété aux arabes des tribus des Douairs et des Zmelas, le territoire dont ils ont héréditairement l'usufruit, à la condition par les concessionnaires de convertir leurs villages mobiles, leurs douars, en habitations fixes [47]. M. le duc d'Aumale, à son arrivée au gouvernement général, comprenant toute la portée d'une pareille transformation pour l'avenir du pays, donna des ordres pour que les travaux fussent immédiatement commencés. C'était en effet un fait remarquable qui tendait à se produire : du moment où l'arabe consent à se fixer au sol, il accepte implicitement, sans en apprécier peut-être toute la portée, une modification profonde à ses habitudes et à ses mœurs ; il se crée des intérêts communs et solidaires avec les nôtres, il entre dans le mouvement colonisateur et devient aussi intéressé que l'européen lui-même à la tranquillité et à la sécurité du pays. Au mois de décembre, ces villages furent entrepris chez les Zmelas, et ce furent encore les tribus maghzen qui donnèrent l'exemple imposant de cette importante initiative [48]. Ce mouvement, bien que la convulsion dont nous sortons à peine n'ait pas permis de s'en occuper et de lui donner les encouragements et l'impulsion qu'il aurait mérité, s'est propagé rapidement depuis cette époque, et, dans peu d'années, s'il est favorisé et soutenu avec intelligence, il aura changé l'aspect de la contrée toute entière.

Pendant que les tribus maghzen entraient ainsi les premières dans la voie de la colonisation arabe, Abd-el-Kader venait fournir à Djemâa-Ghazaouat, le 24 décembre, le dénouement dramatique de cette longue lutte dans laquelle il avait constamment occupé et rempli la scène. Son compétiteur à l'origine de la reprise des hostilités, son allié plus tard, et enfin son ennemi, Bou-Maza lui avait donné depuis longtemps l'exemple et préparé les voies ; il s'était rendu dans les premiers jours d'avril 1847. Le Maghzen n'ayant pas fait partie du corps d'observation qui, sur la frontière marocaine, fut appelé à concourir par sa présence à cette péripétie, il n'entre pas dans notre cadre d'en faire connaître les détails, trop récents d'ailleurs et trop connus pour avoir pu encore être oubliés [49].

Tel a été, d'après les souvenirs et les impressions qui nous sont-restés des événements de toutes ces années écoulées, le témoignage que nous avons cru devoir rendre sur la conduite des anciennes tribus maghzen, sur leur rôle dans cè long drame de dix-huit ans, à tous les actes duquel nous avons assisté soit comme témoin, soit comme acteur, drame dont le dénouement n'est pas si certain qu'il faille se hâter de congédier ceux qui ont apporté à l'œuvre une telle part de dévouement et de courage, qui ont, nous pouvons le dire, si puissamment contribué à son succès. Tel est l'exposé des faits dépouillé de tout commentaire, de toute discussion, de toute critique. Nous laisserons à chacun à en tirer les conséquences. Nous nous contenterons de dire que si, comme il a été dit à la tribune nationale, avec une grande autorité et un grand sens, tous les arabes ont droit de réclamer de notre part justice impartiale, les Douairs et les Zmelasbnt droit de nous demander, eux, justice et bienveillance, car la bienveillance n'est à leur égard que de la justice. S'il ne nous a pas été permis de leur rendre, après le succès, la position qu'ils occupaient jadis, de leur laisser, comme ils avaient autrefois, une large part dans le commandement du pays, donnons leur du moins toutes les immunités, tous les avantages que nous pouvons leur accorder sans inconvénient. Qu'ils n'aient à regretter que le moins possible les priviléges des régimes passés. N'allons pas nous hâter d'établir entre les arabes une égalité absolue, que les progrès des temps peuvent seuls amener. Que les tribus que la force seule nous a soumises, que la trahison a quelquefois éloignées de notre cause, puissent envier le sort de celles qui sont venues à nous d'elles-mêmes, de celles qui nous sont restées constamment fidèles. Ne craignons pas de manifester hautement nos préférences. Agir ainsi ce ne sera pas seulement agir avec équité, ce sera agir suivant une bonne et intelligente administration ; ce sera emprunter à la politique de l'ancien gouvernement, qu'il ne faut pas craindre de consulter quelquefois, ce qu'elle avait de bon et d'utile en le rendant praticable et compatible avec nos moeurs et nos idées. Ce sera reproduire, à un autre point de vue et avec d'autres moyens d'action, la pensée qui présida à la création du Maghzen : rattacher par des faveurs, par l'intérêt, une partie du peuple vaincu à la cause du peuple vainqueur, pour pouvoir l'opposer dans l'occasion à l'autre partie de la population. N'oublions pas en outre, qu'à côté d'une société nouvelle à fonder, nous avons un peuple entier, peuple encore enfant par l'intelligence, mais homme par l'énergie et le courage, à élever, à gouverner, à civiliser, et dans les préoccupations exclusives de la première tâche que nous avons à remplir, n'allons pas négliger de nous occuper de la seconde, qui n'est en réalité ni moins belle ni moins grande. Elle est, il est vrai, difficile, ingrate, promet peu de retentissement et de popularité ; elle doit même exciter l'animadversion et les clameurs de ceux qui, aveuglés par l'intérêt personnel, voient avec peine qu'on reconnaisse aux arabes quelques droits ; mais elle est l'accomplissement d'un devoir pour la France, qui fera, nous l'espérons, quelque chose pour s'en acquitter. Souvenons-nous enfin à l'égard de tous, que la force seule employée comme moyen de gouvernement est incapable à rien fonder de stable et de défini, et qu'une compression prolongée finit toujours par amener une réaction.

 Nous avons entendu avancer et soutenir à l'égard des arabes et de leur administration, des thèses si étranges par des hommes sérieux et hautement placés, que n'eussions nous pas cédé à un sentiment d'ordre, de régularité et de haute justice, elles nous auraient fait comprendre la nécessité d'adopter enfin une doctrine commune et uniforme pour empêcher les écarts d'expériences dangereuses si elles étaient faites dans l'esprit de ces théories. Les uns ont prétendu que la race arabe n'était pas susceptible de transformation et de progrès, et, avant d'avoir rien fait pour favoriser cette transformation, pour développer ce progrès, ils la condamnaient comme fatalement destinée ou à fuir devant notre civilisation ou à périr. Il n'y avait donc pas à se préoccuper autrement que comme d'un fait transitoire et tout à fait secondaire, de l'administration de cette population, jusqu'à ce que les temps providentiels fussent arrivés où elle devait disparaître devant nous. Indépendamment de toute autre considération, cette odieuse et téméraire interprétation des décrets de la Providence, nous paraît indigne d'une grande nation cherchant à accomplir une grande œuvre. Qu'avez-vous fait jusqu'à ce jour pour amener à vous ce peuple, dont vous prononcez si légèrement l'arrêt ? Par quoi vous êtes vous révélés à lui, si ce n'est par la razzia, le meurtre, l'incendie et par tous les maux nécessaires que la conquête entraîne avec elle ? Les arabes, dites-vous, sont ignorants et fanatiques : oui ils sont fanatiques parce qu'ils sont ignorants : faites donc quelque chose pour éclairer leur ignorance, et leur fanatisme commencera par s'amoindrir et finira par disparaître. Il suffit du reste de formuler ces idées froidement barbares, pour montrer ce qu'elles auraient d'odieux si elles n'étaient pas impraticables, pour faire voir ce qu'elles auraient de dangereux si elles pouvaient être avouées. Nous ne chercherons pas à les combattre autrement qu'en les exprimant, car nous connaissons trop le caractère de générosité de la France pour ne pas être convaincu qu'elle répudierait sa conquête plutôt que d'admettre une politique qui devrait avoir pour but, dans un temps plus où moins prochain, ou l'extermination du peuple vaincu ou son expulsion du pays de ses ancêtres. Les conquêtes de la France au XIXe siècle ne peuvent pas être les conquêtes des temps barbares, qui se traduisaient par ces mots : spoliations et dépossession du sol ; elles ne peuvent être qu'une transaction entre ce mode et celui de la conquête purement politique.

D'autres ont prétendu, et n'auraient pas hésité à traduire cette théorie en actes, que de même qu'on saigne à blanc un malade en délire pour lui enlever une portion de sa force, de même il fallait toujours tenir le peuple arabe dans un état voisin de la misère, pour lui enlever avec son énergie, les moyens de chercher à se soulever. Nous croyons ce principe faux, essentiellement faux en théorie et dangereux en pratique. Les hommes, en général, sont conduits par leurs intérêts, et les autres mobiles de leurs actions ne sont, pour la plupart du temps, que passagers et transitoires. Les arabes en masse feraient-ils exception à cette règle universelle ? Peut-être dans quelques cas particuliers le fanatisme pourra-t-il imposer silence à la voix de l'intérêt, mais, à coup sûr, le contraire doit avoir lieu généralement. Aussi nous croyons, nous, que le plus efficace et le plus sûr moyen de combattre ce fanatisme, consiste précisément à mettre en jeu ce puissant mobile de l'intérêt personnel. Ce serait, ce nous semble, une étrange aberration, ce serait singulièrement juger les hommes, que de ne pas reconnaître qu'ils doivent s'attacher d'autant plus aux institutions qui les régissent, que ces institutions leur offrent plus de sécurité, de bien-être et de plus sûres garanties pour leurs intérêts. Loin de vouloir que les arabes fussent constamment pauvres et nécessiteux, nous voudrions, nous, qu'ils fussent toujours en état de prospérité, convaincu que nous sommes, que plus ils seront heureux, plus ils s'attacheront à l'ordre de choses qui leur procurera cet état diamétralement opposé à celui auquel on voudrait les réduire.

Nous livrons ces réflexions à ceux qui sont appelés à amener à bonne fin cette grande œuvre, la plus grande, sans contredit, qu'il ait été donné à la France d'accomplir de nos jours et qui n'est encore qu'à peine ébauchée.

Si nous réclamons aujourd'hui, autant dans notre intérêt bien entendu que dans le leur, qu'il soit tenu grand compte des arabes dans l'œuvre de la colonisation, si nous désirons qui leur soit fait une large part, si nous demandons maintenant mansuétude et modération vis-à-vis de la population indigène, nous rappellerons, ce qui peut donner quelque autorité à nos paroles, que nous avons été des premiers à solliciter l'emploi de la force lorsque la modération n'était que faiblesse [50].

HUITIÈME PARTIE
CONCLUSION

Dans les commencements de la guerre en Afrique, alors qu'au milieu des incertitudes et des tergiversations du gouvernement nous préludions par des combats partiels, sans coordination et sans ensemble, à la grande lutte qui devait amener plus tard la conquête, lorsque la France hésitait encore à engager dans ces débats une partie de ses forces, assez considérable pour compromettre sa politique en Europe, la question aété agitée plusieurs fois de savoir qu'elle serait, avec le moindre effectif possible, la meilleure organisation de l'armée pour arriver à la soumission et à la pacification du pays. Il paraissait naturel et logique ; avant d'arrêter la composition des forces appelées à résoudre ce grave et difficile problême, de considérer à la fois et l'espèce d'ennemis qu'elles devaient combattre, et la nature et la configuration du théâtre de la guerre sur lequel elles allaient avoir à agir. Plusieurs bons esprits, et entre autres plusieurs personnages hautement placés, auxquels leur expérience pratique des hommes et des choses donnaient une grande autorité dans le débat, regardaient comme une condition indispensable de toute bonne organisation, d'avoir égard à ces deux éléments essentiels, et ils pensaient que le meilleur moyen d'arriver à une solution rapide avec un effectif qui ne fut pas trop exagéré, consistait à déduire logiquement de leurs données cette organisation. Ils faisaient observer qu'il n'était pas rationnel de transporter tout d'une pièce dans un pays nouveau, ayant à combattre de nouveaux ennemis, une constitution d'armée établie pour opérer dans des contrées civilisées ayant des villes, des lignes de communication, des points et des lignes stratégiques, destinée à renverser des obstacles, à agir par masse et contre des masses. Ils pensaient et tâchaient de faire prévaloir cette opinion, qui n'est qu'un rappel aux véritables principes de l'art de la guerre, que toute armée dans son organisation est fonction nécessaire tant du pays sur lequel elle est appelée à opérer que de la nature des ennemis qu'elle a à y combattre. Ils ne compre. naient pas qu'à un pays différent en tous points de nos pays d'Europe, on voulut adapter une composition d'armée faite pour l'Europe. Ils pensaient qu'elle devait être variable dans ses éléments ; que dans un pays nouveau elle devait pouvoir se prêter à des exigences nouvelles. Ils concluaient enfin de ces considérations, que des modifications profondes devaient être apportées, non pas à la constitution intime de l'armée elle-même, mais à la répartition mieux appropriée dans ses proportions des éléments qui la composent.

Or, quels étaient les ennemis que nous avions à combattre. C'était en grande majorité des hommes à cheval ; c'était donc, en mettant pour un moment de côté les autres éléments de la question, de la cavalerie qui semblait devoir leur être opposée avec avantage. En outre, le rôle d'une armée, dans toute guerre de conquête, ne consiste pas seulement à combattre l'ennemi régulier ou irrégulier qui repousse l'invasion, elle doit pouvoir menacer et compromettre efficacement les intérêts des populations, car une nation qui combat pour son pays, sa nationalité, sa religion, ne se décide à accepter la domination de l'étranger que lorsqu'elle a acquis l'irrévocable conviction que tous ses intérêts sont entre les mains du conquérant et qu'elle ne pourra plus vivre désormais sur le sol qu'elle défend, qu'avec son autorisation, que sous son bon plaisir et sa sauve-garde. Ces intérêts, qui en Europe sont fixés au sol et concentrés dans les villes, les villages, les campagnes, étaient ici mobiles et fuyaient devant nous sur le dos des bêtes de somme : la seule difficulté à vaincre c'était de pouvoir les atteindre, et, sous ce second rapport, une force aussi mobile qu'eux-mêmes paraissait encore nécessairement indiquée pour parvenir facilement à ce but. C'était en un mot la guerre primitive, la guerre sans science et sans combinaisons que nous avions à faire et où le principal, et l'on peut dire le seul mérite ; consistait à joindre un ennemi qu'on est toujours sûr de battre, lorsque dans la poursuite on sait conserver de l'ordre et l'attaquer avec le puissant avantage que nous donnent sur lui la tactique et la discipline.

Les conclusions logiques de ces observations étaient donc, d'après nous, les suivantes :

Lorsqu'une armée est appelée à agir en Europe, toute son action réside dans la résistance ou dans le choc par masse. L'infanterie est alors, comme on l'appelle à juste titre, la reine des batailles, c'est elle qui doit entrer comme base principale dans sa composition. C'est par elle que s'obtiennent les résultats que les autres armes ne font que faciliter et compléter ; elles ne sont et ne peuvent être, tant sur les champs de bataille que dans les autres opérations de la guerre, que de puissants auxiliaires pour elle. Dans la guerre d'Afrique, au contraire, la cavalerie pas plus que l'infanterie ne sont employées comme elles le sont dans les guerres européennes ; la cavalerie n'agit pas plus par son choc que l'infanterie par sa masse : c'est par sa rapidité et sa mobilité seules qu'elle est efficace, et les résultats auraient pu être obtenus avec moins de temps, moins de fatigues, moins de pertes de forces vives par la cavalerie ; l'infanterie n'entrant dans l'organisation de l'armée que comme aide et accessoire, elle ne devait être appelée qu'à assurer. et à compléter les résultats. La cavalerie devait donc former la base de l'armée destinée à opérer en Afrique. Ces principes généraux ne furent guère contestés parce qu'en effet ils étaient peu contestables, et l'on ne parvint à refroidir et finalement à étouffer la discussion, que par des difficultés de détails, par de véritables fins de non-recevoir. A l'origine du débat, l'on prétendit que la difficulté de se procurer, sur le pays, les quantités de fourrages nécessaires à l'alimentation d'une nombreuse cavalerie, l'impossibilité de la remonter, rendaient impraticables des propositions dont on reconnaissait la justesse théorique.

Le temps et l'expérience ont fait voir, après coup, ce que ces prétendues objections avaient de fondé. Partout le pays est riche en fourrages, partout une nombreuse cavalerie peut y être facilement et économiquement remontée. Ces deux difficultés ne pouvaient pas, en effet, sérieusement exister dans un pays qui, pour ne parler que de la province d'Oran, et on le savait à *priori,* nourrissait plus de soixante mille chevaux avant la guerre.

Plus tard on objecta que le sol de l'Algérie, qui, dans sa plus grande étendue, est à la vérité composé de vastes plateaux étagés, est coupé dans sa longueur par trois systèmes de montagnes courant parallèlement à la côte, et que ces montagnes serviraient de refuge aux ennemis où la cavalerie ne pourrait les atteindre. En premier lieu, nous demanderons, à présent que nous pouvons parler d'après l'expérience qu'une longue période de guerre nous fournit, qu'elles sont les retraites qui ont été inaccessibles à notre cavalerie française d'Afrique ? Dans les divers cas où elle s'est trouvée, à cause des difficultés du terrain, dans l'obligation de cesser son rôle comme cavalerie, n'a-t-elle pas toujours suffi, et la plupart du temps isolée, en faisant mettre pied à terre à une partie de son monde, à poursuivre et à battre l'ennemi dans ses refuges les plus impénétrables ? En outre, dans cette guerre de razzias, la seule guerre du pays, la cavalerie, toujours peu nombreuse, n'a-t-elle pas été généralement engagée au loin, souvent hors de toute protection de l'infanterie ? La mission de celle-ci, dans la généralité des cas, n'a-telle pas été uniquement de former une véritable redoute mobile, dans l'enceinte de laquelle marchaient et s'établissaient les magasins de la colonne, ses ambulances, ses transports, et destinée, en outre, à recueillir les prises et à les assurer ? A-t-elle été appelée à agir offensivement si ce n'est dans les cas où la cavalerie, tout à fait insuffisante par son nombre, par l'immense disproportion de ses forces devant celles de l'ennemi, ne pouvait pas être seule engagée ? Mais la véritable action de guerre, l'agression, la razzia, qui amenait la soumission des populations par la ruine, n'a-t-elle pas toujours été dévolue aux quelques escadrons de cavalerie régulière attachés aux colonnes, ainsi qu'aux goums d'arabes auxiliaires qui les suivaient ? D'ailleurs nous sommes loin de méconnaître ce que donne de solidité à une colonne une base d'infanterie, et dans les cas exceptionnels que l'on cite, nous admettons parfaitement qu'on fasse varier la composition des troupes agissantes, qu'on augmente dans des circonstances données la proportion de l'infanterie, mais ces cas ne seront que la très-rare exception, et nous n'en sommes pas moins fondé à dire que dans la plupart des circonstances, c'est-à-dire partout où le pays est abordable à la cavalerie, c'est elle qui doit former la base principale des colonnes.

La question des approvisionnements pour les troupes en mouvement, la nécessité de faire vivre sur le sol des colonnes fortes en cavalerie, pouvait paraître offrir de sérieuses difficultés, lorsque nous n'avions pas parcouru le pays, que nous connaissions mal sa topographie et que nous ne nous étions pas fait une idée des immenses ressources qu'il renferme dans son sein. Mais, d'abord, deux cas se sont présentés dans les diverses phases de la guerre qui se sont succédées, lorsqu'il s'est agi de faire subsister une colonne en marche ; ou bien elle a dû transporter avec elle tout ce qui a dû servir à son alimentation, tous ses impedimenta, et alors des convois sous l'escorte de forces suffisantes, qui peuvent être aussi bien de la cavalerie que de l'infanterie, auraient marché à la suite des colonnes à base de cavalerie comme elles ont suivi celles à base d'infanterie ; seulement, dans la première hypothèse, la cavalerie, étant assez forte pour atteindre et combattre à elle seule l'ennemi, aurait pu se séparer de son convoi, opérer pendant plusieurs jours indépendamment de lui, le rejoindre sur des points désignés d'avance, et une colonne active, ainsi composée, aurait certainement compensé par la rapidité de ses opérations les nécessités qui lui étaient imposées de pourvoir à la subsistance de ses chevaux : en un mot, nous pensons qu'en faisant entrer dans l'appréciation l'élément du temps, les convois, dans un cas, n'auraient été ni plus lourds ni plus embarassants que dans l'autre.

Dans la seconde supposition, lorsque des corps de troupes en mouvement ont été appelés à vivre sur le sol, nos colonnes actuelles n'ont-elles pas eu, elles aussi, à faire une rude éducation ? Cependant elles sont parvenues dans quelques cas à résoudre ce difficile problème, et la cavalerie qui leur était attachée, n'a-t-elle pas vécu, hommes et chevaux, comme l'infanterie ? il est vrai qu'elle a eu à endurer souvent de grandes privations, à supporter de dures souffrances, mais n'était-ce pas parce que, par sa faiblesse elle-même, elle était enchaînée dans un cercle d'action très-limité, autour de la colonne principale ? N'était-ce pas parce que la lenteur des mouvements rendait les résultats tardifs à se produire ? n'est-il pas probable que, si une cavalerie eut été suffisamment forte pour manœuvrer seule à quelques journées de distance, le champ de ses ressources eut été beaucoup plus étendu, et n'est-il pas certain que les résultats étant plus vite atteints, par suite des mouvements plus prompts et plus décisifs, qu'une cavalerie indépendante eut pu entreprendre, elle n'aurait pas eu à souffrir aussi longtemps au cas où le pays où elle aurait eu a manœuvrer, pendant quelques jours, ne lui aurait pas présenté de quoi suffre à son alimentation ?

En résumé, on voit, en allant au fond de toutes ces objections, et ceux qui, exempts de tout parti pris, de toute idée systématique et préconçue, d'un étroit et aveugle esprit de corps, ont quelque expérience de la guerre d'Afrique partageront bien certainement cette opinion, qu'elles n'avaient en réalité rien de bien sérieux et qu'elles n'étaient pas de nature à ruiner, avant qu'il n'eut été discuté avec maturité, un système qui promettait une grande économie, et de temps et d'effectif, pour atteindre le but que nous poursuivions. Aussi, pour décliner ses conséquences rationnelles, on changea les termes du problème. Il ne fut plus question de chercher une organisation d'armée telle qu'on put essayer d'entreprendre, avec des chances suffisantes de succès, la conquête du pays, avec le moindre effectif et le moins de temps et de dépenses possibles ; l'on ne s'occupa plus de limiter ces effectifs, de limiter ces dépenses, et l'on arriva à la solution de la question en augmentant indéfiniment les uns et les autres. L'armée fut portée, depuis le renouvellement des hostilités jusqu'à la première pacification, de trente-six mille à cent trois mille hommes, et les dépenses atteignirent le chiffre effrayant de cent millions. Le sol de l'Algérie fut couvert de soldats ; les colonnes durent être multipliées sans mesure, parce que leur rayon d'action autour d'elles-mêmes était restreint et ne pouvait pas s'étendre au-delà de ce que peut atteindre la force de l'homme : nos soldats à pied durent courir après un ennemi à cheval ; des fatigues surhumaines, le plus souvent sans combat, leur furent imposées, et l'on peut dire que dans ces conditions forcées, parce qu'elles étaient illogiques, ils ont fait plus qu'on n'était en droit d'attendre de l'énergie et de la constance de l'homme. Une des plus hautes capacités militaires de notre époque disait souvent, à propos de la guerre d'Afrique, avec une grande autorité et un grand sens, qu'il aimait mieux un bataillon que dix postes qui l'immobilisent, parce que entre le bataillon qui se meut et les postes qui ne peuvent se mouvoir, il y a toute la différence qui existe entre la portée du fusil ou du canon et la portée des pas de l'homme. Donnant toute son extension à cette espèce d'axiome militaire, nous dirions, nous, que dans la guerre d'Afrique nous préférons la cavalerie à l'infanterie, parce que, dans leur action, il y a toute la différence qui existe entre la distance que peut parcourir l'homme à pied et celle que peut franchir, dans le même espace de temps, l'homme à cheval.

L'exagération elle-même des chiffres auxquels on était parvenu, en persévérant dans la voie dans laquelle on s'était engagé, aurait dû rendre évident pour tous, que les difficultés que l'on s'acharnait à surmonter par l'envoi continuel de nouvelles troupes, par le sacrifice de nouveaux millions, ne provenaient pas d'ailleurs que du vice dans la constitution de l'armée, qui avait été primitivement signalé, et l'on aurait lieu de s'étonner que ces ruineuses tentatives n'eussent pas ouvert les yeux des plus obstinés, si l'on ne savait quels sont, sur certaines questions, l'aveuglement et l'empire de la routine. Pour nous, l'expérience de ce qui s'est passé pour arriver si lentement, si laborieusement, au prix de si grands et de si pénibles efforts, à la conquête, loin d'être une condamnation, une infirmation du système que nous reproduisons aujourd'hui, en est au contraire une pleine, une éclatante confirmation. Loin de nous cependant l'idée de vouloir amoindrir les travaux de nos admirables soldats, loin de nous l'idée de refuser aux généraux qui les ont conduits et dirigés toute la justice qu'ils méritent : nous la leur rendons pleine et entière, nous qui avons été témoin de dévouements sans bornes, d'héroïques et incessants efforts : nous croyons qu'ils ont accompli tout ce qu'il était humainement possible de faire, mais qu'ils l'ont accompli dans de mauvaises conditions et qu'ils fussent parvenus, sans tant de fatigues, sans tant de dépenses, sans tant de lenteurs aux mêmes résultats, dans les conditions meilleures que nous signalons.

Quoiqu'il en soit, la conquête a été glorieusement achevée. L'armée a remis entre les mains de la France, au prix d'immenses sacrifices, le pays subjugué et pacifié, et nous ne rouvririons pas une discussion qui ne serait plus que superflue et inoportune, si nous ne craignions qu'après de notables réductions dans l'armée d'occupation, les circonstances n'exigent encore des réductions nouvelles ; si nous ne pensions que la manière dont elles vont être opérées peut compromettre l'avenir de l'Algérie, que c'est pour ce pays, qui nous a coûté tant de sueurs, de sang et d'argent, une question suprême, une question d'être ou de ne pas être : elle se pose donc actuellement devant nous encore plus impérieusement qu'à l'origine : nous sommes sommés par les nécessités et les exigences de la situation de répondre, et cette fois dans tous ses termes, au problème posé par la France, qui ne peut plus, nous le comprenons, prodiguer à l'avenir, sans compter, ses hommes et ses finances, car elle peut aujourd'hui ou demain avoir à dépenser les uns et les autres sur les champs de bataille de l'Europe. Ce problème nous est donc présenté de nouveau en ces termes : *Quelle est la meilleure organisation de l'armée en Algérie pour maintenir et assurer la pacification, protéger et garantir efficacement les nombreux intérêts épars dans le pays, au moindre effectif et aux moindres dépenses possibles ?*

La solution de la question ainsi posée ne nous semble plus devoir offrir de doutes : elle est la même pour maintenir la conquête que celle qui avait été proposée pour l'obtenir ; seulement elle est devenue beaucoup moins contestable, puisque toutes les objections qui avaient été élevées contre elle ont été résolues par les faits de l'expérience que nous avons acquise pendant la lutte et par l'organisation actuelle du pays conquis. Les approvisionnements, les ambulances ? Nous avons, sur toute la surface du pays, un réseau de dépôts et de magasins qui nous permettrait, en nous ravitaillant partout, en laissant sur tous les points nos malades et nos blessés, de sillonner rapidement le pays dans tous les sens. Les remontes ? Nous savons à présent qu'à l'époque où les pertes en chevaux faites pendant la guerre, tant par nous que par les arabes, étaient encore loin d'avoir été réparées par la reproduction, nous avons pu, dans l'espace de quelques mois, remonter, dans la province d'Oran, en chevaux du pays, deux régiments de cavalerie française. La paix, qui règne depuis trois ans, ayant permis aux arabes de se livrer, suivant leurs habitudes, à l'élève des chevaux, il existe dans le pays une immense quantité de jeunes produits qui permettraient de pourvoir aux besoins en chevaux de la plus nombreuse cavalerie. Les difficultés du terrain ? Le pays a été parcouru, traversé dans tous les sens, et nous savons exactement, d'après la topographie complette qui a été dressée, quelles sont les localités où la cavalerie peut agir et celles, peu nombreuses, où elle doit s'abstenir d'opérer. On peut donc organiser les colonnes d'après des données et des prévisions connues d'avance. Si les besoins d'assurer la sécurité du Tell nécessitaient, comme il faut s'y attendre, des opérations dans le Sahara, la composition que nous proposons, pour les troupes d'occupation, serait aussi apte que toute autre à les entreprendre ; en effet, deux cas peuvent se présenter lorsqu'il est nécessaire d'opérer dans le sud : ou bien l'on a à agir offensivement contre les Kssours, et alors, en laissant la majeure partie de la cavalerie dans le Tell, il sera toujours facile, avec l'effectif en infanterie qu'on demande, de former une colonne à base d'infanterie de deux mille à deux mille cinq cents hommes, le maximum de ce qu'il est possible de mettre en mouvement, dans ces lointaines régions, pour se porter contre ces petites villes du désert et les réduire ; ou bien, et c'est le cas le plus général, il s'agira de manœuvrer contre les populations, et alors des colonnes de cavalerie, partant de points avancés dans le Sahara, servant de points de relâche et de ravitaillement, parcourant rapidement ces solitudes dans toutes leurs profondeurs, auraient, dans peu de jours, soit atteint les tribus sur les lieux connus de leurs campements, commandés par la nécessité des eaux, ou bien les auraient forcées bientôt à quitter ces parages.

Nous avons en outre, indépendamment de toutes les difficultés matérielles résolues à l'avantage de la solution proposée, l'ascendant moral acquis par notre cavalerie d'Afrique par dix ans de combats. Nous ajouterons que, pour garantir les intérêts disséminés sur toute la surface du sol, cette organisation est encore la seule efficace. En effet, avec l'effectif réduit de l'armée d'occupation, il sera impossible de fractionner les forces disponibles. Il faudra donc, dans le cas d'une insurrection, qui est le seul que nous examinions ici, suppléer au nombre par la rapidité des mouvements, rayonner sur de grands espaces, et quel autre système peut mieux convenir, pour remplir cet objet, que celui de faire prédominer la cavalerie dans les effectifs ?

Nous concluons donc que, si la France se trouve dans la nécessité de réduire, autant que possible, l'effectif de son armée en Afrique et qu'elle veuille le faire en compromettant le moins possible la sûreté de sa conquête, le seul moyen, suivant nous, de satisfaire à cette double exigence, de sauvegarder les intérêts précieux engagés dans le pays, de ne point immobiliser, au-delà, des mers, des forces dont elle peut avoir besoin sur le continent, c'est, en diminuant le chiffre de ses troupes à pied, d'augmenter dans une certaine proportion celui de ses troupes à cheval. En résumé, pouvoir combattre l'ennemi à pied avec des troupes à pied, et l'ennemi à cheval avec des troupes à cheval, telle est la condition à laquelle il faut, le plus économiquement possible, chercher à satisfaire.

Il est évident que nous ne considérons ici la question qu'au point de vue des indigènes, que sous le rapport de la tranquillité à maintenir dans l'intérieur du pays, et que les conditions seraient changées avec l'organisation proposée, comme avec l'organisation actuelle, et, à plus forte raison, si cette dernière est appelée à subir des réductions nouvelles, dans l'hypothèse où l'armée d'Algérie aurait à défendre ses côtes ou ses frontières, soit contre une agression européenne, soit contre les attaques du Maroc. Dans l'un et l'autre cas, dans le premier surtout, la France aurait à pourvoir à la défense de ses villes du littoral ; mais, dans ces deux cas, l'armée à base de cavalerie serait parfaitement suffisante pour maintenir la paix et la sécurité de l'intérieur ; mais elle serait aussi indispensablement nécessaire : il faut que l'armée d'Algérie puisse répondre de l'Algérie, et ce serait d'une haute imprudence, ce serait bénévolement compromettre l'avenir que de compter, comme on l'a proposé dernièrement, sur une réserve stationnée dans le midi de la France, pour appuyer les forces destinées à contenir l'Afrique ; en effet, ne sait-on pas par de tristes expériences avec quelle rapidité se propagent les insurrections ? même en supposant le gouvernement de la France libre de toutes préoccupations intérieures, est-on certain qu'à un instant donné, les forces sur lesquelles on compte seront disponibles, que les moyens matériels pour leur faire passer la mer ne feront pas momentanément défaut, etc., etc., et si, par des complications auxquelles il faut s'attendre, qu'il est au moins prudent de prévoir, des retards étaient apportés à l'expédition de ces secours, l'insurrection n'aurait-elle pas le temps de porter à la colonisation, disséminée jusqu'à présent un peu à l'aventure et sans protection immédiate sur de grandes surfaces, des coups dont elle ne se relèverait plus ?

Il est évident aussi qu'il ne s'agit ici que des éventualités de guerre et que nous laissons entièrement de côté le point de vue de la colonisation, à laquelle les troupes d'occupation, dans l'hypothèse d'une réduction, ne pourraient plus, dans tous les cas, prêter un utile concours pour les grands travaux d'utilité générale, auxquels elles ont été si utilement et si économiquement employées jusqu'à ce jour. La colonisation est, dit-on, une œuvre à part, dont l'armée a été éventuellement et nécessairement chargée à l'origine, mais à laquelle, d'après la tendance générale des esprits, on semblerait vouloir la laisser désormais étrangère, pour la faire rentrer exclusivement dans le rôle auquel on veut la réduire, qui doit se borner au maintien de la paix et de la sécurité dans le pays et à l'administration, au commandement, à l'œuvre de la colonisation des populations conquises, jusqu'à ce que, successivement et par les progrès du temps, elles puissent elles-mêmes être émancipées de cette forte tutelle. Du reste, en ne touchant pas, comme on le verra plus tard, à l'effectif des armes accessoires, dont les ressources sont plus spécialement affectées aux travaux de la colonisation, nous réservons la question et nous ne changeons rien aux conditions dans lesquelles elle se trouve même actuellement placée. Cette expérience serait d'ailleurs peut-être nécessaire, pour faire cesser les récriminations incessantes dont l'armée est l'objet, relativement àla colonisation européenne. Il est indispensable que l'administration civile soit mise en face de son impuissance, pour qu'on puisse revenir plus tard, lorsque des circonstances plus favorables nous seront faites, à la seule colonisation possible, la colonisation par l'armée.

Pour fixer les idées, ne pas donner à des détails de chiffres une trop grande étendue et ne pas lasser l'attention sur des développements arides, lorsque notre unique but est de l'éveiller sur un problème qu'il est de l'intérêt général de chercher à résoudre le plus promptement possible, nous ne parlerons que d'une seule province, la province d'Oran, qui est celle où la pacification a été la plus longue à obtenir, la conquête le plus longtemps disputée, qui est celle où l'insurrection de 1845 a éclaté, et qui sera toujours la première, à cause de l'homogénéité et du fanatisme de ses populations, de son voisinage de l'empire de Maroc, à donner le signal de tout mouvement insurrectionnel sérieux et de quelque portée. Ce que nous dirons pour cette province, pourra, sans doute, en y introduisant, pour chacune d'elles, les modifications nécessitées par la constitution particulière du sol et la nature de ses habitants, s'appliquer aux deux autres.

L'effectif des troupes d'occupation de la province d'Oran se trouvait à l'époque du 1er juillet 1849 de 23,536 hommes, décomposés de la manière suivante :

Infanterie...................... 16,167
Cavalerie...................... 3,820 } 23,536.
Artillerie, génie, train des équipages.. 3,549

Dans le chiffre de l'infanterie sont compris :

1° Les compagnies de discipline..... 454
2° Les ateliers des condamnés...... 560 } 1,014.

Reste donc pour effectif réel des bayonnettes 15,153 hommes. Nous aurons égard plus tard aux non-valeurs.

Pour plus de simplification, nous laisserons de côté, dans cette décomposition, les armes accessoires dont nous ne discuterons pas les effectifs que nous supposerons rester ce qu'ils sont, bien qu'ils fussent aussi susceptibles de réduction, et nous prendrons le plus possible les chiffres ronds, les plus rapprochés des chiffres réels.

Ces troupes, infanterie et cavalerie, sont réparties, dans les subdivisions, ainsi qu'il suit :

Oran............	infanterie	2,172	cavalerie	1,077.
Tlemcen.........	id.	5,717	id.	812.
Sidi-bel-Abbès....	id.	2,308	id.	464.
Mascara.........	id.	3,960	id.	529.
Mostaganem.....	id.	2,010	id.	938.
Totaux égaux......		16,167		3,820.

Voici maintenant, comment nous composerions la force régulière et irrégulière, strictement nécessaire, mais suffisante, suivant nous, pour maintenir la paix dans les tribus et la sécurité dans le pays.

Nous composerions la de 6,000 d'infant^{ie} ou 8 bat^{ons},

de 6,000 de cavalerie régulière,

et de 4,000 de cavalerie du Maghzen, que nous proposons de créer et dont nous allons parler plus tard.

Les escadrons des régiments des chasseurs d'Afrique sont forts actuellement de 191 hommes de troupe et de 175 chevaux. Il nous semble qu'il y aurait avantage à fractionner davantage les effectifs et à former les escadrons de 150 sous-officiers, brigadiers et cavaliers et de 132 chevaux de troupe. Cet effectif pourrait toujours, en temps ordinaire, présenter un escadron de manœuvre d'une force suffisante dans le rang, et laisserait moins de non-valeurs que des escadrons plus nombreux : c'est celui que nous adopterons pour l'encadrement de nos 6,000 cavaliers, qui formeraient alors 40 escadrons, ainsi répartis :

Oran........	infanterie	1,000	cavalerie	450	3 es.
Tlemcen.....	id.	1,500	id.	1,950	13 es.
Sidi-bel-Abbès.	id.	600	id.	900	6 es.
Mascara.....	id.	1,200	id.	1,350	9 es.
Mostaganem..	id.	1,200	id.	1,350	9 es.
Totaux.....		5,500		6,000	40 es.

Sous-répartis dans les cercles et postes, conformément au tableau ci-dessous. Nous ne faisons figurer que 5,500 hommes d'infanterie dans les répartitions, bien que nous demandions 6,000 hommes, parce que nous laissons, pour les non-valeurs, à peu près le 10e de l'effectif, c'est-à-dire 500 hommes.

CERCLES ET POSTES.	TROUPES ACTUELLES.		TROUPES PROPOSÉES.		NOMBRE d'escadrons.
	Fantassins.	Cavaliers.	Fantassins.	Cavaliers.	
SUBDIVISION D'ORAN.					
Oran............	1.686	767	750	450	3
Mers-el-Kebir....	150	»	150	»	»
Arzew............	336	»	100	»	»
Saint-Denis-du-Sig	»	»	»	»	»
Misserghin.......	»	310	»	»	»
TOTAUX.....	2.172	1.077	1.000	450	
SUBDIVISION DE TLEMCEN.					
Tlemcen..........	4.000	454	1.225	1.350	9
Nemours..........	1.327	358	100	150	1
Lalla-Maghrnia...	182	»	50	150	1
Aïn-Temouchent..	88	»	50	»	»
Zebdou...........	120	»	75	300	2
TOTAUX.....	5.717	812	1.500	1.950	
SUBDIVISION DE SIDI-BEL-ABBÈS.					
Sidi-Bel-Abbès....	2.062	464	550	900	6
Daya.............	246	»	50	»	»
TOTAUX.....	2.308	464	600	900	
SUBDIVISION DE MASCARA.					
Mascara..........	3.367	529	1.125	900	6
Saïda............	163	»	25	150	1
Tiaret...........	430	»	50	300	2
TOTAUX.....	3.960	529	1.200	1.350	
SUBDIVISION DE MOSTAGANEM.					
Mostaganem (*)...	1.920	938	1.100	900	6
Sidi-Bel-Assel....	»	»	»	450	3
Ammi-Moussa....	90	»	100	»	»
TOTAUX.....	2.010	938	1.200	1.350	
TOTAUX GÉNÉRAUX	16.167	3.820	5.500	6.000	

a

Défalcation faite sur cet effectif des 1,000 hommes des corps disciplinaires, il reste en nombres ronds à la colonne des troupes actuelles (infanterie) 15,000 hommes. Ainsi, dans l'hypothèse de ce remaniement apporté à la composition de l'armée d'occupation dans la province d'Oran, nous aurions d'abord :

1° Une diminution dans l'effectif de l'infanterie de 9,000 hommes ;

2° Une augmentation dans celui de la cavalerie de 3,300 cavaliers ou 22 escadrons.

Maintenant qu'elles seraient, au point de vue financier, les dépenses et les économies qui résulteraient de cette transformation.

L'augmentation de l'effectif en cavalerie constituerait certainement l'Etat dans une dépense considérable, mais, même en supposant cette dépense entière, il n'en résulterait pas moins, en présence de la diminution en infanterie, une économie notable qui ne serait pas moindre de 1,800,000 fr.

En effet, nous avons en premier lieu à porter en déduction 9,000 hommes d'infanterie. En second lieu, l'effectif de la cavalerie existant actuellement dans la province est de 3,820 ; or, 18 escadrons, à 150 cavaliers par escadron, font 2,700 ; il y a donc en ce moment un effectif de 1,120, que nous supposerons à pied, en excédant sur ces 18 escadrons qui doivent également entrer en déduction. Ce sera donc en nombres ronds un chiffre de 10,000 hommes à pied qui disparaîtront du chiffre de la division d'Oran.

Or, on sait qu'en France, chaque homme de troupes de toutes armes et de tout grade coûte en moyenne 471 francs 25 cent. par an pour ses dépenses de solde, nourriture, habillement, couchage, traitement d'hôpital, etc. ; que le simple soldat d'infanterie compte dans cette moyenne pour environ 401 fr. et que le soldat de cavalerie y entre pour une sommé de 700 fr. Comme il ne s'agit ici que d'appréciation comparative, nous prendrons les chiffres ci-dessus, bien qu'ils doivent être inférieurs à ceux des soldats de l'armée d'Afrique, qui reçoivent en plus des prestations qui ne sont pas allouées en France ; mais la proportionalité existant toujours, on pourra se former, avec les résultats qui ressortiront des chiffres adoptés, une idée assez exacte de ce qu'ils seraient avec les chiffres réels. Les 10,000 hommes à pied qui disparaissent de l'effectif coûtent d'après ces données 4,010,000 fr.

Mais nous avons à remplir ce vide par 3,300 cavaliers ou 22 escadrons. Ces 3,300 cavaliers coûtent annuellement 2,210,000 fr. Il résulterait donc de la l'économie annuelle de 1,800,000 fr. que nous avons annoncée plus haut.

Mais cette économie, déjà fort considérable, pourrait être rendue plus importante encore si l'on voulait apporter la réforme dans la cavalerie de l'armée d'Afrique elle-même, si l'on voulait se décider enfin à examiner sérieusement la question des corps réguliers indigènes, corps ruineux, contre l'institution desquels de nombreuses réclamations ont été de tout temps formulées, tant par des offtciers compétents en ces matières, que par les inspecteurs généraux de cavalerie eux-mêmes, mais qui, malgré les justes attaques dont ils ont été constamment l'objet, sont toujours parvenus à se maintenir. En effet, dans quel but avaient été créés, à l'origine, les corps indigènes ? Ce n'était certainement pas parce que nous manquions d'hommes pour remplir des corps dont des offtciers français formaient les cadres. C'étaient des motifs purement politiques qui avaient présidé à leur organisation. On espérait par ces créations attirer à soi des hommes appartenant aux familles influentes des tribus, se les attacher, les rendre, par le frottement, moins hostiles et les renvoyer après quelques années de service dans ces corps, civilisés en quelque sorte par le contact avec l'élément français qu'on y avait introduit. Si un but politique n'avait pas existé, les corps indigènes n'auraient pas eu en effet de raison d'être, car personne ne prétendra, je suppose, que, militairement parlant, un régiment de spahis vaille un régiment français. Or, ce but a-t-il été atteint ? Les jeunes hommes des familles considérables du pays sont-ils venus à nous ? Quel a été en réalité l'élément indigène qui est entré dans ces régiments ? Au lieu des fils de famille n'ont-ils pas été recrutés presque uniquement de malheureux, de nègres échappés de chez leurs maîtres, de mauvais sujets des tribus, de ces hommes à caractères inquiets et turbulents, qui ne venaient dans nos rangs que pour échapper à l'autorité régulière et légitime de leurs chefs naturels, les agas et les caïds ? De ceux qui, ayant quelques méfaits à se reprocher, venaient y chercher l'impunité comme dans un asile ? La fusion tentée dans la création de ces corps-mélanges, a-t-elle fait naître des sympathies ou des animosités ? Nous sommes loin cependant de contester les services de guerre rendus par eux, mais ces services eux-mêmes ne sont-ils pas dûs principalement aux vigoureux officiers et sous-officiers français qui les encadraient ? D'ailleurs, en leur rendant, sur ce point, pleine et entière justice, nous ajouterons que là n'est pas la question. La question est la suivante : ces corps ont-ils rendus des services que les régiments français n'eussent pas pu rendre, comme éclaireurs et guides dans les pays que nous ne connaissions pas, dans les reconnaissances pour les renseignements à fournir, dans la correspondance à travers le pays ennemi, dans les escortes ? Non, ces divers services ont toujours été faits ét pourront toujours être faits mieux et plus sûrement que par les spahis, par les cavaliers auxiliaires marchant à la suite des colonnes, par les cavaliers des maghzens dont nous allons nous occuper tout à l'heure.

En outre, un inconvénient fort grave de ces corps, inconvénient qui aurait dû attirer sérieusement l'attention dès le commencement de leur institution, et qui acquiert encore plus de gravité au moment où il peut être question de réduire l'armée à un minimum, c'est le peu de confiance qu'on doit fonder sur eux, si des complications sérieuses venaient à surgir. Qui ne sait que la cavalerie régulière indigène, a eu, même pendant une guerre qui n'a compté que des succès et pas de revers, une immense quantité de déserteurs qui sont partis, presque tous, avec chevaux, armes et bagages, laissant à leurs masses des redus considérables ? Qui ne sait que ce furent ces transfuges, admis dans nos rangs et élevés à notre école, qui formèrent la base principale de la cavalerie régulière d'Abd-el-Kader, qui lui fournirent des instructeurs et un commencement d'organisation qu'ils nous avaient emprunté ? N'oublions pas que du milieu de ceux que nous initions, si prématurément et avec cet abandon chevaleresque et quelque peu fanfaron qui est une des faces du caractère français, aux secrets de notre tactique et de nos méthodes de guerre, peut surgir tout à coup quelque puissante individualité, quelque génie patriotique et guerrier, quelque Pelage inconnu, qui tire parti de nos leçons et, profitant des circonstances que l'avenir nous réserve peut-être, mette au service des idées d'indépendance nationale, l'instruction militaire que nous cherchons si étourdiment à prodiguer à ceux pour qui nous sommes et serons longtemps encore l'étranger, l'ennemi, le chrétien. Espérons-nous, dès à présent, avoir éteint à tout jamais tout sentiment de patriotisme, avoir étouffé toute pensée de nationalité ? La génération actuelle est fatiguée de la. guerre ; mais qui nous répond de la génération à venir, qui nous répond même de la génération qui s'élève ? Nous sommes ici par le seul droit de la force, c'est la force qui doit nous y maintenir, parce que c'est notre convenance, et que nous accomplissons, peut-être, une œuvre providentielle, mais qui pourrait, au point de vue de la stricte équité, blâmer des tentatives que l'histoire qualifierait d'héroïques, le lendemain du jour où elles seraient couronnées de succès ! qui pourrait au fond du cœur jeter anathême à celui qui oserait les entreprendre avec quelques chances de réussite ! N'augmentons donc pas imprudemment ces chances, jusqu'à ce que le pays soit assez complètement à nous pour n'avoir plus à les redouter. Souvenons-nous, à propos, que Jugurtha et Tacfarinas avaient été élevés à l'école des armées romaines. La seule influence qui puisse neutraliser efficacement ces tendances, en quelque sorte légitimes, c'est celle d'un intérêt direct, réel, permanent, qui fasse de notre cause celle d'une partie de la population vaincue elle-même ; c'est celle que nous trouverions, non pas dans une création nouvelle, non point en expérimentant l'inconnu, mais en faisant revivre une organisation qui, non-seulement a été l'appui le plus solide de l'autorité des anciens dominateurs, mais qui encore a activement coopéré, comme on l'a vu, à l'établissement de la nôtre ; c'est celle que nous trouverions dans la restauration, le rajeunissement, le développement de l'ancienne institution des maghzens.

Nous n'insisterons pas plus longtemps sur une foule d'autres considérations qui prouvent ou l'inutilité ou le danger des corps réguliers indigènes. L'expérience nous semble avoir hautement prononcé sur ce point ; et sur ce point comme sur bien d'autres, il y aurait lieu de s'étonner que les récriminations pleines de justesse et de sens qui ont maintes fois attaqué leur existence, n'eussent pas été entendues, si nous ne savions déjà que les idées les plus simples, les plus logiques, sont souvent les plus lentes à se faire jour, parce que les susceptibilités vigilantes des intérêts personnels sont attentives à les obscurcir et à les étouffer ; mais malgré tout ce qui a été dit à cet égard, l'on peut hardiment conclure, ce nous semble, que comme instruments politiques les corps indigènes n'ont pas rempli l'objet pour lequel ils avaient été créés ; comme instruments de guerre, la question réduite à sa plus simple expression, est celle-ci : les corps indigènes font en campagne absolument le même service que les régiments français, sans les valoir. Les services spéciaux auxquels ils auraient pu être employés ont toujours été faits et pourront toujours être faits, mieux et à meilleur marché, par les cavaliers arabes, à la suite des colonnes. Ainsi, sous le double rapport, qui avait pu motiver leur création, nous avons dû, depuis longtemps, revenir des illusions qu'on avait pu fonder sur eux, et nous n'avons plus, en réalité, aucun intérêt à les maintenir.

Dans la province de Constantine, il est vrai, le résultat politique qu'on s'était proposé, dans l'organisation des corps indigènes, n'a pas été aussi complètement nul que dans les autres provinces. Quelques fils de grandes tentes ont brigué, soit l'honneur de servir dans leurs rangs, soit l'avantage de jouir, avec une solde considérable, des immunités nombreuses qui étaient attachées à leur incorporation dans ces corps. Ceux de cette catégorie qui sont encore liés au service, ceux qui appartiennent à des familles influentes, à des familles riches, et qui ont eu pour mobile le désir de s'attacher à la cause française, pourront toujours conserver l'honneur de servir dans le Maghzen, la France qui n'est plus assez riche, elle, pour stipendier aussi chèrement leurs services. Mais il suffit de constater que ce n'est pas par leur influence, par leur initiative, que se sont produits les quelques progrès qui se sont révélés chez les indigènes, pour que l'inutilité de ce corps lui-même soit constante et qu'il soit fait justice de cette coûteuse superfétation.

Or, ces corps que la force d'inertie maintient seule encore et qui n'ont plus, depuis longtemps, aucune sérieuse raison d'être, coûtent au moins, dans chaque province, un tiers de plus de ce que coûterait un effectif égal de cavalerie française, de chasseurs d'Afrique. Il résulte, en effet, des documents officiels, établis au ministère de la guerre pour servir à la comparaison de la dépense d'un spahis avec celle d'un chasseur d'Afrique, que la dépense occasionnée annuellement à l'Etat par l'entretien de 9 spahis est égale à celle de 16 chasseurs d'Afrique. 900 spahis, effectif actuel du régiment de la province d'Oran, peuvent donc être remplacés, sans dépenses nouvelles, par 1,600 chasseurs ou 6 escadrons de spahis par 10 et demi de chasseurs. Supposons 10 escadrons. Nous aurions donc, après cette transformation, 22 escadrons au lieu de 18 dans la province, et il ne resterait plus à créer que 18 escadrons au lieu de 22, pour arriver au nombre de 40 proposés pour base à notre projet d'organisation. 18 escadrons donnent 2,700 cavaliers, dont l'entretien annuel est de 1,890,000 francs. L'économie signalée plus haut deviendrait donc de 2,120,000 francs au lieu de 1,800,000 francs, pour la seule province d'Oran.

Nous n'avons considéré jusqu'ici, qu'une des faces de la question, celle dont la solution conduit déjà à avoir, pour des dépenses égales, une force presque numériquement double de celle que nous voulons remplacer ; mais nous ne nous sommes pas encore occupés de la manière de l'envisager sous le rapport politique qui en est le côté le plus important, celui par lequel elle se lie à une meilleure organisation de la force indigène et par suite à notre travail sur le Maghzen ; ce serait un complément indispensable de l'organisation proposée : ce n'est point en effet par la force et la compression seules qu'on conduit et qu'on domine un peuple ; il ne suffit même pas, souvent, de se montrer juste envers lui et soucieux de ses intérêts, il est nécessaire encore d'ouvrir une issue à l'ambition légitime des hommes d'élite, des natures ardentes qu'il renferme dans son sein. Cette nécessité, le gouvernement qui nous avait précédé dans la conquête l'avait admirablement comprise et l'avait habilement fait tourner à son profit par l'institution des maghzens, institution au moyen de laquelle il attachait par l'intérêt, par l'ambition, par l'appât du commandement et du pouvoir, une partie du peuple vaincu à la cause du vainqueur, par laquelle il divisait la population en deux parties, dont l'une servait à maintenir et à dominer l'autre.

L'idée du Maghzen était une conception bien autrement grande et féconde, bien autrement gouvernementale que celle des corps indigènes mélangés, création hybride et stérile qui, sous le rapport politique, n'a rien produit et ne pouvait rien produire. Mais cette idée nous n'en avons compris ni la sagesse, ni la portée, et avec une inexcusable légèreté, avec ce mépris irrationnel des traditions du passé dont nous avons donné tant de preuves dans la conquête, au lieu de chercher, d'abord, à tirer parti du peuple arabe tel qu'il se présentait à nous, avec sa constitution intime qui laissait toute latitude à son esprit et à ses mœurs, nous avons cru ne pouvoir nous en servir qu'en l'encadrant dans notre régularité, qu'en cherchant à nous l'assimiler sans transition, sans préparation, et nous avons puérilement sacrifié le Maghzen aux corps indigènes réguliers. Maintenant que l'expérience a parlé, on peut se demander si, depuis plus de quinze ans que ces corps sont organisés, ils nous ont créé, dans la population, une base solide sur laquelle nous puissions compter. On peut répondre hardiment non. L'arabe lié à notre service n'est qu'un mercenaire, qui n'est attaché à notre cause que par le salaire journalier qu'il reçoit, et qui ne nous doit plus rien et n'attend plus rien de nous après sa libération. Nous croyons que pour nous donner un véritable appui sur le sol, appui dont nous pouvions nous passer tant que nous avons pesé sur le pays avec une puissante armée, mais qu'il devient indispensable de nous créer dans l'hypothèse de nouvelles réductions dans l'effectif de celle qui a été conservée en Afrique, qu'il faudrait ne pas craindre de revenir sur ce qui a été fait inconsidérément à l'origine, c'est-à-dire de reconstituer non-seulement ce que nous nous sommes hâtés de détruire, mais encore de le reconstituer sur une base plus large. Ainsi nous voudrions non-seulement que le Maghzen d'Oran, dont nous venons d'exposer les titres à notre reconnaissance, fut rétabli, mais qu'il fut créé dans chaque subdivision et cercle des maghzens, soit à pied soit à cheval, suivant la nature du pays, proportionnés à leur importance.

L'appât des charges, des honneurs, des immunités et de la considération qui seraient attachés à cette création seraient des mobiles puissants qui, à présent comme autrefois, attireraient à nous et lieraient à notre cause les familles principales du pays. Les mesures générales à prendre ne seraient pas autres que celles qui avaient été adoptées jadis pour arriver à ce résultat. Établir nos maghzens sur des terrains de choix, leur accorder, avec le titre envié de Douairs et Zmelas, les immunités d'impôt dont jouissaient le Maghzen ; rendre au seul Maghzen d'Oran cette allocation de 15 francs par mois et par cavalier qui lui avait été accordée solennellement et qui lui a été brutalement retirée, et enfin tirer de leur sein non-seulement leurs propres chefs mais encore ceux des autres tribus du cercle. Pour ceux qui connaissent un peu les arabes, leur nature et leur caractère, il demeurera certain, nous en sommes convaincu, que les principales tentes des tribus brigueront, à l'envi, la faveur de faire partie des maghzens. On atteindrait donc, parce moyen, le but vers lequel on doit tendre, celui d'organiser près de tous nos postes ce qu'on peut appeler le parti français, c'est-à-dire de créer un noyau de gens considérables parmi les leurs, dévoués par intérêt à notre cause et sur lesquels notre influence rendrait faciles les essais progressifs de civilisation que nons voulons tenter. Nous en tirerions nos administrateurs en temps de paix, la partie solide de nos goums en temps de guerre. Nés dans le pays où aurait à s'exercer leur action, ils en connaîtraient parfaitement les hommes et les choses, nous tiendraient au courant des moindres bruits, des plus petites nouvelles, et leur intérêt serait pour nous une réelle et puisssante garantie. L'exposé que nous venons de faire de l'attitude du Maghzen d'Oran, sa fidélité dans les périodes de crise, que nous avons eu à traverser malgré la conduite peu intelligente souvent que nous avons tenue à son égard, malgré les dégoûts qui ne lui ont pas été épargnés, montrent suffisamment qu'elle est la solidité de cette institution. Être classé dans le Maghzen et, par suite, pouvoir être appelé aux divers emplois dans le cercle, deviendrait le prix des services rendus, un débouché offert aux légitimes ambitions et, enfin, ce serait un moyen facile d'absorber, à notre profit, toutes les individualités de quelque valeur qui se produiraient dans le pays.

Toutes les fois qu'on s'est occupé jusqu'à ce jour de l'Algérie et de son administration, l'on n'a pas voulu voir que la question à résoudre était une question complexe : d'un côté une population européenne à attirer, à installer, à faire vivre sur le sol ; d'un autre côté une population indigène à administrer, à amener progressivement à des idées de civilisation, tout en se tenant prêts à la trouver, d'un moment à l'autre, devant soi comme ennemie et restant forts pour la, combattre. Ce. sont ces deux éléments qu'il s'agit de coordonner et de faire converger ensemble au but que nous devons nous proposer, la colonisation, c'est-à-dire la mise en culture du pays par ces deux populations. Un bon arrêté organique pour l'administration de l'Algérie, serait donc celui qui ferait marcher parallèlement leur administration, parce qu'alors les diverses dispositions relatives à l'une et à l'autre, se contrôleraient mutuellement, s'imposeraient des limites réciproques, et l'on ne pourrait plus, comme l'ont fait les diverses ordonnances qui se sont succédées jusqu'à présent, négliger complètement l'une au profit de l'autre, faire abstraction en quelque sorte de la population arabe, la considérer comme n'existant pas, tandis qu'elle doit jouer un rôle si important, tant comme élément colonisateur elle-même, que comme élément sans la bonne administration duquel la colonisation européenne peut-être compromise, parce que sans cette bonne administration, la sécurité n'est pas assurée et peut d'un moment à l'autre être troublée. Il semble qu'il serait temps cependant de se préoccuper de cette seconde partie de la question qu'on néglige, de fournir des données pour sa solution ;

ces données, force dans le commmandement, initiative puissante dans les essais de civilisation progressive, on les trouverait, nous le croyons, dans l'idée toute simple qui a présidé à la constitution des maghzens.

Sans avoir la prétention de donner de toute pièce une organisation d'après cette ancienne base, sur laquelle peuvent être assises bien des combinaisons différentes, nous allons essayer d'en tracer une ébauche, et examiner la question en la particularisant pour chaque cercle et évaluant approximativement la dépense qui résulterait pour l'Etat, de l'organisation des maghzens pour la province d'Oran :

Nous diviserions en troisclasses les divers cercles de la province.

La 1re classe comprendrait : *Oran, Sidi-bel-Àbbès, Mostaganem Mascara, Tlemcen, Tiaret* et *Zebdou*. Ces deux derniers cercles, par leurs situations extrêmes au sud-est et au sud-ouest de la province, demandent une organisation beaucoup plus forte que celle qui leur a été donnée jusqu'à ce jour. Zebdou, notamment, n'existe guère que comme redoute et poste de ravitaillement ; en le mettant en ligne, nous supposons le retour des tribus dissidentes du sud-ouest de notre Sahara. C'est peut-être à la constitution précaire de ce cercle que nous avons dû longtemps les incertitudes de notre situation dans le Sahara occidental.

La 2e classe comprendrait : *Nemours, Ami-Moussa* et *Saïda* ;

La 3e *Lalla-Maghrnia, Daya* et *Frenda*.

Nous proposerions les organisations suivantes pour les maghzens de ces diverses classes :

Maghzen d'un cercle de 3e classe :

1° Un lieutenant français, chef du bureau arabe et du Maghzen ;

2° Un agha du Maghzen, susceptible de renouvellement annuel ;

3° Un sous-lieutenant français, adjoint au chef du bureau arabe, spécialement chargé de la comptabilité ;

4° Un caïd du Maghzen, susceptible de renouvellement annuel ;

5° Un maréchal-des-logis ; } Secrétaires du bureau ;
6° Un brigadier ;

7° Un chirurgien de I armée ;

8° Un cadi ; } Nommés à la fois pour le Maghzen et pour le bureau.
9° Un adel :

10° Un interprète de l'armée ;
11° Suivant les besoins de la localité, un certain nombre de tentes, de Mekrasnis, fournissant les caïds des autres tribus du cercle, les chaouchs du bureau, les kalifas et chaouchs des chefs, les khrodjas, les ordonnances, etc., etc.

Maghzen d'un cercle de 2° classe :

1° Un capitaine français, chef du bureau arabe et du Maghzen ;
2° Un lieutenant français, adjoint ;
3° Un agha du Maghzen, susceptible de renouvellement annuel ;
4° Un sous-lieutenant français, deuxième adjoint, chargé de la comptabilité ;
5° Un caïd du Maghzen ;
6° Un chirurgien de l'armée ;
7° Un interprète ;

8° Un maréchal-des-logis-chef ; } Secrétaires français chargés de toutes les opérations de comptabilité du bureau, écritures, tenue des registres, etc., et auxquels pourraient être également confiées quelques missions et travaux extérieurs.
9° Un fourrier ;
10° Un maréchal-des-logis ;
11° Un brigadier ;

12° Un cadi ;
13° Un adel ;

14° Tentes de maghzen, en nombre fixé d'après les besoins,
Maghzen d'un cercle de 1re classe :
1° Un chef d'escadrons, chef du bureau arabe et du Maghzen ;
2° Deux capitaines français, adjoints ;
3° Trois lieutenants français ;
4° Un agha du Maghzen, susceptible de renouvellement annuel ;
5° Trois sous-lieutenants français ;
6° Un caïd du Maghzen ;

7° Deux maréchaux-des-logis-chefs ;
8° Deux fourriers ;
9° Deux maréchaux-des-logis ;
10° Deux brigadiers ;
} Secrétaires français.

11° Un chirurgien ;
12° Un interprète ;
15° Un adel ;
14° Un cadi ;
15° Tentes de maghzen.

On voit, d'après ce système, qu'à chaque chef-lieu de subdivision se trouverait le bureau central des affaires arabes, régulièrement hiérarchisées, et un assez fort maghzen pouvant être mobilisé et prêter immédiatement main forte au point menacé.

Le cercle d'Oran, siège de la division où sont centralisées toutes les affaires de la province, et qui peut être appelé à fournir une forte réserve dans un cas grave, devrait recevoir une modification spéciale, à cause de la constitution des tribus qui le composent. En effet, les deux tribus des Douairs et des Zmelas, sont dans ce cas particulier, toutes entières tribus maghzen, tous leurs cavaliers font et doivent le service. Le Maghzen du cercle ne serait pas formé, comme dans les autres, d'une réunion de tentes appartenant à toutes les tribus et pouvant être placées sous les ordres d'un chef unique, indépendant des agas des tribus. Il serait formé, d'un choix de cavaliers pris dans ces tribus, recevant la rétribution mensuelle dont ils ont joui pendant longtemps ; chaque aga conserverait le commandement de la tribu entière et de son contingent formant le Maghzen ; ce maghzen recevrait l'organisation suivante :

1° Un lieutenant-colonel, directeur des affaires arabes, chef supérieur de tous les maghzens ;

2° Un chef d'escadron, chef du bureau arabe du cercle d'Oran ;

5° Trois capitaines français adjoints ;

4° Trois lieutenants français ;

5° Trois agas des tribus maghzen, chefs de leurs contingents de cavaliers maghzen ;

6° Trois sous-lieutenants français, dont un chargé de la comptabilité ;

7° Trois caïds du Maghzen, pour les trois contingents des tribus du cercle ;

8° Trois maréchaux-des-logis-chefs ;

9° Trois fourriers ;

10° Trois maréchaux-des-logis ;

11° Trois brigadiers ;

12° Un chirurgien militaire ;

13° Un interprète pour la direction ;

14° Un interprète pour le bureau arabe d'Oran ;

15° Un cadi ;

16° Un adel ;

17° Six cents Mekrasnis : trois cents des Douairs deux cents des Zmelas, cent des Garabas.

Parmi les fonctionnaires français, les uns seraient spéciament employés à la direction des affaires arabes de la province, les autres au bureau arabe de la subdivision d'Oran. Leur nombre s'explique facilement par la multiplicité des travaux qui résultent du contact avec l'administration civile et surtout des deux colonisations européenne et indigène.

De cette organisation des maghzens, se déduit facilement la solution d'une question grave, importante, qui aurait dû, depuis longtemps, appeler la sollicitude et l'attention : celle de l'organisation des bureaux arabes. L'arrêté ministériel qui crée les directions et bureaux des affaires arabes en Algérie, est daté du 1er février 1844. Il y avait urgence alors, au moment où le pays arabe achevait de se constituer par les dernières soumissions, de donner une existence régulière à ce que la nécessité des choses avait fait établir pendant la guerre, à formuler les dispositions générales d'une institution qui devait servir d'intermédiaire entre l'autorité française et les chefs indigènes que nous chargions du gouvernement des populations. On fit appel aux hommes de bonne volonté qui, pendant la lutte, avaient montré quelque aptitude dans le maniement des affaires. Cet appel fut entendu, et de tous les corps de l'armée des officiers se présentèrent pour concourir, de toute la force de leur dévouement, à une œuvre ardue, laborieuse, mais dont la grandeur les séduisait. L'arrêté n'avait pas songé à assurer le sort, à préparer l'avenir de ces officiers, à faire enfin que la voie dans laquelle on les appelait fut une carrière où ils pussent espérer trouver régulièrement la récompense de leurs travaux. Tant que l'illustre maréchal, pacificateur et organisateur de l'Algérie, resta à la tête du gouvernement, sa sollicitude éclairée, pour des services dont il appréciait toute l'importance, suppléa à la lacune des dispositions réglementaires touchant l'état de cette catégorie méritante des officiers de son armée, et les encouragements et les récompenses ne leur manquèrent pas. Mais aussitôt que, forcé par des entraves et des oppositions, dont le présent commence enfin à faire justice, il dut céder la place à d'impatientes ambitions, ces offciers, privés de cette puissante et paternelle protection, se trouvèrent dans la position précaire, équivoque, compromettante pour leur avenir, que leur a fait l'arrêté d'organisation en ne stipulant aucune garantie pour leurs droits. En effet, d'un côté les comités d'armes et les chefs de corps, leur savent généralement mauvais gré de ne pas rendre des services dans leurs armes et corps respectifs, et n'étant pas juges effectivement du mérite du laborieux concours qu'ils prêtent tous les jours au commandement en dehors de leur action, ils les abandonnent complètement, quand ils ne vont pas jusqu'à faire une opposition systématique à leur avancement. D'un autre côté, ceux qui sont en position d'apprécier l'importance de leurs travaux, sont sans initiative et sans pouvoir pour les récompenser par défaut d'organisation, de façon qu'après plusieurs années employées fort utilement pour le pays, mais inutilement pour eux, ces offciers peuvent se trouver dans la nécessité de rentrer dans leurs corps beaucoup moins avancés que lorsqu'ils les ont quittés. Tout le monde s'accorde à dire cependant qu'ils ont rendu et rendent tous les jours d'éminents services ; mais on ne se préoccupe pas de tracer une voie dans laquelle ces services puissent espérèr de trouver une juste et légitime récompense. Les hommes qui, sortis des bureaux arabes, sont arrivés aux plus hautes positions de l'armée et de l'État, ont eu le temps de décréter l'organisation de l'administration civile en Algérie, mais n'ont sans doute pas trouvé le loisir de s'occuper, en passant aux affaires, d'assurer l'avenir de ceux, dont mieux que qui se soit, ils avaient été à même d'apprécier les labeurs incessants et le dévouement de tous les jours. Quelques avancements exceptionnels ont seuls révélés une sollicitude qui aurait, peut-être, pu et dû s'étendre à garantir l'avenir de tous. Du reste, et il nous appartient de le dire, il y a danger dans cet injuste abandon, dans cette indifférence coupable. Beaucoup de jeunes officiers d'intelligence, appelés à rendre au pays de précieux services, voyant l'impasse dans lequel il se sont engagés, se dégoûtent et se détournent d'une route qui ne leur laisse entrevoir aucun débouché régulier. D'autres, qui auraient le goût et la capacité nécessaires, pour se rendre utiles dans cette carrière, se gardent de s'y fourvoyer, retenus qu'ils sont par la crainte fondée de perdre, sans compensation, les chances heureuses qu'ils ont dans leurs corps ; aussi la pénurie des sujets capables commence déjà à se faire sentir, et incessamment, si des mesures de bienveillante réparation ne sont pas adoptées, les officiers manqueront entièrement pour faire face aux travaux, de jour en jour plus nombreux, qui sont demandés à ce service ; car le rôle des officiers chargés des affaires arabes, s'est considérablement agrandi en attributions et en importance, depuis la promulgation du seul arrêté dans lequel le gouvernement ait bien voulu s'occuper d'eux. Ils ont entre leurs mains, sous la haute direction des officiers commandant les divisions, les subdivisions et les cercles, tous les intérêts d'une population qui, dans la seule province d'Oran, n'est pas moindre de 600,000 âmes. Ils sont chargés de son commandement, de son administration qui comprend police, justice, sécurité des routes, service de guerre, etc., etc. Ils font rentrer annuellement au trésor, sans autre frais de perception que ceux résultant des allocations régulières attribuées comme émoluments aux chefs et agents indigènes, près de 3,000,000 d'impôts. Ils doivent fournir tous les renseignements politiques, administratifs, statistiques, etc., sur le pays ; préparer la colonisation européenne par la recherche et la reprise des terres domaniales, par des achats aux propriétaires, par des échanges ; par le cantonnement des tribus ; ils sont chargés seuls de la colonisation indigène qui, grâce à leur impulsion, commence à prendre d'immenses développements. Lorsque la guerre éclate, leur action s'étend encore : A eux est réservé le soin de présenter les projets d'expédition, de préparer les marches, de guider les colonnes, de recueillir les renseignements sur l'ennemi, de marcher et de combattre à la tête des goums. En un mot, nous ne serons démentis par personne nous le croyons, lorsque nous dirons que le service des affaires arabes, a été l'agent le plus puissant et le plus actif de tout ce qui s'est fait en Afrique, tant pendant la guerre que pendant la paix, et qu'il a dû forcément se trouver mêlé et prendre part à la solution de toutes les questions importantes qui ont été soulevées dès l'origine des travaux de la conquête.

D'où vient donc que devant la lourde charge de pareilles obligations, qu'ils ont toujours accomplies de l'aveu de tous, avec dévouement, intelligence et bonheur, on n'ait pas songé, pour ces officiers, à garantir, par une organisation régulière, leurs intérêts et leur avenir ? Serait-ce parce que dans la prévision prématurée d'une assimilation qui, dans tous les cas, n'est pas encore prête à s'accomplir, l'administration du pays entier devant passer un jour à l'autorité civile, l'organisation incomplète qui subsiste actuellement, ne serait que transitoire et serait jugée suffisante jusqu'à cette transformation ? En admettant même cette supposition impossible, à notre avis, serait-ce encore une raison pour laisser en souffrance des intérêts qu'on ne peut pas plus longtemps frapper sans injustice d'un décourageant oubli ? Et dans ce cas même, qui ne serait autre chose, suivant nous, que la ruine de notre domination, ne devrait-on pas préparer, de longue main, cette transition par une organisation régulière, dans laquelle l'élément civil serait introduit ? Dans cette hypothèse toute invraisemblable qu'elle soit, à nos yeux, l'on voit que la nécessité de cette organisation que nous réclamons se fait sentir et, voici, quant à nous, qui pensons que la question politique domine et dominera encore longtemps toutes les vaines questions du jour qui nous divisent, qui sommes convaincus que pour grandir et prospérer, la colonisation à moins besoin de droits politiques que de sécurité et de bien-être, qui croyons qu'une autorité puissante et forte sera nécessaire pendant encore au moins la durée de la génération qui s'en va, et peut-être celle de la génération qui s'élève, avant que les arabes soient mûrs pour un semblable changement, voici l'organisation toute militaire que nous proposerions. Nous assimilerions tout simplement à un régiment de cavalerie, commandé par le directeur des affaires arabes de la province, la réunion de tous les divers maghzens constitués, comme nous venons de l'énoncer, ou d'une façon analogue. Ce corps se trouverait donc composé de la manière suivante :

Un lieutenant-colonel, commandant le corps ;

Cinq chefs d'escadrons ;

Dix-huit capitaines français ;

Vingt-neuf lieutenants français ;

Quinze agas des maghzens, susceptibles de renouvelle ; ment annuel ;

Vingt-sept sous-lieutenants français ;

Vingt-cinq caïds des maghzens, susceptibles de renouvellement ;

Dix-huit maréchaux-des-logis-chefs ;

Dix-huit fourriers français ;

Vingt-et-un maréchaux-des-logis français ;

Vingt-et-un brigadiers ;

Treize chirurgiens militaires, comptant aux ambulances des postes où ils seraient détachés ;

Sept interprètes de 1re classe ;

Trois interprètes de 2e classe ;

Trois interprètes de 3e classe ;

Trois à quatre mille Mekrasnis, dont six cents payés à quinze francs par mois.

A la formation, les brigadiers et sous-offciers français, seraient pris, après examen, parmi les secrétaires existants déjà, ou parmi les sous-offciers et brigadiers de cavalerie montrant la capacité et l'aptitude nécessaires pour ce genre de service. Dans le corps, ils seraient astreints à suivre des cours d'arabe, faits par les interprètes des bureaux. Leur instruction militaire serait faite par des offciers du corps qui, eux-mêmes, pouvant être appelés un jour à servir dans des corps réguliers, seraient astreints à se maintenir, pour leur instruction, à la hauteur des positions qu'ils pourraient être appelés à occuper. Quand par suite de vacances dans le régiment, des places de brigadiers deviendraient libres, elles seraient remplies par le recrutement dans les régiments de cavalerie de la province. Les offciers français, à la formation, seraient pris parmi ceux qui comptent actuellement dans les bureaux arabes et dans les diverses armes de l'armée ; plus tard, les grades de sous-lieutenants seraient fournis par les sous-offciers du corps et l'école militaire. Jusqu'au grade de capitaine inclusivement, l'avancement roulerait dans le corps, les capitaines et offciers supérieurs, concourraient avec ceux du même grade de la cavalerie pour les emplois dans les grades supérieurs. Sous le rapport financier la dépense qu'occasionnerait annuellemeut à l'État la création des maghzens et des bureaux arabes, en nous basant sur la solde du corps spécial de l'artillerie, afin que les offciers et sous-offciers français pussent faire face aux frais occasionnés par les déplacements fréquents, nécessités par les besoins du service, s'éléverait à la somme de 538,637 fr., tout compris, solde, accessoires de solde, indemnités, frais de représentation, premières mises pour les sous-offciers et brigadiers, vivres et fourrages etc., etc. : ce serait une faible dépense pour une force considérable. Il est vrai que nous ne faisons pas entrer en ligne de compte, le dégrèvement annuel d'impôt accordé aux tentes du Maghzen, qu'on peut évaluer moyennement à 50 fr. par tente. Ainsi, en admettant l'ensemble de toutes les modifications proposées, augmentation de l'effectif en cavalerie, constitution des maghzens, création des bureaux arabes, il n'en résulterait pas moins une économie de plus de deux millions, pour la seule province d'Oran, dans les dépenses de l'occupation actuelle. Outre cette économie, qui n'est point à dédaigner, cette organisation offrirait encore l'avantage d'avoir toujours des officiers faits au maniement des affaires, de sorte que jamais le service ne souffrirait du manque de l'un ou de plusieurs d'entr'eux. En temps de paix, les cadres français s'acquitteraient des diverses fonctions qui leur sont dévolues comme chargés d'affaires arabes. Les arabes rentreraient à leurs douars, ou villages, pour y vivre de leur vie ordinaire ; ils fourniraient le nombre de cavaliers armés, nécessité par les besoins du service et seraient tenus d'être toujours prêts à marcher. Les chefs indigènes les commanderaient sous les ordres des chefs français. En temps de guerre, tous les maghzens pourraient marcher, accompagnés des contingents des tribus dont ils formeraient la réserve, et il ne resterait dans les postes que les officiers, sous-officiers et Mekrasnis, strictement nécessaires à la bonne direction des affaires. Ainsi donc, il résulterait de là, économie pour l'État, meilleure composition des bureaux arabes, meilleure organisation des corps indigènes, c'est-à-dire création, à leur place, de nouveaux corps offrant toutes les garanties possibles d'utilité et de bons services dans leur spécialité[50.]

Il resterait encore pour donner, tant aux officiers chargés de l'administration des affaires arabes, qu'aux administrés eux-mêmes, toutes les garanties auxquelles semblerait devoir pourvoir la sollicitude du gouvernement, un rouage indispensable, suivant nous, dont la nécessité a été depuis longtemps signalée, mais dont on ne s'est pas préoccupé jusqu'à ce jour. Pour régulariser l'action des bureaux arabes, pour apprécier la conduite des offciers et leur mode de procéder vis-à-vis des populations indigènes, pour établir une sorte de jurisprudence et de manière d'agir communes, ne point laisser trop de latitude à l'arbitraire, ramener dans la voie indiquée par l'autorité, ceux qui tendraient à s'en écarter, soit par trop de faiblesse, soit par trop de rigueur ; il manque une institution, complément nécessaire d'une bonne organisation qui, dans notre France centralisatrice, a été appliquée avec succès à toutes les administrations. C'est sur cette institution que, tant dans l'intérêt des arabes que dans l'intérêt de la justice et de la moralité de notre gouvernement sur eux, nous croyons devoir, de nouveau, appeler l'attention. En France, toute action administrative de quelque nature quelle soit, est uniformisée et centralisée, il faut donc pour rester constants à une forme dont on n'a eu qu'à se louer, qu'en Afrique les bureaux arabes obéissent à un même esprit, à une même impulsion et finissent par avoir par tout une doctrine commune. Nous voudrions donc qu'au moins une fois par an, des offciers supérieurs, envoyés par le ministre, ou par le gouvernement général, avec des instructions précises et bien définies, fussent chargés de l'inspection des bureaux arabes, au double point de vue des administrateurs et des administrés. On a pensé que pour ne pas laisser des divergences s'établir dans toutes les parties de l'administration des corps de troupes où tout est défini, prévu, réglementé, pour sauvegarder les intérêts des subordonnés et des chefs, il était nécessaire que l'œil du ministre vint annuellement, par ses inspecteurs généraux, sonder, scruter tout ce qui se passe dans les corps, réprimer tous les écarts, donner à toutes les branches du service l'impulsion de l'action centrale, et l'on regarderait comme inutile ou superflu, le contrôle d'une administration de 600,000 âmes, dans laquelle tant de questions importantes sont forcément abandonnées à l'initiative et à l'appréciation d'un seul ? Et l'on ne verrait pas de graves inconvénients à laisser cette administration sans direction ?

Ce contrôle est d'autant plus indispensable que, ainsi que nous l'avons déjà fait remarquer, par une fiction nécessaire peut-être à l'unité de commandement, les bureaux arabes sont censés n'être que des instruments entre les mains des commandants supérieurs des subdivisions et des cercles, souvent étrangers aux choses arabes, que, par le fait, administration et commandement sont ou peuvent être confondus. Nous avons signalé ailleurs, les dangers qui peuvent résulter de cette confusion, de cette absence de démarcation entre deux branches de l'autorité, qui ont évidemment des points de contact intimes, mais qu'il serait peut-être utile de voir mieux définies dans leur action réciproque. Ainsi, l'absence de l'institution que nous réclamons est évidemment une lacune qu'il faudrait se hâter de combler ; son adoption deviendrait, du reste, absolument nécessaire, en acceptant l'hypothèse dans laquelle nous raisonnons, pour l'appréciation et le classement des offciers et des cadres du nouveau corps que nous proposons. Ces offciers, espèce d'inspecteurs généraux pour les affaires arabes, ne devraient avoir aucun droit direct de blâme ou d'approbation pour tout ce qui toucherait aux affaires de l'administration du pays : ils devraient, seulement pour les cas graves, pour tout ce qui s'écarterait des instructions reçues, adresser des rapports, soit au gouverneur-général, soit au ministre, à qui il appartiendrait d'approuver ou d'improuver. Ce serait donc, pour l'autorité supérieure, le moyen de savoir exactement quelle serait dans tout le pays la politique suivie vis-à-vis de la population indigène, de connaître l'esprit de cette population, et elle pourrait ainsi faire rentrer dans la ligne de ses intentions ceux qui s'en écarteraient. Quant à ce qui regarderait l'inspection des cadres du corps, elle serait faite par ces mêmes offciers et serait ce qu'elle est pour les autres corps de troupes.

Maintenant comment devrait être faite cette substitution, comment devrait s'opérer cette suppression des corps indigènes ?

Il est évident que, dans leur licenciement, le contrat synallagmatique par lequel nous sommes liés avec ceux dont nous avons accepté les services, devrait être respecté. Ce n'est pas nous qui conseillerons jamais, dans quelque circonstance que ce soit, la violation de la parole donnée : il y aurait lieu, pour ceux qui ne voudraient pas le rompre volontairement, à procéder au changement proposé progressivement et au fur et mesure de l'expiration des congés ; mais il serait facile d'obtenir, de la plupart des indigènes engagés, un désistement volontaire à leurs engagements, en disposant de quelques immunités qu'il est facile d'accorder et dont les arabes sont très-fiers et très-jaloux, telles qu'exemption d'impôt, de corvées, de tout service commandé pendant quelques années, en faveur de ceux qui rentreraient dans leurs tribus avant la fin de leur temps d'engagement. Dans tous les cas ce contrat devrait être religieusement observé vis-à-vis de ceux qui, par leurs services, ont mérité une haute et glorieuse récompense, celle d'être élevés à la position d'officiers. Les indigènes de cette catégorie sont au nombre de cinquante officiers de tous grades, jusque et y compris celui de capitaine, dans les trois provinces de l'Algérie. Il serait facile d'utiliser leur expérience, leur courage et leur dévouement, pendant la paix, pour les divers besoins de l'administration indigène dans les bureaux arabes, où ils ont leur place indiquée, et pendant la guerre, dans le commandement des goums à la suite des colonnes, sous la direction des chefs et officiers de ces bureaux.

Du reste, si nous voulions fouiller dans le passé, demander des enseignements au grand peuple, au peuple roi, qu'il faut toujours consulter lorsqu'il s'agit de conquête et de domination, les considérations ne nous manqueraient pas pour venir à l'appui de notre projet d'organisation des maghzens, pour prouver que lui aussi, dans ce même pays, avec de semblables éléments, n'avait pas négligé ce puissant moyen d'action, qu'il y avait fondé et maintenu son pouvoir par l'organisation armée d'une partie de la population rattachée à la cause du dominateur. En effet, s'il est juste d'attribuer aux turcs la création du Maghzen tel que nous l'avons connu, et l'usage qu'ils surent en faire, comme moyen de gouvernement, il faut reconnaître aussi, que le fractionnement des races qui peuplaient l'Afrique septentrionale, l'état permanent de division et d'hostilité où elles vivaient entr'elles, lorsque les Osmanlis vinrent leur apporter une espèce d'unité politique, état qui n'a point encore été sensiblement modifié jusqu'à ce jour, durent singulièrement favoriser le développement de cette institution, et ces maîtres, étrangers au pays, ne sont certainement pas les premiers qui lui en aient fait l'application. Car, si de l'histoire de ces derniers siècles, nous reportons notre pensée vers les temps de l'occupation romaine, on peut reconnaître que ce système de domination, résultat nécessaire de l'antagonisme des éléments divers dont se composait déjà, alors, la société africaine et dans laquelle l'introduction de l'élément arabe vint apporter, plus tard, de nouvelles causes de division, fut imposé fatalement aux conquérants par la nature des choses et que les romains, avant les turcs, lui avaient dû la grandeur autant que la durée de leur puissance.

Nous n'avons ni l'intention ni le loisir de donner à cette opinion tous les développements dont elle est susceptible ; nous nous contenterons de rappeler certains faits généraux qui viennent la corroborer en la rattachant aux découvertes récentes dont les travaux de quelques studieux officiers de l'armée d'Afrique ont enrichi le domaine de l'archéologie et l'histoire locale de cette contrée [51].

Les démêlés de Rome avec le nord de l'Afrique comprennent trois phases bien distinctes, durant lesquelles le sénat ou les empereurs savent faire varier leurs moyens d'action sur les peuples, suivant la marche des événements et les exigences de leur politique.

La première période comprend la lutte avec la puissance carthaginoise.

La deuxième, celle avec les populations indigènes après la chute de Carthage.

La troisième, le commandement et l'administration du pays après que toutes les résistances eurent cessé devant les armes de Rome victorieuse.

Les premières guerres avaient appris aux romains ce que valait cette cavalerie numide qui avait été l'une des causes principales des victoires des carthaginois, de la défaite de Régulus et, plus tard, des triomphes d'Annibal. Aussi, dès que la lutte recommence, les voit-on s'attacher à profiter des divisions des princes indigènes et à se créer, parmi eux, des auxiliaires : ils récompensent Massinissa en ajoutant à ses domaines ceux de Syphax son rival, lui composant ainsi un royaume formé du territoire tout entier de l'Algérie actuelle jusqu'au fleuve Moulouïa, ne se réservant, pour eux-mêmes, que les états et les colonies de la puissance qn'ils viennent de renverser. Pendant cette première période, dont la durée est de cent-trois ans, les rois indigènes, encore indépendants, ne sont que les alliés du peuple romain.

Cependant Jugurtha, le dernier des descendants de Massinissa, relève le parti national et la lutte s'engage entre Rome et les indigènes. Salluste, qui nous en a transmis toutes les péripéties, nous apprend que, malgré le soulèvement général des africains, l'armée romaine avait pour auxiliaires des cavaliers numides et nous fait connaître les services qu'ils rendaient en éclairant le pays.

Après la chute de Jugurtha, l'Afrique conserve encore sa nationalité, mais elle a perdu son indépendance. Les rois sont vassaux et tributaires, et la politique usurpe entièrement le rôle des armées. C'est durant cette période qui, depuis le commencement de la guerre de Jugurtha jusqu'à la réduction des deux Mauritanies en provinces romaines comprend un espace de cent quarante-neuf années, que s'élaborent les institutions civiles et militaires qui devaient amener la fusion des deux peuples par l'absorption, dans l'élément civilisateur, de toutes les sommités indigènes. Cependant, pour préparer ce grand événement nous ne voyons dans toute la Mauritanie Césarienne, c'est-à-dire, dans une contrée qui s'étendait depuis Dellys jusqu'à la Moulouïa, qu'une seule légion, dix mille hommes environ ; la deuxième légion Auguste que l'empereur, sous le spécieux prétexte de défendre Juba, son protégé, contre les invasions des barbares, envoie tenir garnison à *Césarée* (Cherchell), à *Cartenna* (Tenez), à *Arsenaria* et dans quelques villes de l'intérieur.

Ce n'est point avec des forces aussi insuffisantes, dans une pareille étendue de pays, entouré à l'ouest et au sud de peuplades féroces préparant dès lors de nouvelles insurrections, qui éclatèrent, en effet, sous le règne de ses successeurs, qu'un prince aussi habile pouvait espérer d'établir et de conserver la domination romaine. Il est évident pour nous à priori, que cette domination reposait sur une base plus solide et que, pour maintenir la paix dans une si vaste contrée, les romains, fidèles à la politique qui leur avait asservi les Gaules et la Germanie, s'étaient créé dans lés Mauritanies un puissant parti militaire intéressé à leur succès, à la tête duquel ils avaient placé des rois et des grands seigneurs indigènes. C'est cette force militaire que tous les auteurs contemporains désignent sous le nom d'*auxiliarii,* terme auquel nous ne saurions trouver dans notre langue militaire d'équivalent plus juste que celui de *Maghzen* ; car disséminée sur toute la surface du pays, elle ne se réunissait à l'armée romaine que pour les expéditions de guerre dirigées contre les populations révoltées.

La troisième période, celle du commandement direct et de l'administration des provinces par les généraux et les magistrats romains, offre ceci de remarquable que cette force militaire indigène placée dans la période précédente sous le commandement des rois et des chefs indigènes, était passée sous celui des officiers romains, ainsi que le prouvent les précieux monuments épigraphiques découverts depuis l'occupation française dans diverses localités de l'Algérie. Ces corps de cavalerie irrégulière y sont désignés sous les noms de *Ala Exploratrix, Ala Cœtulorum, Ala Maurorum, Equites Gœtuli, Equites Mauri* et quelques-uns de ces marbres tels que l'inscription de *Gargilius* trouvée à Bougie, que nous citons en note, font mention de hauts faits accomplis par ces corps et que l'histoire avait passés sous silence.

Déjà ceux qui se sont occupés d'études comparatives entre ce qui s'est passé dans ces temps reculés et ce qui vient d'avoir lieu de nos jours, ont été frappés des analogies que présentait la guerre soutenue par la France contre Abd-el-Kader, avec quelques-uns des drames historiques les plus célèbres dont ces contrées furent jadis le théâtre. Nous pensons que ces analogies ne sont pas épuisées et que si après plusieurs siècles de domination Rome eut dans ce pays des révoltes à comprimer, ce serait étrangement se tromper que de croire que la France, dès a présent, en a fini avec les insurrections. Nous croyons que longtemps encore elle pourra voir la guerre surgir de la paix la plus profonde et nous concluons qu'à moins de se résigner à entretenir en Afrique une armée permanente qui gêne la marche de sa politique en Europe, il est urgent pour elle de songer sérieusement à se créer sur les lieux mêmes, pour l'attaque et pour la défense, des ressources économiques qui lui permettent de réduire son armée sans compromettre son établissement.

En résumé nous dirons en terminant cet aperçu, si la France peut indéfiniment faire le sacrifice de laisser en Afrique l'effectif actuel de son armée, si l'état de ses finances lui permet, sans leur assigner un terme, les dépenses que nécessitent son entretien, qu'elle laisse subsister ce qui existe : l'armée avec sa force et son organisation présente peut suffre encore rigoureusement, strictement à accomplir sa tâche avec honneur et à atteindre, en maintenant la paix, les temps bien lointains encore où la population européenne sera devenue assez dense par l'immigration pour concourir effcacement à la défense du pays. Mais si des circonstances impérieuses doivent commander prochainement une nouvelle et extrême réduction, on ne peut sans imprudence, sans compromettre l'avenir, toucher au chiffre déjà bien restreint de l'armée existante, et un des moyens de parer au danger de nouvelles et nécessaires diminutions en satisfaisant à cette double exigence serait peut-être l'étude sérieuse d'un remaniement dans le sens que nous indiquons.

a Les 6 escadrons figurant parmi les troupes proposées à la colonne de Mostaganem, devaient être transférés au poste central de *Dar-ben-Abd-Allah.* encore en projet, lorsque cet établissement aura été construit.

NEUVIÈME PARTIE
NOTES ET DOCUMENTS OFFICIELS

1

L'opinion que nous exprimons ici sur les fâcheuses tendances de notre politique à l'égard des indigènes., opinion que nous avions professée depuis l'origine des soumissions et que nous soutenions dès 1843 dans un article inséré dans le numéro du 8 janvier 1844 de *La Sentinelle de l'Armée*, que nous reproduisons plus bas et dans lequel nous exposions quelle devait être, à notre point de vue, la conduite à tenir, dès cette époque, vis-à-vis des populations arabes, areçu depuis une éclatante adhésion de la part de M. le général de La Moricière, auprès duquel nous avions longtemps, mais vainement cherché à la faire prévaloir. Cet aveu tardif mais plein d'une honorable franchise doit, à juste titre, nous inspirer quelque fierté, car il donne pleinement raison au système que nous avons toujours préconisé, système auquel on est revenu et qui, du reste, était entièrement conforme aux idées de l'illustre et à jamais regrettable maréchal Bugeaud, auquel nous l'avions soumis et qui se résume en ceci : Ne point se borner, dans l'œuvre de la colonisation, au seul emploi de l'élément européen, mais y faire concourir aussi l'élément indigène. Voici en effet ce que nous lisons dans le compte-rendu de la séance du 19 décembre 1848, de la commission créée pour la révision de la législation algérienne, sous la présidence de M. de La Moricière, alors ministre de la guerre :

<small>Nous avons, dit le ministre, une grande injustice à réparer à l'égard de la population musulmane. La France, dès l'origine de l'occupation de l'Algérie, s'était imposé une mission de civilisation vis-à-vis des arabes. Les chefs chargés de la représenter ont failli en ce point à leurs devoirs. Dans les villes, on a traité les indigènes en peuple conquis ; au dehors, nos généraux, et je suis le premier à confesser mes torts et mon erreur, ont vu dans les tribus des ennemis à combattre, à dominer par la force plus que des enfants nouveaux à gagner à la patrie par de bonnes institutions et par une sage administration. La législation spéciale de</small>

l'Algérie porte à un haut degré ce caractère d'oubli des intérêts arabes. Entrés en vainqueurs dans la capitale de la régence, nous avions généreusement promis de respecter les mœurs et la religion du peuple conquis, et cependant il n'est pas une de nos mesures administratives, pas un des nombreux arrêtés de notre *Bulletin Officiel*, qui témoigne de la préoccupation de sauvegarder les intérêts de cette société arabe où la loi civile et les croyances religieuses sont pour ainsi dire confondues dans tous les détails de la vie de chaque jour. Qu'avons-nous fait pour l'instruction publique ? pour l'organisation de la justice ? pour la constitution d'un personnel du culte suffisamment rétribué ? qu'avons-nous fait pour cette grosse question de la propriété ? Rien ou des choses malheureuses. Notre administration, notre justice ont traité la société musulmane en société conquise à laquelle on ne devait ni ménagement ni bienveillance.

Mettons en regard de ce loyal aveu quelques-uns des principes pour lesquels nous avons eu à lutter dans les limites de respectueuse déférence que nous imposait notre position, et auxquels cet aveu a fini par donner gain de cause :

CONSIDÉRATIONS GÉNÉRALES SUR L'ALGÉRIE

La lutte entreprise depuis plus de trois ans, semble enfin arriver à un terme ; les tribus, ruinées par la guerre, fatiguées par des efforts sans cesse renaissants et sans cesse infructueux, se soumettent haletantes et épuisées.

Partout le repos succède peu à peu à l'agitation ; une apparence de régularité a fait place aux désordres des temps d'hostilité, et une organisation plus ou moins parfaite fonctionne dans le pays, où des chefs nommés par nous obtiennent obéissance et lèvent en notre nom des impôts, sanction de toute soumission. Cet état doit-il être considéré comme un état de paix durable, ou bien seulement comme un temps d'arrêt au milieu de la guerre ? Les armes, que la lassitude a fait tomber des mains des combattants, ne seront-elles pas reprises aussitôt que la force leur sera revenue par le repos ? Ces populations inquiètes, impatientes d'un joug odieux, ne songeront-elles pas à le secouer aussitôt que les circonstances leur en créeront l'occasion, aussitôt que, par des nécessités qu'il faut prévoir, les forces que nous entretenons en Afrique, venant à diminuer, ne pèseront plus également sur elles ; pour les comprimer et les contenir. Cette question, si grave, si sérieuse, doit faire naître les préoccupations de ceux qui sont chargés des destinées de la France, de ceux qui ont souci de sa gloire, de ceux enfin qui s'intéressent à l'avenir d'un pays où elle a prodigué et ses richesses et le sang de ses enfants.

A ces derniers titres, qu'il nous soit permis, à nous, obscur acteur dans ce grand débat, dans ce débat providentiel, dirons-nous, entre la civilisation et la barbarie, qu'il nous soit permis de faire entendre notre voix, d'émettre quelques idées auxquelles de longues études peuvent donner peut-être quelque autorité.

Jusqu'à présent (et l'activité d'une guerre incessante donne raison de cet oubli), on s'est peu mis en souci des croyances et des idées sociales que leur code politique et religieux a si profondément implantées dans l'esprit des populations musulmanes. Eh bien ! il faut le dire, de peur qu'on ne l'oublie, de peur qu'on ne se laisse aller à juger d'après les hommes qui nous entourent et qu'une fréquentation journalière a déjà conduits à un commencement d'indifférence religieuse, les masses, qui n'ont aucun contact avec nous et qui nous restent entièrement étrangères, il faut le dire, l'état de soumission que leur ont imposé les nécessités de la défaite après une lutte si longue et si acharnée, ne peut être accepté franchement par des musulmans, s'ils restent musulmans avec toute la ferveur de leur foi. L'esprit du principe musulman est tout à fait un esprit d'exclusion et d'antagonisme, et quelque fanatique ne tarderait pas à se servir de ce puissant levier pour soulever encore contre nous toutes ces tribus actuellement soumises, qui se lèveraient à sa voix comme un seul homme, si nous tardions à nous occuper de rendre permanent, par la conquête morale, ce que la force et la conquête matérielle ont eu tant de peine à établir. La question se trouve donc ainsi évidemment posée, suivant nous : ou bien commencer à agir dès à présent sur les croyances par tous les moyens en notre pouvoir, pour tâcher d'en amoindrir et d'en tempérer le fanatisme, ou bien nous attendre à voir se renouveler incessamment la lutte, et accepter comme état permanent de l'avenir, un état de guerre, d'hostilités et d'insurrections sans cesse renaissantes. Or, quels sont les moyens à employer pour arriver à rendre moins antipathique à nos idées et à notre civilisation le principe religieux musulman ?... pour le concilier, autant que possible, avec le principe chrétien qu'il repousse ; pour le tempérer et le rendre moins âpre et moins acerbe, en y introduisant un peu de cet esprit de tolérance que les progrès des études philosophiques ont apporté, seulement dans ce dernier siècle, à nos propres idées religieuses ?

Ces moyens seraient, suivant nous, de deux sortes : les uns agissant sur le moral par l'intelligence, les autres sur les intérêts par la politique ; les premiers consistant à délayer et étendre les idées actuellement résumées, concentrées dans les seules idées religieuses ; les seconds, à faire faire un progrès social à cette société féodalement organisée, en jetant avec discernement quelques idées d'égalité et d'indépendance parmi le peuple, en adoptant peu à peu et avec ménagement, dans les choses que la religion a laissées en dehors, la partie de notre législation qui leur serait applicable, afin de montrer de quelles garanties, de quelle sécurité nos lois entourent les intérêts.

Dans les procédés à employer pour la vulgarisation de l'instruction et des lumières, nous citerons en première ligne la presse, cet agent puissant de propagation d'idées, ce grand flambeau dont la lumière doit finir par éclairer un jour tous les peuples. Certainement il n'est pas de dissolvant plus actif des. préjugés et des erreurs, il n'est pas de moyen plus énergique, d'instrument d'un emploi plus facile pour semer dans les masses le germe de nouvelles idées, pour activer leur éducation, pour faire naître le désir de savoir et de connaître, pour jeter enfin cette population arabe en dehors du cercle fatal des idées autour duquel elle tourne depuis douze siècles, que cet appel périodique fait à la curiosité intellectuelle par ce grand écho de tous les événements du monde. Ilnous semble hors de doute qu'un journal arabe, fut-il seulement hebdomadaire ou même mensuel, qu'une direction bien entendue mettrait à la portée de ces neuves intelligences, aurait un grand effet sur la partie intelligente et lettrée de la population, et par elle, incontestablement, son action descendrait jusqu'aux masses, sur lesquelles, à coup sûr, la portée en serait immense.

Certes, si un journal, rédigé dans le sens que nous ne faisons qu'indiquer, devait assurer un jour à notre conquête quelque stabilité, on ne devrait pas regretter les fonds employés pour sa fondation et sa propagation. L'argent dépensé dans le présent serait une grande économie d'hommes et d'argent pour l'avenir.

Une mesure non moins puissante, non moins efficace et bien plus directe de vulgarisation d'idées, de diffusion de lumières, mesure que nous regrettons d'autant plus de ne pas avoir vu prendre en temps opportun, qu'elle ne peut plus devenir possible que par de nouvelles circonstances de guerre, eût consisté à choisir, parmi la foule des prisonniers qui sont tombés entre nos mains, et n'ont emporté de leur contact avec nous qu'une haine plus profonde, exaltée par l'humiliation de la défaite, quelques enfants qui eussent été envoyés en France, y puiser le bénéfice de notre instruction. Il est indubitable, pour nous, que cinq ou six cents enfants, transportés dans ce centre de toutes les connaissances, jetés au milieu des idées qui y fermentent, rendus ensuite à leur pays après avoir reçu une instruction libérale et philosophique, qui n'eût pas attaqué de front leurs croyances, mais les eût tournées en les respectant ; il est indubitable, disons-nous, que ces enfants, devenus des hommes, disséminés sur tous les points, eussent apporté partout avec eux le germe des idées nouvelles qui n'eussentpas tardé à y éclore et à y fructifier. Il eût été facile alors, en faisant un choix parmi eux, d'établir dans chaque localité occupée par nous, un centre d'enseignement arabe, d'où la lumière et l'instruction eussent rayonné dans toutes les directions.

Nous proposerions encore comme moyen d'accélération rapide au mouvement que nous croyons indispensable d'imprimer, le plus tôt possible, aux intelligences, le contact direct et périodique d'un certain nombre d'indigènes avec nos mœurs et notre civilisation ; nous voudrions qu'annuellement quelques-uns d'entre eux, choisis parmi les plus influents et les plus capables, fussent envoyés en France pour y faire un séjour qui ne devrait pas être de moins d'une année. Ces voyages ne serviraient pas seulement, comme ceux qui ont été faits jusqu'à présent, à satisfaire un vain intérêt de curiosité, mais une direction rationnelle et intelligente chercherait à leur donner un but utile, et à en faire ressortir un enseignement profitable, par la comparaison de l'un et de l'autre état social, et l'initiation graduelle au mécanisme des institutions qui régissent le nôtre. Le gouvernement dépense chaque année des sommes considérables pour faciliter le voyage des pélerins qui vont à la Mecque. Ces sommes seraient beaucoup mieux et beaucoup plus utilement employées, suivant nous, à favoriser les voyages en France. Quel est le but de tout musulman en accomplissant l'obligation religieuse du pélerinage ? C'est d'aller se retremper aux sources de l'islamisme, d'aller y réchauffer une foi peut-être attiédie. Quel est son état moral lorsqu'il revient ? A-t-il trouvé au berceau du prophète des idées de tolérance qui ne sont pas dans l'esprit de la religion, ou bien des idées de haine qu'elle commande ?

Nous pensons qu'il serait de notre intérêt, bien entendu, non point d'empêcher le pélerinage, ni même d'y apporter la moindre entrave, mais au moins de ne pas y pousser les musulmans ; cet acte, accompli dans les conditions religieuses qu'il exige, ne pouvant qu'exalter le fanatisme. Quant au moyen de rattacher les arabes à nos formes sociales, par la sauvegarde des intérêts, voici ce que devrait être, suivant nous, la ligne de conduite à suivre à leur égard et le but vers lequel il faudrait tendre dès à présent.

En premier lieu, la propriété, comme on sait, n'est point, ou du moins est bien imparfaitement organisée chez les arabes. Les uns, tels que ceux des environs d'Oran, ne sont qu'usufruitiers de la terre qu'ils cultivent, et le gouvernement en est le franc tenancier. Chez d'autres, la tribu entière possède le sol ; mais la propriété de la famille dans la tribu, est mal et incomplètement définie ; dans tous les cas ; le plus grand vague, la plus grande incertitude règnent sur les délimitations tant particulières que collectives. Nous voudrions qu'on s'occupât de rechercher, dans chaque tribu, quel serait le moyen d'y constituer, sans trop de précipitation, la propriété à notre manière. Sans doute, de nouvelles dispositions légales devraient intervenir, eu égard à la différence de l'état social de la femme chez les arabes et chez nous ; mais il nous semble, tout en laissant à d'autres plus compétents le soin de décider la question, que même dès à présent, rien ne s'opposerait à ce que les conditions principales de notre législation sur la propriété, fussent immédiatement applicables. Cette latitude qui nous est laissée par le code musulman, de pouvoir, sans heurter le préjugé religieux, soumet-, tre à nos lois la propriété, base de toute société, nous semble un moyen précieux de transition de leur état social au nôtre. Elle introduirait de prime-abord notre action au centre des intérêts pour les protéger, et ne tarderait pas, après quelques essais, à faire naître le désir de participer aux garanties qu'assurerait aux possesseurs cette application de nos lois.

Indépendamment de ces considérations, qui indiquent l'avantage et l'opportunité qu'il y a à s'occuper du sol et de la propriété, il en est une sérieuse qui les prédomine : nous avons sur tous les points devant nous, une population nombreuse, occupant la terre dont elle vit, et que nous ne pouvons ni faire disparaître ni négliger ; il faut donc l'accepter et tâcher d'en tirer parti en nous l'assimilant : il ne serait pas prudent, ce nous semble, de la mettre entièrement de côté dans l'œuvre de la colonisation, car elle ne tarderait pas à s'apercevoir que nos tendances colonisatrices ne conduisent à rien moins qu'à la déposséder peu à peu du sol qui l'a fait vivre, ou du moins son exclusion commencerait bientôt à le lui faire craindre.

Nous croyons donc, et ce serait un premier pas fait dans la voie de la constitution régulière de la propriété, qu'il conviendrait de ne point exclure entièrement la population arabe de la colonisation ; nous voudrions que les indigènes fussent appelés à ses bénéfices, et que des douars, d'abord, et un peu plus tard *des villages de colons arabes*, fussent créés en même temps que les villages de colons européens seront établis ; qu'on s'occupât de fixer, par tous les moyens possibles, la population au sol qui lui aurait été concédé régulièrement, par des plantations d'arbres, des constructions de puits ou de fontaines, des abris pour les troupeaux pendant l'hiver. La colonisation par les européens est lente, difficile, ruineuse pour la France, et si elle était commencée sur une grande échelle, elle ne tarderait pas à inquiéter les populations arabes, comme nous le disions plus haut ; la colonisation par les arabes, au contraire, tout en nous donnant la même action sur le sol, rapprocherait de nous les indigènes, et ce serait un premier moyen de fusion entre eux et nous, en rendant entre eux et nous les intérêts communs et solidaires de quelque côté que nous vint l'attaque.

En second lieu, le temps est arrivé où il faut rendre nos rapports directs, avec les arabes, les plus fréquents possible. Nous n'aurons pas tout fait, lorsque le pays, divisé en caïdats, agaliks et kalifats, obéira et marchera plus ou moins bien. Il nous restera encore tout à faire pour ce que nous appellerons la conquête morale, et cette conquête, ce n'est point en laissant le peuple arabe commandé pas ses chefs, entièrement eu dehors de notre action immédiate, qu'on l'accomplira ; c'est, au contraire, en rendant nos relations directes avec lui de plus en plus fréquentes, qu'on peut espérer de la préparer. Les chefs arabes qui nous ont été si utiles dans la lutte, dans l'œuvre de la pacification, ne tarderaient peut-être pas à s'alarmer et à devenir un obstacle à nos envahissements colonisateurs. C'est dans le progrès social que nous pouvons faire faire à l'imparfaite société arabe, en développant peu à peu le principe de l'égalité chez ce peuple, organisé féodalement, en cherchant avec tous les ménagements possibles à séparer, en nous substituant insensiblement à ceux-ci, la cause des grands de celle du peuple, que se trouve, à notre avis, la sécurité et la stabilité de l'avenir, et c'est vers ce but que devrait tendre dès à présent la politique arabe sur tous les points de nos possessions algériennes.

Elle devrait également avoir pour objet de rechercher, incessamment et peu à peu, à diminuer l'esprit guerrier chez ce peuple, qui semble avoir perdu tout sentiment du droit et delà justice pour en appeler toujours à la force des armes. Il faudrait tourner cette activité du côté de l'agriculture et de l'exploitation du sol. Ce but serait peut-être moins difficile à atteindre qu'on ne le pense, si l'on adoptait le principe d'amoindrir l'autorité des familles puissantes ; dans tous les cas, il ne faudrait au moins pas exalter cet esprit guerrier par la création et l'emploi de corps indigènes réguliers.

Certes, les résultats auxquels on devrait arriver par les divers moyens que nous venons d'indiquer, seraient longs à se produire, et leur développement lent et progressif. Le travail de la conquête morale, lorsqu'elle consiste, comme ici, à modifier les idées et les antipathies de tout un peuple, est moins prompt et moins facile que celui de la conquête matérielle, quelque pénible qu'il ait été ; mais nous en viendrions certainement à bout, car nos moyens d'action sont puissants et énergiques, si nous apportions dans cette partie pacifique de notre œuvre, un peu de cette infatigable persévérance qui a conduit à une bonne fin la phase de lutte et de combat.

Oran, 20 décembre 1843.

2

Baba-Aroudj et Kraïr-ed-Din, fondateurs de la république algérienne. Si cette institution n'existait pas de nom, elle existait du moins de fait : on sait, du reste, qu'au berceau de toutes les grandes institutions politiques d'un pays, l'histoire retrouve toujours une puissante individualité qui leur a donné l'impulsion. *(De la Domination Turque dans l'ancienne régence d'Alger, Paris,* 1840.)

3

Pour apprécier combien les arabes avec lesquels nous étions en contact étaient peu connus, leur situation à notre égard mal comprise, et leurs avances mal accueillies, il ne sera peut-être pas sans intérêt de faire connaître certains documents officiels qui indiquent qu'elle était, à cette époque, la marche de notre politique. En voici un, entre autres, qui mérite d'être cité :

Ordre du jour n° 10, en date du 7 octobre 1831

Le lieutenant-général, gouverneur de la province, prévient MM. les chefs de corps et de détachements de toutes armes, formant la division d'Oran, que les arabes du dehors viennent de lui faire les plus grandes protestations de dévouement et de soumission. La connaissance qu'il a de ces peuples nomades, sa confiance qu'ils ne sont jamais plus à craindre que lorsqu'ils *s'abaissent à la soumission,* le déterminent à recommander de redoubler de surveillance aux portes et aux forts extérieurs. Il engage MM. les officiers à se mêler peu avec les chefs qui viennent en ville et à éviter avec eux toute communication et familiarité. Nous sommes les maîtres du pays ; nous devons avoir peu de fréquentation avec les gens du dehors et l'on peut s'en rapporter au lieutenant-général pour la manière de les mener et de les faire surveiller.

Oran, le 7 octobre 1834.

Le lieutenant-général, gouverneur de la province,
Signé : PIERRE BOYER.

4

Mustapha-ben-Ismaël appelait El-Mezary, *El-Kressary,* c'est-à-dire le brouillon, espèce de jeu de mots qui donne une appréciation du caractère de ce personnage.

5

Nous donnons ici le rapport officiel de M. le général Desmichels, sur cette affaire ; ce rapport fera voir que dès cette époque cet officier-général avait parfaitement compris et mis en pratique le genre de guerre qui convenait le mieux à l'espèce d'ennemis que nous avions à combattre. S'il eut continué avec quelque persévérance cette guerre de surprises et de razzias, s'il eut laissé les arabes s'épuiser par leurs dissentions intestines, il aurait fini par obtenir la sécurité autour de sa place et n'eut point été amené à conclure cette paix fatale, déplorable inauguration de la pauvre politique qui, dès l'origine, a pesé sur ce pays :

Oran, 4 décembre 1833.

A Monsieur le Ministre de la guerre.

Monsieur le maréchal,

J'ai l'honneur de vous rendre compte que la division d'Oran a obtenu hier un succès glorieux dans la plaine de Tamezougra, à dix lieues de cette ville, sur 6,000 arabes commandés par le bey Abd-el-Kader.

Dans mes précédentes dépêches, j'ai informé Votre Excellence que quatre chasseurs à cheval du détachement d'Arzew, commandés pour protéger des arabes contre d'autres arabes, furent lâchement assassinés par ceux-là mêmes qui avaient imploré notre protection.

Que deux officiers, surpris à peu de distance de cette place, furent impitoyablement massacrés par une vingtaine d'arabes embusqués dans les ravins qui bordent le chemin de Misserghin.

Enfin qu'un capitaine du 2e chasseurs d'Afrique, ayant eu son cheval tué dans une de nos dernières rencontres, fut également mutilé de la manière la plus barbare.

Venger toutes ces atrocités et apprendre à nos ennemis qu'ils ne feraient jamais impunément couler le sang français, fut le but de cette expédition. En conséquence, avant-hier, à six heures du soir, je partis d'ici avec 2,200 hommes d'infanterie, 400 hommes à cheval du 2e régiment des chasseurs, 2 batteries et 100 sapeurs du génie, pour me porter, par une brusque attaque de nuit, jusqu'au pied de la chaîne de l'Atlas, où étaient établis des douars, auteurs d'une partie des faits que je viens de signaler, et où je savais qu'Abd-el-Kader se trouvait, au retour d'une horrible boucherie dont il venait de se souiller, envers une tribu des environs de Tlemcen qui s'était refusé à reconnaître sa suzeraineté.

Après une longue et rapide marche de nuit, faite avec un ordre admirable, l'avant-garde de la division, conduite par le colonel Oudinot, parut inopinément, à la pointe du jour, sur ces douars, qui furent bientôt dispersés, en laissant sur le carreau tous ceux qui cherchaient, à se défendre.

cette fusillade donna l'éveil au camp d'Abd-el-Kader et à toutes les tribus qui couvrent cette partie de l'Atlas. En effet, à huit heures du matin, des nuées de cavaliers parurent de toutes parts ; mais mes dispositions étaient déjà prises pour leur faire payer cher cette journée.

Les premiers cavaliers qui se présentèrent devant nos lignes de tirailleurs furent refoulés sur ceux qui les suivaient, tandis que l'artillerie arrêtait les masses par la mitraille et les projectiles qu'elle leur lançait. Cependant, de tous côtés arrivaient des renforts, et bientôt toutes les faces de l'immense carré que nous formions furent enveloppées par cette cavalerie, qui montrait une audacieuse résolution. Alors une vive fusillade s'engagea entre elle et nos nombreux tirailleurs d'infanterie, qui combattaient avec un grand avantage. Ce combat, se soutint avec acharnement jusqu'à dix heures. L'ennemi se retira alors hors de la portée du canon et parut attendre d'autres tribus, qui, en effet, se montrèrent plus tard.

Je profitai de ce moment de relâche pour faire distribuer une ration d'eau-de-vie aux troupes.

A midi, l'ennemi ne faisant aucune démonstration d'attaque, j'ordonnai la retraite pour venir au Figuier de Messoulan, où je comptais faire bivouaquer la division ; mais à peine notre mouvement fut-il prononcé que l'ennemi s'avança de nouveau avec audace. Cependant, notre marche lente, les halles fréquentes que je prescrivais pour le combattre avec plus d'avantage et pour laisser à l'artillerie le temps de le foudroyer, le déconcertèrent au point qu'il ralentit ses attaques, après avoir subi des pertes énormes en hommes et en chevaux. Toutefois, un assez grand nombre dé leurs flanqueurs suivirent notre arrière-garde, qu'ils n'abandonnèrent qu'à la nuit et après avoir tenté une dernière charge qui fut repoussée par les chasseurs à cheval d'Afrique.

L'ennemi ayant alors tout à fait disparu, nous continuâmes notre marche jusqu'à Messoulan, où nous n'arrivâmes qu'à la nuit close. Je renonçai là au projet d'y arrêter la division, craignant qu'après une journée qui peut être comparée aux plus belles du mois de juin en France, le froid de la nuit ne nuisit à la santé des hommes. Je les conduisis donc jusqu'à Oran, où, après une marche de trente heures dont treize en combattant, nous arrivâmes à dix heures du soir, sans avoir laissé un seul homme en arrière.

Dans cette journée, toutes les troupes ont rivalisé entre elles. L'infanterie en allant au pas de course au devant des cavaliers africains ; les chasseurs à cheval en chargeant tous les groupes qui paraissaient les plus entreprenants ; enfin l'artillerie, en les anéantissant par la justesse et la promptitude de ses coups.

Pendant ce combat, qui a duré treize heures, la valeur française s'est déployée avec autant d'éclat que dans nos plus beaux jours de gloire. Grâce à cette admirable fermeté de nos troupes, nous n'avons éprouvé que des pertes pour ainsi dire insensibles.

Je ne saurais prier trop instamment votre excellence de mettre sous les yeux du roi les noms des militaires ci-après désignés, qui se sont fait particulièrement remarquer dans ce brillant combat :

M. le général baron Sauzet m'a parfaitement secondé.

Corps royal d'état-major : Thévenin, capitaine.

Artillerie, 5ᵉ batterie : MM. Blanchard, chef d'escadron ; Pariset, capitaine ; Walsin-Esterhazy, lieutenant. — 10ᵉ batterie : Loubet, maréchal-des-logis.

Génie : Jourjon, lieutenant.

Bataillon d'Afrique : MM. Tesson, sous-lieutenant, blessé ; Arpenteur, caporal, blessé.

66ᵉ régiment : MM. Barthélémy, lieutenant-colonel ; Blondy, capitaine ; Demercieres, lieutenant ; Laurent, sergent, blessé ; Dupont, sergent.

1ʳᵉ compagnie de discipline : M. Cousse, capitaine-commandant.

Légion étrangère : MM. Corta, Cogorno, capitaines ; Pégo, lieutenant.

2ᵉ régiment de chasseurs : MM. Oudinot, colonel ; de Thorigny, chef d'escadron ; Crébassan, capitaine ; de Montauban, capitaine adjudant-major ; Guerre, chirurgien-major ; Guibert, brigadier, blessé.

6

Conditions de la paix arrêtées entre le prince des croyants (Emir-el-Moumenin), Abd-el-Kader, fils de Meheddin, et le général Desmichels, commandant les troupes françaises à Oran :

Art. 1ᵉʳ. A dater de ce jour, les hostilités entre les arabes et les français cesseront.

Le général commandant les troupes françaises et le prince des croyants ne négligeront rien pour faire régner l'union et l'amitié entre deux peuples que Dieu a destinés à vivre sous la même domination. A cet effet, des représentants du prince des croyants résideront à Oran, Mostaganem et Arzew ; de même que, pour prévenir toute collision entre les français et les arabes, des officiers français résideront à Mascara.

Art. 2. La religion et les usages musulmans seront respectés et protégés.

Art. 3. Les prisonniers seront immédiatement rendus de part et d'autre.

Art. 4. La liberté du commerce sera pleine et entière.

Art. 5. Les militaires de l'armée française qui abandonneraient leurs drapeaux seront ramenés par les arabes ; de même les malfaiteurs arabes qui, pour se soustraire à un châtiment mérité, fuiraient leurs tribus et viendraient chercher un refuge auprès des français, seront immédiatement remis aux représentants du prince des croyants résidant dans les trois villes maritimes occupées par les français.

Art. 6. Tout européen qui serait dans le cas de voyager dans l'intérieur sera muni d'un passeport, visé par le représentant du prince des croyants à Oran et approuvé par le général commandant.

Oran, février 1834.

(Cachet d'Abd-el-Kader.) Le général, signé : DESMICHELS.

Tels furent les articles de ce traité, avoués et rendus publics, mais les véritables conditions de la paix, celles qui furent exigées par Abd-el-Kader, rédigées par lui-même, envoyées de Mascara et acceptées par le général français, furent insérées dans un traité secret dont nous ignorons si le gouvernement eut connaissance à l'époque de sa conclusion. Nous avons pu nous procurer une copie arabe de ce document, que nous traduisons textuellement et dont voici la teneur :

Nous sommes convenus, pour l'exécutiou du traité de paix, des conditions suivantes :

Art. 1er. Liberté d'acheter toutes les marchandises de guerre, telles que armes, poudres et autres objets, comme soufre, salpêtre, etc.

Art. 2. Le commerce qui se fera dans le port d'Arzew sera *à la main* du prince des croyants, en suivant pour toutes choses les usages des souverains d'autrefois. Il n'y aura de marché qu'à Arzew. Quant à Mostaganem et Oran, il n'entrera dans ces deux villes que ce qui peut suffre à leur consommation ; personne ne pourra y faire le négoce, ettout individu qui voudra commercer sur le marché devra se rendre à Arzew pour y charger son navire.

Art. 3. Le général rendra *enchaîné* tout individu qui ira de nous lui, et il ne recevra pas chez lui ceux qui se seraient rendus coupables de quelque méfait.

Art. 4. Lorsqu'un musulman voudra rentrer *sur la terre de l'Islam*, il ne sera porté aucun obstacle à sa sortie, soit d'Oran, soit de Mostaganem.

Il n'est pas besoin de commentaires pour faire apprécier combien ces stipulations étaient peu favorables et même peu honorables pour nous. Nous aurions été repoussés honteusement dans l'intérieur de nos murs, qu'on n'eut pas pu nous en imposer de plus mauvaises. On a de la peine à comprendre comment elles purent être acceptées après un incontestable succès.

2

L'épisode de Moussa-el-Derkaoui dit Bou-Hamar (l'homme à l'âne), n'est pas un des faits les moins curieux de cette époque. Abd-el-Kader se trouvait campé sur la Mina, au printemps de l'année 1834, lorsqu'il apprit qu'un homme du désert, prêchant contre lui la guerre sainte, s'avançait, suivi de nombreuses populations du sud qu'il entraînait à sa suite. Déjà la ville de Medeah lui avait été livrée ; un coulougli de la secte des Derkaoua, le nommé Hadj-Cara, beau-frère de Mustapha-bou-Mezrag, l'ancien bey du Tittery, lui en avait ouvert les portes. Effrayé des adhésions que le derkaoui recueillait dans sa marche rapide, Abd-el-Kader se hâta de réunir du monde et de se porter au devant de lui. Il le rencontra sur l'Oued-el-Ouemri, à peu de distance de Medeah. Abd-el-Kader n'était pas sans inquiétudes. Ses cavaliers, effrayés par les bruits merveilleux qu'on faisait, comme toujours, courir sur le compte du marabout, hésitaient à s'engager, lorsque les Douairs et les Zmelas, conduits par El-Mezary, se décidèrent à franchir l'Oued-el-Ouemri, qui séparait les combattants, et mirent en déroute les goums de Moussa, lequel s'enfuit en toute hâte dans le désert, d'où il n'est plus ressorti.

8

Voici qu'elle était l'organisation que M. le maréchal Clauzel voulait donner à la province d'Oran, et dont la nomination du bey Ibrahim commençait la mise en exécution :

ORGANISATION DE LA PROVINCE D'ORAN

Ordre n° 55.   Mascara, 8 décembre 1835.

Nous, maréchal de France, gouverneur-général des possessions françaises dans le nord de l'Afrique,

Arrêtons ce qui suit :

La province d'Oran est divisé en trois beyliks et un arrondissement, savoir :

1° Le beylik de Tlemcen ; 2° celui de Mostaganem ; 3° celui du Chelif ; 4° l'arrondissement d'Oran.

Le beylik de Tlemcen s'étendra au nord jusqu'à la mer, à l'ouest jusqu'aux limites de l'empire de Maroc, et à l'est jusqu'à l'Oued-Melahh ou Rio-Salado.

Le beylik de Mostaganem sera limité au sud par le désert, à l'ouest par l'Oued-Melahh, à l'est par l'Oued-Djeddiouïa, cours inférieur du Chelif.

Le beylik du Chelif aura pour limite au sud le désert, à l'ouest le cours du Djeddiouïa et l'Oued-el-Fodda. Il comprendra la ville de Tenez. La ville de Mazouna sera la résidence du bey.

L'arrondissement d'Oran sera ultérieurement fixé et aura une organisation particulière.

Sont nommés :

Bey de Tlemcen   N.

Bey de Mostaganem   Ibrahim, dit Bosniac,

Bey du Chelif   N.

Faità Mascara, le 8 décembre 1835.

Le maréchal gouverneur-général,

Signé : Comte CLAUZEL.

2

M. le maréchal Clauzel rendait compte de cette affaire,. dans son ordre du jour du 29 janvier, de la manière suivante :

N° 64.   Tlemcen, 29 janvier 1836.

Le maréchal gouverneur-général témoigne sa satisfaction aux troupes françaises et indigènes pour leur belle conduite aux combats des 26 et 27 janvier.

Le 26, les indigènes, à la tête desquels marchait Mustapha-ben-Ismaël, ont manœuvré habilement et abordé avec valeur les cabyles et les Beni-Amer. L'ennemi, battu, a été poursuivi jusqu'au soir par nos auxiliaires, que soutenait le général Darlanges avec le bataillon d'Afrique et une partie du 66e de ligne. Pendant ce temps, le colonel de Gouy, à la tête du 2e chasseurs et d'un autre bataillon du 66e, s'avançait en bon ordre et avec une lenteur calculée sur le centre, et contribuait aussi puissamment au succès de la journée.

L'ennemi, dispersé mais soutenu par cinq cents marocains venus de l'extrême frontière, se jeta avec audace et élan sur les équipages qui étaient restés parqués sur l'Isser ; il aspérait trouver ce point dégarni, mais le 11e régiment s'y trouvait. Ce corps soutint la charge des arabes avec le sang-froid et la fermeté des vieilles troupes, fit feu à bout portant et les reçut à la pointe de la baïonnette. Les compagnies du 2e bataillon se trouvèrent un instant mêlées avec l'ennemi. Un mouvement offensif déterminé par M. le chef-d'escadron d'état-major Perrin, que M. le maréchal avait chargé de transmettre ses ordres et de veiller à leur exécution, décida la retraite précipitée de l'ennemi, qui put ainsi échapper à une destruction totale.

Dans cette journée, l'artillerie, dirigée par M. le colonel Lasnon, a, comme de coutume, rendu les plus grands services et fait beaucoup de mal à l'ennemi. Les troupes du génie méritent aussi les plus grands éloges : M. le colonel Lemercier leur avait communiqué toute son activité ordinaire. Elles sont parvenues, en travaillant jour et nuit, à établir promptement des rampes qui ont rendu facile le passage de l'Isser.

Le 27 janvier, le 2° régiment de chasseurs faisait l'arrière-garde et couvrait le mouvement rétrograde ordonné par M. le maréchal, dans le but d'attirer l'ennemi. Dans cette situation délicate, ce corps, vivement pressé sur son front, et sur le point d'être débordé, a montré beaucoup de sang-froid et de bravoure. Dans les divers engagements, l'escadron turc a déployé le plus grand courage et tué plus d'hommes qu'il n'en compte dans ses rangs.

Le général Perregaux avait été laissé à Tlemcen pour assurer l'occupation de ce point important. Autorisé par M. le maréchal à venir le rejoindre avec une partie des troupes sous ses ordres, il a marché où le canon se faisait entendre avec l'instinct du véritable homme de guerre, et s'est dirigé sur le point où sa présence pouvait être décisive, si la retraite de l'ennemi avait pu être douteuse. Ce dernier, menacé sur sa droite et sur ses derrières, s'est enfui précipitamment. Dans ces journées, les arabes ont eu plus de deux cents hommes hors de combat. Notre perte s'élève à trois tués et quarante-huit blessés, dont quatorze indigènes.

Le colonel Duverger, chef d'état-major général, et tous les officiers placés sous ses ordres, ont constamment servi avec un zèle éclairé, une sollicitude et une activité dignes des plus grands éloges.

Le maréchal, qui se plaît à rendre justice à la belle conduite des troupes, au courage et au dévouement dont elles ne cessent de donner des preuves, doit cependant leur rappeler qu'elles ne se conforment pas assez aux prescriptions de ses ordres généraux antérieurs. Elles ont dû reconnaître que l'ennemi aurait éprouvé des pertes bien plus sensibles à l'affaire du 27, si on l'eût laissé, s'approcher davantage. C'est aux officiers à empêcher des tiraillements qui n'ont d'autre résultat que celui de consommer des munitions d'autant plus précieuses, que l'armée est loin de ses arsenaux. Une infanterie dont le moral est élevé et la constitution forte doit conserver assez de calme et de fermeté pour laisser ses adversaires s'avancer à petite portée ; elle exécute ensuite un feu meurtrier à bout portant, et fond sur eux à la baïonnette. Ce n'est qu'en agissant ainsi qu'elle parviendra à établir sur eux une supériorité durable.

Le gouverneur-général,
Signé : Maréchal Comte CLAUZÈL.

10

M. le général Rapatel, commandant les troupes en Afrique et chargé du gouvernement intérimaire en l'absence de M. le maréchal Clauzel, crut devoir faire connaître à l'armée ces divers événements, dans un ordre du jour général en date du 14 mai 1836. Les Douairs et les

Zmelas furent oubliés dans ce compte-rendu ; ils avaient cependant mérité d'y figurer par les services qu'ils avaient rendu dans cette circonstance au même titre que les autres combattants, dont ils avaient partagé, avec dévouement et constance, les dangers, les fatigues et les dures privations :

ORDRE GÉNÉRAL

Alger, 14 mai 1836.

Le lieutenant-général commandant les troupes en Afrique, porte à la connaissance de l'armée les principales opérations des troupes de la division d'Oran qui, sous le commandement du général d'Arlanges et en exécution des ordres de M. le maréchal gouverneur-général, ont été campées à l'embouchure de la Tafna, pour y construire, sur la plage de Rachgoun, un ouvrage destiné à servir d'appui à la ligne de communication à établir entre cette partie de la côte et la ville de Tlemcen,

Le 7 avril, la colonne expéditionnaire, composée de trois mille hommes de toutes armes, sortit d'Oran et alla coucher au Figuier. Le 8, elle bivouaqua au pied des montagnes de l'Oued-Rassoul ; le 9, sur l'Oued-el-Haïmer ; le 10 et le 11, les troupes travaillèrent à pratiquer un chemin au travers des gorges des montagnes ; le 12, la colonne continua sa route et bivouaqua à Sidi-Abd-Allah-Berkan ; le 13, à l'Oued-Sinan ; le 14, à Razer ; le 15, au moment où la colonne se mit en mouvement, elle fut attaquée sur sa gauche par un grand nombre d'ennemis, la plupart fantassins : Abd-el-Kader était à leur tête. Un combat fort vif s'engagea, au lieu appelé Dar-el-Atchan, et dura jusqu'à trois heures. L'ennemi s'éloigna, après avoir éprouvé des pertes considérables, qu'on évalue à deux mille hommes, et de notre côté, il y eût dix tués et soixante blessés. Cet engagement n'empêcha pas notre colonne d'aller s'établir, le même jour, au débouché des gorges de la Tafna. Le 16, elle campa au bord de la mer, sur la rive droite du fleuve et à environ cent cinquante pas de son embouchure. Depuis ce jour, nos troupes ont travaillé avec ardeur à élever les retranchements permanents, qui doivent être occupés par un détachement de deux à trois cents hommes.

Le 25, le général d'Arlanges, voulant faire une reconnaissance, sortit du camp, au point du jour, avec quinze cents hommes d'infanterie et la cavalerie, tant française qu'indigène, et avant le lever du soleil se trouva à hauteur d'un des camps de l'ennemi, séparé de notre colonne par un ravin profond ; ce camp était peu nombreux, et quelques coups de canon le firent évacuer. La colonne s'avança dans la directiou du marabout de Sidi-Yagoub, et les cavaliers, tant spahis réguliers qu'auxiliaires, se répandirent au loin dans la plaine, ce qui fit perdre cinq quarts d'heure, pour les rallier. Pendant ce temps, les ennemis se réunirent, et lorsque le mouvement rétrograde de notre colonne commença, ils l'attaquèrent avec acharnement, et de toutes les hauteurs dirigèrent un feu extrêmement nourri sur ses flancs et son arrière-garde ; ils obligèrent plusieurs fois nos troupes à s'arrêter pour les repousser, ce qu'elles firent toujours avec vigueur et succès. Elles rentrèrent au camp après six heures d'absence, et après avoir fait éprouver à l'ennemi une perte immense, que les évaluations les plus modérées portent à plusieurs milliers d'hommes hors de combat.

Nous avons à regretter trente-trois hommes tués, dont trois officiers ; cent quatre-vingt hommes sont entrés à l'ambulance, par suite de leurs blessures.

M. le général d'Arlanges, qui a été lui-même légèrement blessé, cite comme s'étant particulièrement distingué dans les combats des 45 et 46 avril :

Corps royal d'état-major. MM. Maussion, lieutenant-colonel ; de Lagondie, de Martimprey, capitaines.

17e régiment d'infanterie légère. Rouaud, Magagnose, Liceron, capitaines ; Roche, Saul, Lafont de Villiers, Danget, lieutenants ; Rulland, Jonquery, sergents-majors ; Rouger de la Plane, fourrier ; Villien, Zœpfel, Gauriot, sergents ; Thollet, Coruu, chasseurs.

1er bataillon d'Afrique. MM. Simonet, capitaine ; Vergnon, lieutenant ; Drouaillet, sous-lieutenant.

47e de ligne. MM. Verberne, Quarante, de Lorgerie, capitaines ; de Gondrecourt, sous-lieutenant ; Matley, Tissery, sergents-majors ; Frileux, sergent ; Ducros, grenadier.

66e de ligne. MM. Franier, lieutenant ; Pagnol, Mayer, sergents ; Chabert, Autret, grenadiers ; Guépin, voltigeur ; Masson, Galvan, fusiliers.

2e régiment de chasseurs d'Afrique. MM. Jolly, Bernard, capitaines ; Lépinay, de Bréhan, lieutenants ; Fénin, aide-major ; Paillard, adjudant sous-officier ; Pargny, Noeck, Laurenchet, Cauro, maréchaux-des-logis ; Jacqmoux, brigadier ; Dupont, chasseur.

Artillerie, 5e régiment. Bertrand, lieutenant ; Auger, maréchal-des-logis ; Ferrier, brigadier ; Montagne, 1er canonnier ; Muller, 2e canonnier.

Depuis le combat de Sidi-Yagoub, l'ennemi ne s'est pas approché du camp : il n'a pas même inquiété les fourrageurs ; les travaux continuent avec activité ; la santé des troupes n'a pas souffert, les vivres ni les munitions ne manquent pas, l'état de la mer ayant permis les arrivages qui avaient été retardés pendant quelques jours. Ainsi, l'établissement du poste retranché de la Tafna sera bientôt terminé, et l'opération dont M. le général d'Arlanges a été chargé aura été conduite à bonne fin et aura ajouté à la gloire de nos armes.

Le lieutenant-général, commandant les troupes en Afrique,
Signé : Baron RAPATEL.

Extrait du rapport de M. le général Bugeaud au Ministre de la guerre, sur le combat de la Sikkak :

Je partis de Rachgoun, le 4 juillet. Je poussai trois bataillons aux ordres du colonel Combes sur la route de Djebel-el-Cot, et je vins camper, avec mon convoi de cinq cents chameaux et trois cents mulets, à quelque distance derrière lui. A deux heures du matin, Combes quitta son camp sans bruit et par un sentier à gauche ; il fut occuper, à deux lieues et demie de là, le col de Seba-Chioukr. Une heure après, le convoi et le reste de la division s'y dirigèrent ; mais quatre à cinq cents hommes des Beni-Amer y arrivaient, par l'autre versant : il était trop tard. A sept heures, tout mon convoi avait passé et nous descendions sur l'Isser. Abd-el-Kader était trop loin pour s'opposer à ce mouvement. La rivière fut franchie tranquillement, et je campai sur la rive gauche, fort satisfait d'avoir traversé la chaîne des montagnes sans combat.

Abd-el-Kader, instruit enfin de ma marche, se rapprocha de moi. A trois heures après midi, deux mille chevaux, aux ordres de son lieutenant Ben-Nouna, défilèrent en vue de mon camp, sur la rive droite de l'Isser, et vinrent camper à une lieue sur ma droite. Le gros des forces ennemies remonta la rive gauche de l'Isser et vint camper à une demi-lieue sur ma gauche. Je jugeai que cette manœuvre avait pour but de m'enfermer, le lendemain matin, dansle profond ravin de la Sikkak, que je devais passer deux fois pour me rendre à Tlemcen. je fis une reconnaissance pour chercher une autre route ; mais toutes présentaient des difficultés, soit pour le combat soit pour le convoi.

Je me décidai à franchir la Sikkak et je quittai mon camp à trois heures du matin, dans le double objet de passer le premier ravin et d'être plus près de Tlemcen avant d'être attaqué, afin d'y jeter mon convoi et de reprendre l'offensive dès que je serais débarrassé de cet énorme empêchement.

J'annonçai cette résolution aux troupes : « Vous serez attaqués, leur dis-je, demain dans votre marche ; vous saurez souffrir un temps les insultes de l'ennemi et vous vous bornerez à le contenir. Mais vous prendrez votre revanche dès que je pourrai jeter le convoi dans Tlemcen ; vous marcherez à lui et vous le précipiterez dans les ravins de l'Isser, de la Sikkak, ou de la Tafna. " Cela s'est vérifié avec un bonheur inouï.

Malgré ma diligence, j'ai été attaqué par le camp de ma gauche, à quatre heures et demie du matin, lorsque mon convoi n'avait passé qu'à moitié le premier ravin de la Sikkak. J'ai fait contenir l'ennemi par les Douairs, un bataillon du 25e et un escadron du 2e chasseurs.

Le colonel Combes, après avoir passé la Sikkak avec ma colonne de droite, avait pris avec intelligence une position protectrice du convoi.

Soupçonnant que la colonne d'Abd-el-Kader ne tarderait pas à paraître sur les plateaux de la rive gauche, je me suis empressé d'y arriver à la tête du centre et de ma colonne de gauche.

Abd-el-Kader y touchait avec cinq mille chevaux, trois mille cabyles à pied et son bataillon régulier, de mille à douze cents hommes. J'ai déployé le 62e et un demi-bataillon d'Afrique parallèlement à la Sikkak, mais en arrière, de manière à n'être pas vu de l'ennemi qui nous suivait. J'ai mis en bataille le 23e et un demi-bataillon d'Afrique, perpendiculairement à la gauche du 62e ; en avant du 23e et parallèlement, j'ai formé, en colonnes doubles échelonnées sur le bataillon du centre, les trois bataillons du colonel Combes, et j'ai jeté en avant, sur le flanc gauche du 62e , deux compagnies d'élite en tirailleurs et les spahis du 2e chasseurs, commandés par le lieutenant Mesmer. Le 2e chasseurs a été rappelé en entier des bords de la Sikkak et placé en colonne par escadron, vis-à-vis l'un des intervalles des bataillons de Combes.

Le convoi a été placé dans l'angle rentrant formé par la ligne parallèle et la ligne perpendiculaire à la Sikkak. Il était gardé par deux cents hommes du bataillon de Tlemcen et par les coulouglis. Je rappelai les Douairs et les tirailleurs qui contenaient les arabes de la rive droite de la Sikkak, afin de leur donner la confiance de passer sur la rive gauche.

Abd-el-Kader avait derrière lui un plateau facile pour la cavalerie, et entouré sur trois côtés par la Sikkak, l'Isser et la Tafna, de sorte que j'étais presque assuré, en le mettant en fuite ; de l'acculer à un ravin, où il devait éprouver des pertes pourvu que la poursuite fut vigoureuse.

J'avais besoin de dix minutes de plus pour finir mes dispositions et distribuer les rôles avec précision : il fallait aussi donner le temps à l'ennemi de passer la Sikkak, afin de l'y précipiter. Abd-el-Kader n'a pas voulu me donner ces dix minutes ; il a rejeté sur moi mes tirailleurs et mes spahis, et s'est avancé en grosses masses informes, poussant des cris affreux. J'ai jugé que le moment de prendre l'offensive, à mon tour, était arrivé, et qu'un mouvement rétrograde pouvait tout compromettre. Après avoir lancé des obus et de la mitraille sur cette vaste confusion, toutes les troupes à la fois se sont ébranlées à mon commandement et ont abordé l'ennemi avec une grande franchise.

Le combat du plateau était le plus considérable ; les trois bataillons de Combes (un du 47e et deux du 17e léger) ont agi avec une résolution et une vitesse remarquables pour des troupes si fatiguées par les marches et la chaleur. Les cavaliers arabes étaient si nombreux, que la fusillade avec laquelle ils nous ont accueillis ressemblait à un feu de deux rangs de plusieurs régiments de notre infanterie. Ils ont plié, mais avec lenteur. J'ai cru le moment favorable pour lancer sur eux le 2e chasseurs. J'ordonnai à ce régiment une charge à fond qui, d'abord, eut un plein succès. Les arabes qui se trouvaient en face furent culbutés, et un parti d'infanterie cabyle fut sabré ; mais l'aile droite des arabes ayant attaqué le flanc gauche des chasseurs, pendant que d'autre infanterie, sortie du ravin, les fusillait par le flanc droit, ils se sont retirés avec quelque perte et sont rentrés sous la protection des bataillons que je menais à leur secours presque à la course. L'artillerie, aux ordres du brave colonel Tournemine, suivait ces mouvements rapides, bien que cela parût impossible avec le matériel de montagne.

Les arabes ont plié une seconde fois ; une seconde fois aussi je leur ai lancé ma cavalerie, mais alors quatre cents Douairs m'avaient rejoint. Malheureusement, leur aga, Mustapha, venait d'être blessé d'une balle à la main. Malgré la privation de cet excellent chef, ils m'ont rendu de grands services ; eux et tes chasseurs se sont couverts de gloire. Tout a été culbuté, et la cavalerie arabe, embarrassée par son nombre même, a perdu beaucoup d'hommes, d'armes et de chevaux ; ses morts, ses blessés sont restés en notre pouvoir. Alors Abd-el-Kader lui-même, dont nous avions aperçu le drapeau en arrière, au milieu de son infanterie régulière, s'est avancé avec cette réserve et la cavalerie qu'il a pu ramener. C'est la première fois, dit-on, qu'on a vu les arabes employer une telle réserve et l'engager avec tant d'à-propos.

Ce dernier effort n'a pu nous arrêter un moment ; nous nous sommes jetés sur cette troupe, qui, malgré un feu bien nourri, a été rompue et précipitée fatalement sur le point le plus difficile du ravin de l'Isser. Une pente assez rapide aboutit à un rocher taillé presque à pic, à trente ou quarante pieds au-dessus de la plage. C'est là qu'un carnage horrible commence et se poursuit malgré mes efforts. Pour échapper à une mort certaine, ces malheureux se précipitent au bas du rocher, s'assomment ou se mutilent d'une manière affreuse. Bientôt cette triste ressource leur est enlevée ; des chasseurs et des voltigeurs trouvent un passage et pénètrent dans le lit de la rivière ; les ennemis sont cernés de toutes parts, et les Douairs peuvent assouvir leur horrible passion de couper des têtes. Cependant, à force de cris et de coups de plats de sabre, je parvins à sauver cent cinquante hommes de l'infanterie régulière ; je vais les envoyer en France. Je crois que c'est entrer dans une bonne voie ; l'humanité et la politique en seront également satisfaites. Ces arabes prendront en France des mœurs et des idées qui pourront fructifier en Afrique.

La cavalerie arabe avait lâchement abandonné son infanterie et s'était enfuie vers la Tafna. Je l'aperçus faisant mine de se rallier au bout du plateau, avant de descendre sur la rivière. Je marchai à elle avec le 17e léger, le 47e, le 23e et l'artillerie, laissant à la cavalerie le soin de poursuivre les restes de l'infanterie et les cabyles. Cette cavalerie ne m'attendit pas ; elle passa la Tafna, et je m'arrêtai sur la rive droite, mes troupes étant très-fatiguées et la chaleur excessive. Cette journée nous a coûté trente-deux hommes tués et soixante-dix blessés ; les arabes ont eu certainement plus de quinze cents hommes hors de combat.

Le 21 juillet, le général Bugeaud adressait, aux différents corps qui avaient été présents au combat de la Sikkak, l'ordre du jour suivant :

Officiers, sous-officiers et Soldats !

Si je ne vous ai pas félicités plus tôt sur votre victoire du 6, c'est que je voulais connaître exactement ceux qui s'y étaient plus particulièrement distingués. Aujourd'hui qu'ils me sont bien connus, je proclame la liste de leurs noms au bas de cet ordre, afin que l'estime de leurs camarades et de leurs concitoyens soit pour eux une juste récompense.

Soldats ! vous avez montré de l'assurance, du sang-froid, de l'élan au combat de la Sikkak : cette nuée de cavaliers arabes, vous attaquant des deux côtés à la fois, ne vous a pas étonnés un seul instant, et vous avez prouvé que vous êtes capables de braver les efforts de toute la cavalerie de la régence. Vous voilà bien fiers aujourd'hui de votre puissance ! Avec de la confiance en vous-mêmes, vous rirez, à l'avenir, des efforts impuissants d'une cavalerie qui n'est redoutable qu'à ceux qui fuient.

Mais, je ne saurais trop vous le répéter : le courage, en Afrique, ne consiste pas seulement à braver et charger l'ennemi, il consiste aussi beaucoup à supporter avec fermeté les fatigues et les privations !

Préparez-vous à de nouvelles marches et peut-être de nouveaux combats, qui doivent compléter vos travaux et donner enfin des résultats. Réparez vos armes, votre habillement, votre équipement ; soignez vos munitions et conservez soigneusement les balles isolées que je vous ai données. N'oubliez pas d'en glisser une de plus dans le canon, quand vous aurez occasion de faire feu d'un peu près, et vous ne devez jamais faire que comme cela.

Les militaires qui se sont distingués sont : MM. le colonel Combes, qui a conduit ma colonne de droite avec intelligence et vigueur ; le colonel de Laisle, qui a fait deux belles charges avec son brave régiment ; le colonel Tournemine, qui a dirigé son artillerie de manière à ce que l'artillerie de montagne a suivi et secondé tous nos mouvements sans les retarder ; le colonel Corbin, qui a constamment suivi et soutenu notre cavalerie avec son brave régiment.

Dans mon état-major : le capitaine de Martimprey, qui m'a servi d'aide-de-camp ; le capitaine de génie Boutaud, qui m'a offert ses services dans les moments les plus difficiles, et que j'ai envoyé porter des ordres sur les points où le combat était le plus chaudement engagé ; le sous-lieutenant Doucet, mon officier d'ordonnance, qui m'a plusieurs fois prouvé sa bravoure.

Dans le 2e chasseurs d'Afrique : MM. les capitaines Tremblay, adjudant-major ; Lecomte, Dupré, de Montauban ; les lieutenants Tailhan, Cassaignoles, Mesmer, Fénin, aide-major, qui a fait ses amputations sous le feu de l'ennemi ; les sous-lieutenants de Villers, de Pardeilhan, Grandvallet, Savaresse ; les maréchaux-des-logis-chefs Vidille, Boué, Nérat ; les maréchaux-des-logis Marche, Cottin, Laurenche, Enée (a pris un drapeau, blessé de deux coups de feu), Gallot (blessé de deux coups de feu) ; les brigadiers et chasseurs Lebrun, Louis, Prieux, Linsalet, trompette, Devaclioin, Trépin (blessé de deux coups de feu), de Manche (a tué un cavalier qui attaquait son colonel), Hussaire, Ossinval (trompette très-distingué entre les distingués).

17e léger : MM. le lieutenant Caizac, le sous-lieutenant Doze ; les sergents-majors Liénard, May ; le sergent Charton ; le caporal Tolotte ; le voltigeur Samonillau ; les chasseurs Sarda, Ancely.

47e de ligne : MM. les capitaines Belleuvre, des voltigeurs, Verberné ; le lieutenant Texier ; les sous-lieutenants Hurly, Patureau, Morin ; l'adjudant de la Fosse ; le sergent-major Gabillot ; les sergents Récalde, Besnard ; le fourrier Mallet ; le caporal Lejeune ; les voltigeurs Vauthier, Rousselot, Damarre, Lavervèze, Dessersem, Jislui, Zaulaville.

62e de ligne : le lieutenant Vial ; le sergent Leroy ; le grenadier Portal.

Je ne terminerai pas cet ordre sans témoigner ma satisfaction au sous-intendant Poinchevalle, pour le zèle et l'activité qu'il n'a cessé de déployer dans la surveillance du convoi, la conservation des vivres, et les soins des malades et des blessés.

Je remercie également M. le docteur Thomas, pour les soins actifs et intelligents qu'il a donnés pendant toute la campagne, et notamment au dernier combat, à nos blessés et à nos malades.

J'adresse les mêmes remercîments au capitaine Poiré, commandant le train des équipages, qui a rendu de véritables services.

Supplément à l'ordre du jour du 21 juillet :
En copiant mon ordre du jour, on a fait quelques omissions que je m'empresse de réparer. C'est M. le lieutenant-colonel Guesvillers, du 62e, qu'on a vu partout la tête des tirailleurs de son régiment, et le capitaine Lacepière, commandant d'un bataillon, qui s'est fait remarquer par sa vigueur et son énergie.

Oran, le 21 juillet 1836.

Le général, signé : BUGEAUD.

12

Le récit qui va suivre parut dans plusieurs journaux de cette époque avec un caractère semi-officiel :

Le général Bugeaud, rendu à neuf heures sur le terrain avec les troupes dont il s'était fait accompagner, et avec plusieurs officiers qui avaient demandé à le suivre, n'y trouva pas l'émir. Ce retard s'expliquait tout naturellement par la grande distance de son camp. Abd-el-Kader avait sept lieues à faire, tandis que le général français ne s'était éloigné que de trois lieues et demie de son armée. En conséquence, on ne s'en inquiéta point. Cinq heures se passèrent sans qu'on vît arriver personne, sans que le chef arabe donnât signe de vie. Enfin, vers deux heures après midi, commencèrent à se succéder, auprès du général, plusieurs arabes avec qui on avait eu des relations les jours précédents, et qui apportaient, les uns des paroles dilatoires, les autres des espèces d'excuses.

L'émir avait été malade ; il n'était parti de son camp que fort tard ; peut-être demanderait-il que l'entrevue fût remise au lendemain ; il n'était plus loin, et puis il était tout près, mais arrêté ; enfin, un quatrième porteur de paroles engagea le général Bugeaud à s'avancer un peu, lui disant qu'il ne pouvait tarder à rencontrer Abd-el-Kader. Il était alors près de cinq heures ; le général, qui voulait ramener les troupes au camp et désirait en finir le jour même, se décida à se porter en avant, suivi de son état-major.

On marche sans crainte et sans défiance. Le chemin, qui était rude, suivait les détours d'une gorge étroite, entrecoupée de collines, et on ne voyait pas très-loin devant soi. Après avoir marché plus d'une heure sans rencontrer l'émir, le général aperçoit enfin l'armée au fond de la vallée, qui se rangeait en assez bon ordre sur des mamelons épars, de manière à bien se mettre en évidence. En cet instant, le chef de la tribu des Oulassas, Bou-Hamedi, vint au-devant de lui, pour lui dire qu'Abd-el-Kader se trouvait près de là, sur un coteau qu'il lui montrait du doigt, et qu'il allait l'y conduire.

Le général et son escorte se trouvaient au milieu des postes avancés de l'ennemi, et quand même on aurait pu avoir quelque inquiétude, il eût été inutile de reculer. D'ailleurs, le général Bugeaud était entièrement rassuré ; mais quelques signes d'hésitation s'étant manifestés autour de lui, le cabyle lui dit : « Soyez tranquille, n'ayez pas peur. — Je n'ai peur de rien, lui répondit le général, et je suis accoutumé à vous voir ; mais je trouve indécent, de la part de ton chef, de me faire attendre si long temps et venir de si loin. — Il est là, vous allez le voir tout-à-l'heure. "

Cependant, il fallut marcher près d'un quart d'heure avant de le rencontrer. On fit bonne contenance, et enfin on aperçut l'escorte de l'émir, qui s'avançait du côté de la petite troupe, en tête de laquelle marchait le général Bugeaud. L'aspect en était imposant : on pouvait compter cent cinquante à deux cents chefs ou marabouts, d'un physique remarquable, que leur majestueux costume relevait encore. Ils étaient tous montés sur des chevaux magnifiques, qu'ils faisaient piaffer et qu'ils enlevaient avec beaucoup d'élégance et d'adresse. Abd-el-Kader lui-même était à quelques pas en avant, monté sur un magnifique cheval noir qu'il maniait avec une dextérité prodigieuse : tantôt il l'enlevait des quatre pieds à la fois, tantôt il le faisait marcher sur les deux pieds de derrière. Plusieurs arabes de sa maison tenaient les étriers, les pans de son burnous et la queue de son cheval.

Pour éviter les lenteurs du cérémonial et lui montrer qu'il n'avait aucune appréhension, le général Bugeaud lance son cheval au galop, arrive sur lui, et, après lui avoir demandé s'il était Abd-el-Kader, lui offre cordialement la main, que l'émir serre par deux fois. Celui-ci lui demande alors comment il se porte : « Fort bien, " répondit le général en lui faisant la même question, et, pour abréger tous ces préliminaires, ordinairement fort longs chez les arabes, il l'invite à mettre pied à terre, pour causer plus commodément. L'émir descend de cheval et s'assied, sans inviter Je général Bugeaud à en faire autant. Alors le général s'assied auprès de lui sans façon. La musique, toute composée de hautbois criards, se met alors à jouer, de manière à empêcher la conversation. Le général Bugeaud lui fait signe de se taire ; elle se tait et la conversation commence.

« Sais-tu, dit le général Bugeaud, qu'il y a peu de généraux qui eussent osé faire le traité que j'ai conclu avec toi. Je n'ai pas craint de t'agrandir et d'ajouter à ta puissance, parce que je suis assuré que tu ne feras usage de la grande existence que nous te donnons, que pour améliorer le sort de la nation arabe et la maintenir en paix et en bonne intelligence avec la France. — Je te remercie de tes bons sentiments pour moi, a répondu Abd-el-Kader ; si Dieu le veut, je ferai le bonheur des arabes, et si la paix est jamais rompue, ce ne sera pas de ma faute. — Sur ce point, je me suis porté ta caution auprès du roi des français. — Tu ne risques rien à le faire ; nous avons une religion et des mœurs qui nous obligent à tenir notre parole ; je n'y ai jamais manqué. — Je compte là-dessus, et c'est à ce titre que je t'offre mon amitié particulière. — J'accepte ton amitié, mais que les français prennent garde à ne pas écouter les intrigants ! — Les français ne se laissent conduire par personne, et ce ne sont pas quelques faits particuliers, commis par des individus, qui pourront rompre la paix : ce serait l'inexécution du traité ou un grand acte d'hostilité. Quant aux faits coupables des particuliers, nous nous en préviendrons et nous les punirons réciproquement. — C'est très-bien ; tu n'as qu'à me prévenir, et les coupables seront punis. — Je te recommande les coulouglis, qui resteront à Tlemcen. — Tu peux être tranquille ; ils seront traités comme les hadars. Mais tu m'as promis de mettre les Douairs dans le pays de l'Eufra (partie des montagnes entre la mer et le grand lac). — Le pays de l'Eufra ne serait peut-être pas suffisant ; mais ils seront placés de manière à ne pouvoir nuire au maintien de la paix.

— As-tu ordonné, reprit le général Bugeaud après un moment de silence, de rétablir les relations commerciales à Alger et autour de toutes nos villes ? — Non, je le ferai dès que tu m'auras rendu Tlemcen. — Tu sais bien que je ne puis le rendre que quand le traité aura été approuvé par mon roi. — Tu n'as donc pas le pouvoir de traiter ? — Si, mais il faut que le traité soit approuvé : c'est nécessaire pour ta garantie, car s'il était fait par moi tout seul, un autre général qui me remplacerait pourrait le défaire ; au lieu qu'étant approuvé par le roi, mon successeur sera obligé de le maintenir. — Si tu ne me rends pas Tlemcen, comme tu le promets dans le traité, je ne vois pas la nécessité de faire la paix ; ce ne sera qu'une trêve. — Cela est vrai, ceci peut n'être qu'une trêve ; mais c'est toi qui gagnes à cette trêve ; car pendant qu'elle existe, je ne détruirai pas les moissons. — Tu peux les détruire, cela nous est égal ; et à présent que nous avons fait la paix, je te donnerai par écrit l'autorisation de détruire tout ce que tu pourras ; tu ne peux en détruire qu'une bien faible partie, et les arabes ne manquent pas de grains. — Je crois que les arabes ne pensent pas comme toi, car je vois qu'ils désirent bien la paix, et quelques-uns m'ont remercié d'avoir ménagé les moissons depuis la Sikkak jusqu'ici, comme je l'avais promis à Si-Hammadi-Sakkal. "

Abd-el-Kader sourit d'un air dédaigneux, et demanda ensuite combien il fallait de temps pour avoir l'approbation du roi des français. « — Il faut trois semaines. — C'est bien long. — Tu ne risques rien ; moi seul pourrais y perdre. " Son lieutenant Ben-Arach, qui venait de se rapprocher, dit alors au général : « C'est trop long, trois semaines ; il ne faut pas attendre cela plus de dix ou quinze jours. — Est-ce que tu commandes à la mer ? répliqua le général. — Eh bien ! en ce cas, reprit Abd-el-Kader, nous ne rétablirons les relations commerciales qu'après que l'approbation du roi sera arrivée et quand la paix sera définitive. — C'est à tes coréligionnaires que tu fais le plus de tort, car tu les prives du commerce dont ils ont besoin ; et nous, nous pouvons nous en passer, puisque nous recevons par la mer tout ce qui nous est nécessaire. "

Le général ne voulut pas insister davantage, et demanda si le détachement qu'il avait laissé à Tlemcen avec quelques bagages pourrait, en sûreté, venir le rejoindre à Oran, ce à quoi Abd-el-Kader répondit affirmativement. Le général s'était levé, mais l'émir restait assis, et d'un air qui semblait indiquer quelques prétentions à faire tenir le général français debout devant lui. Mais il n'y en eut pas pour longtemps. Le général lui dit, sans façon, que quand il se levait, lui général Bugeaud, son interlocuteur devait en faire autant ; et, sans attendre la réponse, il lui prit la main en souriant et l'enleva de terre ; au grand étonnement des arabes, qui trouvaient sans doute le procédé un peu leste et ouvraient de fort grands yeux. Cette main, que le général Bugeaud tint alors dans la sienne, est jolie, mais petite et faible, et l'homme lui-même ne paraît pas très-robuste.

Il était tard ; Abd-el-Kader et le général Bugeaud se dirent adieu et se quittèrent, le premier salué par les cris de joie de sa nombreuse escorte, qui retentirent majestueusement le long des collines et furent répétés par toute son armée. Au même moment éclata un long et violent coup de tonnerre, dont les échos multipliés ajoutèrent à tout ce que cette scène avait d'imposant. Le cortége frémit, des cris d'admiration se firent entendre, et on rejoignit les troupes amenées par le général, en continuant à s'entretenir du chef arabe et du beau spectacle auquel on avait assisté, et que pas une des personnes présentes n'oubliera de sa vie.

Des témoins oculaires ont évalué à plus de dix mille chevaux l'armée d'Abd-el-Kader, massée en grande profondeur depuis la base jusqu'au sommet des mamelons épars dans la vallée, sur une ligne de plus d'une demi-lieue. Mais elle n'offrait pas de traces bien sensibles d'une organisalion et d'une discipline, sans lesquelles le nombre n'est rien à la guerre.

Le général Bugeaud retrouva sa petite troupe, qu'il avait laissée à plus d'une lieue en arrière, un peu inquiète de son aventureuse expédition, et déjà, lorsqu'il reparut avec son escorte, on examinait s'il ne serait pas à propos de se porter en avant, pour le soutenir à tout hasard. Malgré les dix mille hommes d'Abd-el-Kader ; le général estimait que les chances n'eussent pas été trop inégales. « Cette multitude, disait-il, ne fait rien à l'affaire : il n'y a que des individualités et pas de force d'ensemble. Nous en aurions bien vite raison, avec nos six bataillons d'infanterie et notre artillerie. "

Ainsi se termina cette journée, qui laissera des souvenirs ineffaçables ; elle a prouvé qu'Abd-el-Kader voulait sérieusement la paix. Si cette paix est ratifiée, comme tout l'annonce, elle signalera pour nos troupes, non moins intelligentes que braves, et pour le génie organisateur de nos offriers de l'armée d'Afrique, le commencement d'une ère nouvelle et féconde.

13
Voici les termes du traité qui fut conclu et porta le nom de traité de la Tafna. :

Art. 1er. L'émir Abd-el-Kader reconnaît la souveraineté de la France en Afrique.

Art. 2. La France se réserve, dans la province d'Oran, Mostaganem, Mazagran et leurs territoires ; Oran, Arzew, plus un territoire ainsi délimité : à l'est, parla rivière de la Macta et le marais d'où elle sort ; au sud, par une ligne partant du marais ci-dessus mentionné, passant par le bord sud du lac Sebgha, et se prolongeant jusqu'à l'Oued-Malah (Rio-Salado), dans la direction de Sidi-Saïd, et de cette rivière jusqu'à la mer, de façon que tout le terrain compris dans ce périmètre soit territoire français.

Dans la province d'Alger : Alger, le Sahel, la plaine de la Mitidja bornée à l'est jusqu'à l'Oued-Khadra et au-delà ; au sud, par la première crête de la première chaîne du petit Atlas jusqu'à la Chiffa, en y comprenant Blidah et son territoire ; à l'ouest, par la Chiffa, jusqu'au coude du Masafran, et de là, par une ligne droite, jusqu'à la mer, renfermant Colcah et son territoire, de manière à ce que tout le terrain compris dans ce périmètre soit territoire français.

Art. 3. L'émir administrera la province d'Oran, celle de Titery, et la partie de celle d'Alger qui n'est pas comprise à l'ouest, dans les limites indiquées à l'art. 2.

Il ne pourra pénétrer dans aucune autre partie de la régence.

Art. 4. L'émir n'aura aucune autorité sur les musulmans qui voudront habiter sur le territoire réservé à la France ; niais ceux-ci resteront libres d'aller vivre sur le territoire dont l'émir a l'administration ; comme les habitants du territoire de l'émir pourront venir s'établir sur le territoire français.

Art. 5. Les arabes vivant sur le territoire français exerceront librement leur religion. Ils pourront y bâtir des mosquées et suivre, en tous points, leur discipline religieuse, sous l'autorité de leurs chefs spirituels.

Art. 6. L'émir donnera à l'armée française : trente mille fanégues (d'O-ran) de froment, trente mille fanégues (d'Oran) d'orge, cinq mille bœufs. La livraison de ces denrées se fera à Oran par tiers : la première aura lieu du 4er au 15 septembre 1 837, et les deux autres de deux en deux mois.

Art. 7. L'émir achètera à la France la poudre, le soufre et les armes dont il aura besoin.

Art. 8. Les couloughs qui voudront rester à Tlemcen ou ailleurs, y possèderont librement leurs propriétés et y seront traités comme les hadars. Ceux qui voudront se retirer sur le territoire français, pourront affermer librement leurs propriétés.

Art. 9. La France cède à l'émir Racligoun, Tlemcen, le Mechouar et les canons qui étaient anciennement dans cette dernière citadelle. L'émir s'oblige à faire transporter à Oran tous les effets, ainsi que les munitions de guerre et de bouche de la garnison de Tlemcen.

Art. 10. Le commerce sera libre entre les arabes et les français, qui pourront s'établir réciproquement sur l'un et l'autre territoire.

Art. 11. Les français seront respectés chez les arabes, comme les arabes chez les français. Les fermes et les propriétés que les sujets français auront acquises ou acquerront sur le territoire arabe leur seront garanties ; ils en jouiront librement, et l'émir s'oblige à leur rembourser les dommages que les arabes leur feraient éprouver.

Art. 12. Les criminels des deux territoires seront réciproquement rendus.

Art. 13. L'émir s'engage à ne concéder aucun point du littoral à une puissance quelconque sans l'autorisation de la France.

Art. 14. Le commerce de la régence ne pourra se faire que dans les ports occupés par la France.

Art. 15. La France pourra entretenir des agents auprès de l'émir et dans les villes soumises à son administration, pour servir d'intermédiaires près de lui aux sujets français, pour les contestations commerciales ou autres qu'ils pourraient avoir avec les arabes.

L'émir jouira de la même faculté dans les villes et ports français.

Tafna, le 30 mai 1837.

Le lieutenant-général, commandant la province d'Oran,
Signé : BUGEAÙD.

(Cachet du général Bugeaud.)   (Cachet d'Abd-el-Kader.)

14

Ces modifications au traité de la Tafna, étaient les suivantes :

Art. 1er relatif à l'article 2 de la convention. — Dans la province d'Alger, les limites du territoire que la France s'est réservé au-delà de l'Oued-Kahdra sont fixés de la manière suivante : le cours de l'Oued-Kahdra jusqu'à sa source au mont Tibiarin, de ce point jusqu'à l'Isser au-dessus du pont de Ben-Héni, la ligne actuelle de délimitation entre l'Outhan de Khachma et celui des Beni-Djâad, et au-delà de l'Isser, jusqu'aux Biban, la route d'Alger à Constantine, de manière à ce que le fort de Hamza, la route royale et tout le territoire au nord et à l'est des limites indiquées restent à la France, et que la partie du territoire des Beni-Djâad, de Hamza et de Ouannougha, au sud et à l'ouest de ces mêmes limites, soit administrée par l'émir.

Dans la province d'Oran, la France conserve le droit de passage sur la route qui conduit actuellement du territoire d'Arzew à celui de Mostaganem ; elle pourra, si elle le juge convenable, réparer et entretenir la partie de cette route, à l'est de la Macta qui n'est pas sur le territoire de Mostaganem ; mais les réparations seront faites à ses frais et sans préjudice des droits de l'émir sur le pays.

Art. 2, relatif à l'article 6 de la convention —

L'émir, en remplacement des trente mille fanégues de blé et de trente-mille fanégues d'orge qu'il aurait dû donner à la France, avant le 4 5 janvier 1838, versera chaque année, pendant dix ans, deux mille fanégues (d'Oran) de blé et deux mille fanégues (d'Oran) d'orge. Ces denrées seront livrées à Oran, le 1er janvier de chaque année, à dater de 1839. Toutefois, dans le cas où l'année aurait été mauvaise, l'époque de la fourniture sera retardée.

Art. 3, relatif à l'article 7 de la convention —

Les armes, la poudre, le soufre et le plomb dont l'émir aura besoin, seront demandés par lui au gouverneur-général qui les lui fera livrer à Alger, au prix de fabrication, et sans aucune augmentation pour le transport par mer de Toulon en Afrique.

Art. 4. Toutes les dispositions du traité du 30 mai 1837 qui ne sont pas modifiées par la présente convention, continueront à recevoir pleine et entière exécution, tant dans l'est que dans l'ouest.

Alger, 4 juillet 1838.

15

Il ne sera peut-être pas sans intérêt de relire aujourd'hui le Bulletin, au récit dramatique duquel la France toute entière s'émut à cette époque. Le voici tel qu'il fut donné à la division par la voie de l'ordre du jour :

ORDRE DU JOUR

N° 563.

Le lieutenant-général commandant la province d'Oran s'empresse de porter à la connaissance des troupes de la division, les nouveaux détails que M. le lieutenant-colonel commandant à Mostaganem vient de lui transmettre, au sujet de l'attaque que l'ennemi a tenté sur ce point et sur celui de Mazagran, dans les journées du 2 au 6 février.

L'attaque a duré cinq jours ; la force totale de l'ennemi est estimée à douze mille hommes, d'après les calculs les plus modérés : il avait avec lui deux pièces d'artillerie. Le 3 février, entre sept et onze heures du matin, une forte colonne de huit mille hommes vint attaquer le réduit de Mazagran, dont la garnison se composait de cent vingt-trois hommes appartenant à la 10° compagnie du 1er bataillon d'infanterie légère d'Afrique. La ville, n'étant pas occupée, fut envahie en un instant, une vive fusillade s'engagea de part et d'autre et l'artillerie ennemie ouvrit son feu. La nuit mit fin au combat.

Le 4, l'ennemi, plus nombreux que la veille, renouvela son attaque, qui commença à six heures du matin et dura jusqu'à six heures du soir. Il fut encore repoussé avec perte. Le 5, nouvelle attaque, qui eût le même succès que les précédentes,

L'artillerie des arabes ayant fait brèche dans les murs de Mazagran, la garnison profita de la nuit pour réparer les murailles, panser les blessés et se préparer à de nouveaux combats. Enfin ; le 6, l'ennemi fit une tentative désespérée, pour se rendre maître de ce poste : une colonne de deux mille fantassins donna l'assaut. L'ennemi parvint jusque sur la muraille, mais, grâce à l'opiniâtre intrépidité de la garnison, il fut repoussé à coup de bayonnette, tantôt avec des grenades, et même à coups de pierres. Ce fut son dernier effort ; entièrement découragé, il se retira, abandonna l'attaque et toutes ses positions.

M. le lieutenant-colonel Dubarail cite, comme s'étant le plus particulièrement distingués, dans ces quatre glorieuses journées où les défenseurs de Mazagran ont tous rivalisé de constance et d'intrépidité :

MM. Lelièvre, capitaine au 1er bataillon d'Afrique, qui commandait dans Mazagran et dont l'énergie autant que les bonnes dispositions ont assuré le succès de cette mémorable défense ; Magnien, lieutenant commandant la 10e compagnie ; Durand, sous-lieutenant ; Vieillemot, sergent-major ; Giroud, sergent ; Taine, fourrier ; Muster, caporal ; Leborne, Courtis, Dannet, Gœpfert, Vouillon, Renaud, Edet, Mariolle, Valent, Plançon, chasseurs.

M. le lieutenant-colonel Dubarail cite encore, comme s'étant distingués dans les divers combats livrés par la garnison de Mostaganem, dans le but de faire diversion en faveur de Mazagran :

Artillerie. MM. Palais, capitaine commandant l'artillerie, blessé au combat du 5 ; Narey, lieutenant ; Keller, brigadier qui, par une justesse de tir remarquable, a fait éprouver de grandes pertes à l'ennemi.

Génie. MM. Abinal, capitaine commandant le génie ; Bernière, lieutenant, qui a constamment protégé les pièces avec un peloton de sapeurs.

Cavalerie. MM. de Forton, capitaine commandant les détachements de cavalerie ; Habaïby, lieutenant aux spahis, blessé le 3 février ; Sauvage, sous-lieutenant au 2e chasseurs ; Moreau, id. ; Mégemont, maréchal-des-logis ; Tubœuf, maréchal-des-logis aux spahis ; Dubaraïl, brigadier id. ; Méne, chasseur.

Infanterie. 1er bataillon d'Afrique. MM. Cordonnier, lieutenant de la 8e compagnie ; Breckenhemer, sous-lieutenant ; Debœuf, sous-lieutenant ; Fournier, sergent-major ; Lefranc, chasseur.

1er compagnie de pionniers. Conte-Barneuil, capitaine ; Rossi, sergent-major ; Sépé, pionnier.

Toutes les armes ont fait leur devoir ; l'artillerie a dirigé avec beaucoup dé précision le feu de ses pièces, qui ont été protégées par un peloton du génie. La cavalerie a combattu tantôt à pied, tantôt à cheval, avec une égale bravoure. Le 1er bataillon du 15e léger, placé en réserve, s'est montré digne de ce poste : il a reçu et repoussé l'ennemi par un feu vif et bien nourri : les arabes auxiliaires nous ont parfaitement secondé. Les défenseurs de Mazagran ont eu trois hommes tués et seize blessés ; ceux de Mostaganem ont eu dix-neuf blessés ; l'ennemi a perdu cinq à six cents hommes dans les quatre jours du combat.

Le lieutenant-général se fera un devoir de mettre sous les yeux de M. le maréchal-gouverneur les noms des militaires qui se sont distingués dan s les journées du 2 au 6 février, et d'appeler sur eux les récompenses qu'ils ont méritées.

M. le lieu tenant-général Guéliéneuc autorise la 10e compagnie du 1er bataillon d'Afrique à conserver, comme un glorieux trophée, le drapeau qui flottaitsur la place de Mazagran, pendant les journées des 3, 4 5 et 6 février, et qui, tout criblé qu'il est parles projectiles de l'ennemi, atteste à la fois l'acharnement de l'attaque et l'opiniâtreté de la défense. En outre, il ordonne que, le 6 février de chaque année, lecture du présent ordre sera faite dans le bataillon d'Afrique réuni, si cela est possible, et que, dans le cas où cette réunion ne pourrait s'effectuer, chaque commandant de détachement en fera faire la lecture devant tous les hommes rassemblés sous les armes,

Honneur à l'héroïque garnison de Mazagran !
Le lieutenant-général commandant la province d'Oran,
Signé : GUÉHÊNEUC.

Nous ne ferons qu'une seule observation sur les faits relatés dans ce rapport, c'est que les deux canons qui furent conduits par les arabes devant Mazagran ne parvinrent, à grand peine, qu'à lancer deux projectiles, du calibre de 2 ou de 3, dont l'un n'atteignit pas même la redoute et dont l'autre écorna à peine l'angle saillant du bastion ouest de l'enceinte. Épuisés après cet effort, ils restèrent silencieux sur leurs affuts brisés. Nous avons, par suite, vainement cherché les traces de la brêche par laquelle l'ennemi monta à l'assaut.

16

Il fut rendu compte de ce combat dans les ordres du jour que nous transcrivons ci-dessous, qui provoquèrent de justes réclamations, et où ceux mêmes qui y avaient pris la plus grande part eurent grand peine à se reconnaître :

ORDRE DU JOUR.

N° 568.

L'affaire de Temsalmet a été très-brillante et on ne peut plus honorable pour les troupes qui y ont pris part. Le kalifa Bou-Hamedi, avec huit mille cavaliers au moins, n'a pu parvenir à entamer une colonne de huit cent cinquante hommes de toutes armes, qu'il a cependant entourée pendant trois quarts d'heure. L'arrivée des forces venant d'Oran a décidé la retraite de l'ennemi. Le lieutenant-colonel Youssef a conduit tout ce combat en véritable homme de guerre. La perte de l'ennemi peut être évaluée à trois ou quatre cents hommes. Deux carrés d'infanterie ont tiré sur lui à bout portant et la mitraille lui a fait le plus grand mal. Nous avons eu trente blessés et nous avons à déplorer la perte de quarante-sept hommes. Nos arabes, les Douairs et les Zmelas, ont eu aussi une dizaine de cavaliers tués ou blessés.

ORDRE DU JOUR.

N° 569.   Oran, 14 mars 1839.

Le lieutenant-général se félicite d'avoir à faire connaître au maréchal gouverneur-général la belle conduite des troupes qui ont pris part au combat de Temsalmet, où huit cent soixante hommes ont lutté avec avantage, pendant sept heures, contre huit mille cavaliers arabes. Fantassins, cavaliers, artillerie, miliciens et Douairs, tous ont fait leur devoir, tous ont compris que la résistance et le succès dépendent essentiellement de l'appui que se prêtent les différentes armes et surtout de la stricte obéissance à la voix des chefs. Toutes les troupes ont rivalisé de bravoure et de dévouement, elles ont fourni, dans cette glorieuse journée, une nouvelle preuve de cette vérité : *l'union fait la force*.

Le lieutenant-général Guéhéneuc, ayant reçu tous les rapports des chefs de corps, s'empresse de mettre à l'ordre du jour de la division, comme s'étant particulièrement distingué, les officiers dont les noms suivent :

M. le lieutenant-colonel Youssef, dont les habiles dispositions ont assuré le succès de cette journée ; MM. de Montauban, chef-d'escadrons commandant les spahis ; Mermet, chef de bataillon au 1er de ligne ; Montebello, capitaine aux spahis ; Barral, capitaine d'artillerie ; de Tourgon, Bardou, capitaines au 1er de ligne ; Allègre, lieutenant au 4 1er de ligne ; Lepic, Arbelot, Taffin, lieutenants aux spahis.

Parmi les sous-officiers et soldats :

Artillerie, 5e batterie du 5e régiment : Maugère, adjudant sous-officier ; Bernardot, maréchal-des-logis ; Moulet, Bonnier, brigadiers.

1er régiment d'infanterie de ligne : Mounier, adjudant sous-officier ; Le-clerc, Lange, sergents-majors ; Guitton, sergent ; Sorrel, fourrier ; Chaville, caporal ; Martin, Laurent, Madelénat, Tourlier, Chapon, Pinossal, Hubert, Bonneau, Thiébaut, Schneider, Gugniet, Collin, fusiliers,

Spahis d'Oran : Damotte, adjudant sous-officier ; Ibrahim-Ould-Chakor, Caïd-Ghernaot, Nottinger, Talma, Curelli, Langlois, maréchaux-des-logis ; Mesplier, fourrier ; Pelagot, Senat, brigadiers ; Rousselot, Trembley, Le-simple, Brosset, spahis.

Douairs : Si-Amar, Caïd-Mohammed-Larby, Mohammed-bel-Haderi, Mohammed-ben-Kaddour.

ORDRE DU JOUR DE LA DIVISION.

N° 596.   Misserghin, le 15 mai 1840.

17

Le 24 au matin, l'ennemi s'est avancé en force sur Misserghin, avec le double dessein de faire une attaque sur ce point et d'incendier les moissons des arabes auxiliaires. Le combat de Bredia a été, pour la division d'Oran, une nouvelle occasion de déployer l'ardeur et le courage dont elle s'est montrée animée dans toutes les circonstances. L'ennemi a été attaqué, rejeté de position en position et poursuivi jusqu'au-delà du défilé de Bredia, après avoir éprouvé des pertes et vu échouer ses projets de dévastation.

Le lieutenant-général s'empresse de témoigner son entière satisfaction, aux troupes qui ont concouru au succès de cette journée. Toutes ont fait leur devoir. L'infanterie a soutenu avec une rare constance les fatigues du combat et d'une marche prolongée au-delà de douze heures. Les compagnies détachées pour appuyer les pièces, se sont surtout fait remarquer par l'élan et la rapidité avec lesquels elles suivaient tous les mouvements de l'artillerie.

Les 1er et 5e escadrons du 2° chasseurs, commandés par MM. les capitaines Joly et Dupré, se sont engagés franchement avec l'ennemi et l'ont poussé avec vigueur. Le même éloge est dû au 1er escadron de spahis réguliers d'Oran, commandé par M. le capitaine Cassaignoles. Les escadrons de ces deux beaux corps qui n'ont pas été engagés, ont manœuvré avec sang-froid et ensemble. L'artillerie, commandée par M. le capitaine Fauchon, s'est acquis de nouveaux droits à l'estime de la division, par l'étonnante justesse de son tir et par la célérité de ses mouvements. Elle a fait beaucoup de mal à l'ennemi et a beaucoup con tribué à précipiter sa retraite.

MM. le général Parchappe et le colonel Devaux, commandant des brigades, ont parfaitement conduit les troupes sous leurs ordres et pris avec habileté toutes les dispositions de détail que les circonstances demandaient ; ils ont été secondés de la manière la plus satisfaisante par MM. les lieutenants-colonels Levaillant, du 1er de ligne ; Roguet, du 4e ; Gachot, du 15e léger, et par M. le chef de bataillon de Géraudon, du 1er bataillon léger d'Afrique, chargés du commandement de la colonne d'infanterie ;

M. Randon, colonel du 2e chasseurs, M. le lieutenant-colonel Youssef, ont mérité d'être cités particulièrement, pour l'aplomb et l'intelligence avec lesquels ils ont dirigés les mouvements des corps sous leurs ordres.

Une grande part d'éloges est due encore à El-Mezary, qui commandait les arabes auxiliaires dans la journée du 14, et aux chefs qui ont combattu avec lui. Leur bravoure a été ce qu'elle est toujours, et ils ont exécuté avec un empressement remarquable tous les ordres qui leur ont été donnés, dans le but de faire concourir leur action avec celle de nos troupes. Le lieutenant-général fait connaître, dans un rapport détaillé, à M. le maréchal, les résultats du combat de Bredia et la part honorable que les corps de toutes armes de la division y ont prise.

ORDRE DE LA DIVISION.

N° 642. Oran, le 24 octobre 1840.

18

Le général commandant la province d'Oran, s'empresse de faire connaître à la division les résultats du coup de main exécuté le 22 de ce mois, sur la tribu ennemie des Beni-Yagoub. Vingt hommes, femmes et enfants ont été enlevés, parmi lesquels la fille et les deux belles-filles de l'aga Ben-Yagoub, la femme du cadi des Garabas, quatre femmes de chefs secondaires et un marabout tres-vénéré.

Neuf cents boeufs, deux mille dix moutons ont été livrés à l'administration le 23 au soir, au camp du Figuier.

Il faut ajouter à ces prises plus de cinq cents moutons et chèvres, distribués à la troupe en route ou aux environs du Figuier, et enfin tout ce qui a été abandonné aux arabes alliés ; soixante chevaux de guerre, vingt chameaux, quarante mulets, trois cents ânes, quatre-vingt-dix selles complètes, des armes, de l'argent, etc., etc., assurent aux alliés un butin considérable, qui stimulera leur ardeur et nous garantira, de leur part, un concours de plus en plus utile.

Toutes les circonstances nous ont favorisé pour obtenir ce résultat. M. le général de Bourjoly, inspecteur-général de cavalerie, a bien voulu se charger de conduire la brigade de cavalerie. Le général ose à peine le remercier ainsi que MM. les colonels Randon et Youssef, d'avoir gardé la masse de leurs escadrons unie et rassemblée, pour servir de ralliement au loin aux alliés dispersés et lancés à perte de vue dans toutes les directions. On ne pouvait attendre d'eux une conduite moins habile.

L'infanterie a fait onze lieues presque sans s'arrêter. L'intelligence du soldat a été de pair avec sa vigueur et sa bonne volonté. Dans une marche forcée ou trop d'hommes se déclarant faible, nous eussent obligés à nous arrêter, ou un coup de fusil tiré au hasard, des cris, la moindre confusion eussent tout compromis, quelques soldats à peine ont réclamé les moyens de transport ; l'ordre et le silence n'ont pas manqué un seul instant.

La division trouvera sans doute des occasions plus éclatantes ; cependant, la marche du 22 est un bon échantillon de ce qu'elle saura faire au besoin. C'est déjà de l'expérience pour les jeunes soldats ; ils comprendront désormais, que souvent un ordre de départ ne peut être annoncé longtemps d'avance et que ce n'est pas sans nécessité qu'il est prescrit d'être toujours prêts à partir.

Le général ne croit être que juste en citant dans le présent ordre M. lè capitaine Daumas du 2° chasseurs, qui, chargé de recueillir tous les renseignements sur la position de l'ennemi, a fourni, avec la dernière précision, tous ceux qui ont servi de base à l'entreprise, et M. le capitaine d'état-major de Martimprey, chef du service topographique, que ses études consciencieuses du pays ont mis à même de conduire la tête de colonne de telle manière, qu'il n'y a pas eu, pendant toute cette marche de nuit, un seul instant d'incertitude, ni un quart d'heure de retard, sur les prévisions dont le succès devait dépendre.

ORDRE DU JOUR.

N° 650. Oran, le 11 novembre 1840.

19

Depuis la razzia du 22 octobre, la division a frappé les arabes deux fois de suite avec succès, à l'endroit le plus sensible de leurs intérêts matériels.

Le 2 novembre elle enlève les riches silos d'Aïn-Ksseur, dans une opération que l'ennemi n'a pas le temps d'inquiéter. Le 8, elle s'est mise de nouveau en marche vers le centre de la province, dans le but de s'emparer des grains de Bou-Chouïcha. Après avoir bivouaqué sur le Tlelat, la colonne rencontre, le lendemain, vers neuf heures, les approvisionnements d'orge et de blé qu'elle cherchait, et qui furent enlevés de concert avec les tribus alliées.

Le chargement fut fait en présence de l'ennemi, qui ne chercha aucunement à interrompre l'opération ; la division se mit ensuite en marche pour retrouver, au bivouac de la veille, l'eau dont elle était privée depuis le matin. Les cavaliers du kalifa de Mascara attaquèrent d'abord notre arrière-garde et rallentirent sa marche, sans cependant s'engager à fond ; mais lorsque nous arrivâmes sur le Tlelat, au coucher du soleil, la tête de colonne du kalifa de Tlemcen, qui suivait la vallée, déboucha sur nous et, favorisée par le terrain, essaya avec résolution d'entamer la queue de notre flanc gauche.

Le petit nombre de troupes de toutes armes présentes sur ce poin soutint vigoureusement l'effort des arabes, pendant le temps qui fût nécessaire pour y porter une réserve, et bientôt une charge brillante du 2° escadron de chasseurs, préparée et soutenue avec un succès complet par quatre obusiers de montagne, mit fin à la journée. Le général a eu à se louer du calme avec lequel deux compagnies de sapeurs du génie et trois compagnies du bataillon d'Afrique, qui manœuvraient avec les pièces, ont essuyé Je feu des arabes, auquel elles n'étaient pas destinées à répondre.

Dans cette charge a été tué le colonel de Maussion, qu'une ardeur bien naturelle avait entraîné ; il est tombé frappé de la mort des braves au milieu des rangs ennemis, d'où les chasseurs ont religieusement rapporté son corps. La division toute entière a porté son deuil ; la population civile et les tribus alliées se sont associées à tous nos regrets.

Le lendemain, la colonne a continué sa marche sur Oran, emportant, en vue de l'ennemi, les grains qu'elle lui avait pris et qu'il n'a cherché à resaisir par aucun engagement décisif. Aussi, il n'a pas été possible de répondre à ses attaques autrement que par des feux de flanqueurs, qui lui ont fait éprouver, toutefois, des pertes sensibles. Au moment où la colonne arrivait sur les hauteurs de Dikha, les cavaliers ennemis ont voulu, en tournant rapidement par le pied des collines qui descendent vers le lac, tenter un effort sur la tête du convoi de nos auxiliaires ; mais les escadrons du 2e de chasseurs ont subitement arrêté leur élan par quelques charges remarquables, auxquelles les arabes alliés sont venu applaudir avec admiration. L'ennemi a cessé alors de nous suivre, et les troupes sont rentrées dans leurs cantonnements.

Le général cite, comme s'étant fait remarquer dans ces deux journées :

Dans l'état-major : M. le chef-d'escadrons de Crény.

Dans l'artillerie : MM. le capitaine Pariset ; le lieutenant Podgi.

Dans le génie : le sergent Riche

Dans l'infanterie : MM. les capitaines Paté et Vielle, du 1er bataillon d'Afrique.

Dans le 2e chasseurs d'Afrique : MM. le chef-d'escadrons Rey ; les capitaines Bernard, Joly ; le lieutenant Savaresse ; le sous-lieutenant Sauvage ; les maréchaux-des-logis Sémidei, Chabaud ; le brigadier Delesparc.

Dans les spahis : le maréchal-des-logis Eustache.

Dans l'ambulance : le chirurgien sous-aide Delahaye.

ORDRE DU JOUR DE LA DIVISION.

N° 654.   Oran, le 1er décembre 1840.

20

Le général commandant la province d'Oran, remercie les troupes de toutes armes, des efforts qu'elles ont fait pour le succès de la grande razzia sur les Oulad-Kralfa : c'est à l'intelligence et à la coopération individuelle de tous, que sont dus les résultats que la division vient d'obtenir.

Le général se plaît surtout à rendre hommage au dévouement du général Mustapha, et à lui exprimer sa reconnaissance pour le concours puissant que ne cesse de nous prêter son infatigable cavalerie.

Cent quatre-vingts tentes, quatorze prisonniers, quinze chevaux de guerre, des bêtes de somme, un grand nombre de selles et de tapis, trente chameaux, plus de sept cents bœufs et mille moutons ont été enlevés à l'ennemi, à vingt-trois lieues dans les terres.

Les arabes, surpris et effrayés par notre marche rapide, n'ont pas osé inquiéter notre bivouac sur le Rio-Salado, quoique le soleil fut encore haut, quand la division toute entière y a été établie ; ils ont attendu des renforts et ne se sont présentés au combat que le lendemain, lorsque nous avons repris la route d'Oran. Mais le feu meurtrier des tirailleurs du 13° léger, a bientôt arrêté l'ardeur de leurs cavaliers les plus audacieux, et, dès le milieu du jour, ils ont renoncé à harceler notre arrière-garde. Les drapeaux du kalifa Bou-Hamedi, suivis par plus de deux mille chevaux, sont à peine arrivés en vue d'Almeria.

Le général offre ses remercîments au capitaine Daumas du 2e chasseurs, qui, par sa connaissance remarquable du pays et seshabiles relations avec les indigènes, a su préparer le succès de la razzia, nous conduire avec précision par des chemins diffíciles et enlever, sur la haute montagne de Mézita, les gardes ennemies qui pouvaient dénoncer notre marche.

Il témoigne sa satisfaction à MM. le colonel Randon, qui, chargé de la mission aventureuse d'atteindre et d'envelopper les tribus ennemies, a combiné, avec un rare bonheur, les mouvements de ses deux régiments de cavalerie avec ceux de nos alliés ; le commandant de Montauban, qui est bravement entré au milieu des tentes avec les deux escadrons de spahis qui lui avaient été confiés et qui a ramené, de concert avec les Douairs, les trophées de la journée ; le commandant du génie, Bizot, qui s'est acquitté avec un zèle infatigable de la tâche difficile de conduire en ordre et de protéger avec dix compagnies d'infanterie un convoi nombreux, et nous a préservés des retards qui auraient pu faire échouer l'opération ; aux officiers de son état-major particulier et de l'état-major de la division, auxquels il doit beaucoup pour l'activité intelligente et le dévouement dont ils ont fait preuve dans toutes les difficultés qu'a présenté l'expédition.

Après avoir donné aux troupes des éloges pour la marche de nuit si fatigante qu'elles ont accompli, le général doit y ajouter ceux qu'elles ont bien mérité dans la longue journée de retraite entre le Rio-Salado et Bredia. Chacun a rivalisé de zèle, et l'ambulance, dirigée par le docteur Saiget, a développé, sous le feu de l'ennemi et au bivouac, son dévouement et sa sollicitude habituelle.

Les 1er et 41e régiments de ligne, le 15e léger et le bataillon d'Afrique, qui encadraient la colonne sur sa tête et ses flancs, ont marché et manœuvré avec tout l'ensemble désirable.

Le 13e léger, qui couvrait l'arrière-garde avec deux obusiers de montagne et des fusils de rempart habilement servis, a bien fait son devoir. Ses tirailleurs ont attendu l'ennemi avec l'aplomb de vieux soldats. Le général a vu parmi eux une ardeur de bon augure que M. le colonel de La Terre a su diriger avec cette intelligence et cette bravoure calme qui l'ont déjà fait remarquer dans la province d'Alger.

Le général cite dans ce régiment, comme s'étant particulièrement distingués :

MM. Dubary, Rousseau, capitaines ; Castelneau, lieutenant d'état-major ; Vallet, Rachon (blessé), sous-lieutenants ; Carré, sergent ; Fournier, sergent-fourrier ; Lafitte, clairon (blessé).

ORDRE DU JOUR DE LA DIVISION.

N°. 2.   Oran, 18 janvier 1841.

21

La division vient d'obtenir sur l'ennemi un nouveau succès, plus complet que les précédents. Pendant une sortie de trois jours, elle a fait, dans la plaine du Sig, une razzia heureuse et livré un combat glorieux contre les troupes du kalifa de Mascara.

Dans la nuit du 4 2 au 1 3, une marche difficile, mais habilement dirigée par des guides intelligents, nous a conduit, à travers les gardes ennemies, sur la crête de Djira qui domine le bassin du Sig. De là, nos quinze cents cavaliers, lancés par le général Mustapha et le lieutenant-colonel de Beaufort, sont descendus dans la plaine et la razzia s'est faite sans combattre l'ennemi, qui avait quitté son camp, dans le dessein de tenter un coup de main devant Oran et qui est revenu trop tard pour défendre ses troupeaux et ses tentes.

Le lendemain 4 4, le kalifa a suivi notre arrière-garde : il s'est laissé attirer sur les mamelons qui bordent la plaine, près du marabout de Sidi-Lakdar, et, peu à peu, son infanterie régulière s'est trouvée engagée franchement sur le terrain où le général désirait amener le combat. Là, une charge de toute notre brave cavalerie a fait cesser complètement le feu et enlevé la victoire. L'infanterie régulière a été sabrée, ses meilleurs officiers, avec quelques cavaliers d'élite, sont morts en cherchant à protéger sa retraite. Le kalifa s'est enfui et a disparu dans la forêt de Moulai-Ismaël, où il n'était plus possible de le poursuivre. Le combat a été court et décisif. Depuisce moment jusqu'à notre rentrée à Oran, le lendemain au soir, pas un arabe ennemi n'a été aperçu.

Cent bœufs environ, quinze cents moutons, quarante chevaux, des mulets, des ânes, un riche butin, trois cents charges de blé et de l'orge en abondance pour les bivouacs, sont les produits de la razzia.

Six prisonniers, trois cents cadavres abandonnés, plus de quatre cents fusils, des yataghans, des pistolets, des décorations arabes, sont les gages du succès et les trophées du combat.

Le général donne avec plaisir à la division des éloges bien mérités.

Parmi les troupes qui ont pu prendre part à l'affaire, il croit devoir distinguer, comme ayant fait preuve d'une grande bravoure, les chasseurs, les spahis, les Douairs et les Zmelas, dont les drapeaux ont été percés de plusieurs balles, l'artillerie de montagne qui a tiré ses boîtes à balles à quatre-vingts pas, et les compagnies du 13e léger et du bataillon d'Afrique, qui ont vigoureusement soutenu les premiers efforts de l'infanterie régulière.

Nous avons eu à regretter, dans cette journée, deux braves officiers. morts glorieusement au milieu des ennemis : les capitaines Follacher du 2e chasseurs d'Afrique, et Brosset du 15e léger. Notre perte totale a été de neuf hommes et dix-huit chevaux tués, trente-sept hommes et vingt-six chevaux blessés.

L'ennemi, outre les morts qu'il a laissés entre nos mains, compte encore plus de cent cinquante hommes blessés et un plus grand nombre de chevaux hors de combat.

Dans cette sortie, où le courage, le dévouement et l'intelligence militaire ont eu de belles occasions de se développer, le général cite, comme s'étant particulièrement distingués :

Dans l'état-major. Le lieutenant-colonel Pelissier ; le chef-d'escadrons de Crény ; les capitaines Martimprey, de Susleau, Philippe, d'Illièrs, Bosquet, capitaine d'artillerie, officier d'ordonnance du général (blessé légèrement).

2e chasseurs d'Afrique. Le lieutenant-colonel de Beaufort ; le chef-d'escadrons Herbin-Desseaux ; les capitaines Daumas, de Cotte (blessé), Bernard et Grattepin ; les lieutenants Houssaye, Cambriel ; les maréchaux-des-logis Jeaucourt, Chabaud, de Bonchamps ; le brigadier Singler.

Spahis d'Oran. Le chef-d'escadrons de Montauban ; les capitaines Taffn et Jorre-d'Arces ; le lieutenant Roussel ; le chirurgien-major Fraineau ; le maréchal-des-logis Fomblanc.

13e léger. Le colonel de La Torre ; lè capitaine adjudant-major Le Bailly (blessé) ; le sous-lieutenant. Kneffler (blessé deux fois) ; le lieutenant d'état-major détaché Castelneau ; le carabinier Tompain.

15ᵉ léger. Le lieutenant-colonel Cachot, qui a eu son cheval tué.

1ᵉʳ bataillon d'Afrique. Le capitaine adjudant-major Paté ; le sergent Franc ; le caporal Gillard.

Artillerie. Les capitaines Pariset et Douvrier de Villegly ; le lieutenant Clapier ; le maréchal-des-logis Bessé.

Génie. Le commandant Bizot ; le capitaine Graillet.

Intendance. M. le sous-intendaut Largillière,

Ambulance. Le chirurgien-major Saiget ; le chirurgien sous-aide Delahaye (blessé) ; le-docteur de l'ambulance, Domangeot,

Train des équipages. Le sous-lieutenant Daguet, chargé du détachement de l'ambulance.

Douairs. Le lieutenant Coqueret ; Mohammed-bel-Haderi ; Mohammed-ben-Béchir ; Mohammed-ben-Kaddour : Ismaël-ould-Kadi.

22

M. le colonel Tempoure fut nommé commandant supérieur de Mostaganem et ses dépendances, par ordre de la division, en date du 1ᵉʳ octobre 1840, en remplacement de M. le colonel Dubarail, qui conserva le commandement de la place dont il était titulaire. M. le capitaine Walsin-Esterhazy lui fut adjoint, comme chargé des affaires arabes :

ORDRE DU JOUR DE LA DIVISION.

655.   Oran, 2 décembre 1840.

23

Le général commandant la division s'empresse de faire connaître aux troupes qui en font partie, et au moment où elles rentrent d'une expédition qui n'a pas été sans gloire, les succès que la garnison de Mostaganem vient d'obtenir sur un autre point de la province.

Le 30 novembre dernier, une colonne composée de cinq cents hommes du 15ᵉ léger, de cinquante sapeurs du génie, de vingt-cinq spahis, de soixante cavaliers douairs et de deux pièces de campagne, est sortie de Matamore, à quatre heures du matin, sous le commandement de M. le colonel Tempoure. Après quelques heures de marche, elle est tombée sur l'ennemi, lui a tué vingt hommes, fait plusieurs prisonniers et enlevé des bestiaux. Peu de temps auparavant, l'ennemi s'était emparé, par surprise, du troupeau de nos alliés. La garnison de Mostaganem n'a pas craint, malgré sa faiblesse numérique, d'aller à sa rencontre et de se mesurer avec lui. Elle a obtenu une revanche complète. Les prises faites par nos soldats équivalent au moins aux pertes éprouvées par nos alliés.

L'ennemi, revenu de sa première surprise, s'est bientôt rallié en grand nombre et a tenté vainement d'entamer notre colonne. Elle a opéré sa retraite en bon ordre sur Mostaganem, en causant quelques pertes aux arabes sans en éprouver aucune.

Cette courte et heureuse expédition fait le plus grand honneur à M. le colonel Tempoure, qui l'a dirigée avec autant de prudence que d'habileté. Après lui, M. le général commandant la division citera M. le capitaine d'artillerie Walsin-Esterhazy, qui, dans l'action, à conduit la charge des Douairs, et a eu son cheval tué sous lui.

Dans le 15e léger, le capitaine Daygalhiers, et le caporal de voltigeurs Bérot, blessé grièvement.

Dans l'artillerie, M. le lieutenant Despresle, qui a dirigé ses pièces sous le feu de l'ennemi avec intelligence et sang-froid.

Le général témoigne sa satisfaction aux troupes de toutes armes de la garnison de Mostaganem, pour leur telle conduite dans la razzia du 30 novembre. Il associe aux mêmes éloges les Douairs nos alliés, qui, dans la même journée, ont rivalisé avec elles de courage et de dévouement.

24

Il fut rendu compte de cette première série d'opérations, dans un rapport de M. le gouverneur-général à M. le maréchal duc de Dalmatie, ministre de la guerre, en date de Mostaganem du 5 juin 1841 :

Monsieur le maréchal,

Je suis parti le 8 mai de Mostaganem, ainsi que j'avais eu l'honneur de vous l'annoncer. Les prolonges de l'artillerie et du génie étaient chargées de munitions, d'outils et autre matériel, pour le siége présumé de Tekedempt.

Les moyens de transport qui étaient à ma disposition ont été employés pour l'organisation de ce service et pour celui des ambulances ; j'ai ajouté à ces moyens tout ce que mes ressources me permettaient de faire : chaque soldat portait des vivres pour huit jours, et les chevaux de la cavalerie étaient chargés d'un sac de soixante kilogrammes de riz.

Le dévouement de ma cavalerie a rendu un service signalé à l'armée : les cavaliers ont porté leurs sacs jusqu'à Mascara ; tour à tour soldats du train et cavaliers quand il fallait combattre.

Après plusieurs petits combats d'arrière-garde et de flanc, nous sommes arrivés devant Tekedempt le 25 mai, et nous en avons pris possession pendant un engagement très-vif entre les zouaves et la cavalerie ennemie, qui était sur les hauteurs voisines. Ce combat fait beaucoup d'honneur aux zouaves, corps vraiment d'élite.

La ville et le fort avaient été évacués par les habitants, qui avaient tout enlevé ; quelques maisons, couvertes en chaume, brûlaient, incendiées par les arabes eux-mêmes. Celles en maçonnerie, recouvertes en tuiles, étaient intactes, ainsi que la fabrique d'armes, une scierie et des magasins. L'armée a travaillé immédiatement à la démolition, et les soldats du génie à pétarder le fort. Le lendemain, à huit heures du matin, nous avons pris la route de Mascara et, des hauteurs voisines, Abd-el-Kader a vu sauter la citadelle qui lui avait coûté tant d'efforts et d'argent à édifier, et dans laquelle il plaçait ses principaux dépôts d'armes et de munitions en tous genres.

Comme je présumais que les cavaliers arabes ne manqueraient pas de venir, à l'instant de notre retraite, examiner la destruction que nous avions accomplie, j'embusquai, derrière des décombres du fort, les zouaves, et, dans les ruines des maisons de la ville, un bataillon du 41e. A peine la colonne était-elle à une portée de canon, que sept à huit cents cavaliers inondèrent les rues et les places. Le bataillon du 41e sortit brusquement de son embuscade et leur fit une fusillade, qui en mit quinze sur le carreau et qui leur tua quinze chevaux. Les zouaves n'eurent pas une semblable occasion.

Le même jour et les jours suivants, jusqu'à Mascara, Abd-el-Kader nous a toujours flanqués par deux grosses colonnes de cavalerie. Pendant qu'un millier de chevaux tiraillaient sur notre arrière-garde, ses principales forces se tenaient à une distance et dans des positions telles, qu'il était impossible de les engager au combat contreleur volonté. J'ai tenté vainement plusieurs moyens qu'il serait trop long d'expliquer. A Fortassa, l'ennemi réunit toutes ses forces sur des hauteurs que nous devions franchir. Ce lieu était célèbre dans l'histoire des arabes, puisqu'ils y ont défait, il y a quarante ans, le bey Bou-Kabous. Je crus qu'ils l'avaient choisi pour me livrer bataille : je massai mon convoi, la cavalerie posa ses sacs, et, sans presque aucun retard dans notre marche, nous nous portâmes vivement vers l'ennemi, heureux de trouver enfin l'occasion d'obtenir un succès qui put décider quelque chose. Nos espérances furent encore déçues. Dès que nos bataillons, échelonnés par les deux ailes et couvrant la cavalerie, furent à portée de canon, l'ennemi se retira au galop et alla prendre position sur de hautes montagnes, à environ deux lieues. Je renonçai à le poursuivre, pour ne pas fatiguer inutilement les troupes, et je revins coucher au lieu où j'avais laissé le convoi sous la garde dé quatre bataillons, et où il y avait de l'eau, du fourrage et du bois.

Nous retrouvâmes Abd-el-Kader, le 30, sur les hauteurs qui environnent Mascara ; il était renforcé par quatre mille chevaux, que lui amenait Bou-Hamedi, kalifa de Tlemcen ; tout annonçait qu'il voulait défendre les approches de la ville. Nous fîmes la même manœuvre qu'à Fortassa ; elle n'eut pas de meilleurs résultats. Cependant, on nous attendit d'un peu plus près, et nos tirailleurs et nos obus tuèrent quelques hommes et quelques chevaux. Nous prîmes alors possession de Mascara, et je fus agréablement, surpris quand je vis que l'on s'était borné à briser les portes et les meubles en bois.

Grand nombre de maisons sont en ruines depuis longtemps ; mais comme la ville est très-grande, car elle a contenu autrefois vingt-quatre à vingt-cinq mille habitants, il nous a été facile de trouver des locaux pour l'hôpital, les magasins et le casernement de la garnison. J'ai lieu d'espérer qu'en très-peu de temps ces établissements seront très-convenables : il serait même possible, avec des travaux, d'y loger six à sept mille hommes, et il serait très-avantageux pour nous de les y maintenir ; la difficulté ne consiste que dans les moyens de les y faire vivre.

Deux bataillons du 15e léger, un bataillon du 41e de ligne et trois compagnies du génie, sous le commandement du colonel Tempoure, formèrent à l'instant la garnison, et travaillèrent, sans perdre une minute ; deux demi-batteries d'artillerie de réserve et de campagne furent placées dans la ville, avec un nombre suffisant de-canonniers pour servir les pièces. Ce qui restait en vivres dans le convoi, sauf ceux distribués à la colonne pour regagner Mostaganem, fut porté dans la place et forma un approsionnement d'environ cinquante jours, pour la garnison actuelle.

Nous séjournâmes à Mascara le 31 mai, et le 1er juin nous prîmes la route de Mostaganem ; la plus courte, c'est celle qui passe par le défilé d'Akbet-Kredda ; nous espérions qu'il serait possible de couper cette petite chaîne de montagnes, qui a trois lieues de profondeur, par une route caros sable, ce qui aurait grandement simplifié la question des approvisionnements de Mascara. Nous avons été déçus dans cette séduisante espérance : c'est le terrain le plus horriblement tourmenté que j'aie encore rencontré en Afrique. Vous en jugerez, monsieur le maréchal, en apprenant que l'arrière-garde de la colonne y ayant été attaquée par cinq à six mille arabes, il m'a été impossible de lui porter aucun appui par ses flancs, quelle que fût ma bonne volonté et celle des troupes, et comme elle cheminait par une arête étroite, il eût été fort inutile de lui apporter un secours direct. Elle a dû soutenir seule la lutte ; elle l'a fait avec une fermeté digne des plus grands éloges. Le général Levasseur la commandait ; elle était composée de deux bataillons des 6e et 13e légers, d'un bataillon du 41e de ligne, en tout trois bataillons, appuyés par une section d'artillerie de montagne et quelques fusils de rempart.

L'ennemi n'a eu qu'à se repentir d'avoir engagé ce combat, car il y a perdu au moins quatre cents hommes, dont sept chefs et beaucoup de chevaux. Notre perte a été de dix hommes tues, dont un officier, M. le lieutenant Macliau, du 6e léger, et de cinquante-quatre blessés, entrés à l'ambulance. Peut-être eût-elle été moins forte si nos bataillons n'avaient pas mis dans la résistance une ténacité telle, que voyant que mes ordres de retraite rapide ne s'exécutaient pas, j'ai été obligé d'aller moi-même les retirer du combat, pour les amener dans un terrain moins difficile, où j'étais résolu de faire un retour offensif si l'ennemi s'y était engagé, ce qu'il ne fit pas ; il se retira silencieusement, pour enlever ses morts et ses blessés ; nous emportâmes les nôtres, car nous n'avions laissé entre ses mains ni un seul homme mort ou vivant, ni un seul vestige qui pût lui donner occasion de chanter victoire. Il est remarquable même qu'il ne nous ait pas suivi le lendemain, quoique nous n'ayons couché qu'à deux lieues du champ de bataille.

Nous sommes arrivés le 3 juin à Mostaganem, sans revoir l'ennemi.

Notre perte, dans toute la campagne, a été de vingt hommes tués et de quatre-vingt-cinq blessés.

Dans un retour offensif de la colonne de gauche, en allant à Tekedempt, nous avons fait sept prisonniers.

L'état sanitaire est bon : nous avons ramené peu d'hommes gravement malades. Le chiffre de ces derniers et des blessés à l'ambulance s'élevait, à notre retour, à deux cent huit, dont cinq officiers.

Notre cavalerie et tous nos transports ont rencontré partout des fourrages en abondance, qui leur ont été fournis par les récoltes en froment et en orge encore sur pied.

Nous nous préparons, avec la plus grande activité, à rentrer en campagne le 7 ou le 8.

Je ne puis vous faire ici l'énumération de tous les moyens que j'emploie pour porter à Mascara le plus de vivres possible, des fournitures d'hôpitaux, des outils, faucilles, etc., etc.

J'ai eu beaucoup à me louer de mes troupes pendant cette longue et difficile course. D'abord, les itinéraires avaient été admirablement faits par les soins de MM. le chef-d'escadrons Daumas, le capitaine d'état-major de Martimprey, le lieutenant d'état-major Castelnau et le capitaine Walsin-Esterhazy.

Nous n'avons trouvé aucun mécompte ni sur les distances, ni sur la configuration des lieux, ni sur les eaux, ni sur les cultures. Si nous avons mis huit jours au lieu de six pour aller à Tekedempt, il ne faut l'attribuer qu'à deux jours d'orage qui avaient tellement détrempé le terrain ; que nos troupes ne pouvaient marcher.

L'état-major, très-bien dirigé par M. le lieutenant-colonel Pelissier, chargé des fonctions de chef de l'état-major général, s'est multiplié pour satisfaire à toutes les exigences du service, avec une ardeur et un courage admirables.

Les troupes du génie, conduites avec intelligence par MM. le général Berthois, le colonel Charron, le chef de bataillon Bizot, et plusieurs capitaines, capables et dévoués, nous ont rendu les plus grands services.

L'infanterie, dans plusieurs rencontres, a montré la plus grande solidité devant la cavalerie arabe. Nos tirailleurs, souvent très-éloignés de la masse, attendaient l'ennemi de pied ferme et le forçaient à s'arrêter.

La cavalerie, à pied pendant quatorze jours, a mis la plus grande patience à porter les sacs, et, quand il a fallu combattre, elle s'est transformée rapidement en cavaliers légers et intrépides, qui revenaient ensuite reprendre leurs charges.

L'artillerie n'a pas eu moins de dévouement. Le capitaine Boucheron a été blessé d'une balle à la section des fusils de remparts. Des canonniers sous ses ordres ont été tués ou blessés.

L'administration a montré de l'activité pour la conservation du convoi, et M. le sous-intendant militaire Largillières est allé lui-même, avec des cacolets, prendre, au milieu des balles, les blessés du combat du 1er jtiin.

L'ambulance, dirigée par MM. les docteurs Baudens, Viel et Saiget, et par l'officier comptable Lauxerois, a déployé du dévouement et les soins les plus actifs pour nos malades et nos blessés. Je ne dois pas oublier ici M. l'abbé Stalter, envoyé, sur mon autorisation, par Monseigneur l'évêque pour remplir les fonctions d'aumônier auprès de l'ambulance. Ce jeune et digne ecclésiastique est resté au milieu des balles à toutes les affaires d'arrière-garde ; mais il s'est distingué surtout dans le combat du 1er juin, par le courage qu'il a montré et les soins qu'il a donnés aux blessés sur le lieu même de l'action.

Indépendamment des officiers nommés dans le cours de ce rapport, je citerai, comme s'étant particulièrement distingués dans les différentes occasions qui se sont présentées.

Dans mon état-major : M. le chef-d'escadrons Eynard, mon aide-de-camp ; le capitaine Vergé, un de mes officiers d'ordonnance ; les officiers détachés près de moi, de Rochemaure, chef-d'escadrons au 4e chasseurs ; de Clonard, capitaine à la légion étrangère ; les capitaines d'état-major de Rosières, de Weugy et de Cissey ; le capitaine Travot, détaché de votre état-major ; l'interprète Roches, qui, comme de coutume, a rempli ses fonctions avec zèle et intelligence, et qui a saisi toutes les occasions d'agir en cavalier habile et intrépide.

Zouaves : le lieutenant-colonel Cavaignac, le chef de bataillon Leroi de Saint-Arnaud, le capitaine de Barral, le lieutenant Berlin et le sergent Chard.

1re division : S.A.R. M^{er} le duc de Nemours cite MM. le général Boyer, son aide-de-camp ; le lieutenant-colonel Despinoy, son chef d'état-major.

4er bataillon d'élite (compagnies d'élite des trois bataillons) : le lieutenant-colonel Renaud, commandant les bataillons ; les capitaines Carondelet et Frontil.

1er régiment de ligne : le chef de bataillon d'Anthouard, le chirurgien-major Davy, le capitaine Bardou, le lieutenant Rouby, le sergent Boquillon, les voltigeurs Ganguin et Fabre.

13e légens : le chef de bataillon Walsin-Esterhazy ; les capitaines de Bauchamp, de la Rousselière et Billot ; les lieutenants Bailly, Polimachetty ; les sergents-majors Lapédagne et Krieu ; le carabinier Gers, le voltigeur Bessoudrade et le chasseur Boucasset.

4er bataillon d'Afrique : le chef de bataillon de Géraudon et le capitaine Cordonnier.

2e division : MM. les généraux de La Moricière, commandant la division, et le général Levasseur, qui a commandé l'arriére-garde depuis Mascara. citent MM. les capitaines d'état-major Philippe, aide-de-camp du général de La Moricière ; de Susleau de Malroy, de l'état-major de la division ; les lieutenants d'état-major Fornier, aide-de-camp du général Levassent, et de La Guiche ; le chirurgien sous-aide Larue du Barri.

6e léger : le chef de bataillon Coste, le capitaine adjudant-major Defayet, le capitaine Delor, le sous-lieutenant Mouzin de Lyrie, le sergent Bolleton, les capitaines Buffaut et Fauchon, le carabinier Lotineau, le voltigeur Berne et le lieutenant d'état-major, détaché, Trochnu.

41ᵉ de ligne : MM. Roguet, colonel ; Maissiat, chef de bataillon, dont l'élan s'est principalement fait remarquer à l'embuscade du 26 à Tekedempt ; Billou, capitaine ; Reynaud, sous-lieutenant ; Garnier, Dieu, sergents-majors ; Guyomard, sergent ; et Coudert, caporal.

15ᵉ léger : MM. Tempoure, colonel, qui a commandé avec distinction l'arrière-garde jusqu'à Mascara ; et Bariolade, capitaine de voltigeurs.

56ᵉ de. ligne : MM. La feuille, colonel ; et Gaillard, chef de bataillon ; Boudhors, lieutenant-colonel, qui, chargé spécialement du commandement supérieur du convoi, a montré, dans cette tâche diffcile, une grande activité et une grande fermeté.

2ᵉ bataillon d'élite : le capitaine Fossier.

Artillerie : MM. Laumières, capitaine ; Briant, lieutenant ; Bardennat, maréchal-des-logis ; Lagarde, maréchal-des-logis-fourrier ; Chateau, brigadier ; Léleano et Gaucel, canonniers.

Cavalerie : MM. [Randon, colonel du 2° chasseurs ; Herbin Dessaux, chef-d'escadrons ; Bernard, Grattepain, capitaines.

Spahis réguliers : de Montauhan, chef-d'escadrons ; et Jores d'Arces, capitaine. Le commandant de l'artillerie cite, en outre, MM. Pariset, Destouches, capitaines ; Maugère, adjudant.

Le général Berthois, commandant le génie, cite MM. Devaux, Curtet, de Vauban, Felet, Véronique ; Dumas et Rittier, capitaines ; les sergents Péquillet et Courrier ; le sapeur Chassé et le maréchal-des-logis du train Etienne.

Administration. — Ambulance : M. le sous-intendant se loue du zèle de l'adjudant auxiliaire Hainaux. — Train des équipages : MM. Martin, chef-d'escadrons ; Moreau, capitaine ; Saint-Martin et Daguet, sous-lieutenants ; Ridard et Pajot, maréchaux-des-logis ; Ricihy, brigadier, et le soldat Pierre. — Subsistances : L'offcier comptable de Bréa ; l'adjudant en second Marion. — Ouvriers : le lieutenant Foucaud.

Il me reste à remplir un devoir de justice envers les deux chefs de division composant la colonne, comme ils l'ont rempli envers leurs subordonnés. S.A.R. Mᵉʳ le duc de Nemours a été, comme dans la division d'Alger, ce qu'un prince d'une illustre race doit être à l'armée : un exemple et un stimulant pour tous.

M. le général de La Moricière m'avait rendu les plus grands services dans les préparatifs de la guerre. Il a prouvé que les soins si importants des détails d'organisation et d'administration pouvaient s'allier avec le courage et l'ardeur qu'il montre en toute occasion.

Le général Mustapha-ben-Ismaël a exécuté, le 1ᵉʳ juin, une charge brillante pour éloigner les arabes du défilé où nous allions nous engager. Il a été bien secondé par El-Mexary. Kaddour-ben-Morfy et Mohammed-ben-Kaddour ont fait mordre la poussière à bon nombre de cavaliers réguliers.

M. le colonel Delarue, officier de votre état-major, ami intime du général de La Moricière, ne l'a pas quitté un seul instant, si ce n'est pour se mêler aux actions où ne se trouvaient pas les troupes de son ami.

M. de Corcelles, membre de la Chambre des députés, a accompagné la colonne, assistant à tous nos engagements ; il a pu, dans cette marche de près de quatre-vingts lieues, étudier réellement l'Afrique. Il serait à désirer que beaucoup de membres des deux chambres eussent pu voir comme lui.

M. de Tocqueville, frère du député et ancien officier, n'a pu oublier son ancien métier et son ardeur ; il s'est mêlé à tous les petits combats qui ont eu lieu à l'arrière-garde et sur les flancs, et il nous a fait regretter vivement qu'il ait quitté les rangs de l'armée.

Agréez, etc.

Le lieutenant-général gouverneur-général de l'Algérie,

Signé : BUGEAUD.

25

Voici le rapport qui fit connaître au Ministre ces diverses opérations :

Mostaganem, 28 juin 1841.

Monsieur le maréchal,

Je vous avais annoncé, dans mon rapport du 5, que je repartirais le 8 pour conduire un grand convoi à Mascara et continuer mes opérations. Je partis le 7 avec des approvisionnements considérables, et nous arrivâmes le 10 à Mascara sans aucun événement sérieux. Quelques centaines d'arabes tiraillaient à notre arrière-garde toujours avec insuccès ; car l'infanterie, qui la composait presque entièrement, toute la cavalerie étant chargée de fa-l'ines, à pris tant d'aplomb et d'adresse, que jamais les cavaliers ennemis ne s'approchèrent d'elle sans éprouver des pertes considérables. Plusieurs fois les tirailleurs du 41e, après avoir démonté des cavaliers, ont couru s'emparer des armes et des harnais au milieu d'ennemis plus nombreux qu'eux.

Je citerai à cette occasion, MM. les lieutenants Fraboulet, de Kerléadee et Roquebrune, qui, le 25, en nous retirant de Mascara, se sont précipités avec quelques tirailleurs au milieu d'un groupe d'arabes, et ont enlevés les armes et les selles des cavaliers et des chevaux qui venaient d'être abattus. J'ai été moi-même témoin de ces actions. Le lieutenant-colonel Renaud, qui a commandé plusieurs fois mon arrière-garde, a montré beaucoup d'intelligence et de sang-froid pour ce genre de guerre. Il cite comme s'étant distingué dans ces retours offensifs : M. le capitaine Ambert ; M. le sous-lieutenant Bruchart, qui commandait un peloton de chasseurs ; le maréchal-des-logis Gagnon, qui a sabré plusieurs arabes, et le capitaine Billot, adjudant-major au 43e léger, qui a eu son cheval tué en chargeant au premier rang.

Saïda ayant été évacuée et en partie détruite par les arabes eux-mêmes, et sachant qu'Abd-el-Kader n'osera plus rien mettre en dépôt dans cette place trop voisine de Mascara, une marche sur ce point n'aurait eu d'autre objet que de renverser des murailles. Il m'a paru préférable d'agir contre le pays des Hachems, de forcer les familles et les troupeaux à se jeter dans le désert et de revenir dans la plaine de Gréris pour moissonner : c'est ce qu'à exécuté la division.

Nous avons parcouru le pays au sud et au sud-est, pendant plusieurs jours, en poussant devant nous les populations et les troupeaux jusqu'aux bords du désert. Les cavaliers des tribus, auxquels s'étaient joints des réguliers de l'émir, ont voulu, dans une circonstance, couvrir la retraite ; ils ont été mis en fuite et atteints par les spahis, qui en ont tué quelques-uns, entre autres deux officiers, dont ils ont rapporté les dépouilles. M. le lieutenant Gallotet le maréchal-des-logis Rativet, ont montré dans cette charge beaucoup d'audace et ont été les premiers a frapper l'ennemi. Je n'ai pas cru devoir persister dans cette poursuite, parce qu'il était plus urgent de moissonner ; je suis donc revenu camper dans la plaine de Gréris, et immédiatement nous nous sommes mis à l'œuvre.

L'artillerie a continué à me donner des preuves de dévouement, trouvant dans cette expédition des occasions trop peu dignes d'elle, elle a semblé vouloir s'en dédommager par les travaux de la moisson et le transport des blés récoltés : elle y a mis un soin extrême.

Pendant l'exécution des travaux, nous avons été sans cesse surveillés par de forts partis de cavaliers ennemis. Quatre à cinq cents chevaux ont tenté d'enlever les transports de nos Douairs, qui allaient incessamment du lieu du travail au camp pour porter les grains obtenus. Quelques mulets et chameaux furent d'abord enlevés, mais les cavaliers douairs, les ayant aperçus, se précipitèrent sur l'ennemi ; je les lis appuyer par les spahis et les chasseurs. En peu d'instants, ils reprirent leurs animaux, tuèrent aux assaillants plusieurs hommes dont un chef, et ramenèrent quelques chevaux de prix.

Déjà nos Douairs, le jour de notre arrivée à Mascara, avaient montré leur habileté a atteindre les cavaliers ennemis. S'étant rencontrés près des jardins de la ville avec quelques partisans arabes, ils leur avaient tués trois hommes et ramené quatre chevaux. Un fait du même ordre, mais plus considérable, a eu lieu encore à notre départ. Ayant aperçu un de ces postes avec lesquels l'ennemi nous tient sans cesse observés, ils le chargèrent avec tant de rapidité, qu'ils le prirent et le détruisirent en entier. Huit chevaux restèrent entre leurs mains.

J'aurais bien voulu continuer les travaux de la moisson, mais il était plus sage de revenir à Mostaganem chercher un nouveau convoi de vivres et des objets d'hôpitaux. Je suis donc parti le 25, emmenant avec moi tous les malades et blessés qui pouvaient supporter le trajet. Ils étaient au nombre de quatre-vingt-dix-sept, et j'en laissai deux cent quatre-vingt-cinq dans les hôpitaux de la ville, ce qui est bien peu, monsieur le maréchal, pour des courses si longues, de petits combats si multipliés et des travaux aussi considérables que ceux de la moisson et de l'établissement dans les édifices de Mascara. Ces résultats heureux, sont dus aux soins que

MM. les chefs de corps et les officiers ont pris de leurs soldats, soit par des ménagements dans les marches, soit dans le régime hygiénique.

Dès le point du jour du 25, Abd-el-Kader lui-même se présenta à mon arriére-garde, avec quinze cents chevaux ; c'était tout ce qu'il avait pu rassembler, malgré ses appels multipliés. Cette troupe fut divisée en deux fractions ; l'une, composée de trois cents chevaux d'élite, s'engagea assez vivement ; l'autre se tenait en arrière sur les hauteurs escarpées, etce n'était que dans l'éloignement qu'on apercevait les drapeaux des chefs. J'étais résolu à reprendre une offensive d'un jour, si j'avais vu un ennemi sérieux et surtout de l'infanterie, mais celui qui me suivait ne valait pas la peine de perdre un temps précieux ; nous nous bornâmes donc à bien accueillir les assaillants, et la plupart des cavaliers les plus audacieux furent tués par les tirailleurs d'infanterie.

Pendant ce combat, qui ralentissait peu notre marche, on vint m'annoncer qu'une tribu, avec ses troupeaux, fuyaient sur ma droite, vers les ravins de Kalàa. J'y lançai aussitôt ma cavalerie et les zouaves sans sacs. Je dus arrêter la colonne pour contenir Abd-el-Kader, et l'empêcher de se porter sur le détachement qui allait exécuter le coup de main, qui aurait parfaitement réussi sans l'extrême aspérité du terrain. Nous prîmes quarante-deux femmes, huit hommes et quelques centaines de bœufs et de moutons. Je fis monter les femmes sur des mulets, et, comme elles étaient mal vêtues, je fis acheter chez mes Douairs des bernous et des haïks, qui leur furent distribués. Je les confiai à la garde et aux soins du général Mustapha, et je leur fis donner les meilleurs vivres dont nous pouvions disposer. Elles continueront à être traitées le mieux possible.

Entre autres renseignements que ces prisonniers ont fourni, ils ont confirmé ce qui m'étais déjà revenu, de différents côtés, qu'à l'affaire d'Akbet-Kredda, l'ennemi avait eu plus de quatre cents hommes hors de combat.

Le lendemain, les mêmes cavaliers se présentèrent à l'arrière-garde, mais avec plus de timidité que la veille ; il était évident qu'on ne se battait que pour l'acquit de sa conscience et parce que Abd-el-Kader était là. Dès les premiers cavaliers tués l'action devint encore plus molle, et cessa bientôt complètemen t ; nous n'eûmes que quelques blessés des zouaves, qui, ce jour là, faisaient l'arrière-garde avec leur aplomb accoutumé.

La division se reposera trois ou quatre jours à Mostaganem, si l'on peut appeler repos les préparatifs d'un convoi considérable et d'un nouveau départ. Elle repartira au plus tard le 2 juillet pour Mascara, où elle moissonnera cette fois du froment jusqu'au 20 ou 25, puis elle rentrera à Mostaganem et en petite partie à Oran.

Le gouverneur-général,
Signé : BUGEAUD.

M. le gouverneur-général rendit, compte du combat de Sour-Kelmitou dans le rapport suivant, daté de son quartier général de Mostaganem, 8 juillet 1841 *(Moniteur* du 29 juillet) :

Dans la nuit du 5 au G de ce mois, une colonne, sortie de Mostaganem sous les ordres du colonel Tempoure, fut s'établir à Sour-Kelmitou, dans le but de favoriser quelques négociations politiques. Pendant qu'on était à traiter avec plusieurs chefs des Medjehers, des cavaliers, appartenant à des tribus plus éloignées, vinrent attaquer vivement notre camp ; ils furent accueillis avec une grande fermeté, et, après avoir tiré partide tous les avantages de notre situation, nos troupes prirent vivement l'offensive, culbutèrentles arabes et les jetèrent sur l'autre rive du Chélif. Les chefs, nospartisans, revinrent au camp et engagèrent le colonel Tempoure à ne pas désespérer de la négociation, pour laquelle ils promirent d'employer tous leurs efforts ; mais le lendemain, le camp fut attaqué par des forces encore plus considérables que la veille ; nos troupes ne montrèrent, pas moins d'énergie à repousser cette attaque : mais l'ennemi se renforçait à chaque instant et devenait plus audacieux. Il fallait en finir par un coup de vigueur et ne pas permettre aux arabes de passer la nuit dans notre voisinage. Le colonel Tempoure, ayant pris ces dispositions, sortit brusquement de son camp, délogea les arabes de leurs positions, et les jeta encore de l'autre côté du Chelif, dans une plaine rase, où l'on pût voir qu'ils étaient au nombre d'environ trois mille fantassins et deux mille cavaliers.

Les arabes amis vinrent alors prévenir le colonel Tempoure, qu'il n'y avait plus de soumission à espérer pour le moment ; ils avertirent en même temps le colonel qu'ilserait attaqué le lendemain par des forces beaucoup plus nombreuses, qu'on voyait, du reste, se rassembler de toute part.

Le colonel Tempoure, qui avait d'ailleurs dépassé le temps assigné à sa mission, a jugé prudent de rentrer à Mostaganem ; les deux combats qu'il a livrés lui font le plus grand honneur ; il a dirigé ces actions avec vigueur et intelligence, et après avoir vaincu deux fois il a su se retirer à propos, pour eviter le lendemain un combatdisproportionné.

Les troupes sous ses ordres ont montré la plus grande énergie. Le 8e bataillon de chasseurs y a débuté d'une manière brillante : les autres troupes ont été dignes d'elles-mêmes. Les nombreux ennemis qu'elles avaient à combattre ne leur ont pas fait douter un instant du succès.

Notre perte dans ces divers combats a été de quatre hommes tués et de vingt-huit blessés. Dans ces derniers se trouve l'intelligent et intrépide chef-d'escadrons de Montauban des spahis. Dans le premier combat il tua plusieurs ennemis de sa main, à la tête d'une quarantaine de cavaliers, qui seuls composaient la cavalerie de la colonne ; il a reçu une balle dans la poitrine. Le capitaine Walsin-Esterhazy l'a parfaitement secondé en conduisant les Douairs. C'est un officier distingué sous tous les rapports.

M. le colonel Tempoure fait aussi l'éloge du capitaine Carondelet, du 2e bataillon d'élite, qui dans un mouvement de retraite a emporté sur ses épaules un chasseur blessé. Il cite comme s'étant particulièrement distintingué, le chef de bataillon Uhrich, qui, dès le premier combat, a donné à sa jeune troupe une impulsion digne d'un vieux régiment. Le chef de bataillon Lelièvre ; le capitaine de Monclas, officier d'avenir qui, avec une compagnie de son régiment, a dégagé une section qui se trouvait compromise ; le capitaine Crombchat, commandant le bataillon d'élite ; le tambour Kiel ; les grenadiers Praire et Gibert, blessés ; le capitaine du génie Abinal, et le sergent Bonnotdu même corps. Le lieutenant d'artillerie Michel ; l'aide-major Faure, qui a été constamment chercher les blessés sous le feu de l'ennemi ; Olivier, soldat du train, qui a enlevé plusieurs blessés au milieu du feu le plus vif.

Dans le petit nombre de Douairs qui se trouvaient la, on a remarqué Charef-ben-Dani, qui a eu son cheval tué sous lui ; Othman, qui s'est précipité au secours du capitaine Walsin-Esterhazy, qui était entouré d'arabes.

Quartier-général à Mostaganem, le 8 juillet 1841.

Le gouverneur-général,

Signé :BUGEAUD.

27

Parmi ces mesures de détail, les principales furent la création d'un bataillon d'infanterie indigène et de deux escadrons de Mekahalias, formés des déserteurs de la cavalerie régulière d'Abd-el-Kader, sous les ordres des capitaines d'artillerie Bosquet, officier d'ordonnance de M. le général de Lamoricière, et Walsin-Esterhazy, chargé des affaires arabes à Mostaganem : ces forces régulières indigènes étaient censées être sous les ordres du nouveau bey. (Arrêté deM. le gouverneur-général, en date du 9 août 1841.)

28

Le gouverneur-général rendit compte de cette deuxième série d'opérations de cinquante trois jours, dans un rapport daté d'Alger du 14 novembre 1841, et laissa, en quittant Mostaganem pour retourner à Alger, l'ordre du jour suivant, aux troupes qui avaient pris part aux travaux de cette campagne :

Au quartier-général à Mostaganem, le 8 novembre 1841.

Soldats,

La campagne qui vient de se terminer, a fourni à plusieurs d'entre vous l'occasion de montrer leur courage ; je dois faire connaître à l'armée, à la France, les noms de ceux qui m'ont été signalés comme s'étant le plus distingué. L'estime de ses frères d'armes et de ses concitoyens est la première des récompenses, pour ceux qui portent un cœur élevé.

Au brillant combat de Maoussa, le 8 octobre, où les chasseurs et les spahis, battirent, après une lutte acharnée, une cavalerie très-supérieure en nombre, M. le lieutenant-colonel Tartas, commandant la cavalerie réunie, mérite la première citation, pour la rapidité et l'énergie avec lesquelles il a fait face aux événements si multipliés d'un engagement qui a duré deux heures.

Cet officier supérieur cite, comme s'étant plus particulièrement fait remarquer :

Dans le 2e régiment de chasseurs d'Afrique : le major Chastel ; les capitaines Grattepain, Bernard, Brahaut, Pardailhan, Favas et Forton. Les lieutenants Traversier, Daumas, Savaresse ; le sous-lieutenant Lann ; les sous-officiers Ludwig, Espanet, Caudour, Sustrac, Idemmann ; le fourrier Bourdillon, qui, après avoir tué le porte-étendard des réguliers, fut frappé lui-même mortellement ; les brigadiers Framusat, Dejean, Desforges, blessés ; le brigadier Pradel, enlevé de dessus son cheval et blessé de plusieurs coups de yataghan ; les chasseurs Louvel et Raiguin, ce dernier frappé de cinq coups de feu.

Dans les spahis : M. le lieutenant-colonel Youssef, les capitaines Tailhan et Bertrand ; les lieutenants Roussel et Robert ; les sous-lieutenants Talma, Moreau, Grandperrin ; les maréchaux-des-logis Cousin, Serpette et Bernardo Certa ; les brigadiers Crenna, Moktar-Mouraly et Delmarra ; les spahis Saïd-ben-Mohammed, Mohammed-Ould-Caïd-Osman et Naïll.

Le capitaine Walsin.-Esterhazy, qui s'était porté au soutien des Medjehers ramenés, déploya en cette circonstance une grande vigueur ; il fut très-bien secondé par M. Moreau, lieutenant au 2e chasseurs, mais faisant partie du cadre des Mekahalias ; par le maréchal-des-logis Doucet, le cavalier Koobry et le maréchal-des-logis Lakhdar, qui tua un des chefs des cavaliers rouges et s'empara de ses armes et de son cheval.

Mustapha et El-Mezary combattirent comme de coutume, en guerriers consommés.

Ce beau combat de cavalerie fait le plus grand honneur au 2e de chasseurs, aux spahis d'Oran et aux Mekahalias du capitaine Walsin-Esterhazy, qui y firent un début glorieux ; à nos Douairs et à nos Zmelas, et à une partie des Medjehers qui étaient restés avec El-Mezary.

Le combat de Tagremaret, le 26 octobre, ne fut ni moins brillant, ni moins heureux, bien que le hasard l'ait amené. Une cinquantaine de spahis, sous les ordres des lieutenants Thurot et Damotte, étant allés fourrager à une lieue du camp ; furent tout-à-coup assaillis par trois ou quatre cents réguliers et par plus de deux cents cavaliers des Hachems. Cette poignée de braves gens, jugeant que la retraite était plus périlleuse que le combat, fit une résistance héroïque. La fusillade fit monter successivement à cheval le reste du régiment, les chasseurs et plusieurs officiers particuliers. Dès que les spahis se virent soutenus, ils entamèrent une charge à fond, pénétrèrent dans les rangs de l'ennemi, le dispersèrent complètement, prirent son étendard et couvrirent de ses cadavres les collines et les ravins. C'est une des plus belles actions de cavalerie qu'ait présenté la guerre d'Afrique.

A la tête de cette charge marchèrent le colonel Youssef, qui a su donner à son régiment un si grand élan ; le lieutenant-colonel d'état-major Pelissier, qui contribua puissamment au succès par son exemple ; le capitaine d'état-major Senneville, qui tua de sa main un cavalier ; mon officier d'ordonnance, le capitaine Vergé, qui était au premier rang.

M. le lieutenant-colonel Youssef cite particulièrement le capitaine Tailhan, faisant fonctions de chef-d'escadrons ; le capitaine Bertrand, qui ne montre que trop de témérité ; M. Thurot, lieutenant, qui a commandé avec tant de distinction les fourrageurs ; Damotte, sous-lieutenant, qui l'a si bien secondé ; le sous-lieutenant Fleury, qui aenlevé l'étendard des réguliers et qui ne laisse échapper aucune occasion de montrer intelligence et courage. Le lieutenant Talma ; le maréchal-des-logis Cousin ; le brigadier Bramer, déjà cité deux fois ; le maréchal-des-logis Rativet, qui a eu son cheval tué et s'est distingué dans plusieurs autres circonstances ; les maréchaux-des-logis Bernardo Certa et de Barjac ; les brigadiers Amar-Ali, Rousselot et Neigeon ; les spahis Caillot, Adda-ben-Osman, et Hardy, dont la blessure a nécessité l'amputation.

Quelques cavaliers des Douairs, mêlés aux spahis, ont aussi vaillamment combattu. Mustapha-ben-Dif, caïd des Douairs de Mostaganem, et Mohammed-ould-Kaddour se sont distingués par leur intrépidité. Ils se sont fait remarquer parmi les plus braves, en tuant des cavaliers ennemis et ramenant leurs chevaux.

Je pourrais encore citer beaucoup de noms, à l'occasion des combats et razzias dans les montagnes des Guetarnias à Tichtiouïn ; mais, outre que mes citations porteraient en partie sur les mêmes noms, ces actions me paraissent inférieures à celles de Maoussa et de Tagremaret. Je les passe sous silence ; mais je ne puis pas me dispenser de dire un mot d'un brillant enlèvement de cavaliers arabes opéré pendant la nuit par M. le capitaine Walsin-Esterhazy, à la tête de cinquante carabiniers et cinquante voltigeurs du 6° léger, commandé par MM. Doumy, lieutenant, et Robardey, sous-lieutenant.

Le lendemain, une embuscade commandée par MM. les capitaines Brahaut, du 2° chasseurs, et Bariolade, du 4 5° léger, a chargé, avec une grande résolution, trois à quatre cents cavaliers arabes, dont plusieurs sont restés sur le terrain.

Le lieutenant-général, gouverneur-général de l'Algérie,
Signé : BUGEAUD.

29

M. le gouverneur-général écrivait, à la date du 16 novembre, au ministre de la guerre, en lui rendant compte des opérations de la colonne active de Mostaganem :

Alger, 16 novembre, à une heure après midi.

Le général Bedeau m'écrit deux longues lettres fort intéressantes. Il a faitla plus belle razzia de l'époque et il paraît confiant dans la tâche qu'il a à remplir. Voici l'extrait d'une de ces lettres :

Mostaganem, le 4 1 novembre 1841.

J'ai l'honneur de vous rendre compte que j'ai accompli une razzia avantageuse sur la tribu des Bordjias qui s'était réfugiée dans l'Arich de l'Habra, près du fort Perregaux.

Cette tribu se croyait en parfaite sécurité dans l'Arich, où jamais aucune razzia n'avait été tentée. Ce point de refuge est à onze lieues de Mostaganem. Je fis toutes les dispositions nécessaires pour le succès de l'opération.

Le mouvement s'exécuta parfaitement. A notre arrivée, la tribu presque toute entière était encore dans le bois. Mais, suivant leur coutume, les Medjehers prirent les choses et laissèrent aller les personnes. Les Mekahalias, dirigés avec autant de vigueur que d'habileté par M. le capitaine Walsin-Esterhazy, et quelques cavaliers Medjehers conduits par El-Mezary, s'étendirent à droite et chassèrent les premiers groupes des cavaliers qui essayèrent de couvrir les troupeaux.

L'infanterie était fatiguée et la distance de l'Arich à l'Habra étant de près d'une lieue, il me fut impossible d'arriver assez tôt pour faire des prisonniers. J'échelonnai les bataillons au soutien de la cavalerie et je fis aussi fouiller les bois. A neuf heures, le ralliement était terminé et nous avions pour capture treize cents cinquante bœufs, plus de quatre mille moutons et cent cinquante chameaux ; les Medjehers conduisaient, en outre, plus de huit cents ânes et trois cents chevaux et mulets ; ils étaient chargés de butin composé de tapis, de bernous de laine et de plusieurs autres objets.

<u>30</u>

M. le général de La Moricière exposait les résultats obtenus à la suite de cette brillante campagne d'hiver dans le bel ordre du jour suivant :

N° 115.   Mascara, 3 avril 1842.

Soldats,

Il y a quatre mois, vous reçutes l'ordre de vous établir sur le territoire des Hachems. Vous aviez pour mission de soumettre cette tribu redoutable, devant qui toutes les autres tremblaient, du sein de laquelle étaient sortis Abd-el-Kader et sa puissance et dont l'influence funeste arrêtait depuis si longtemps les progrès de notre domination.

Arrivés à Mascara, vous frappez d'abord les tribus qui vous séparent de la côte. Vos mouvements, combinés avec ceux de la division de Mostaganem, amènent bientôt leur soumission. Mais c'est en vain qu'elles ont courbé la tête devant vous. La rigueur de la saison rend les montagnes impraticables ; vos magasins s'épuisent et vous allez perdre le fruit de vos premiers succès. C'est alors à votre fusil, comme disent les arabes, que vous demandez votre subsistance. Redoublant de courage, vous réussissez à nourrir la guerre par la guerre. Dès lors le résultat de vos efforts est assuré. Vous attaquez les Hachems sur tous les points de leur vaste territoire ; vous les poursuivez de retraite en retraite. Ni leurs montagnes, ni les déserts ne les mettent à l'abri de vos coups. Ils sbnt forcés de quitter leur pays ; vous dispersez les troupes régulières qui essaient de protéger leur fuite. Ils ont cru trouver un refuge à quarante lieues de vous, derrière les montagnes des Zedamas et des Flittas ; vous vous attachez à leurs pas. Les tribus qui leur donnent asile, châtiées sévèrement par vous et par vos frères d'armes de Mostaganem, se soumettent partout sur votre passage. Les Hachems, enfin, vous ont crié merci, et de vos remparts vous voyez leurs tentes couvrir encore une fois cette plaine de Gréris, qu'ils avaient juré d'abandonner depuis que nous y avions planté nos drapeaux.

Sans doute, il reste encore beaucoup à faire pour cimenter l'œuvre de la force, pour détruire les préjugés, effacer les antipathies, désarmer le fanatisme. Ce sera le travail du temps. Mais dès aujourd'hui, soldats, je puis vous dire, votre tâche est accomplie : vous avez bien mérité de la patrie et du roi.

31

Il fut rendu compte de cette série d'opérations dans un rapport adressé à M. le gouverneur-général, daté du 14 juin 1842. (*Moniteur* du 10 juillet.)

Mascara, 14 juin 1842.

Monsieur le Gouverneur-Général,

J'ai eu l'honneur de vous faire connaître l'arrivée, à Mascara, de la division partie d'Oran, sous mes ordres, le 28 avril. Environ deux mille auxiliaires des Douairs, des Zmelas, des Beni-Amer, des Garabas et des Angads s'étaient successivement ralliés aux drapeaux du général Mustapha-ben-Ismaël et m'ont accompagné dans cette course de quelques jours. Après huit jours de marche dans le pays des Beni-Amer et des Djafras, j'ai atteint Aïn-el-Hadjer, la limite méridionale de ceux-ci, à environ quarante lieues d'Oran, à peu près sur le méridien de cette ville et dans la région élevée qui sépare le désert du Tell ou terre cultivable, dont Saïda, Frenda, Tekedempt et les autres villes construites dans l'est par l'émir, occupent pour ainsi dire les portes. J'ai fait alors un mouvement à l'est, en suivant la limite des Djafras, pour me rapprocher de Mascara.

Plusieurs coups de main exécutés sur la tribu, et particulièrement les 5 et 6 mai, ont amené la soumission d'une partie. Les autres tribus comprises entre les Djafras et les Hachems-Garabas, les derniers douars dissidents de ceux-ci qui, pour la plupart, y avaient cherché un refuge, se voyant cernés par mon mouvement et celui que le général d'Arbouville exécutait en même temps par Saïda, se sont hâtés de demander l'aman, soit au général, soit à moi-même.

Tout le pays de l'ouest entre Mascara et les Beni-Amer se trouvait ainsi pacifié. Le kalifa Mustapha-ben-Thami, avec ses frères et d'autres parents de l'émir étaient sortis du pays des Djafras et s'étaient éloignés dans le désert.

La division, marchant à un jour de distance dans la même direction que le général d'Arbouville, releva, le 10 mai, à Mascara, les troupes de ce dernier, à qui j'étais venu apporter moi-même, dès la veille, votre ordre de se rendre à Mostaganem. Mustapha et le Maghzen reprirent le lendemain la route d'Oran. Mon attention dut alors se reporter spécialement sur l'est de la province. Le reste de la tribu des Flittas avait plusieurs fois écrit qu'il ferait sa soumission à notre première apparition. Vous me prescriviez de faire, dans le sud de cette tribu et parallèlement au mouvement que vous alliez entreprendre, dans la vallée du Chelif, une suite de marches qui devaient lever les dernières incertitudes. Cette opération paraissait d'autant plus sûre, qu'elle devait séparer les Flittas du dernier noyau de résistance organisée, dont le centre était à Tekedempt, en partie relevée et repeuplée. Là s'étaient refugiées les tentes de l'émir et du kalifa, sous la protection de trois cents hommes, restes de l'infanterie régulière, et decinquante cavaliers réguliers. Abd-el-Baki, kalifa du désert au sud de la province d'Oran, Bou-Kelikra, aga des Sedamas, Mohammed-ould-Tefentchi, aga des Hachems-Garabas, dont la partie dissidente était encore nombreuse, joignaient leurs cavaliers à ces forces et se tenaient prêts à agir de concert.

Le 15 mai, jour que vos lettres m'indiquaient comme celui de votre entrée en opération, la division, forte de deux mille deux cents bayonnettes, de deux cent soixante-dix chevaux des spahis et des Mekahalias, deux pièces de montagne, alla bivouaquer au Maoussa,.où elle fut rejointe par environ deux cent cinquante cavaliers des Hachems et des Beni-Chougran. Le soldat portait dix jours de vivres et nous en avions chargé autant sur une quarantaine de mulets du train, sur quarante-cinq chevaux provenant de la contribution de guerre des Hachems, enfin sur quelques bêtes de somme louées à cette tribu.

Je fus retenu, le 16, sur l'Oued-Maoussa, par une nombreuse députation des tribus de la Yagoubia, nos alliés de l'automne dernier contre les Hachems, et la journée fut employée à opérer entre les deux tribus une réconciliation difficile.

La division se rendit en deux marches, le 18, sur la Mina, où quelques douars des Oulad-el-Abbès et des Flittas firent leur soumission, mais nous apprîmes que la masse de la tribu avait levé ses tentes et s'était réfugiée au loin dans les parties difficiles du pays. Les cavaliers auxiliaires échangèrent quelques coups de fusil avec la queue des fuyards. Force de renoncer aux moyens de conciliation, je me jetai, le lendemain avant le jour, dans les montagnes des Flittas, sur des douars de cette tribu et des Hachems-Cheragas insoumis, dont mes émissaires m'avaient fait connaître la position. Des chevaux, des troupeaux et cent quatre-vingt-cinq prisonniers furent ramenés au bivouac. Je résolus aussi de me porter sur Tekedempt, au-devant des forces, dont le voisinage arrêtait évidemment les Flittas, et je pris cette direction le 20 et le 21, par l'Oued-Menasfa, où ma cavalerie et mes tirailleurs de gauche se fusillèrent avec des cavaliers qui se détachaient des groupes, forts de quatre à cinq cents chevaux, dont les sommets voisins étaient garnis. Partie de ces groupes étaient formés par les Flittas et paraissaient se tenir en observation ; les autres se composaient des cavalier's de Tefentchi et de Bou-Kelikra, et cherchaient évidemment à engager les premiers.

La rencontre eut lieu d'une manière plus sérieuse le lendemain, 22 mai, en avant du marabout de Sidi-Mohammed-ben-Aïssa et d'Aïn-Krïma ; l'ennemi, aussi fort que la veille, s'était montré réuni et nous avait attendu d'assez près. A hauteur de ce dernier point, je les fis charger par toute ma cavalerie, aux ordres de M. le capitaine Walsin-Esterhazy, commandant les Makahalias, et je lançai derrière lui, pour le soutenir au besoin, trois bataillons d'infanterie sans sacs. Les cavaliers auxiliaires et les Mekahalias s'engagèrent résolument et poussèrent la charge à une lieue et demie. L'ennemi laissa entre nos mains quatre morts, dont un officier de réguliers que nous avions reçu en parlementaire il y a quelques mois. Un porte-drapeau, serré de près par M. Mesmer, sous-lieutenant auxMekahalias, jeta son étendard. J'allai bivouaquer à Sidi-Djilali-ben-Omar, à trois lieues de Tekedempt, où j'arrivai le lendemain à huit heures du matin.

Les cavaliers ennemis s'étaient dispersés et avaient complètement disparu après l'engagement de la veille, nous n'en aperçûmes plus un seul jusqu'à notre retour à Mascara. Cette apparence de lutte n'avait, d'ailleurs, pas même ralenti le mouvement des tribus vers nous. Mon camp avait reçu tous les jours des députations des diverses fractions des Zedamas, qui venaient traiter définitivement de leurs soumissions, dont les premiers mots seulement avaient pu être dits, lors de ma première course au mois de mars dernier, par les pluies et les neiges qui me surprirent chez eux (25 et 26 mars).

Les Oulad-Cherif, tribu importante qui confine au désert, au-dessus de Tekedempt, m'envoya le 24 des parlementaires, me promettant sa soumission et celle de tous ses voisins si je voulais me porter sur son territoire dans le sud-est, vers les sources du Chelif et de la Mina. Ces pourparlers m'occupèrent, pendant la journée du 23 et la matinée du 24. Les troupes employèrent ce temps à remettre au niveau du sol les constructions relevées du fort de Tekedempt, et dont l'importance était telle, que trois cents hommes pouvaient déjà y trouver leur logement ; plusieurs maisons de chefs avaient été reconstruites dans la ville et ont été de nouveau ruinées.

Un homme des Mekahalias, déserteur de la cavalerie régulière, nous montra le silos où avait été enfoui tout le matériel de l'ancienne fabrique d'armes ; nous en avons chargé notre convoi, et l'atelier de Mascara s'est enrichi, par cette prise, d'une assez grande quantité de cuivre et de fer, dont il avait grand besoin. Une pointe, dans le pays des Oulad-Cherif, ayant l'avantage, outre les promesses de cette tribu, de rejeter au loin tout le rassemblement formé autour de la tente de l'émir, et peut-être d'en amener la dissipation par les misères qui accompagnent ces fuites prolongées à travers un pays sans bois, mal pourvu de vivres, et dont les populations pouvaient devenir hostiles, je me décidai à accepter les propositions des Oulad-Cherif,

Le 24, à deux heures de l'après-midi, je franchis la montagne au-dessus de Tekedempt, et je vins camper sur l'Oued-Tiaret, à l'entrée de l'immense plateau du Sersou ; je trouvai les traces d'une immense émigration partie à la suite de la tente de l'émir, d'Abd-el-Baki, de Bou-Kelikra et de Tefentchi ; mais comme elle avait trop d'avance sur moi pour espérer de la rejoindre, je dus me borner à lui barrer, le plus promptement possible, le chemin du Tell, en profitant du temps, pour suivre mes négociations avec les Oulad-Cherif et les autres tribus du Sersou. Dans ce but, je fis séjour le 25.

Le 26, je portai la division à Aïn-Touda ; je me trouvai à quelques lieues seulement des soixante-dix fontaines (Sebaoun-Aioun), source principale du Chelif, et à dix-huit lieues environ de Thaza. Le pays était abondant en eau et en herbe, mais entièrement dépourvu de bois, ce qui m'obligea à revenir, le 27, à mon bivouac de l'Oued-Tiaret, où je séjournai le 28, et d'où je me portai, par une marche de trois lieues, sur la Haute-Mina ; à une demi-lieue du point où cette rivière, déjà forte, tombe, par une chute de quarante mètres, du plateau du Sersou dans le Tell.

Ces petits déplacements n'avaient nullement gêné mes conférences avec les chefs des tribus, et avaient l'avantage de presser leurs résolutions par la crainte de me voir entrer sur leurs divers territoires et détruire leurs moissons. Le 30 au matin, en quittant le Sersou pour reprendre la route de Mascara, j'avais reçu les chevaux de soumission de l'ensemble des tribus qui occupent cette contrée : Oulad-Cherif, Harrar, Garabas et Cheragas, Beni-Median, etc., etc., et, après de nombreuses conférences, j'étais parvenu à concilier entre elles tous leurs vieux différends, et à leur faire jurer alliance et secours mutuel pour le cas d'un retour de l'émir ou de ses kalifas.

J'avais trouvé à acheter quelques quintaux de blé chez les Oulad-Cherif, secours d'autant plus utile que les Flittas, bien avertis par la rude guerre que j'avais faite, l'hiver dernier, aux silos des Ilachems, avaient vidé tous les silos agglomérés et connus, et éparpillé leurs approvisionnements dans des silos cachés et isolés, et appelés en arabe silos sauvages ; tactique qui avait rendu à peu près infructueuses toutes nos recherches en traversant leur territoire. J'avais aussi acheté des chevaux et des bœufs, et des moutons avaient été amenés dans nos camps.

La division coucha, le 30 au soir, sur l'Oued-Legrhoue, et prit, le 31 à quatre heures et demie, la route de Medrossa et de la vallée de l'Oued-Defla, peuplée de nombreux douars des Zedamas et des Krellafas. Je fus rejoint, dans cette route, par plusieurs cheïks de la Yagoubia, porteurs d'une nouvelle qui produisit chez nos auxiliaires, anciens et nouveaux, une grande émotion : Abd-el-Kader, battu par le général Bedeau, expulsé du Maroc par Moulai-Abd-er-Rhaman, délaissé par toutes les tribus de l'ouest, s'était jeté chez les Djafras avec cent cinquante cavaliers dévoués ; une partie de la tribu l'avait suivi dans la plaine de Gréris.

Un exprès du commandant supérieur de Mascara me rejoignit presque aussitôt. Les lettres qu'il portait étaient du 28. Incertain de mon itinéraire, il m'avait cherché inutilement pendant deux jours. M. le commandant Bastouil me confirmait la nouvelle donnée par les indigènes. Les Hachems-Garabas, dont les cavaliers étaient restés dans les douars, avaient repoussé les lettres de l'émir ou les avaient livrées à notre kalifa, à Mascara ; ils avaient couvert la retraite de leurs tentes sur l'Oued-el-Hammam ou sur Mascara ; rien n'avait bougé. Les Hachems-Cheragas, dont j'avais emmené les cavaliers pour avoir un moyen d'influence surceux que je devais chercher à rallier, avaient commis l'imprudence, se croyant couverts par mon mouvement en avant d'eux, de s'étendre démesurément jusqu'à l'Oued-el-Haddad. L'émir, les trouvant sans défenseurs, s'était fait suivre par quarante à cinquante douars de cinq à six familles chacun ; plusieurs avaient résisté et avaient été pillés. Quelques cavaliers avaient réussi à s'échapper et augmentaient les inquiétudes bien légitimes de nos alliés.

L'attitude des chefs des Zedamas et des Krellafas ne fut cependant pas douteuse. Après une conférence autorisée par moi et tenue en ma présence, tous me protestèrent de ne point se départir de leurs engagements et de ne céder qu'à la force. Impatient de connaître l'état réel des choses et de faire face aux événements, je marchai jusqu'au soir et j'amenai ma division, par une marche de dix lieues, sur l'Oued-el-Tat. Je gagnai le lendemain, par une marche aussi longue, l'Oued-el-Troum, à sept lieues de Mascara. Là, je commençai à rencontrer quelques-uns des douars pillés. Les cavaliers Hachems-Cheragas, qui m'avaient quitté la veille pour aller aux nouvelles, rentrèrent au camp, et je connus la vérité, L'émir, à la tête d'environ trois cents cavaliers amenés par lui du Maroc ou des Djafras, avait, en effet, surpris une cinquantaine de douars ; presque tous avaient résisté et ne l'avaient suivi qu'après avoir été violemment maltraités. N'osant séjourner aussi près de Mascara, dont la garnison s'était mise à sa poursuite, redoutant mon retour annoncé de moment en moment, il avait pris la route des Djafras, avec une précipitation telle qu'il avait oublié, sur son chemin, plusieurs douars, que d'autres s'étaient échappés pendant sa marche et pendant la nuit, et que des hommes rentraient à chaque instant. Cet événement, tout regrettable qu'il est, prouve donc, monsieur le gouverneur, qu'il n'y a nul espoir pour l'émir de renouveller une lutte générale. Toute l'énergie des Hachems est usée, aucune défection ne s'est produite, et il est peu probable qu'il rencontre chez d'autres un dévouement qui lui manque chez des hommes si longtemps attachés à sa cause et dont la fidélité s'est manifestée par des efforts si persévérants.

Je suis rentré à Mascara le 2 au matin ; j'y ai trouvé des lettres qui m'annonçaient l'arrivée prochaine du général Mustapha-ben-Ismaël et de son maghzen. Averti par le général Bedeau de la tentative désespérée d'Abd-el-Kader, le même avis lui parvenant par M. le commandant de place de Mascara, le général n'a point hésité : il est venu dans un jour d'Oran à l'Oued-el-Hammam ; il a couché ce soir à Mascara. Ses cavaliers, au nombre de plus de mille, bivouaquent à une lieue et demie d'ici, au Keurt.

La division est partie tout à l'heure pour aller bivouaquer sur le Froâ, où je la rejoindrai demain matin avec la cavalerie. Mes mouvements sont. concertés avec le général Mustapha. Nous allons marcher sur les Djafras et punir la défection de ceux qui, après un commencement de soumission, n'ont point résisté à la tentative de l'émir. Les circonstances décideront de ce qu'il sera possible d'entreprendre contre lui-même. Je savais, avant son apparition, que sa tente etl'émigration de Tekedempt, avaient été plus d'une fois inquiétées dans leur marche. Les vivres manquaient dans cette population éloignée de ses ressources ; les tribus lui volaient des troupeaux, et, au dire d'un déserteur qui l'avait récemment quittée, toutes les nuits étaient troublées par des coups de fusils.

Abd-el-Kader ne doit donc rencontrer, s'il est forcé de se porter de ce côté pour recueillir sa famille, que des chefs et des populations compromis. Nos opérations dans la vallée du Chelif et dans le pays qui l'avoisine, celle que je vais conduire contre les Djafras et contre toute tribu qui paraîtrait douteuse, peuvent faire espérer sans présomption, que cette épreuve, inévitable d'ailleurs et bien prévue ; n'occasionnera aucun dérangement sérieux dans les affaires, et démontrera clairement aux tribus l'impuissance dans laquelle est tombé notre adversaire.

Cet événement n'a troublé en aucune manière la sécurité de nos communications avec Oran et Mostaganem : les convois continuent à nous arriver autant que peuvent le permettre les moyens de transport des tribus, après la réquisition de bêtes de somme à la suite de votre colonne et pendant le temps de la moisson, déjà commencée dans la plaine de Ceirate et chez les Medjehers.

Je suis, etc.
Le maréchal-de-camp commandant la province d'Oran,
Signé :DE LA MORICIÈRE.

32

Voici la relation de cette partie des opérations de la colonne de Mostaganem, telle qu'elle fut présentée dans le *Moniteur* du 50 mars 1843, n° 531 :

Le pont de chevalet établi sur le bas Chelif, ayant été terminé le 14 mars, la division de Mostaganem a passé le fleuve le lendemain matin. Dès que le camp fut établi sur la rive droite, le général Gentil entra immédiatement dans les montagnes des Beni-Zcrouals qui, après avoir fait déjà trois fois leur soumission à la France et à notre kalifa du Cheurg, avaient appelé Abd-el-Kader, qui y avait séjourné plusieurs jours, protégé par la crue des eaux du Chelif.

Cette marche, qui n'éprouva de la part de l'ennemi aucune résistance sérieuse, amena à nous quelques fractions de la tribu, qui vinrent s'établir à côté de notre camp. Plusieurs autres excursions dans ces montagnes, d'où toutes les populations avaient fui, n'amenèrent aucun résultat.

Le 19, des renseignements firent encore connaître qu'une nombreuse population était dans la vallée de l'Oued-Ghrebal. Le général Gentil partit de son camp à minuit avec l'infanterie sans sacs et toute la cavalerie française, ainsi que les goums de Mostaganem et du kalifa Ben-Abd-Allah-Ould-Sidi-Laribi.

Au point du jour la cavalerie atteignit le marabout de Sidi-Lekhhal, chez les Ouled-Krelouf. Cemarabout, construiten forme de caravansérail, était fermé et en partie crénelé. Des maisons en terrasses très-solides l'environnent. Une cinquantaine d'hommes armés, se disant étrangers aux querelles du pays, se présentèrent en offrant un cheval de soumission, demandant qu'on passât outre. Ils furent sommés de se rendre avec la promesse qui ne leur serait fait aucun mal ; mais ils répondirent à cette sommation par des coups de fusil. Un des cavaliers Bodjias fut tué. Une partie de la cavalerie fut placée en observation autour du marabout, pour empêcher ceux qui s'y étaient retirés de sortir et d'emmener les' troupeaux ; Le reste de la cavalerie continua sa marche dans l'est, à la poursuite des cavaliers qui fuyaient. Elle fit éprouver beaucoup de pertes et ramena des troupeaux et des prisonniers.

Lorsque le général Gentil, à la tête de l'infanterie, arriva au marabout de Sidi-Lekhhal, de nombreux coups de fusils en partirent, ainsi que de toutes les maisons environnantes. Deux compagnies d'élite du 32e de ligne furent lancées et montèrent sur les terrasses du caravansérail, pour descendre ensuite dans la cour. Lecapitaine Hardouin et le sergent Davin, des grenadiers du 32°, donnèrent bravement l'exemple, en sautant les premiers dans l'intérieur. Le sergent Davin fut grièvement blessé. La défense de la part des cabyles, dans le marabout et dans quelques maisons voisines, fut désespérée. Le combat dura une heure. Les femmes et les enfants renfermés dans ce marabout restèrent en notre pouvoir.

La colonne est rentrée dans son camp après une marche de dix-huit heures, ramenant sept cent douze prisonniers, parmi lesquels centcinquantehuit hommes vigoureux. Les goums et tous les arabes qui étaient avec nous ont ramassé un butin immense. L'ennemi a eu, dans le marabout et dans les environs, cent cinquante hommes tués, et la cavalerie en a tué autant dans les ravins.

33

Il eût été digne de la France, il eût été peut-être aussi d'une politique habile, que le souvenir des services éminents rendus par Mustapha-ben-Ismaël fût consacré par quelque monument public. A l'époque de sa mort, on avait proposé d'élever à Oran une fontaine qui portât son nom. Cette proposition n'eut jamais de suite.

34

La physionomie de cette opération fût entièrement défigurée dans le compte-rendu qui fut fait à M. le gouverneur-général de cette affaire. En voici le rapport offciel, tel qu'il fut adressé à M. le général Gentil par l'offcier qui y commandait :

Sidi-Bel-Assel, 18 mai 1843.

Mon général,

J'ai l'honneur de vous adresser, d'après votre ordre, mon rapport sur les événements qui se sont passés dans la journée du 14 courant.

La troupe sous mes ordres, disponible pour le coup de main dont vous m'aviez chargé, se composait :

1° De deux escadrons du 2° chasseurs, sous les ordres de M. le capitaine Favas, présentant dans les rangs un effectif de	135	chevaux.
2° De deux escadrons de spahis, commandés par M. le capitaine Billoud, d'un effectif de	115	chevaux.
3° Des cavaliers du goum de Mostaganem, au nombre d'à peu près	250	chevaux.
Total	500	chevaux.

Connaissant la présence des cavaliers réguliers et d'une réunion nombreuse de cavaliers des tribus, dont la mission était de protéger les populations contre lesquelles était dirigée l'opération que vous m'aviez confiée, vous m'aviez fait l'honneur de me prévenir vous-même au rapport, auquel vous aviez convoqué, la veille du départ, les différents chefs de corps, que le mouvement de la cavalerie serait appuyé, *d'aussi près que possible,* par deux bataillons d'infanterie.

Je marchai toute la nuit en tête de la colonne : d'après vos ordres, la cavalerie ne devait s'en séparer que le plus tard possible. Lorsque le jour commença à paraître j'aperçus, sur les hauteurs de droite qui commandent la vallée du Menasfa, quelques éclaireurs ennemis, qui prirent la fuite en voyant déboucher la tête de colonne. Je les fis suivre, en faisant hâter un peu l'allure, par quelques cavaliers du goum, mais je ne fis prendre le trot que lorsque ces cavaliers vinrent me prévenir que la tribu toute entière des Flittas insoumis était en fuite devant nous. Il était quatre heures ; nous étions arrivés au milieu de la vallée, et en effet, quelque temps après avoir passé la rivière, à peu près à une lieue et demie d'elle, nous vîmes une innombrable émigration de tribus fuyant dans toutes les directions sur plusieurs colonnes de troupeaux et de bagages. J'avais eu soin, la veille avant le départ, de réunir dans ma tente MM. Billoud et Favas, de leur montrer sur la carte le terrain sur lequel nous allions opérer et de les prévenir, en enjoignant de manœuvrer, serré, des circonstances dans lesquelles nous exécutions la razzia. Aussi, arrivé en présence de cette immense population en fuite, je vis aussitôt qu'il ne fallait pas songer, eu égard au petit nombre des cavaliers que nous étions, à la ramener toute entière, et qu'il fallait se contenter de faire sa part dans deux ou trois des colonnes émigrantes. Je donnai donc l'ordre au 5e escadron de spahis, conduit par M. le capitaine Billoud, de tomber sur la queue d'une de ces colonnes et d'en rabattre vers nous une portion que je lui déterminai. Je fis partir, en même temps, le 1er escadron de chasseurs, en indiquant à M. Daumas, son commandant, la portion de troupeaux et de bagages qu'il aurait à ramener de notre côté. Avec les deux escadrons restant, que je voulais garder en réserve, j'allais m'établir sur un mamelon central pour y servir de point de ralliement. Les deux escadrons indiqués partirent dans la direction que je leur avais fait connaître, et de légers accidents de terrain, voisins de la position que j'occupais, me les dérobèrent bientôt. Au bout d'un assez long espace de temps, une autre forte émigration de troupeaux se présentant sur mon flanc gauche, voyant d'ailleurs qu'aucune résistance sérieuse ne se manifestait d'aucun côté, je détachai le 6e escadron de spahis sur cette colonne, d'ailleurs fort rapprochée de nous. Au bout d'une heure, je fis sonner le ralliement. Déjà une portion des troupeaux rencontrés sur notre route avait été rassemblée par quelques hommes de l'escadron de chasseurs de réserve. Les 5e et 6e escadrons de spahis ne tardèrent pas à me rallier avec la portion de troupeaux que chacun d'eux amenait. Déjà depuis longtemps tous les cavaliers du goum, à l'exception de vingt ou vingt-cinq qui suivaient les drapeaux du caïd des Flittas, avaient repris la direction du Menasfa, chargés de butin ou emmenant avec eux les chevaux et bêtes de somme de prise. Il était sept heures ; l'opération était complètement et heureusement terminée dans ce moment, si les deux bataillons sur lesquels je comptais pour appuyer mon mouvement, eussent été mis sur nos traces ainsi qu'il en avait été convenu. Le 5e escadron de chasseurs, cependant, ne s'était pas rendu aux sonneries de ralliement : je ne pouvais pas penser, après les recommandations de prudence que j'avais eu la précaution de faire aux commandants d'escadrons, qu'il se fut beaucoup éloigné ; attendant d'ailleurs, à chaque instant, l'infanterie, dont le retard commençait à me surprendre, je me décidai à mettre nos prises nombreuses en mouvement dans la direction du Menasfa, sous la conduite de quelques spahis, et je fis contenir les cavaliers ennemis par deux pelotons de ces escadrons. L'escadron de chasseurs commençait à me donner de l'inquiétude ; cependant je n'entendais pas la fusillade et je ne pouvais pas croire qu'il se fut assez éloigné pour qu'elle n'arriva pas jusqu'à moi, si l'escadron eut été fortement engagé. Je continuai donc à faire pousser le troupeau devant moi pendant quelque temps. Les ennemis commençaient à accourir nombreux sur le convoi de nos prises ; je ne voyais pas paraître l'infanterie dont je ne m'expliquais plus le retard, lorsqu'un brigadier de spahis, le nommé Ben-Daouadji, qui était parti avec les chasseurs, arriva, complètement dépouillé sur un cheval nu, me prévenir qu'ils étaient très-loin de nous, très-fortement engagés avec les réguliers et entourés de nuées de cavaliers. Deux partis se présentaient alors à prendre : ou bien abandonner nos prises, nos troupeaux, nos prisonniers et me porter avec les trois escadrons au secours de l'escadron engagé ; ou bien lui envoyer assez de renfort pour pouvoir maintenir l'ennemi encore quelque temps, jusqu'à ce que l'infanterie arrivât enfin pour les dégager. Abandonner le produit matériel de notre coup de main, c'était déjà s'avouer battu ; je me décidai donc à n'envoyer que l'escadron de chasseurs commandé par M. le capitaine Favas, en lui enjoignant, s'il ne pouvait dégager l'escadron compromis, de tenir assez longtemps pour que l'infanterie put arriver. J'écrivis en même temps un mot que j'essayai, mon général, de vous faire parvenir pour vous faire connaître que ces deux bataillons, sur lesquels je comptais, n'étaient pas arrivés, et pour vous prier, au cas où vous les auriez retenus, de presser leur départ, ajoutant qu'il n'y avait pas de temps à perdre. J'ai su, plus tard, que l'arabe, porteur de mon billet, avait été tué. Comme depuis le départ du 1er escadron de chasseurs jusqu'à l'arrivée du bataillon d'infanterie, j'ai été séparé deM. le capitaine Favas, je vais transcrire ici le rapport qui m'a été adressé par cet officier

« J'ai l'honneur de vous rendre compte que, suivant l'ordre que vous m'en aviez donné, je partis vers les huit heures pour me porter au secours de mon 1er escadron, fortement engagé sur la droite où vous l'aviez envoyé prendre des troupeaux. Je me dirigeai rapidement, avec mon 5e escadron, sur un mamelon d'où je distinguai, à la distance d'au moins une lieue, l'escadron de M. le capitaine Daumas, entouré de tous côtés par des masses ennemies. Je me dirigeai sur lui au galop. En arrivant, nous chargeâmes simultanément, M. Daumas à droite, le 5e escadron à gauche, et parvînmes ainsi à opérer notre jonction et à nous établir sur la hauteur, en maintenant l'ennemi par un feu bien nourri. Cependant, le nombre des ennemis augmentait à chaque instant et la position devenait de plus en plus difficile. Je me décidai donc à chercher à gagner une hauteur située à cinq ou six cents mètres du mamelon que nous occupions, mais dont certains abords étaient escarpés et qui était moins commandé que celui sur lequel nous étions. Trois fois de suite nous commençâmes notre mouvement en bon ordre, et trois fois, chargés sur les quatre faces, dès que nous voulions nous porter en avant, nous fûmes ramenés à notre première position. Nous étions cent vingt-huit cavaliers et l'ennemi en comptait au moins douze cents dont six cents réguliers ; s'étant aperçu de notre intention, il envoya quelques cavaliers nous devancer et occuper la position. Le moment était décisif : il n'y avait plus un moment à perdre, il nous fallait à toute force ce plateau pour pouvoir tenir ; aussi, comprenant l'imminence du danger, officiers et chasseurs, nous nous précipitâmes tous pêle-mêle avec l'ennemi, aux cris de vive la France, vive le 2e chasseurs ! ! !. Arrivés sur le plateau, nous fîmes immédiatement demi-tour et tout ce qui se trouvait avec nous d'ennemis fut sabré. En ce moment, M. le lieutenant Bruchard reçut deux blessures graves et eut son cheval tué sous lui.

Une fois en possession de cette position, j'étais à même d'attendre quelque temps l'infanterie, ainsi que vous me l'aviez prescrit, et dans tous les cas de vendre chèrement notre vie. Abd-el-Kader (on a su, plus tard, que c'était Hadji-Mohammed-el-Kharoubi, son kalifa) venait d'arriver avec un nouveau renfort de réguliers. On le distinguait parfaitement à une portée de canon, à son entourage et à ses drapeaux. Je fis mettre pied à terre à tout le monde, disposai un cordon de tirailleurs sur toutes les faces abordables de la position et plaçai les chevaux et les blessés au centre. Je fis en outre coucher les hommes et recommander expressément de ne faire feu qu'à coup sûr, vu que nos cartouches commençaient à s'épuiser. Cette attitude surprit l'ennemi, qui, craignant quelque embuscade, se maintint quelque temps à distance, faisant pleuvoir sur nous une grêle de balles qui nous blessa beaucoup de monde, entr'autres M. Daumas, qui n'en coutinua pas moins à commander son escadron ; M. Lacaze, lieutenant ; Vidil, sous-lieutenant ; de Noue et Lacocardière, sous-lieutenants. Je ne vous dirai pas, mon commandant, tout ce qu'il a fallu de courage et de sang-froid à MM. les offciers, de confiance et de subordination dans la troupe, à qui nous promettions, à chaque instant, un secours sur lequel nous ne comptions plus nous-mêmes, pour ne pas désespérer de la situation : elle dura une heure un quart. Deux fois de suite les escadrons des réguliers mirent pied à terre pour nous prendre d'assaut, deux fois ils furent vigoureusement repoussés : une troisieme tentative, plus forte que les deux autres, eut enfin lieu au moment où vous débouchiez avec cette infanterie si longtemps attendue, et vous avez pu voir, en arrivant sur le plateau, comment cette dernière attaque avait été reçue.

M. le capitaine Daumas, qui n'avait pu m'instruire pendant le combat de ce qui était arrivé à son escadron avant notre jonction, m'a rendu compte, après votre arrivée, que, en exécution de vos ordres, il était allé ramener la portion de la colonne émigrante que vous lui aviez désignée sur la droite, mais qu'il s'était imprudemment mis à la poursuite d'un immense troupeau qui l'avait fait aller beaucoup plus loin qu'il ne voulait ; qu'il n'avait eu jusqu'alors que quelques arabes à maintenir, lorsqu'il s'est vu assaillir tout à coup par les forces régulières que vous nous aviez signalées d'avance, qui ont débouché à l'improviste d'un ravin, l'ont forcé à abandonner les prises et contraint à se réfugier sur le mamelon où je l'ai trouvé se défendant vaillamment. Il m'a cité, comme s'étant parfaitement conduit, M. le docteur Vergesse, qui a été en tête de toutes les charges. "

Pendant que les chasseurs faisaient cette belle défense sur la position que M. Favas avait si heureusement choisie, le nombre des ennemis fan-tassins et cavaliers s'était, considérablement accru autour du convoi de nos prises. Je fus obligé de le faire arrêter, afin de pouvoir disposer de tout mon monde pour maintenir les assaillants ; il ne nous restait presque plus de cartouches et l'ennemi, que plusieurs charges partielles heureuses avaient maintenu jusqu'alors, devenait de plus en plus audacieux, lorsqu'enfin, à dix heures, parut un seul bataillon du 32e , d'environ quatre cents hommes, sous les ordres de M. le commandant Bouillon. Son apparition arrêta pour un instant les tiraillements des arabes. Je profitai de ce moment de relâche pour remettre le troupeau en mouvement ; je donnai le commandement de l'escorte à M. le capitaine Billoud, lui prescrivant de le faire rentrer le plus promptement possible au camp, etpour arrêter le feu des arabes, auquel nous ne pouvions presque plus répondre, faute de munitions, je lui enjoignis d e mettre à l'arrière-garde, à côté de ses tirailleurs, les prisonniers, hommes, femmes et enfants, que nous emmenions avec nous dans le convoi. J'allai moi-même au-devant du bataillon qui arrivait, pour le conduire et, sur l'invitation de M. le commandant Bouillon et quoique moins ancien que lui, j'en pris le commandement, conformément à l'article 3 du réglement sur le service en campagne, article qui me fut cité sur les lieux par cet offcier supérieur. Je dirigeai la marche directement sur le premier mamelon qui avait été occupé par les chasseurs et qui était couvert d'une multitude d'arabes. C'étaitle moment où ils se préparaient pour leur dernier assaut. Sentant combien les moments étaient précieux, je me portai rapidement en avant avec quelques cavaliers du Maghzen qui suivaient le caïd Kaddour-ben-Morfy. Je chargeai en tête de ce petit goum, et dans ce mouvement, Mohammed-ould-Gaïcha, un des plus braves cavaliers arabes du Maghzen de Mostaganem et un des premiers qui se fut attaché à notre cause, fut tué à mes côtés. Enfin les grenadiers du 32e occupèrent le plateau et nous pûmes voir les chasseurs dégagés.

Mais le renfort en infanterie qui nous était arrivé n'était pas très-fort, et nous étions toujours entourés à très-petite distance par un grand nombre d'arabes, qui continuaient à faire pleuvoir sur nous une grêle de balles. Je dirigeai le bataillon sur le plateau de Sidi-Rached. Là, M. le capitaine Favas fit charger sur ses chevaux, les morts, les blessés, les armes, les harnachements, afin que rien ne restât comme trophée entre les mains de l'ennemi, et nous nous disposâmes à battre en retraite, Elle eût peut-être sérieusement été inquiétée, car nous étions bien peu de monde devant un aussi grand rassemblement ; les arabes avaient beaucoup perdu des leurs dans leurs attaques successives contre les escadrons, et ils voyaient avec rage leur échapper une proie qu'ils regardaient comme assurée, lorsque l'arrivée d'un deuxième bataillon, celui des tirailleurs indigènes, avec deux obusiers de montagne, vint rendre notre tâche facile. M. le commandant Bosquet, qui le conduisait, prit le commandement de l'arrière-garde ; ses tirailleurs flanquèrent la gauche de notre colonne ; Je bataillon du 32e prit la tête et le flanquement de la droite, et les chasseurs furent placés au centre. Les arabes, intimidés par l'arrivée du 2e bataillon et de l'artillerie, qui lança à propos quelques obus à bonne portée et bien dirigés, et par-quelques mouvements offensifs, ordonnés par M. le commandant Bosquet, ne poursuivirent qu'assez faiblement notre mouvement de retraite jusqu'à une portée de canon du camp.

La méprise fâcheuse causée par le retour des premiers cavaliers du goum, qui, en vous donnant à croire que nous n'avions trouvé nulle part de résistance sérieuse, vous a fait retenir au bivouac les deux bataillons destinés à nous soutenir, pouvait avoir des conséquences bien autrement fatales et désastreuses. L'absence de ces bataillons, et par suite l'immense disproportion des forces engagées, expliquent nos nombreuses pertes en hommes et en chevaux, mais celles de l'ennemi ont été certainement bien plus grandes encore. Cette opération se réduit, en somme, à un coup de main audacieux opéré par deux cent cinquante cavaliers, en présence de la plus grande partie de la cavalerie régulière d'Abd-el-Kader et d'un goum de plus de douze cents chevaux, sur des tribus qui se croyaient tellement sûres de l'efficacité de cette protection, que plusieurs douars d'entre elles n'avaient pas même abattu leurs tentes. L'effet moral doit en être immense, et le résultat matériel consiste en deux cents prisonniers, hommes, femmes et enfants, six cents bœufs, deux mille moutons, trois cents bêtes de somme, chevaux, mulets ou ânes, une immense quantité d'objets et d'effets de toute nature, dont la perte porte un préjudice des plus graves à ces populations insoumises. L'admirable défense des chasseurs, sur le plateau de Sidi-Rached, peut compter comme un des beaux faits d'armes de nos guerres d'Afrique. J'ai l'honneur de vous prier, mon général, de vouloir bien faire valoir auprès de M. le gouverneur-général, tout ce que ce combat a de beau et tout ce qu'il y a de mérite dans les officiers qui l'ont dirigé, Je vous prie également de vouloir bien citer, dans les deux corps qui ont pris part à cette action, les militaires dont les noms suivent, que je considère comme y ayant acquis des droits à la bienveillance de leurs chefs :

2ᵉ régiment de chasseurs d'Afrique. Officiers : MM. Favas, capitaine, commandant les deux escadrons ; Daumas, capitaine, blessé deux fois ; Lacaze, lieutenant, blessé deux fois ; de Noue, sous-lieutenant, a eu son cheval tué sous lui ; Lacocardière, sous-lieutenant, blessé ; Vidil, sous-lieutenant, blessé ; Bruchard, sous-lieutenant, blessé grièvement, a eu son cheval tué sous lui ; Vergesse, chirurgien aide-major.

Sous-officiers et chasseurs. 1ᵉʳ escadron : Perrot, maréchal-des-logis ; Tramuzet, maréchal-des-logis ; Guyon, brigadier, deux blessures ; Gérard, chasseur, deux blessures ; Baille, brigadier ; Teston, brigadier ; Corbeau, chasseur, blessé ; Beaugeois, chasseur, deux blessures.

5ᵉ escadron : Kresmann, maréchal-des-logis ; Guiberet, maréchal-des-logis ; Thiria, brigadier, a eu son cheval tué ; Lantin, brigadier ; Biard, chasseur, blessé ; Pollioux, chasseur, blessé ; Anongère, trompette.

2ᵉ régiment de spahis. Officiers : MM. Billoud, capitaine, commandant les deux escadrons ; de Gouzins, lieutenant ; Nansouty, sous-lieutenant ; Abd-Allah, sous-lieutenant indigène.

Sous-Officiers et spaliis : Rodière, maréchal-des-logis ; Mignot, maréchal-des-logis ; Rénaud, maréchal-des-logis, blessé ; Macé, brigadier ; Keneur, brigadier ; Bourde, brigadier ; Dupont, spahis ; El-Habib-ben-Tahar, spahis.

Au camp de Sidi-bel-Assel, le 18 mai 1843.

Le chef-d'escadrons commandant la cavalerie de la colonne active de Mostaganem,

Signe : WALSIN-ESTERHAZY.

35

Rapport de M. le général Tempoure, sur le combat d'El-Malah, à M. le lieutenant-général commandant la province d'Oran :

Mon général,

Ainsi que j'ai eu l'honneur de vous l'annoncer dans ma dépêche du 9, du bivouac d'Assi-el-Kerma, le kalifa Sidi-Embarek était parti de Tameteït près de Djerf-el-Guebli, le 8 au matin, se dirigeant vers l'ouest, pour faire sa jonction avec l'émir, qui devait l'attendre au Gorr ; il se trouvait donc, le 9 au soir, à trois marches de ma colonne : il s'agissait de le gagner de vitesse, chose difficile, mais si importante que je me décidai à la tenter. Dans ce but, je dus rendre ma colonne plus légère ; je renvoyai six cents hommes à Ouizert, avec ordre de me conduire un convoi de vivres à Sidi-bel-Abbès, qui devenait forcément ma base d'opérations.

Cette séparation de mes forces avait, en outre ; le précieux avantage d'augmenter mes vivres de deux ou trois jours, sans lesquels mon entreprise devenait impossible. Je ne gardai que des hommes d'élite. De plus, au moyen de quelques mesures de détail, je parvins à faire transporter trois cent quarante sacs sur des bêtes de somme. Mes forces se trouvaient ainsi réduites à huitcents hommes d'infanterie et cinq cents chevaux des 2e et 4e chasseurs d'Afrique et des spahis d'Oran, formant en tout huit escadrons et trente cavaliers indigènes.

Je partis d'Assi-el-Kerma à minuit, et vers neuf heures du matin j'arrivai à Tameteït. Là, je pus me convaincre que les renseignements qui m'avaient été donnés étaient exacts. J'y retrouvai les restes d'un bivouac tout récemment abandonné, et les traces d'une nombreuse colonne d'infanterie, de cavalerie, de bestiaux et de bêtes de somme. Je fis une halte, pour donner à mes troupes un repos dont elles avaient grand besoin, car le temps était devenu fort mauvais ; il pleuvait à verse.

A onze heures, nous nous remîmes en marche. La route suivie par l'ennemi n'était pas douteuse, car elle était semée de débris, et même, de temps en temps, nous y trouvions quelque cheval mort ou abandonné. Toutefois, mon embarras était extrême ; préparé pour agir dans le sud de la subdivision de Mascara, je manquais de guide sûr ; ceux que j'avais ne connaissaient qu'imparfaitement la partie ouest du pays des Djaffras, vers laquelle je m'avançais ; heureusement, vers quatre heures du soir, quelques cavaliers du Maghzen de Mascara, que j'avais poussés en avant avec ordre de fouiller les bois afin d'y découvrir, s'il était possible, quelques habitants, m'amenèrent deux misérables Djaffras, venus des bords du désert pour cueillir des glands, seule nourriture maintenant de la partie insoumise de celte tribu.

Je questionnai ces hommes ; ils m'apprirent que l'ennemi avait couché la veille non loin de là, à l'Oued-Kracheba, et qu'il s'y trouvait encore ce jour-là, à neuf heures du matin. Ce ruisseau coule à cinq lieues du bivouac que j'allais occuper, à Aïn-Bouchegara. En y arrivant, à l'entrée de la nuit, je trouvai le bivouac qu'avait occupé l'ennemi avant de se porter sur l'Oued-Kracheba ; il était parsemé de dépouilles d'animaux encore fraîches. Ces indices me prouvèrent que mes deux prisonniers m'avaient très-probablement dit la vérité sur la position occupée par celui-ci la veille, à neuf heures du matin ; cette heure avancée devait me faire supposer qu'il pouvait y avoir fait séjour ou tout au moins qu'il ne s'en était pas beaucoup éloigné. Je me décidai donc à faire encore une marche de nuit, espérant le surprendre au point du jour, ou dans le courant de la journée.

Je me mis en route à minuit, malgré une pluie battante et les difficultés qui m'attendaient dans un chemin déclaré presque impraticable par mes prisonniers. Cette pluie servait d'ailleurs admirablement mes projets ; car elle devait arrêter l'ennemi dans sa marche, si, comme cela devenait de plus en plus probable, il ignorait mon apparition dans le pays. La nuit fut affreuse ; à la pointe du jour nous débouchâmes sur l'Oued-Kracheba, et bientôt nous y reconnûmes la bivouac de l'ennemi. Cette fois, ses feux n'étaient pas encore éteints, et tout indiquait qu'il ne l'avait quitté que la veille, à une heure assez avancée de la journée ; encore un effort et nous atteignions le but.

La pluie tombait toujours à verse ; les terres étaient détrempées ; mes troupes étaient excessivement fatiguées. Mais, quand je leur montrai la presque certitude de joindre l'ennemi, elles oublièrent leur lassitude, les rigueurs de la saison et se remirent en marche avec enthousiasme.

J'avais fait reconnaître la direction de la trace qui me guidait toujours : elle semblait indiquer que la colonne se dirigeait sur Sidi-Yaya ; mais à peine avions-nous fait une lieue, que nous la vîmes se détourner à gauche et s'engager à travers un pays qui nous était entièrement inconnu. Questionnés sur cet incident inattendu, mes prisonniers répondirent qu'il était possible qu'étant parti la veille assez tard de l'Oued-Kracheba, Sidi-Embarek eut été s'établir sur des rédires assez nombreux, d'ordinaire, après les pluies, dans le, lit de l'Oued-Malah, Deux partis se présentaient : continuer ma marche, sur Sidi-Yaya, ce qui me faisait gagner quelques heures, si l'ennemi avait poursuivi sa route vers le Gorr, ou suivre la trace. Ce dernier me parut le plus sûr ; je l'adoptai. Il me donnait, d'ailleurs, une belle chance, car la pluie, qui tombait incessamment depuis la veille, avait bien pu forcer Sidi-Embarek à suspendre un instant sa marche.

En ce moment, surtout, notre poursuite devenait intéressante ; tantôt nous cheminions dans le fond des ravins, dans le lit des torrents ; tantôt nous traversions de grands bois, et, à chaque instant, il fallait s'arrêter pour retrouver la trace perdue. Enfin, nous aperçûmes une forte fumée sortant d'un bois, à l'origine de la vallée du Malah. Je ne doutai pas que l'ennemi ne fût la : je massai ma colonne, à couvert derrière un pli de terrain, et je disposai tout pour l'attaque.

Je formai ma cavalerie sur trois colonnes, forte chacune de trois escadrons, et derrière celle du centre, je plaçai deux escadrons en réserve. Les colonnes de droite et de gauche devaient envelopper l'ennemi, pendant que la colonne intermédiaire attaquerait de front.

Je donnai au colonel Tartas, du 4e chasseurs, le commandement de cette cavalerie ; derrière la réserve, je plaçai trois cent cinquante hommes d'élite et un obusier de montagne, sous les ordres du colonel Roguet, du 41e. Je laissai deux cent cinquante hommes d'infanterie et deux obusiers à la garde de mon convoi, qui dut me suivre avec la plus grande vitesse possible, précédé, à courte distance, par le commandant Bosc, du 13e léger, à la tête de deux cents hommes d'élite avec leurs sacs.

Ces dispositions prises, je me remis en marche, profitant de tous les mouvements de terrain, pour masquer mon approche. Je ne fis point d'abord presser les allures ; trop de précipitation entraîne du désordre, et une troupe lancée de trop loin a déjà perdu, quand elle aborde l'ennemi, une grande partie de son élan et de son énergie. Nous continuâmes ainsi jusqu'à un quart de lieue d'une petite colline masquant le lieu d'où sortait la fumée, sans avoir aperçu un seul être vivant ; mais bientôt nous vîmes un cavalier sortir d'un taillis, tirer un coup de fusil, et s'enfuir à toute bride. Je fis alors prendre le grand trot, et arrivés sur la colline, nous aperçûmes l'ennemi à portée de fusil.

Avant d'aller plus loin, je dois vous faire connaître ce qui s'était passé dans le camp arabe : en commençant sa marche vers l'ouest et pendant la route, Sidi-Embarek n'avait point eu connaissance de ma sortie de Mascara ; assailli par le mauvais temps à l'Oued-Kracheba, il n'en était parti que fort tard dans la matinée, comme je l'avais soupçonné, et il était allé bivouaquer sur les redires de l'Oued-Malah, où le mauvais temps l'avait retenu. Il était si loin de juger que je fusse à sa poursuite, qu'il ne se gardait même pas de ce côté. Il n'avait de poste qu'à l'ouest, craignant quelque entreprise de M. le général Bedeau. La sécurité la plus complète régnait encore dans le camp, lorsque l'arabe dont j'ai parlé plus haut arriva à toute bride et jeta le cri d'alarme.

Sidi-Embarek fit aussitôt prendre les armes ; il forma ses deux bataillons en colonne serrée, les drapaux en tête, et les mit en marche au son du tambour. Ils étaient déjà arrivés au milieu d'une petite plaine qui les séparait d'une colline boisée et rocheuse : ils voulaient la gagner ; mais, voyant qu'ils n'en avaient pas le temps, ils s'arrêtèrent et firent ferme. Il n'y avait pas un instant à perdre ; la cavalerie mit le sabre à la main ; je lui avais prescrit de ne pas tirer un seul coup de fusil, et j'ordonnai la charge. Elle se fit dans un ordre admirable ; le colonel Tartas, dont l'élan, le sang-froid et le brillant courage ne sauraient être trop exaltés, dépassait seul son 1er escadron, et entrait le premier dans les bataillons ennemis, à travers une vive fusillade, pendant que les deux colonnes tournantes les enveloppaient et leur enlevaient toute espèce de salut.

En peu d'instants, tout fut culbuté ; mais, c'était surtout vers la tête de la colonne que se précipitaient mes braves chasseurs et spahis ; le lieutenant-colonel Sentuary était sur ce point et les entraînait par son exemple : c'était là qu'étaient les drapeaux : tous ceux qui étaient autour furent sabrés, et ces glorieux trophées tombèrent entre nos mains.

La mêlée fut terrible, le carnage complet. L'arrivée de l'infanterie, que j'attendais avec impatience, me permit seule de le faire cesser.

Jusque-là, le succès était grand ; mais ce n'était pas tout : il y manquait Sidi-Embarek, le conseiller d'Abd-el-Kader, son véritable homme de guerre. Etait-il parvenu à s'échapper ? Je commençais à le craindre, quand le capitaine Cassaignoles vint m'apprendre qu'il avait été tué sous ses yeux.

Après avoir été témoin de la mort de ses porte-drapeaux, de l'horrible massacre qui venait d'avoir lieu, le kalifa, accompagné de quelques cavaliers avait cherché à fuir ; mais, suivi de.près par le capitaine Cassaignoles, des spahis, qui l'avait distingué dans la mêlée à la richesse de ses vêtements, il avait été atteint au moment où il cherchait à gagner l'escarpement rocheux, qui ferme la vallée à l'est..

Là, perdant tout espoir de salut, il s'était déterminé à vendre chèrement sa vie : d'un coup de fusil il avait tué le brigadier du 2e chasseurs, Labossage ; d'un coup de pistolet il abattit le cheval du capitaine Cassaignoles, qui avait le sabre levé sur lui ; puis, d'un autre pistolet, il avait blessé légèrement le maréchal-des-logis des spahis Siquot, qui venait de lui assénir un coup de sabre sur la tête. Dégarni de son feu, il avait mis le yatagan à la main ; ce fut alors que le brigadier Gérard termina cette lutte désespérée en-le tuant d'un coup de fusil.

Les résultats de ce brillant combat sont : Quatre cent quatre fantassins et cavaliers réguliers, dont deux commandants de bataillons et dix-huit sciais (capitaines), restés sur le carreau ; deux cent quatre-vingts prisonniers, dont treize sciafs ; trois drapeaux, celui du bataillon de Sidi-Embarek ; celui du bataillon d'El-Berkani, et enfin celui de l'émir Abd-el-Kader ; six cents fusils, des sabres, des pistolets en grand nombre, cinquante chevaux harnachés et un grand nombre de bêtes de somme.

D'après les renseignements que m'ont fourni les prisonniers, Sidi-Embarek avait sous ses ordres les bataillons de Milianahet de Medeah, forts d'environ six cents hommes, cent-cinquante cavaliers démontés, soixante ou quatre-vingts à cheval, plus une vingtaine de sciafs, sans troupe. Vous voyez que ce qui a échappe à nos coups, est bien peu de chose.

Je vous donnerai une idée suffisamment exacte de la lutte qui a eu lieu, en vous disant que, sur le chiffre des prisonniers que je vous indique, cent quatre se trouvent blessés, et de blessures tellement graves, que quatorze en sont morts dans l'espace de quatre jours.

Dans la dépêche succincte que j'ai eu l'honneur de vous adresser, le soir même du combat, je n'avais pas élevé assez haut les pertes de l'ennemi. La nuit m'avait empêché de les constater exactement. Ce ne fut que le lendemain matin que l'inspection plus attentive du champ de bataille me permit de le faire.

Je n'ai à regretter que la mort du brigadier tué par Sidi-Embarck ; huit chasseurs ou spahis ont été blessés grièvement.

Parmi eux se trouve malheureusement M. de Caulincourt de Vicence, sous-lieutenant au 4e de chasseurs, qui a été atteint d'une balle à la tête au moment où il chargeait avec une valeur digne du nom qu'il porte. Deux chevaux ont été tués, et quatre ont été blessés. Ces pertes sont bien mi-, nimes, mises en regard de celles de l'ennemi ; cela s'explique par l'impétuosité de la charge, une des plus belles que j'ai vues dans ma longue carrière.

Il m'est bien difficile de faire un choix parmi tant de braves, car tous ont fait leur, devoir, et plus que leur devoir. Je citerai cependant :

4e de chasseurs d'Afrique : MM. Tartas, colonel ; de Cotte, chef-d'escadrons ; Denis ; chirurgien-major ; d'Hincourt., de Loé, Ducret, Lemonnier, de Noillac, capitaines ; de Vallabrègue, Lebègue, Marchand, lieutenants ; de Caulincourt, de Clomadeuc, sous-lieutenants ; Lecarlier de Veslud, adjudant qui a pris l'étendard du bataillon de Sidi-Embarek ; Saignier, trompette-major ; Bouvard, Cardolles, Dougla, Litschlin, maréchaux-des-logis ; Bergeret, blessé ; Fourgnes, blessé ; Lestoquoi, blessé, brigadiers ; Veisse, Saint, Roux, Legny, chasseurs ; de Thuaul et Lhonne, trompettes.

2ᵉ chasseurs d'Afrique : MM. le colonel Sentuary ; de Cotte, Savaresse, capitaines ; Vidil, de Bonne, lieutenants ; Megemond, Hubac, de Bonchamps, Delplanc, sous-lieutenants ; Baudette, Chambas, de Gantès, Rougerat, Bousquet, maréchaux-des-logis ; Gérard, Saint-Sardos, Thomas, Astruc, brigadiers ; Martiny, Déon, Siret, Sourp, blessé grièvement ; Subtil, Rocher, chasseurs ; Bell, trompette.

1ᵉʳ escadron de spahis d'Oran : MM. Cassaignoles, capitaine ; Mohamed-ben-Boukouia, blessé, et qui a enlevé le drapeau du bataillon d'El-Berkani ; Mohammed-caïd-Osman, sous-lieutenant ; Siquot, qui a blessé Sidi-Embarek ; Mohammed-ben-Sabeur, maréchaux-des-logis ; Rouzé, Bou-Alem-Ould-Alem, Mohammed-ben-Abd-Allah, spahis.

Corps royal d'état-major : Jarras, capitaine, qui s'est placé en tête de la charge, et qui est entré un des premiers dans les bataillons ennemis ; Beaudouin et Martin, lieutenants.

Artillerie : M. Briant, lieutenant, qui, dans le combat, m'a servi d'officier d'ordonnance et s'est mêlé à la charge.

Ambulance : M. Gama, chirurgien-major et chef d'ambulance, qui se fait toujours remarquer par son zèle, et qui, dans cette circonstance, est venu prodiguer ses soins aux blessés sous le feu de l'ennemi.

Avant tout, mon général, je dois appeler votre attention sur M. le capitaine d'artillerie Charras, chef du bureau des affaires arabes à Mascara. Une grande part du succès lui revient ; c'est lui qui l'a préparé avec cette habileté, avec cette précision et cette connaissance du pays et des hommes dont il a donné tant de preuves.

J'ai les plus grands éloges à donner à l'énergie, à la constance des officiers et soldats de mon infanterie, qui ont supporté toutes ces marches pénibles avec cette abnégation dont ils donnent chaque jour tant de preuves. Ils n'ont pas été assez heureux pour prendre une part active au combat, mais ils n'en ont pas moins acquis des droits à votre bienveillance.

J'ai l'honneur d'être, etc.,

Mon général,

Votre très-humble et très-obéissant serviteur,

Le maréchal-de-camp commandant la subdivision de Mascara,

Signé : TEMPOURE.

36

Ce fut l'auteur de cette notice qui reçut la mission de succéder à Mustapha-ben-Ismaël, après la démission d'El-Mezary. On conçoit la réserve que cette position lui impose, dans l'appréciation des événements auxquels continuèrent à prendre part les tribus maghzen sous sa direction.

37

Un supplément du *Moniteur Algérien*, en date du 20 juin 1844, rendait compte ainsi qu'il suit de cette affaire :

Le 30 mai dernier, quinze cents cavaliers marocains vinrent attaquer nos troupes à deux lieues en dedans de nos frontières, et sans provocation aucune de notre part. M. le lieutenant-général de La Morlcière repoussa rudement celte attaque et fit éprouver des pertes sensibles à l'ennemi.

On était porté à croire que cet engagement n'était que fortuit, et qu'une satisfaction convenable en serait la suite. Les événements, relatés dans la lettre dont copie est ci-après, ont trompé ces prévisions, et une nouvelle attaque des marocains, plus perfide encore que la première, a reçu une punition justement méritée :

Oran, 48 juin 1844.

Mon général,

Je reçois à l'instant des lettres de M. le gouverneur-général et de M. le lieutenant-général de La Moricière, qui m'annoncent qu'une nouvelle af faire, plus brillante que la première, vient d'avoir lieu avec les marocains, commandés par leur chef Si-Ali-el-Guennaoui.

Une entrevue a eu lieu le 45, dans la matinée, entre ce chef et M. le général Bedeau, chargé des pouvoirs de M. le gouverneur. Les prétentions d'El-Guennaoui étaient inadmissibles ; on n'a pu s'entendre, et les espérances de paix que cette entrevue avait fait concevoir ont été complètement déçues.

Bien plus : à peine le chef marocain venait de quitter le général Bedeau, qu'il a rejoint ses cavaliers, réunis au nombre de plus de quatre mille, et a commencé l'attaque contre la portion de nos troupes présentes à l'entrevue, et qui se composait de la cavalerie et de quatre bataillons.

Les bonnes dispositions qui ont été promptement prises ont permis de repousser cette agression et de contenir les assaillants jusqu'au moment où M. le maréchal, ayant entendu la fusillade, est arrivé lui-même sur le lieu de la scène, avec quatre autres bataillons sans sacs.

M. le maréchal a de suite fait faire volte face aux troupes engagées, qui commençaient à faire retraite en bon ordre, et, après avoir disposé cavalerie et infanterie, il a marché sur les assaillants. Le centre a cédé devant son infanterie, et la gauche étant restée en arrière entre lui et la Moulouïa, il a fait sortir la cavalerie en trois échelons pour la charge, sous la protection de l'infanterie, qui tenait en échec tout le reste de la ligne. Cette charge a été brillante ; elle fait le plus grand honneur à notre cavalerie, dit M. le maréchal, et en particulier au premier échelon, commandé par M. le colonel Youssef, et composé de deux escadrons de chasseurs, deux de spahis et du goum des Douairs et des Zmelas, sous les ordres de M. le commandant Walsin-Esterhazy. Plus de trois cents morts sont restés en notre pouvoir ; les spahis seuls ont rapporté cent onze têtes. Les chasseurs et les Douairs les ont négligées, mais ils ont rapporté beaucoup d'armes. C'est une punition sévère et bien méritée, des insolences et de l'attaque perfide des marocains.

Notre perte est de six hommes tués, parmi lesquels les braves capitaines de spahis de Rovigo et Lachèvre.

Veuillez agréer, mon général, etc.

Le général commandant à Oran,

Signé : THIERRY.

38

Rapport de M. le maréchal Bugeaud sur la bataille d'Isly :
Bivouac près de Coudiat-Abd-er-Rhaman, le 7 août 1844.

Monsieur le maréchal,

Le fils de l'empereur Moulai-Abd-er-Rhaman n'avait pas répondu à la lettre que je lui avais écrite, après l'espèce de sommation qu'il me faisait d'évacuer Lella-Maghnia si nous voulions la paix. Son armée se renforçait chaque jour par de nouveaux contingents, et l'orgueil augmentait avec les forces.

On parlait ouvertement, dans le camp marocain, de prendre Tlemcen, Oran, Mascara et même Alger. C'était une véritable croisade pour rétablir les affaires de l'islamisme. On croyait qu'il nous était impossible de résister à une aussi grande réunion de cavaliers des plus renommés de l'empire du Maroc, et l'on n'attendait, pour nous attaquer, que l'arrivée des contingents d'infanterie des Beni-Znassen et du Rif, qui devaient nous assaillir par les montagnes au pied desquelles se trouve Lella-Maghnia, pendant qu'une immense cavalerie nous envelopperait du côté de la plaine.

Les neuf jouis d'incertitude qui venaient de s'écouler avaient déjà jeté, derrière moi, le trouble dans les esprits ; les partis ennemis avaient attaqué deux fois nos convois de Djemâa-Ghazaouat, et la bonne volonté des tribus qui les font était bien près de s'éteindre. Deux reconnaissances étaient venues jusqu'à une portée de fusil de Lella-Maghnia, et avaient attaqué nos avant-postes.

Un plus long doute sur notre force et notre volonté de combattre les adversaires que nous avions en face, pouvait provoquer, derrière nous, des révoltes qui, indépendamment des autres embarras, auraient suspendu les approvisionnements du corps d'armée de l'ouest. J'aurais préféré, par ces chaleurs excessives, recevoir la bataille que d'aller attaquer un ennemi qui était à huit lieues de moi ; mais les dangers d'une plus longue attente me décidèrent à prendre l'initiative.

Le général Bedeau m'ayant rallié, le 12, avec trois bataillons et six escadrons, je me portai en avant, le 13, à trois heures après midi, simulant un grand fourrage, afin de ne pas laisser comprendre à l'ennemi que c'était réellement un mouvement offensif. A la tombée de la nuit, les fourrageurs revinrent sur les colonnes, et nous campâmes dans l'ordre de marche, en silence et sans feu. A deux heures du matin, je me remis en mouvement.

Je passai une première fois l'Isly, au point du jour, sans rencontrer l'ennemi. Arrivé à huit heures du matin sur les hauteurs de Djerf-el-Akhdar, nous aperçûmes tous les camps marocains encore en place, s'étendant sur les collines de la rive droite. Toute la cavalerie qui les composait s'était portée en avant, pour nous attaquer au second passage de la rivière. Au milieu d'une grosse masse qui se trouvait sur la partie la plus élevée, nous distinguâmes parfaitement le groupe du fils de l'empereur, ses drapeaux et son parasol, signe de commandement.

Ce fut le point que je donnai au bataillon de direction de mon ordre échelonné. Arrivés là, nous devions converger à droite et nous porter sur les camps, en tenant le sommet des collines avec la face gauche de mon carré de réserve. Tous les chefs des diverses parties de mon ordre de combat étaient près de moi ; je leur donnai rapidement mes instructions, et, après cinq ou six minutes de halte, nous descendîmes sur les gués, au simple pas accéléré et au son des instruments.

De nombreux cavaliers défendaient le passage : ils furent repoussés par mes tirailleurs d'infanterie, avec quelque perte des deux côtés, et j'atteignis bientôt le plateau immédiatement inférieur à la butte la plus élevée où se trouvait le fils de l'empereur. J'y dirigeai le feu de mes quatre pièces de campagne, et, à l'instant, le plus grand trouble s'y manifesta.

Dans ce moment, des masses énormes de cavalerie sortirent des deux côtés de derrière les collines, et assaillirent, à la fois mes deux flancs et ma queue. J'eus besoin de toute la solidité de mon infanterie ; pas un homme ne se montra faible. Nos tirailleurs, qui n'étaient, qu'à cinquante pas des carrés, attendirent de pied ferme ces multitudes, sans faire un pas en arrière ; ils avaient ordre de se coucher par terre si la charge arrivait jusqu'à eux, afin de ne pas gêner le feu des carrés : sur la ligne des angles morts des bataillons, l'artillerie vomissait la mitraille.

Les masses ennemies furent arrêtées, et se mirent à tourbillonner, J'accélérai leur retraite, et j'augmentai leur désordre en retournant sur elles mes quatre pièces de campagne, qui marchaient en tête du système. Dès que je vis que les efforts de l'ennemi, sur mes flancs, étaient brisés, je continuai ma marche en avant. La grande butte fut enlevée, et la conversion sur les camps s'opéra.

La cavalerie de l'ennemi se trouvant divisée par ses propres mouvements et par ma marche, qui la coupait en deux, je crus le moment venu de faire sortir la mienne sur le point capital qui, selon moi, était le camp que je supposais défendu par l'artillerie et par l'infanterie. Je donnai l'ordre au colonel Tartas d'échelonner ses dix-neuf escadrons par la gauche, de manière à ce que son dernier échelon fût. appuyé à la rive droite de l'Isly.

Le colonel Youssef commandait le premier échelon, qui se composait de six escadrons de spahis, soutenus de très-près, en arrière, par trois escadrons du 4e chasseurs, suivis du goum des Douairs et des Zmelas.

Ayant sabré bon nombre de cavaliers, le colonel Youssef aborda cet immense camp, après avoir reçu plusieurs décharges de l'artillerie ; il le trouva rempli de cavaliers et de fantassins, qui disputèrent le terrain pied à pied, La réserve des trois escadrons du 4e chasseurs arriva ; une nouvelle impulsion fut donnée, l'artillerie fut prise et le camp fut enlevé.

Il était couvert de cadavres d'hommes et de chevaux. Toute l'artillerie, toutes les provisions de guerre et de bouche, les tentes du fils de l'empereur, les tentes de tous les chefs, les boutiques des nombreux marchands qui accompagnaient l'armée, tout, en un mot, resta eu notre pouvoir. Mais ce bel épisode de la campagne nous avait coûté cher : quatre officiers de spahis et une quinzaine de spahis et de chasseurs y avaient perdu la vie ; plusieurs autres étaient blessés.

Pendant ce temps, le colonel Morris, qui commandait les deuxième et troisième échelons, voyant une grosse masse de cavalerie qui se précipitait de nouveau sur mon aile droite, passa l'Isly pour briser cette charge en attaquant l'ennemi par son flanc droit. L'attaque contre notre infanterie échoua comme les autres ; mais alors le colonel Morris eut à soutenir le combat le plus inégal. Ne pouvant se retirer sans s'exposer à une défaite, il résolut de combattre énergiquement jusqu'à ce qu'il lui arrivât des secours. Cette lutte dura plus d'une demi-heure ; ces six escadrons furent successivement engagés, et à plusieurs reprises ; nos chasseurs firent des prodiges de valeur : trois cents cavaliers berbères, Ou Abid-Sidi-Boukari, tombèrent sous leurs coups.

Enfin, le général Bedeau commandant l'aile droite, ayant vu l'immense dangerque courait le $2°$ chasseurs, détacha le bataillon des zouaves, un bataillon du 15e léger et le $9°$ bataillon de chasseurs d'Orléans, pour attaquer l'ennemi du côté des montagnes. Ce mouvement détermina sa retraite. Le colonel Morris reprit alors l'offensive sur lui et exécuta plusieurs charges heureuses dans la gorge par où il se retirait ; cet épisode est un des plus vigoureux de la journée. Cinq cent cinquante chasseurs du $2°$ combattirent six mille ennemis. Chaque chasseur rapporta un trophée de cet engagement, celui-ci un drapeau, celui-là un cheval, celui-là une armure, tel autre un harnachement.

L'infanterie n'avait pas tardé de suivre, au camp, les premiers échelons de cavalerie ; l'ennemi s'était rallié en grosse masse sur la rive gauche de l'Isly et semblait se disposer à vouloir reprendre son camp ; l'infanterie et l'artillerie le traversèrent rapidement ; l'artillerie se mit en batterie sur la rive droite et lança de la mitraille sur cette vaste confusion de cavaliers se réunissant de tous côtés. L'infanterie passe alors la rivière sous la protection de l'artillerie ; les spahis débouchent et sont alors suivis de près par les trois escadrons du 4e et le quatrième échelon composé de deux escadrons du 1re régiment de chasseurs et de deux escadrons du 1er régiment de hussards, aux ordres de M. le colonel Gagnon.

Les spahis se voyant bien soutenus par la cavalerie et l'infanterie, recommencèrent. l'attaque ; l'ennemi fut vigoureusement poussé pendant une lieue : sa déroute devint complète. Il se retira, partie par la route de Thaza, partie par les vallées qui conduisent aux montagnes des Beni-Znassen.

Il était alors midi, la chaleur était grande, les troupes de toutes armes étaient très-fatiguées ; il n'y avait plus de bagages ni d'artillerie à prendre, puisque tout était pris ; je fis cesser la poursuite et je ramenai les troupes dans le camp du suitan.

Le colonel Youssef m'avait fait réserver la tente du fils de l'empereur ; on y avait réuni les drapeaux pris sur l'ennemi, au nombre de dix-huit, les onze pièces d'artillerie, le parasol de commandement du fils de l'empereur, et une foule d'autres trophées de la journée.

Les marocains ont laissé sur le champ de bataille au moins huit cents morts, presque tous de cavalerie ; l'infanterie, qui était peu nombreuse, nous échappa en très-grande partie à la faveur des ravins ; cette armée a perdu en outre tout son matériel ; elle a dû avoir de quinze cents à deux mille blessés. Notre perte a été de quatre officiers tués, dix autres blessés ; de vingt-trois sous-officiers et soldats tués et de quatre-vingt-six blessés.

La bataille d'Isly est, dans l'opinion de toute l'armée, la consécration de notre conquête de l'Algérie : elle ne peut manquer de hâter beaucoup, aussi, la conclusion de nos différends avec l'empire de Maroc.

Je ne saurais trop louer la conduite de toutes les armes dans cette action, qui prouve une fois de plus la puissance de l'organisation et de la tactique sur les masses qui n'ont que l'avantage du nombre. Sur toutes les faces du losange formé de carrés par bataillons, l'infanterie a montré un sang-froid imperturbable ; les bataillons de quatre angles ont été tour à tour assaillis par trois ou quatre mille chevaux à la fois, et rien n'a été ébranlé un seul instant ; l'artillerie sortait en avant des carrés, pour lancer la mitraille de plus près ; la cavalerie, quand le moment a été venu, est sortie avec une impétuosité irrésistible et a renversé tout ce qui se trouvait devant elle.

D'après tous les rapports des prisonniers et des arabes qui avaient vu les camps de l'ennemi, on ne peut évaluer ses cavaliers à moins de vingt-cinq mille ; ils se sont montrés très-audacieux, mais la confusion rendait leurs efforts impuissants. Il ne leur manquait, pour bien faire, que la force d'ensemble et une infanterie bien constituée, pour appuyer leurs mouvements. Avec un gouvernement comme le leur, il faudrait plusieurs siècles pour leur donner ces conditions de succès dans les batailles.

Je n'entreprendrai pas d'énumérer toutes les actions d'éclat qui ont signalé cette journée, mais je ne puis me dispenser de citer les noms des militaires de tous grades qu'on a le plus remarqué :

J'ai été parfaitement secondé, dans la conduite de cette bataille qui dura quatre heures, par M. le lieutenant-général de La Moricière, par M. le général Bedeau, commandant la colonne de droite, par MM. le colonel Pelissier, commandant la colonne de gauche ; le colonel Cavaignac, du 32e , commandant la tête de colonne du centre ; le colonel Gachot, du 3e léger, commandant l'arrière-garde ; le colonel Tartas, commandant toute la cavalerie ; par MM. le colonel Youssef, qui. s'est hautement distingué dans le commandement des neuf escadrons composant le premier échelon de cavalerie, et le colonel Morris, qui a soutenu avec autant d'intelligence que de vigueur le combat sur la rive gauche de l'Isly, que j'ai décrit plus haut. M. le capitaine Bonamy, commandant mes seize pièces d'artillerie, a dirigé son feu avec intelligence et a rendu de très-grands services.

Je citerai, dans l'état-major général : mon aide-camp, M. le colonel Eynard ; M. le lieutenant-colonel de Crény, chef d'état-major de la colonne ; MM. les chefs-d'escadrons de Gouyon et de Martimprey ; M. le colonel Foy, qui a rempli, auprès de moi, les fonctions d'officier d'ordonnance ; M. le commandant Caillé, qui a rempli les mêmes fonctions, auprès du général Bedeau ; MM. les capitaines de Courson, Espivent, de Cissey et Trochu ; M. le lieutenant Beaudoin ; mes officiers d'ordonnance, MM. le chef-d'escadrons Rivet et les capitaines Guillemot et Garraube ; mon interprète principal, M. Roches, qui se distingue en toute occasion de guerre, pour laquelle la nature l'avait fait ; enfin, le chef douair, Mohammed-ben-Kaddour, attaché à ma personne, qui a pris un drapeau.

Je citerai dans le corps des spahis : MM. les lieutenants Damotte et Diter, et les sous-lieutenants Rozetti et Bouchakor, tués en enlevant le camp ; MM. les chefs-d'escadrons d'Allonville, Favas et Cassaignoles ; les capitaines Auffroy (blessé) ; Billoud et Jozon, qui se sont hautement distingués, en enlevant des pièces d'artillerie ; les capitaines Lambert et Fleury, adjudants-majors ; les lieutenants Legrand, Gautrot et Michei ; les sous-lieutenants Dubarail (blessé), Bertrand, de Noissac ; le lieutenant indigène Mustapha-Ahmed ; les sous-lieutenants Kaïd-Osman, Mohammed-Boukhouia, quia pris un drapeau ; le chirurgien aide-major Stéphanopoli ; l'artiste vétérinaire en 1er Lagardère ; les adjudants Kobus et Lefèvre ; les maréchaux-des-logis Candas, Mohammed-ben-Sabeur, qui a pris un drapeau ; Cuissin, de Bardiès, Pigeon-Lafayette, Mignot, Béguin, Massé, Gide, Chalamel (blessé), Hadji-Brahim ; les brigadiers Ben-Djerid, de Pradel, Schafi-bel-Arbi, qui a pris un drapeau, Jacotot, Rouzé (blessé), Adda-ben-Othman ; les spahis Kaddour-Ahmed, qui a pris un drapeau, Bonafosse (blessé), Courvoisier, qui a pris un drapeau, Mohammed-ben-Abid (blessé), Hugon (blessé), de Doubet, Kaddour-ben-Abd-el-Kader (blessé) ; les trompettes Landri, Justin et Dugommier (blessé).

Dans les trois escadrons du 4e chasseurs : M. le commandant Crestey ; MM. les capitaines de Loë, Ducrest, Laillot, de Noyac ; les lieutenants Goujet et Lebègue ; les sous-lieutenants Guiraud, Nyel (blessé), Hayaërt, de Balzac ; le chirurgien aide-major Vallin (blessé) ; le vétérinaire Vallon ; les maréchaux-des-logis Bouraud, Cardolle. Cordier, d'Henriquin, Vialand, Pétion, Noyras ; les brigadiers Bory, Nunier, Dupug, Gérard (tué), Jude, brigadier-trompette ;

les chasseurs Darguet, Gourteau, Carlier et Duprat (blessé), le premier a pris un drapeau ; Helstein, Jayet (blessé) ; Vesse, Hugues, a pris un drapeau, Robert, Guicheteau, Barthélemy (blessé), Reynaud.

Dans le 2e chasseurs : M. le chef-d'escadrons Houdaille ; MM. les capitaines de Forton, de Cotte, Rousseau, Lecomte, Joly, Lacaze, et Houssaye, adjudant-major ; les lieutenants Vaterneau, Vidil, Colonna ; les sous-lieutenants de Magny (blessé), de La Chère (blessé), Espanet, Roget ; l'adjudant Sustrac ; les maréchaux-des-logis-chefs Pongerville, Baudette, Aubin, et le trompette-major Aury ; les maréchaux-des-logis Cornac (blessé) de Brigode, Lenormand, qui a pris le grand étendard ; Pargny, Frantz, Boullanger, Beaudouin, Single (blessé), Rougerat ; les brigadiers Landry, Maurice (blessé), Kergré, Dangée (blessé), Renaud, Bernard, Quillaumen, Riebés, qui a pris un drapeau ; les chasseurs Tisnetdebat, qui a pris un drapeau, Vuguerr (blessé), Esther, qui a tué un porte-étendard ; Pagès, trompette ; Malpas (blessé), Schmitt (blessé).

Dans le 1er chasseurs : MM. les capitaines Tallet et Vidallin ; le lieutenant Rivat, le sous-lieutenant Dervieux ; les maréchaux-des-logis Lauth et Raymond ; le brigadier Pack.

Dans le 2e hussards : M. le colonel Gagnon ; M. le chef-d'escadrons Courby de Cognord ; les capitaines Gentil Saint-Alphonse et Delard ; le lieutenant Pernet ; le sous-lieutenant Aragnon ; les maréchaux-des-logisBarnou et Marlien.

M. le colonel Tartas cite, particulièrement, M. le capitaine adjudant-major Bastide, du 4e chasseurs ; les adjudants Lecarlier de Veslud et Durys ; le trompette-major Saignie et le brigadier Lestoquoy.

Je dois citer, dans le Maghzen, M. le chef-d'escadrons Walsin-Esterhazy, commandant les Douairs et les Zmelas.

Je citerai, comme s'étant particulièrementfait remarquer, dans l'infanterie (colonne de droite) : M. le colonel Chadeysson, du 15e régiment d'infanterie légère ; le commandant Bosc, du 13e léger ; le commandant d'Autemarre, des zouaves ; le capitaine Guyot, du 9e bataillon de chasseurs d'Orléans ; le capitaine Hardy, du 13e léger ; l'adjudant Cambon, des zouaves ; le sergent Safrané, du même corps.

Dans la colonne de gauche : M. le colonel de Comps, commandant les trois bataillons du 48e ; MM. les chefs de bataillon Blondeau, Chevauchand-Latour et Fossier, du même régiment ; le lieutenant Carbonnel et le caporal Brégaud, aussi du 48e ; M. le colonel Renaud, commandant le 6e léger ; le carabinier Morel, du même corps ; le chef de bataillon Bouat, commandant le 10e bataillon de chasseurs d'Orléans ; le caporal Sorval, du même bataillon.

Dans les bataillons, faisant tête de colonne, je citerai : M. le commandant Froment-Coste, commandant le 8e bataillon de chasseurs d'Orléans ; MM. les capitaines Delmas et Dutertre, et l'adjudant sous-officier Fléchel, du même corps.

Dans le 32e : M. le capitaine adjudant-major Chardon et le sergent de voltigeurs Binker.

Dans le 41ᵉ : M. le colonel Roguet ; le lieutenant de grenadiers Yratsoguy ; le sergent Milhourat.

Dans les bataillons d'arrière-garde : M. le commandant de Bèze, du 3ᵉ léger ; M. le capitaine Morizot ; le sous-lieutenant Bonnefons ; le chirurgien-major Duroutgé ; les sergents Durazzo et Guezennec ; le carabinier Lautrin et le voltigeur Berlière, du même corps,

Dans le 3ᵉ bataillon de chasseurs d'Orléans : M. le chef de bataillon Bauyn de Perreuse et le capitaine Jourdain.

Dans l'artillerie : MM. Clappier, capitaine ; Place, capitaine ; MM. les lieutenants Duchaud, Lebent et Chevaudret ; les maréchaux-des-logis Loubion, Wæchter, Maure, Déché ; le brigadier Colteret, le canonnier Lamboulas.

Enfin, je dois une mention particulière à M. le capitaine Delamoissonnière, du 48ᵉ, remplissant les fonctions de sous-intendant ; à M. Philippe, chirurgien principal, et à M. Barbet, comptable des hôpitaux, directeur des ambulances.

Agréez, Monsieur le maréchal, l'assurance de mon respectueux dévouement.

Le gouverneur-général,
Signé : Maréchal EUGEAUD.

39

Le *Moniteur Algérien,* du 15 février, rendait compte dans les termes suivants, de cet acte de fanatique démence :

Le poste de Sidi-bel-Abbès vient d'être le théâtre d'un événement aussi extraordinaire qu'imprévu, au milieu de la tranquillité générale.

Ce poste, situé à dix-huit lieues au sud d'Oran, sur le méridien de cette ville, se compose d'une redoute et d'un camp retranché adjacent, daus lequel sont établis un bataillon du 6ᵉ léger et deux escadrons de spahis. Hier matin, 30 janvier, M. le chef de bataillon de Vinoy, commandant supérieur, ayant été prévenu que quelques bestiaux avaient été enlevés à des tribus amies, s'était porté, avec sa cavàlerie et un goum, du côté où le vol avait eu lieu, afin de recueillir des renseignements.

Vers dix heures, c'est-à-dire, à l'heure où soldats et sous-offtciers étaient occupés à prendre leur repas, des arabes, au nombre de soixante environ, arrivaient à l'entrée du camp, précédés de quelques enfants. La plupart d'entr'eux portaient des bâtons de voyageurs, aucune arme ne paraissait ; ils se présentaient en demandant à parler au commandant supérieur, auquel ils avaient à adresser une réclamation. Le factionnaire laisse entrer les premiers ; mais bientôt, la tournure étrange de ces visiteurs lui inspirant quelques doutes, il veut arrêter ceux qui les suivent, mais il est étendu mort sur la place d'un coup de pistolet. Cette détonation est le signal de l'attaque ; tous ces fanatiques s'élancent dans le camp, tirent de dessous leurs vêtements les armes qu'ils y avaient cachées et se précipitent sur nos soldats, pris à l'improviste. La demeure du commandant supérieur est envahie ; le planton est tué sur la porte. Nos soldats, revenus de leur surprise, courent aux armes de toutes parts, se jettent sur les arabes, qui résistent énergiquement. Cependant, après une lutte de quelques instants, ils cherchent à fuir ; mais déjà les issues étaient gardées, et tout ce qui était entré dans le camp y trouve la mort. Cinquante-huit cadavres ont été relevés sur le terrain.

Ce combat, corps à corps, contre des hommes exaltés par le fanatisme et décidés à sacrifier leur vie, nous a coûté cher. Nous avons eu, en tués ou blessés, plus de trente hommes.

Cependant, un coup de canon tiré de la redoute avait annoncé à M. le chef de bataillon Vinoy que des circonstances extraordinaires réclamaient son retour au camp. A ce signal, le commandant, croyant à l'apparition de quelque bande de rodeurs et conliant dans sa garnison, se dirigea sur la route que devait suivre un ennemi en retraite. Il s'est ainsi trouvé en face de l'émigration des douars dont les hommes étaient venus chercher la mort dans la redoute. Là ne se trouvaient plus que des femmes, des enfants, des vieillards, des troupeaux ; tout a été pris et ramené au camp.

Voici maintenant à quoi l'on attribue un pareil acte de folie :

Un marabout de la secte des Derkaoua, venu de l'ouest, il y a quelques jours, annonçait que l'empereur Abd-er-Rhaman, ayant fait la paix avec les français, venait d'être dépossédé ; qu'un prétendant était sur les rangs pour le remplacer, et que lui-même envoyé par ce prétendant, avait reçu de Dieu et de lui la mission d'expulser les chrétiens de l'Afrique. Par ses discours, ses prédications il avait exalté le fanatisme de deux douars des Oulad-Brahim, fraction de la tribu des Beni-Amer dont tous les membres à peu près appartiennent à la secte des Derkaoua. Les hommes de ces deux douars, convaincus de la vérité de cet imposteur qui, indépendamment de la communauté de croyance, leur était aussi attaché par des liens de parenté, se sont laissés entraîner à venir égorger la garnison de Sidi-bel-Abbes. Mais tous les Oulad-Brahim et les autres tribus voisines étaient disposés à prendre part à l'événement, et attendaient en armes l'issue heureuse qui leur avait été promise, pour se ruer sur la redoute. Avant le départ de ceux qui devaient marcher avec lui, le marabout leur avait fait manger le pain et le sel, et avait prononcé, sur les aliments, des paroles sacrées qui devaient rendre les croyants invisibles, aux chrétiens et empêcher les armes de ces derniers de pouvoir les atteindre. Des enfants les précédaient, semant, sur leur route, du sel et du froment. Ils sont arrivés vers le camp, en récitant des prières, à la manière des inspirés, ce qui a provoqué, d'abord, l'hilarité de ceux de nos soldats qui les voyaient s'avancer. Le commandant Walsin-Esterhazy, directeur des affaires arabes, est parti, ce soir, pour Sidi-bel-Abbès, avec un goum du Maghzen. Il a pour mission de faire une enquête sur cet événement et d'infliger une sévère punition aux tribus compromises dans cette affaire.

40

Le général Le Pays de Bourjolly, commandant *la province d'Oran, à M . le lieutenant-général de La Morìcière, gouverneur-général par*

intérim :
Bivouac de Touiza des Beni-Dergoun, 23 septembre 1845.

Monsieur le gouverneur,

Ainsi que j'ai eu l'honneur de vous l'annoncer dans mon rapport de quinzaine, je m'empresse de vous adresser, ci-après, la relation de mes opérations militaires. Les faits et les considérations politiques qui les ont nécessitées ayant été déjà développées dans le rapport précité, je me bornerai ici, à vous présenter le récit détaillé, et jour par jour, des marches et des combats de la colonne que je commande.

Le 17 septembre, la colonne de Mostaganem campait à Bel-Assel ; elle se composait de quatre bataillons de trois cents à trois cent-cinquante hommes fournis par le 9ᵉ bataillon de chasseurs d'Orléans, le 32ᵉ de ligne et les tirailleurs indigènes. J'avais deux escadrons de cavalerie et trois obusiers de montagne. Le 18, la colonne vint coucher à la Touiza des Beni-Dergoun ; le 19, je quittai ce bivouac pour me rendre à celui de Ben-Atia. Informé de la résistance que les arabes devaient m'opposer au défilé de Tifour, j'envoyai ma cavalerie et le goum arabe, pour tourner cette position à droite par la gorge de Zamora, tandis que je l'abordais de front avec mon infanterie et le convoi. Le mouvement de la cavalerie ayant eu pour résultat de faire abandonner à l'ennemi les positions qu'il occupait, et où il était menacé d'être tourné, le passage du défilé, même dans l'endroit où il est le plus resserré, s'opéra sans un coup de fusil. Je pus apprécier dans cette circonstance, l'importance de la tranchée que j'ai fait faire il y a deux ans, et qui nous permet maintenant de cheminer sur la hauteur, au lieu de suivre, comme jadis, le fond du ravin. La cavalerie, après avoir gagné les ailes, avait rabattu à gauche pour rejoinde la colonne au sortir du défilé. C'est alors et dans les bois qui couvrent un terrain difficile et accidenté, que commença un engagement qui dura jusqu'à Ben-Alia. Comme à l'ordinaire, l'arrière-garde fut attaquée, mais, cette fois, très-vigoureusement ; l'ennemi était ardent et nombreux. Le bataillon indigène, déployé en tirailleurs, montra beaucoup de résolution, et causa des pertes à l'ennemi ; il fut un moment assez engagé pour que je fusse obligé de le faire secourir par un peloton de cavalerie ; il y eut là une mêlée : depuis longtemps nous n'étions plus habitués à voir les arabes nous attaquer de si près. Les tirailleurs des deux flancs, échangèrent une fusillade, que leur position, choisie avec intelligence, rendit très-avantageuse pour nous ; nous n'eûmes, dans cette journée, que deux hommes tués et sept blessés.

Le 20, je partis du bivouac de Ben-Atia, à trois heures du matin, pour aller au-devant du commandant Manselon, qui m'amenait du Khamis un petit bataillon et quarante chasseurs, et auquel j'avais donné rendez-vous à Ben-Atia. Des considérations sérieuses, que j'ai exposées ailleurs, me faisaient attacher un grand prix à opérer cette réunion le plus promptement possible, et avant que le bataillon du commandant Manselon se fut engagé dans le long et diffcile défilé qu'il devait traverser. Laissant au camp deux bataillons du 32e, la plus grande partie de ma cavalerie et tous mes bagages, je partis avec le bataillon d'Orléans et le bataillon indigène ; une fusillade tout à fait insignifiante s'engagea et ne put m'empêcher de faire ma jonction au moment où le bataillon isolé, traversai t la Djeddiouia, Ainsi que je l'avais prévu, il avait été attaqué par un grand nombre de cabiles, et avait éprouvé quelques pertes ; mais ce fut surtout à mon retour que je me félicitai de mon mouvement, car la faible troupe du commandant Manselon aurait eu à supporter seule l'attaque, très-chaude, qui nous attendait. Le bataillon indigène qui était à l'arrière-garde, opposa à un ennemi nombreux et acharné, une défense magnifique. Je fus obligé de faire tirer des obus pour déblayer le terrain et ralentir l'ardeur des arabes qui, comme la veille, nous conduisirent jusqu'au camp. J'avais été obligé d'employer toutes les ressources de ma petite colonne dans cette journée, qui nous coûta quinze blessés, dont douze des tirailleurs indigènes. Pendant mon absence, les arabes qui entouraient mon camp de Ben-Atia, en avaient commencé l'attaque, mais l'arrivée de ma colonne les éloigna.

Le 24, je laissai reposer les hommes qui en avaient grand besoin, après deux jours de combats continuels, et je me bornai à faire, avec ma cavalerie et les deux bataillons du 32e laissés la veille au camp, un grand fourrage qui fut à peine inquiété, parce que j'étais en plaine. L'état de mes vivres et de mes munitions, ainsi que la nécessité de protéger les tribus de la plaine, m'engagèrent à reprendre la route de la Touiza des Beni-Dergoun.

Le 22, devant un ennemi nombreux et fanatisé, je me mis en marche, ayant en tête le bataillon de la légion étrangère, sur chaque flanc un bataillon du 32e, les tirailleurs indigènes après les bagages, et le 9e bataillon de chasseurs d'Orléans à l'arrière-garde, où je laissai en même temps deux de mes pièces. La cavalerie et le goum étaient sur les flancs. L'ennemi, qui nous attendait, ne tarda pas à commencer une attaque des plus vives. Il. aborda nos lignes de tirailleurs avec une audace et un acharnement que nous laissaient prévoir, du reste, les engagements, antérieurs : profitant de la moindre ouverture dans les lignes, il entreprit plusieurs fois d'enlever nos tirailleurs, que des charges de cavalerie et le canon protégeaient avec intelligence au passage du bois, où le 19 déjà le combat avait été si acharné ; il y eût une mêlée sérieuse, où les chasseurs d'Orléans en tuèrent plusieurs à la bayonnette. Après avoir donné l'ordre à la cavalerie de charger, pour dégager les tirailleurs, qui étaient entourés de tous côtés, je conduisis moi-même à leur secours le bataillon indigène, à l'arrière-garde. Deux coups à mitraille purent être tirés avec succès. Nous chassâmes l'ennemi du bois, mais le succès nous coûta cher ; le lieutenant-colonel Berthier, du 4e chasseurs, y fut tué, ainsi que dix-neuf chasseurs d'Orléans, qui eurent de plus vingt-cinq blessés, dont le commandant Clerc, qui eut le genou traversé d'une balle. Les pertes de l'ennemi furent énormes, à en juger par le nombre de cadavres qu'il laissa sur le terrain. Après cette chaude affaire, notre marche continua, comme elle avait toujours eu lieu, avec le plus grand ordre, en dépit d'une attaque acharnée, que secondaient les difficultés du terrain et l'embarras d'un long convoi et de nombreux blessés. Le passage du défilé, dont j'avais fait occuper tous les points culminants, se fit avec calme et en bon ordre, et bien que l'ennemi, toujours nombreux et audacieux, nous accompagnât jusqu'à notre bivouac de Touiza, nous n'avons eu que cinquante-sept blessés et vingt-deux tués. Je ne saurais trop faire ressortir l'aplomb et l'intelligence qu'ont montrés les officiers et les troupes sous mes ordres, dans les épreuves difficiles qu'elles ont eu à supporter. La série de combats que j'ai eu à soutenir a démontré, une fois de plus encore, ce que l'on peut attendre de nos soldats. Nos pertes s'élèvent en tout à vingt-sept tués et soixante-dix-neuf blessés. J'ai l'honneur de citer particulièrement et de recommander à la bienveillance du ministre :

Dans le 9e bataillon : Le commandant Clerc, blessé à la tête de son bataillon, d'un coup de feu au genou ; les capitaines de Bras-de-Fer, Guyot et Roque ; le docteur Michel, pour son activité à soigner nos blessés ;, le sous-lieutenant Gaullier ; le sergent-major Gonat, blessé dangereusement.

Dans le 32e de ligne : Le colonel Le Flô ; le capitaine Hardouin, qui a eu son cheval tué sous lui ; le grenadier Rossi ; le sous-lieutenant Henry, blessé ; le sergent-major Combet ; le sergent Balch.

Dans la légion étrangère : Le commandant Manselon ; le voltigeur Schneider ; le capitaine Douay, du 32e, détaché à la légion avec sa compagnie.

Dans le bataillon indigène : le capitaine Valicon, commandant le bataillon, blessé d'un coup de crosse à la figure, par un cabyle qui venait de décharger son arme sur lui ; le lieutenant Gibon l'adjudant Confort ; le sous-lieutenant Lavoignet ; le docteur Lefèvre, qui s'est fait remarquer au milieu du feu donnant des soins aux blessés.

4e régiment de chasseurs d'Afrique : Le capitaine Vampers, qui a remplacé le lieutenant-colonel tué ; le lieutenant Paulze-d'Ivoy, commandant le 4e escadron ; le lieutenant Drue ; le sous-lieutenant Castellane ; le docteur Becœur ; le chasseur Jeffne, qui a sauvé son sous-officier, pris un drapeau, reçu six blessures, dont deux coups de feu et quatre coups de yatagan ; le chasseur Mazière, amputé ; le fourrier Parizot, blessé d'un coup de crosse à la tête, a eu son cheval tué ; le brigadier Vincent, qui a tué deux arabes qui cherchaient à enlever le corps du lieutenant-colonel Berthier.

4e régiment d'artillerie : Le lieutenant de Berkhein, commandant l'artillerie ; le maréchal-des-logis Richard.

Etat-major : Le lieutenant Dariule, du 5° bataillon d'Orléans, qui remplit près de moi les fonctions d'officier d'ordonnance ; le lieutenant Crépeaux, du 32° de ligne, faisant les fonctions de chef d'état-major et de sous-intendant militaire.

J'ai omis, dans le cours de ce rapport, de citer plus particulièrement cette circonstance de l'enlèvement d'un drapeau à l'ennemi par le chasseur Jeffne, dans la charge du 19, commandée par M. Paulze-d'Ivoy.

Veuillez agréer, etc.

Le général commandant par intérim la division,
Signé : LE PAYS DE BOURJOLLY.

41

M. le chef-d'escadrons Courby de Cognord, fait prisonnier dans cette malheureuse affaire, put faire parvenir une lettre datée du 8 octobre, à M. le général Cavaignac. Cette lettre fait connaître dans tous ses détails ce triste et glorieux combat, dont elle est le véritable rapport :

8 octobre 1845.

Mon général,

Dans le cas où la première lettre que j'ai eu l'honneur de vous écrire ne vous serait pas parvenue, je profite d'une nouvelle occasion qui m'est accordée, pour vous en écrire une seconde ; et comme on m'a donne l'assurance qu'on vous la ferait parvenir, je vous donne dans celle-ci les détails que je puis vous faire connaître.

La petite colonne du colonel Montagnac, dont je faisais partie, est sortie de Djemâa le 21, à dix heures du soir, composée de quatre cent vingt hommes, dont trois cent cinquante-quatre du 8° bataillon de chasseurs d'Orléans et soixante cavaliers, plus six muletiers, du 2e hussards.

Après avoir marché toute la nuit du 24, nous passâmes la journée du 22 à Sidi-Brahim ; là nous aperçûmes, sur une montagne à droite, une vingtaine de cavaliers ; le colonel pensa, dans le moment, que ce n'était que quelques hommes qui observaient de loin nos mouvements ; nous restâmes donc tranquilles à ce dernier bivouac jusqu'à onze heures du soir, heure à laquelle il nous fit prendre les armes pour marcher dans la direction du Karkar, où nous restâmes jusqu'au lendemain matin ; la pointe du jour du 23, ayant aperçu de nouveau, sur des mamelons qui étaient en face de nous, à peu près le même nombre de cavaliers que la veille, le colonel me donna l'ordre de monter à cheval, en selle nue, avec tout mon détachement. L'infanterie, moins deux compagnies, devait appuyer notre mouvement sans sacs ; le commandant Froment-Coste, reçut l'ordre de rester au camp, avec ses deux compagnies et les bagages.

Quand je quittai le camp, à la tête de mon détachement, avec le lieutetenant-colonel Montagnac, il pouvait être six heures et demie ; nous longeâmes le ravin sur les bords duquel nous étions campés, environ dix minutes à pied, conduisant nos chevaux par la bride ; dans ce moment le colonel s'apercevant que les cavaliers qui nous observaient, se retiraient en longeant notre colonne, nous fit monter à cheval précipitamment pour les poursuivre ; ces mouvements s'exécutèrent rapidement : alors l'infanterie qui nous suivait, resta loin derrière nous, et les cavaliers que nous poursuivions nous tirèrent quelques coups de fusil, et furent se joindre à des groupes qui étaient masqués et qui se disposaient à venir à leur secours. Leur nombre était d'environ deux cents. Le colonel m'ordonna de continuer mon mouvement en avant, en échelonnant mes deux pelotons à une très-petite distance ; alors le feu des tirailleurs commença. Nous continuâmes néanmoins notre mouvement en avant, et peu d'instants après, le nombre des cavaliers augmentant toujours, nous fîmes deux charges successives qui repoussèrent un peu l'ennemi et lui firent éprouver des pertes ; les notres furent grandes.

Le capitaine Saint-Alphonse fut tué d'un coup de feu, M. Klein, lieutenant, fut blessé et vint mourir à quelques pas sur nos derrières ; dans ce même moment mon cheval fut tué de deux coups de feu ; me trouvant démonté au milieu des combattants, le hussard Testard, du 1er escadron, s'empressa de mettre pied à terre, et me conduisit le sien, ce qui me permit de rallier une quarantaine d'hommes et de maintenir l'ennemi, jusqu'au moment où je pus m'emparer d'un piton, où nous espérions pouvoir nous maintenir en attendant l'infanterie qui arriva sur ces entrefaites. Le colonel de Montagnac, qui venait d'être blessé, donna l'ordre à la compagnie de M. le capitaine Chargère, de charger l'ennemi qui nous poursuivait en grand nombre ; en un instant il fut enveloppé et entièrement décimé. Une partie de la deuxième compagnie resta avec moi sur le piton ; l'autre partie, commandée par M. Larrazet, sous-lieutenant, suivit le mouvement de la première et eût le même sort.

M. Larrazet, sous-lieutenant, s'étant admirablement conduit pendant tout le combat, reçut deux blessures à la tête et fut fait prisonnier ; MM. de Chargère, capitaine et de Raymond, lieutenant, venaient d'être tués dans la charge. Me trouvant alors seul d'oflicier, en ralliant tout-ce qui me reslait de combattants sur le piton, mon second cheval fut tué sous moi par des cabyles qui nous serraient de près ; c'est dans ce moment que le colonel Montagnac me remit le commandement, sa blessure ne lui permettant plus d'agir :

Voyant, un peu tard, la position critique dans laquelle nous nous trouvions, le colonel donna l'ordre au maréchal-des-logis-chef Barbut, faisant les fonctions d'adjudant près de moi, d'aller prévenir le commandant Froment-Coste, d'accourir à notre secours avec une des deux compagnies restées au camp. Ce sous-officier s'empressa de s'acquitter de sa mission ; mais malheureusement il était déjà trop tard, car les forces qui m'environnaient augmentaient toujours, et en quelques instants nous nous sommes trouvés entourés de quatre à cinq mille hommes ; un autre colonne se dirigea sur la compagnie qui venait à notre secours et l'empêcha d'arriver jusqu'à nous. Le commandant Froment-Coste, et l'adjudant-major Dutertre, furent frappés mortellement. M. le capitaine Burgard, fut blessé et mourut quelques instants après ; un peu plus tard l'adjudant Thomas, du 8e bataillon, et le maréchal-des-logis-chef Barbut, furent pris et emmenés prisonniers.

Ne voyant point arriver l'infanterie, et abandonné à mes propres forces, qui pouvaient être d'une soixantaine d'hommes, fantassins et cavaliers, presque tous démontés, je me disposais à défendre la position que j'occupais, tant que j'aurais un homme valide. Nous avons été assaillis dans cette position pendant au moins une heure et demie, encourageant mes hommes par le secours que nous attendions, mais étant toujours serré de plus près par des masses. A chaque instant, les hommes tombaient mortellement blessés ; à la fin, j'étais arrivé à n'avoir plus que douze ou quinze combattants ; dans ce moment, je reçus trois coups de feu qui me firent tomber. Ne voyant plus d'officiers, ils poussèrent de grands cris, chargèrent la position dans toutes les directions et nous l'enlevèrent. Quelques secondes après, je fus enlevé par un capitaine de spahis réguliers, sans connaissance du champ de bataille, ayant encore reçu deux coups de yatagan.

La compagnie du capitaine de Géraud, restée seule au camp après notre désastre, n'eut que le temps de se réfugier dans un marabout à proximité, où ils se sont vaillamment défendus pendant plusieurs jours ; ils ont fait une sortie pour regagner Djemâa. Arrivés à très-peu de distance, les tribus les en empêchèrent. Quelques hommes de cette compagnie ont été faits prisonniers et amenés ici. Dans ce nombre se trouve l'interprète Lévy, qui a reçu une blessure à la cuisse ; M. le capitaine de Géraud, le lieutenant de Chapdelaine et le docteur Rosagutli, qui étaient au marabout, furent tués en gagnant Djemâa.

Je joins à ma lettre, l'état de tous les hommes qui ont été pris ou relevés sur le champ de bataille et emmenés prisonniers. Dans le 2e hussards, de soixante-six hommes dont se composait le détachement sous mes ordres, il ne se trouve avec moi, prisonniers, que le maréchal-des-logis-chef Barbut, le maréchal-des-logis Barbier et dix hussards.

Abd-el-Kader a donné des ordres à tous ses chefs, pour que nous soyons traités avec humanité, et jusqu'à présent nous n'avons qu'à nous louer de leurs procédés à notre égard.

Je suis avec respect, etc.

Le chef-d'escadrons,
COURBY DE COGNORD.

42
Le général Cavaignac à M. le lieutenant-général gouverneur-général par intérim :

Mechera-Guettara, sur la Tafna, 25 septembre 1845.

Mon général,

Averti que Moulai-Chikr, lieutenant du kalifa Si-Mohammed-ben-Abd-Allah, s'était enfui dans le pays des Traras, où il prêcha immédiatement la révolte ; que sa fuite avait été suivie de celle des Meguennia et des Oulad-Chia, et qu'une assez grande agitation s'était manifestée chez les Ghossels et dans le pays des Traras, je vins à Sidi-bou-el-Nouar, le 19 de ce mois, me placer, avec les troupes que j'avais sous la main, entre les Ghossels et les Traras.

Le 21, j'avais réuni, sur ce point, treize cent cinquante hommes d'infanterie, deux cent cinquante chevaux et deux sections de montagne. J'avais employé les trois journées précédentes, à me mettre en relation avec les quatre fractions des Traras. Une réponse collective m'assura de la tranquillité des Beni-Khaled, Beni-Menir et Beni-Missel ; quant aux Beni-Ouersous, leurs réponses, faites par Moulai-Chikr lui-même, n'étaient qu'insultantes. Il n'y avait pas de temps à perdre ; tout m'indiquait que cette révolte coïncidait, avec un mouvement prochain d'Abd-el-Kader, qui venait de passer la Moulouïa, et fanatisait les cabyles par les promesses de son arrivée prochaine.

Le 22, au matin, je quittai la position de Sidi-Bou-el-Nouar, pour entrer chez les Beni-Ouersous. Nous étions de bonne heure à l'Oued-el-Hammam, au centre de leur territoire. Le camp fut élabli au fond d'une vallée, dans une position assez convenable, mais dominée à l'ouest par une succession de collines, dont la plus éloignée, couronnée par le village des Oulad-Zekri, était occupée par trois ou quatre cents cabyles, qui, abrités derrière leurs murs, dirigeaient sur nos postes avancés un feu très-incommode. Cette position devait être enlevée. Une colonne d'attaque, composée des voltigeurs et carabiniers du 15e, des grenadiers du 41e, sous les ordres de M. le colonel Chadeysson, de cent vingt chevaux du 2e chasseurs et du 2e hussards, commandés par M. le lieutenant-colonel Tremblay, fut chargée de cette opération.

L'infanterie, si elle eut été seule, aurait eu beaucoup à souffrir, en gravissant péniblement une pente assez élevée. Lancée au galop, sous une vive fusillade, la cavalerie, par la décision de son mouvement, força l'ennemi à se jeter sur le revers opposé, où il fut poursuivi avec vigueur. Profitant de la forme accidentée du terrain, il cherchait à se réunir sur chaque point favorable et commençait son feu. Rien n'arrêta nos cavaliers, qui, sabrant ceux qu'ils purent atteindre, rejetèrent ces montagnards au fond de ravins profonds ou sur des crêtes inabordables. Dans cette charge, le lieutenant Colonna, des chasseurs, et le maréchal-des-logis Avice, des hussards, se sont fait remarquer.

La position prise fut occupée par trois compagnies de zouaves, sous les ordres du lieutenant-colonel Bouat. Elle fut assez vivement inquiétée pendant une grande partie de la journée. Une charge vigoureuse de la 2e compagnie, commandée par le capitaine Saint-Pol, rendit l'ennemi plus circonspect pour le reste du jour.

Nous avons eu, dans cette journée, quinze blessés et quelques chevaux tués ou blessés.

Les maisons ou enceintes furent crénelées, sous le feu de l'ennemi, par les sapeurs du génie. Des retranchements en pierres, élevés par les soldats, les couvrirent dans leurs postes. Établi lui-même en face de nous, dans des positions formidables et garnies de retranchements en pierres sèches, l'ennemi semblait nous réserver une résistance sérieuse et manifestait un enthousiasme que, ce jour là, je ne pouvais encore m'expliquer.

J'employai la matinée du 23 à reconnaître, avec un fort détachement, le pays au centre duquel nous étions, et surtout les positions occupées par l'ennemi. Cette matinée fut assez calme ; mais, vers deux heures de l'après-midi, les cabyles, au nombre de quatre cents environ, s'élancèrent avec une vigueur inouïe sur la position occupée par les zouaves, commandés par M. le chef de bataillon Peyraguey ; franchissant, d'une part, l'un des postes avancés, ils s'y mêlèrent à la garde qui s'y trouvait et qui s'y défendit à la bayonnette. Le capitaine Lecouteux, s'élançant à la tête de sa compagnie, dégagea ses soldats entourés.

D'un autre côté, les cabyles avaient abordé une enceinte crénelée et faisaient mine d'y pénétrer. Le commandant Peyraguey, à la tête de la compagnie du lieutenant Sthéneil, s'élance de l'enceinte. Mille voix s'élèvent du camp pour applaudir à cette action vigoureuse. Nous ignorions qu'en ce moment le brave Peyraguey, vieux soldat de l'île d'Elbe, noble reste de nos anciens bataillons, tombait mortellement frappé de trois balles, trouvant, après sa chûte, le temps et la force d'animer ses soldats. Qu'il reçoive ici, par la voix du chef avec qui il servait depuis quatorze ans, un dernier honneur, un dernier hommage.

Les zouaves avaient repoussé une attaque bien audacieuse ; mais ils ne l'avaient pas fait seuls. La section d'obusier, du lieutenant David, combattant à découvert, jetait la mitraille au milieu de ces forcenés. Le brigadier Martin tuait d'un coup de mousqueton l'un d'eux, qui se jetait sur sa pièce. Dans cette lutte, la batterie Gélin, arrivant en Afrique, a débuté avec honneur. Nous avons eu, dans cette action, trois tués et neuf blessés.

L'ennemi se retira derrière ses positions. Vers la chûte du jour, de grands cris et une décharge générale de leurs armes, nous prouvait que les cabyles venaient de recevoir une nouvelle importante. On venait de leur annoncer qu'Abd-el-Kader, pénétrant sur notre territoire, marchait à leur secours. C'était là le secret de leur acharnement.

La reconnaissance faite le 23, m'avait permis d'arrêter un projet d'attaque pour le lendemain. En conséquence, à une heure du matin, le 15ᵉ léger, sous les ordres de son colonel, se mit en mouvement pour gagner, par des pentes abruptes, les positions qui devaient assurer la marche du lendemain ; tout le bagage le suivait. Une heure avant le jour, le reste de la colonne se mettait en marche pour sortir de la vallée d'El-Hammam ; à six heures du matin, elle était complètement évacuée. Dans la nuit, l'avant-garde du 15ᵉ léger avait surpris et passé par les armes un poste ennemi.

Aussitôt que les cabyles comprirent notre mouvement, tous ceux qui occupaient la position de droite, celle de Meteurba, disparurent pour aller, sans doute, refouler leurs familles et leurs troupeaux en arrière ; ceux qui occupaient la position de gauche, celle de Bab-Mesmar, se disposèrent à la défendre ; ils étaient de quatre à cinq cents.

Les mesures, prises dans la nuit, assurèrent notre marche jusqu'à Souk-Oulad-Aloui. La, nous fûmes assaillis par la fusillade des cabyles. Je chargeai le colonel Chadeysson d'enlever la position. Une colonne d'attaque, formée des voltigeurs du 41ᵉ, de deux compagnies d'élite du 15ᵉ léger, et de deux compagnies de zouaves, s'élança sur les hauteurs de la gauche. Les voltigeurs du 44ᵉ, en tête de la colonne, étaient conduits par le lieutenant Aveline.

Ce mouvement, appuyé par un feu très-vif d'artillerie et d'infanterie, fut couronné d'un plein succès. Le retranchement était tourné ; l'ennemi l'abandonna en désordre, se retirant soit par les hauteurs de droite, soit par un chemin qu'enfilait notre feu. Il perdit beaucoup de monde : toute la ligne ennemie était tombée en notre pouvoir. C'était le succès militaire aussi complet que possible ; ce n'était pas le succès politique. Fanatisés dans leur résistance, les révoltés s'étaient rejetés sur le territoire des Beni-Menir et des Beni-Khaled.

Chez ceux-ci, beaucoup d'individus, sans doute, avaient pris part aux divers combats ; mais le caïd des premiers était à Djemâa-Ghazaouat, pour constater son bon vouloir ; celui des derniers était dans mon camp, et je savais qu'il avait empêché plusieurs fractions de se déclarer contre nous. Entrer sur le territoire de ces deux tribus, c'était décider leur soulèvement ; je voulais attendre le résultat qu'aurait pu produire, sur l'esprit des Beni-Ouersous, l'opération accomplie. La nouvelle de l'entrée d'Abd-el-Kader sur le territoire des Sonhalias, et d'un combat livré par le lieutenant-colonel Montagnac, me décida à prendre la direction de Maghnia.

Notre marche fut inquiétée d'abord par cent cinquante hommes, s'acharnant sur l'arrière-garde ; ils s'arrêtèrent enfin devant la fermeté des compagnies du 15ᵉ léger, commandées par le capitaine Boxador, les lieutenants Falcon et Demorde, sous les ordres du commandant Roussillon. Dans cette journée, nous avons eu trois tués et Vingt-quatre blessés. Parmi ces derniers, M. le Chef-d'escadrons Vejuz, d'un coup de feu à travers le pied ; M. le commandant Lambert, d'un coup de feu à la jambe. Tous deux sont restés à la tête de leur troupe.

M. le colonel Chadeysson, chargé de la conduite des mouvements dans cette journée, s'en est acquitté avec la vigueur dont il a déjà donné des preuves. Son cheval a été blessé de deux coups de feu.

L'ennemi a perdu beaucoup de monde ; on a vu jusqu'à sept hommes venir se faire tuer sur le corps d'un de nos soldats. J'estime leur perte à plus de cent hommes tués ; le nombre des blessés doit être considérable.

Nous avons, en tout, six tués et quarante-huit blessés. C'est ici le lieu de rendre justice à MM. Valet, chirurgien-major des, hussards, qui compte dix années en Afrique, et aux aides-majors Feraton, des chasseurs, et Compagnon, du 15e léger. Leurs soins ont assuré le service de l'ambulance.

Vous apprécierez, mon général, la valeur militaire de l'opération que viennent d'accomplir les troupes de cette subdivision, et les récompenses que je sollicite obtiendront, je n'en doute pas, tout votre appui. Le croquis ci-joint servira à l'intelligence des faits. M. le capitaine d'état-major Beaudouin a fait celle reconnaissance sous le feu de l'ennemi, accompagnant les colonnes d'attaque partout où elles allaient.

La révolte des Traras est l'expression la plus nette des effets du voisinage d'Abd-el-Kader : leur acharnement, redoublant avec leurs pertes, ne peut avoir d'autre explication, et, par la résistance qu'ils ont opposée, j'aurais dû deviner l'invasion de notre territoire par cet ennemi infatigable.

Je vous écris avant d'être exactement informé de ce qui s'est passé dans l'ouest. Il est évident que le colonel Monlagnac, appelé par les Souhalias, a marche sur Abd-el-Kader et l'a combattu. Quels que soient les événements, ils on t eu un contre-coup immédiat dans le pays.

Il ne s'agit plus maintenant seulement d'une révolte des Beni-Ouersous ; c'est la guerre recommençant sur la frontière. Les négocia lions de MoulaiChikr avec Ben-Tami tendaient au résultat que sa fuite vient de produire.

Veuillez agréer, etc.

Le maréchal-de-camp commandant la subdivision de Tlemcen,

Signé : CAVAIGNAC.

43

Le lieutenant-général gouverneur-général de l'Algérie, par intérim, à M. le maréchal ministre de la guerre :

Monsieur le maréchal,

Ainsi que j'ai eu l'honneur de vous en informer dans mes dernières dé-pèches des 1er et 2 octobre, notre situation, dans la subdivision de Mascara, commençait à se rétablir, et, sur la Mina, devenait respectable après le combat heureux du général Bourjolly contre la cavalerie de Bou-Maza.

Le colonel Walsin-Esterhazy, dont je ne saurais trop louer la vigueur et la résolution dans cette circonstance, avait obligé toutes les tribus du territoire d'Oran à se replier dans la chaîne de collines situées entre le lac et la mer. Suivi seulement de vingt-cinq chasseurs et de quatre-vingts spahis [a], il a su imposer à ces populations ébranlées, les obliger à lui obéir, et, les ayant placées derrière lui, il avait réuni tous leurs cavaliers pour tenir tête à l'orage.

Inquiet sur la petite garnison d'Aïn-Temouchent, le colonel Esterhazy avait pu, dans la nuit précédente, déterminer cent cinquante cavaliers Douairs à pousser une reconnaissance jusqu'à ce poste. Ils y avaient porté des nouvelles et en avaient rapporté des lettres. Une cavalerie nombreuse s'était montrée dans les environs, et déjà l'émir avait fait sommer le capitaine Safrané, qui commandait Aïn-Temouchent, de se rendre s'il ne voulait être enlevé le lendemain.

Cette sommation avait été repoussée comme elle devait l'être ; mais, néanmoins, l'ensemble de la situation était précaire ; le poste n'avait que soixante-treize hommes de garnison ; le colonel Esterhazy n'était soutenu que par trois cents hommes ; le général Cavaignac s'était concentré devant Tlemcen ; l'ennemi avait le champ libre pour agir. Malgré l'extrême fatigue des troupes, que les chaleurs étouffantes qui nous accablent depuis dix jours avaient encore augmentée, je me mis en route le 2 octobre, à dix heures du soir. J'arrivai le 3 au matin à Bou-Rechach : l'ennemi n'avait pas paru.

Dans la journée, je reçus des nouvelles de Temouchent, que l'ennemi n'avait pas osé attaquer à cause de la bonne contenance de la garnison. Le général Korte s'avançait vers moi à marches forcées, et me fit savoir qu'il me rejoindrait le soir même.

Le 3, à huit heures du soir, nos colonnes étaient réunies, et je pouvais disposer de quatre mille baïonnettes, sept cents sabres et quatre obusiers de montagne. Aujourd'hui, je me suis porté sur Aïn-Temouchent, où je suis arrivé à la nuit close, sans avoir rencontré l'ennemi. La chaleur seule, qui était excessive, a retardé noire marche. J'apprends que le général Cavaignac s'est porté vers Maghnia pour attaquer l'ennemi, que l'on dit réuni au col de Bab-Taza..

On m'annonce, de Tlemcen, un nouvel accident. M. le commandant Billaut, chef de bataillon au 41e, officier fort distingué, auquel était confié le commandement du poste de Zebdou, a été assassiné tout près du fort, dans un douar des Ouled-Ouriach, chez lesquels il s'était rendu sur leur invitation. M. Dombasle, lieutenant aux zouaves, chargé des affaires arabes dans ce poste, accompagnait le commandant et a eu le même sort que lui, ainsi que quelques hussards qui les suivaient. Ces officiers sont morts victimes de leur zèle, de leur dévouement, ainsi que de leur trop grande confiance.

Je me mettrai en marche pour Tlemcen demain soir. Hier et aujourd'hui, personne ne s'est montré devant le poste de Temouchent. Ce fait n'est pas seulement le résultat de notre marche ; je crois devoir l'attribuer au mouvement offensif qu'a fait le général Cavaignac.

Je suis avec respect, etc.

Le lieutenant-général gouverneur-général par intérim,

Signé : DE LA MORCIÈRE.

44

Avant la soumission des Traras, Moulai-Chikr, n'ayant qu'une médiocre confiance dans la parole d'Abd-el-Kader et craignant d'être sacrifié à son ennemi Bou-Hamedi, s'il se rendait auprès de lui, se retira dans les montagnes des Beni-Znassen, où il est encore.

45

Le lieutenant-général de La Moricière à M. le ministre de la guerre :

4

Au bivouac de l'Oued-Tleta, près Nedroma, le 17 octobre 1 845.

Monsieur le maréchal,

Je me suis mis en marche le 22 octobre, ainsi que je vous annonçais devoir le faire par ma lettre du 10, et j'ai pris ma direction vers Nedroma et le col d'Aïn-Kebira, qui donne accès dans le pays, des Traras. J'avais laissé à Djemâa-Ghazaouat un certain nombre d'hommes fatigués et trois escadrons de cavalerie, dont je pouvais momentanément me passer, dans les montagnes. Je marchais avec environ quatre mille cinq cents bayonnettes, six cent cinquante sabres, dix pièces de montagne.

Arrivé sur l'Oued-Tleta, au lieu même où je bivouaque aujourd'hui, un assez grand nombre de fanlassins des Beni-Menir (fraction des Traras) et dès cavaliers s'approchèrent de mon flanc gauche, et commencèrent à tirailler ; à l'horizon, sur la crête des montagnes, des deux côtés du col d'Aïn-Kebira, je distinguais une nombreuse cavalerie, immobile et spectatrice du combat, que l'émir avait prescrit aux tribus d'engager contre nous. Je ne jugeai pas convenable de la laisser s'enhardir par une offensive prolongée.

Je fis masser mon convoi et je lançai, sur les assaillants, quelques bataillons sans sacs et quelques escadrons, qui les refoulèrent sans peine dans leurs montagnes. Cet engagement coûta aux Beni-Menir une quinzaine d'hommes, et à nous un sous-officier du 41e et un chasseur du 2e régiment, tués, et un officier du 15e léger, M. Burcaille, légèrementblessé. Je vins prendre mon bivouac à Nedroma, sans être suivi un seul instant. L'ardeur des insurgés s'était déjà ralentie.

Les chefs de Nedroma vinrent, le soir, à mon camp, et s'excusèrent sur la nécessité d'avoir payé à l'émir une contribution en argent, et de lui avoir livré de l'orge et des vivres pour sa troupe. Les portes lui étaient, d'ailleurs, restées fermées, et l'attitude des habitants avait été assez ferme pour qu'on n'essayât pas de les ouvrir de force, ou de parler d'une émigration au Maroc.

Je sus, par ces chefs, que l'émir, avec environ deux mille chevaux, se tenait à Aïn-Kebira, fomentant l'insurrection des Traras, des Ghossels et d'une faible portion des Beni-Amer-Garabas, qu'il n'avait pas pu pousser au Maroc. Toutes ces populations étaient entassées dans le pâté de montagnes qui occupe le triangle compris entre Lella-Maghnia, Djemâa-Ghazaouat et l'embouchure de la Tafna. Tous les combattants s'étaient donné rendez-vous pour la défense du col d'Aïn-Kebira, par lequel je devais nécessairement entrer dans la montagne.

Je montai à ce col le lendemain matin, 13 octobre. M. le général Cavaignac marcha vers la gauche de la position, par un sentier que nous avions reconnu la veille au soir ; j'arrivai péniblement à sa hauteur par un sentier en corniche, qui s'élève à droite en partant de la porte de Nedroma. M. le colonel Chadeysson, du 15e léger, avec son régiment et deux bataillons du 6e léger, marchait en tête de la colonne. Nous voyions en face de nous, et à gauche principalement, les crêtes couvertes de nombreux fantassins cabyles.

Un mamelon très-saillant, et bien garni de monde, s'élève dans la partie moyenne du col, et aurait séparé nos deux attaques en avançant. J'y dirigeai M. le colonel Gachot, du 3e léger, avec un bataillon de son régiment et une section de montagne. Je gardai près de moi le 41e de ligne, comme réserve à la tête du convoi. A onze heures, les trois têtes de colonne partirent ensemble et furent accueillies par un feu très-vif. Celle de gauche, ayant à gravir, devant un ennemi nombreux, des pentes escarpées et exposées, dans toute leur longueur, à une fusillade plongeante, pouvait paraître hasardée ; mais tel fut l'élan du 41° de ligne, animé par M. le générai Cavaignac et par son colonel, M. de Mac-Mahon, que la position fut enlevée d'emblée. Beaucoup de fantassins ennemis furent atteints et tués sur le revers opposé. De notre côté, M. le chef de bataillon Carondelet, du 41e , fut gravement blessé d'une balle à la tête ; M. le capitaine Monnier, du même régiment, fut mortellement frappé, ainsi qu'un soldat ; cinq furent blessés.

Le col d'Aïn-Kehira était occupé ; j'y établis mon camp. M. le général Cavaignac vint m'y rejoindre dans l'après-midi, après avoir donné la chasse au loin à tous les fantassins qui essayaient de se maintenir sur les pitons voisins. Une section de la 6e batterie du 14e régiment, commandée par le capitaine Gélin, seconda ses mouvements par un feu ménagé à propos et bien dirigé.

La cavalerie de l'ex-émir ne s'était pas compromise dans ces terrains difficiles ; elle avait, de bonne heure, évacué les crêtes de la gauche avant de se trouver engagée. M. le général Cavaignac l'avait vue descendre vers l'Oued-Tleta, Oued — Tleta,et avait entendu les cris don t la poursuivait les Traras, abandonnés par elle.

338

Le lendemain, 14, je fis, dans la journée, un mouvement d'une lieue et demie seulement, pour venir camper au marabout de Sidi-Mohammed-el-Krouan, où je savais trouver des silos abandonnés pourvus d'orge, pour ma cavalerie et mon convoi. Je pénétrais ainsi au cœur du pays des Beni-Oncrsous, la fraction la plus hostile des Traras, celle qui avait livré à M. le général Cavaignac, le 22 et le 24 septembre dernier, deux combats acharnés. Je refoulais vers la mer toutes les populations, et je commençais à leur fermer tous les chemins de l'ouest. Mon mouvement se dessinait.

Les tribus en comprirent la conséquence, et, dès le soir, des lettres me furent apportées de la part des chefs des Beni-Ouersous et des Ghossels. Je combinai mon mouvement, le 15 au matin, et je vins m'etablir à Souk-Ouled-Aloui. Les crêtes rocheuses qui environnent cette espèce d'entonnoir étaient couvertes d'hommes armés qui se disposaient à nous y accueillir.

M. le général Cavaignac, sorti le premier du défilé inextricable par lequel on débouche à Souk-Ouled-Àloui, avait engagé une vive fusillade avec les cabyles postés sur les rochers de Bab-Mesmar (la porte de fer), col par lequel on passe des Beni-Ouersous chez les Beni-Missel. Je fis masser mon convoi, et, dès que M. le colonel Chadeysson fut arrivé avec les 6e et 15e légers, je le mis en mouvement, par la droite, pour attaquer les positions que M. le général Cavaignac attaquait par la gauche. La principale résistance eut lieu de ce côte, où l'ennemi se montrait en force. Le bataillon des zouaves, qui formait le côté de la colonne avec l'escadron du 4e de chasseurs, de M. le capitaine de Vernon, ne firent pas moins bien que le 41° n'avait fait le 13, et furent plus heureux. Un seul zouave fut blessé ; plus de quarante cadavres ennemis restèrent sur la place, et les seules pertes de la journée avaient eu lieu pendant la fusillade qui précéda l'attaque principale de gauche. Un sous-officier du 41e avait été tué, et cinq soldats du même corps blessés. Quelques coups de fusil avaient été tirés à l'arrière-garde par le 3e léger. Un sergent y avait été grièvement blessé.

Ce combat acheva de décourager les Traras, et, le 16 au matin, lorsque je commençais à marcher vers le pic de Tadjera (désigné sous le nom de mont Noé sur plusieurs cartes), me rapprochant de plus eu plus de la mer, les chefs vinrent au-devant de moi, accompagnés des caïds des Ghossels et de ceux des fractions des Beni-Amer, qui ont reculé devant l'émigration au Maroc. Toutes ces tribus étaient à ma discrétion, resserrées entre mon camp et la mer, dont, à Tadjera, je n'étais pas à plus d'une lieue et demie.

Je pouvais faire descendre dans les affreux ravins, où elles s'étaient jetées sans avoir le moyen d'en sortir, des bataillons d'infanterie qui eussent obtenu une complète vengeance de cette insurrection. Dans la disposition d'esprit de nos troupes, cette vengeance eût été trop sévère peut-être. J'étais pressé de regagner la plaine et de me rapprocher de Nedroma, afin de surveiller le mouvement de l'émir, dont le camp se voyait à Aïn-Kebira, séparé de nous par une courte distance, mais par des rochers et des précipices infranchissables : j'ai accordé le pardon qui m'était demandé, et je suis descendu de Tadjera ici. J'ai prescrit aux Ghossels et aux fractions des Beni-Amer de rester enfermés dans les montagnes des Traras ou dans celles des Oulassas, dont une députation est venue me trouver, jusqu'à ce que la sécurité de leur plaine fût suffisamment rétablie.

C'est déjà un résultat que de fermer à l'émir cette forteresse. Je me trouve maintenant en mesure de le suivre dans les plaines, s'il essaie d'y tenir. J'ai renvoyé à Ghazaouat, ce soir, mes malades, mes blessés et mes éclopés ; j'en retire les escadrons que j'y avais laissés ; je pourrai, à six ou sept heures du matin, me lancer à sa poursuite dans la direction qu'il aura prise. J'ai des éclaireurs en route, de tous côtés, pour m'en informer.

Les troupes ont montré leur constance ordinaire, dans ces pénibles marches où une distance de deux lieues à franchir les tenait sur pied toute la journée. Celles qui ont été engagées étaient animées par le souvenir de leurs frères d'armes trahis et massacrés : jamais on ne les a vues plus braves et plus ardentes. M. le général Cavaignac et MM. les chefs de corps m'ont cité, comme dignes d'une mention particulière :

Dans l'état-major : MM. le capitaine Anselme, aide-de-camp de M. le général Cavaignac, et Beaudouin, capitaine, détaché au régiment de chasseurs d'Afrique, chargé des affaires arabes, qui ont pris part, auprès de lui, aux trois combats où la colonne de gauche a joué le principal rôle.

Dans l'artillerie : MM. Lugan et Gélin, capitaines commandants ; Chevaudret, capitaine en 2e ; Tafforin, adjudant sous-officier ; Hussenet., maréchal-des-logis.

Dans le génie : MM. le capitaine Gaubert et le capitaine de sapeurs Thouvenain, dont l'intelligence et l'activité se sont fait remarquer dans les travaux qu'ils ont dirigé, pour ouvrir des débouchés à la division dans ces montagnes abruptes.

Dans l'avant-garde (44e de ligne et deux compagnies d'élite du 1er bataillon du 1er régiment de la légion étrangère) : MM. Faivre, colonel du 44e ; Delamare, chef de bataillon ; Clerc, capitaine adjudant-major ; Gabernacle et Galichon, capitaines ; Beauméné, adjudant-sous-officier ; Lesage, capitaine de grenadiers de la légion.

Dans la colonne de droite (6e et 15e légers et détachement du 8e chasseurs d'Orléans), 6e léger, pour le combat d'Aïn-Kebira : MM. Etienney, chef de bataillon ; Varlet, chirurgien aide-major, dont le dévouement se manifeste en toutes circonstances ; Fournier, lieutenant ; Badouaille, capitaine ; Recopé, sergent-major. Pour le combat de Bah-Mesmar : MM. Saison, lieutenant ; Sorel, sergent.

15e léger, pour l'engagement du 12 octobre : M. Burcaille, lieutenant, blessé. Pour le combat du 15 à Bab-Mesmar : MM. Bonnet, capitaine adjudant-major ; Falcon, sous-lieutenant de voltigeurs ; Morceron, sergent-major.

8e bataillon de chasseurs d'Orléans, au combat d'Aïn-Kebira : M. Lerassor-Sorral, capitaine commandant le détachement ; Simon, sergent.

Colonne de gauche, aux ordres de M. le général Cavaignac (bataillon de zouaves et 41° de ligne), bataillon de zouaves, pour le combat d'Aïn-Kebira : MM. Franceschetti et Saint-Pol, capitaines ; Dubos, lieutenant ; Robin-des-Villars, sergent. Pour le combat de Bab-Mesmar : MM. Bouat, lieutenant-colonel ; Lecouteux, capitaine.

44e de ligne, pour le combat d'Aïn-Kebira : MM. de Mac-Mahon, colonel ; de Carondelet, chef de bataillon (grièvement blessé) ; de Fraboulet, capitaine adjudant-major ; Siala, sergent ; Tiaret, voltigeur ; Geneslay et Laurent, carabiniers. Pour le combat de Bab-Mesmar : MM. Lemonnier, capitaine ; Riollet, sergent-major.

Arrière-garde (3e léger) : MM. de Géraudon, lieutenant-colonel ; Desserre, chef de bataillon ; Fourrier, sergent de voltigeurs (blessé) ; Soulier, carabinier.

La cavalerie n'a pu agir, avec ensemble, dans les terrains presque inaccessibles où la division a manœuvré : toutefois, quelques détachements ont pu joindre l'ennemi, et quelques officiers et soldats ont fait reconnaître, l'élan ordinaire de nos cavaliers. Ce dansl'engagementdu 12 octobre :

MM. de Noë, capitaine ; Sémideicl Brico, sous-lieutenants ; Raison, brigadier, et Imoff, chasseur du 2e régiment. Dans le combat d'Aïn-Kebira : N. le lieutenant Guichard, commandant un peloton détaché près de M. le général Cavaignac, et lé maréchal-des-logis Julien, Dans le combat de Bab-Mesmar : MM. de Vernon, capitaine au chasseurs ; Dor, sous-lieu lenant ; Delmas de Lacoste, lieutenant ; Durys, adjudant ; Delonche, maréchal-des-logis.

M. l'adjoint à l'intendance militaire de Missy a dirigé, avec activité et intelligence, les services administratifs. MM. le chirurgien-major Gama, et le chirurgien aide-major Lapeyre ont donné à nos blessés des secours éclairés et assidus.

M. le général Korte, commandant la cavalerie, gravement indisposé, et le colonel Renault, du 6e léger, fortement indisposé des suites d'une chute de cheval, n'ont pas voulu quitter la division : J'espère-les revoir sous peu de jours à la tête de leurs troupes.

Par un prochain courrier, je réclamerai de votre justice, M. le Maréchal, les récompenses, auxquelles les militaires de tous grades se sont acquis de nouveaux droits.

J'ai l'honneur d'être, etc.

Le lieutenant-général, gouverneur-général par intérim,

Signe : DE LA MORICIÈRE.

46

Le lieutenant-colonel Mellinei, commandant supérieur de Mostaganem, à M. le maréchal gouverneur-général :

Mostaganem, 4 8 octobre 1845.

Monsieur le Maréchal,

J'ai eu l'honneur de vous informer des pourparlers de soumission qui avaient lieu depuis quelques jours, entre nous et les Oulad-Bou-Kamel et les Chourfat-el-Hammadia. Nous avions tout lieu d'en espérer une bonne conclusion, lorsque je fus informé que le cherif Bou-Maza avait été reçu chez les Oulad-Bou-Rahma, dans le Dahra, hier dans la journée. Ce malin, de très-bonne heure, le caïd des Oulad-Bou-Kamél lui-même vint me prévenir qu'un rassemblement s'était formé et que, conduit par Bou-Maza, il se portait vers Mostaganem, pour enlever les Hachems-Daroghr. Réunissant aussitôt tout ce que j'avais de monde disponible, je me mis à la tête d'une soixantaine de chasseurs du 4e régiment, laissant l'ordre à l'infanterie de nous suivre en toute hâte. Nous ne tardâmes pas à rencontrer l'ennemi, au milieu duquel on remarquait le drapeau de Bou-Maza. Malgré la disproportion des forces, nous le chargeâmes vigoureusement et lui tuâmes beaucoup de monde : cavaliers et fantassins croyaient nous retenir en s'embusquant. dans les baies et les ruines des maisons de la vallée des Jardins. Cette charge fut poussée à environ trois lieues. Après un-moment de repos, pour donner à l'infanterie le temps de nous rejoindre, je donnai l'ordre de faire tête de colonne à gauche : ce fut alors que l'ennemi, de plus en plus nombreux, croyant que nous allions battre en retraite, nous aborda à son tour, et il s'en suivit bientôt un moment de mêlée qui tourna bientôt à notre avantage, par l'arrivée d'un renfort de quelques chevaux, conduits par le major Ardin, du 4e chasseurs. L'ennemi se retira, laissant ses morts sur le terrain. Nous restâmes quoique temps en position, pour protéger le mouvement des Hacheras, qui se repliaient sur la ville, et nous nous retirâmes, sans un coup de fusil à l'arrière-garde. Bou-Maza et son goum, estimé à trois cents chevaux environ, sans compter un grand nombre de fantassins, se dirigea vers le Chelif, qu'il a dû traverser.

Ce succès marqué, remporté dans des conditions d'infériorité numérique très-grande, fait réellement honneur aux officiers et sous-officiers du 4e chasseurs, qui ont su donner un élan remarquable à de jeunes soldats qui voyaient le feu pour la première fois. J'aurai l'honneur de vous citer, plus tard, les noms de ceux qui se sont particulièrement distingués, sous mes yeux.

Quelque diligence qu'ait fait l'infanterie, elle n'a pu prendre part à l'action. Son apparition dans la plaine a suffi néanmoins pour produire un hon effet. Au moment de cette échauffourée, nous avions, en ville, de nombreuses bêtes de somme de tribus environnantes, qui venaient pour charger des vivres destinés à Bel-Assel.

Nous avons à regretter douze hommes tués ou, blessés et sept chevaux tués.

Dans la crainte que le courrier d'Alger ne passât, je me suis hâte, Monsieur le maréchal, de vous rendre un compte sommaire des événements de la journée ; mais, puisque j'ai encore assez de temps, je crois devoir vous signaler ceux de MM. les officiers et sous-officiers du 4e chasseurs, qui se sont particulièrement distingués. Je citerai MM. le major Ardin ; le capitaine Marchand ; les lieutenants Lebégue et Bruits, qui à eu son cheval grièvement blessé ; les sous-lieutenants Haydert et de Veslin, ce dernier blessé d'un coup de sabre à la tête. Les maréchaux-des-logis Viallard, qui a tué plusieurs arabes ; et Ceretz, blessé et amputé de deux doigts de la main gauche.

Je signale encore à toute votre bienveillance M. de Marolles, capitaine au 9ᵉ bataillon de chasseurs d'Orléans, chef du bureau arabe par intérim, et M. Ayas, interprête, qui, constamment à mes ordres, ont fait preuve d'une bravoure vraiment remarquable, le premier en tuant deux arabes de sa main, et le deuxième cinq, dans le moment le plus difficile de l'action, qui, je vous l'assure, était extrêmement chaude et vigoureuse, ainsi que le prouve le chiffre de nos pertes, comparé à notre effectif.

J'ai eu aussi beaucoup à me louer de M. le capitaine Bouvier, du 32ᵉ de ligne, et Pecoud, lieutenant de la légion étrangère, qui ont pris part à la charge. Je citerai également M. le commandant de place Bertin, qui, resté à Mostaganem, a pris les mesures les plus promptes pour la sûreté de la ville et des environs.

Parmi les arabes, je citerai Mohammed-Dziri, beau-frère du vieil aga Mustapha-ben-Ismaël, qui a fait preuve de beaucoup de sang-froid et de bravoure ; Mustapha-ben-Dif, des Douairs, qui y a montré son courage habituel, et Mohammed-ben-Lazreug, des Medjehers, qui s'y est aussi bien conduit.

Agréez, M. le maréchal, etc.

Le lieutenant-colonel, commandant supérieur,

Signé : MELLINET.

47

Il ne sera peut-être pas sans intérêt, de connaître comment cette question de la colonisation indigène était envisagée par M. le maréchal Bugeaud. Voici l'extrait d'une lettre adressée a M. le directeur des affaires arabes de la province d'Oran, qui signale quelles étaient ses vues à cet égard :

Alger, 15 mars 1847.

Mon cher colonel,

Je vous remercie, de tout cœur, du mémoire que vous m'avez adressé par M. le général d'Arbouville : je l'ai lu avec une vive satisfaction. Comment ne l'approuverais-je pas, puisqu'il est en harmonie parfaite avec ma politique envers les arabes, avec mes idées sur la manière de les gouverner, de les administrer, de nous les assimiler ? Ce que vous proposez, pour rendre les Douairs et les Zmelas propriétaires, je l'ai déjà mis en pratique, à l'égard des Aribs de la

Maison-Carrée, et je suis en train de le faire pour d'autres petites tribus de la plaine. Les uns et les autres n'ont pas cependant les mêmes titres qu'eux à notre sollicitude.

Quand je dis que j'ai fait pour les Aribs ce que vous demandez pour les Douairs et les Zmelas, je ne dis pas assez, car j'ai fait beaucoup plus. Ils n'avaient ni titres, ni longue possession, et cependant je leur ai fait donner dix-huit cents hectares des terres de la Rassauta. On est en train de faire actuellement un travail de répartition entre les familles. Je me propose aussi de les exciter à construire des habitations sédentaires, ce qui serait un fait capital pour l'avenir du pays. Plusieurs chefs de douars y ont déjà consenti.

Je viens donc vous prier de formuler, sans retard, un projet complet accompagne d'un projet d'ordonnance, car c'est de son domaine, qui donnerait des titres de propriété aux chefs de Mechta et aux simples arabes, qui rempliraient les conditions que vous indiquez. Il faut tâcher d'y joindre un plan des lieux, que vous prendriez en masse sur la carte

Je voudrais que le projet d'ordonnance établit : Article 1er , que les Douairs et les Zmelas sont maintenus indéfiniment dans la jouissance des terres dont ils jouissaient du temps des turcs ; puis, dans les articles suivants, indiquer les conditions sous lesquelles ils peuvent devenir définitivement propriétaires, exprimées dans votre projet.

Ma santé est un peu moins mauvaise depuis hier ; je conserve encore l'espoir que je pourrai partir pour France vers le 20. Si j'accomplis ce dessein, ce sera en France que le général d'Arbouville devra m'envoyer, le plus tôt possible, le projet relatif aux Douairs et aux Zmelas. N'y aurait-il pas quelque chose de semblable il faire pour les Garabas ? Cette tribu doit être plus inquiète que les Douairs et les Zmelas, car elle est menacée plus prochainement par les idées de dépossession et de refoulement qui viennent d'être émises.

Bou-Maza vient de rentrer dans l'Ouersenis ; les Souhalia du Dahra viennent encore de prendre les armes et de razer quelques fractions de nos tribus soumises, et il faut penser que, pendant de longues années, le pays sera toujours disposé à écouter tous les Bou-Maza qui se présenteront, et à se mettre à leur suite. Voyez, mon cher colonel, combien vos idées sages sont corroborées par les faits passés et présents, et par les prévisions de l'avenir. C'est en Afrique qu'on peut dire, avec Petit-Jean des Plaideurs :
Ma foi sur l'avenir bien fou qui se fiera,
Tel qui rit vendredi, dimanche pleurera.

Vous voulez ménager l'avenir, vous avez mille fois raison. Je connais des hommes qui raisonnent et agissent comme s'ils étaient maîtres des tempêtes, mais, quand la bourrasque arrive, ils ne sont pas plus forts que les autres.

Recevez, mon cher colonel, etc.

Signé : Maréchal duc d'ISLY.

Voici comment cette initiative était appréciée, plus tard, par M. le général de La Moricière, dans une lettre adressée au colonel directeur des affaires arabes de sa province :

Alger, 15 janvier 1848.

Mon cher colonel,

J'écris aujourd'hui deux lettres au prince, l'une relative aux moulins, l'autre aux caravansérails à établir sur les routes de l'intérieur. J'envoie copie de ces lettres au général Cavaignac, qui vous les communiquera. Le prince adopte et écrira pour approuver : il n'y a donc plus qu'à se mettre à l'œuvre ; ce sera le complément nécessaire de cette grande transformation que vous opérez chez les Zmelas, et qui s'étendra de proche en proche.

Les bureaux de la guerre n'avaient d'abord rien compris à ce que nous faisions à Oran : le prince leur a envoyé un véritable mémoire, qui est fort remarquable et fort juste de tous points ; ils ont enfin vu les choses sous leur véritable point de vue ; toutefois ils ajoutent qu'il faut leur faire connaître les dépenses *imputables au budget,* qui résulteront de ces travaux. On leur répond, aujourd'hui même, que tout est payé par les indigènes qu'on va rendre propriétaires, et qui acquerront ainsi le droit qu'on leur conférera. Le fond de tout cela, c'est qu'à Paris, comme à Alger et ailleurs, on était dans une incrédulité complète. Il n'a pas fallu, ici, moins que l'affirmation du prince, parlant *de visu* pour fermer la bouche aux incrédules. Ce fait a une telle puissance, que l'on s'est mis de suite en campagne et que l'on va chercher à imiter, dans la plaine de la Mitidja, ce qui se fait dans celle du Tlelat. L'impulsion est donnée, vous êtes en tête du mouvement, continuez, etc.

Recevez, mon cher colonel, etc.

Le lieutenant-général,

Signé : DE LA MORCIÈRE.

49

Le Gouverneur-Général de l'Algérie au Ministre de la guerre :

Monsieur le ministre,

Un grand événement vient de s'accomplir ; Abd-el-Kader est dans notre camp. Battu par les cabyles du Maroc, chassé de la plaine de la Moulouïa par les troupes de Moulai-Abd-er-Rhaman, abandonné par la plus grande partie des siens, qui s'étaient réfugiés sur notre territoire, il s'était jeté dans le pays des Beni-Znassen, et cherchait à prendre la route du sud, que l'empereur du Maroc avait laissé libre ; mais, cerné de ce côté par notre cavalerie, il s'est confié à la générosité de la France, et s'est rendu sous la condition d'être envoyé à Alexandrie ou à Saint-Jean-d'Acre.

Ainsi que je l'ai déjà mandé à votre Excellence, l'émir avait, grâce à un stratagème aussi hardi qu'ingénieux, surpris, dans la nuit du 11 au 12, les camps marocains ; cette attaque, qui a causé de grandes pertes au maghzen de l'empereur, paraît avoir eu un succès complet ; mais Abd-el-Kader avait affaire à un ennemi si nombreux, qu'il dût s'arrêter devant la multitude et la masse compacte de ses adversaires, plutôt que devant une défense qui paraît avoir été à peu près nulle. Il rallia donc sa daïra, et concentra toutes ses forces et tout son monde vers l'embouchure de la Moulouïa, entre la rive gauche de cette rivière et la mer.

Les camps marocains continuèrent de resserrer le cercle qui l'enveloppait. Le général de La Moricière avait envoyé au caïd d'Ouchda, trente mulets de cartouches, qui furent distribués aux Beni-Znassen ; même envoi avait été fait de Nemours au caïd du Rif ; des contingents cabyles grossissaient de toutes parts, et constituaient pour l'émir un danger plus redoutable que tous les autres.

Le mauvais temps retarda l'engagement de quelques jours, de même qu'il ôtait à la daïra toute liberté d'action. Le 21, la Moulouïa était guéable, les bagages et les familles des compagnons de l'émir commencèrent à la passer, pour venir dans la plaine de Triffa ; l'intention d'Abd-el-Kader était de les conduire jusque sur notre territoire, puis de se retirer vers le sud, avec ceux qui voudraient le suivre. La route avait été laissée libre par les marocains, et les Zegdou et les Hamyanes-Garabas, toujours en relation avec lui, promettaient de lui faciliter l'exécution de son projet.

Le commencement du passage de la rivière est le signal du combat, que les cabyles marocains, excités par l'appât du butin, engagent avec furie ; mais les fantassins et les cavaliers réguliers de l'émir soutiennent jusqu'au bout leur vieille réputation ; ils résistent tout le jour ; pas un mulet, pas un bagage n'est enlevé. Le soir, ils ont perdu la moitié des leurs : le reste se disperse ; la daïra toute entière a gagné le territoire français ; les marocains cessent la poursuite.

Abd-el-Kader, après avoir conduit lui-même l'émigration sur notre territoire, et l'avoir engagée dans le pays des Mesirdas, la quitte ; un petit nombre des siens se décide à le suivre ; il se dirige chez une fraction des Beni-Znassen, qui est restée fidèle à sa cause ; c'est par là qu'il espère gagner le sud : le général de La Moricière, informé de ce qui se passait, a deviné son projet.

Vingt spahis, commandés par un officier intelligent et sûr, le lieutenant Bou-Khouia, avaient été, le 21 au soir, dès les premières nouvelles, envoyés en observation au col de Kerbous ; bientôt des coups de fusil signalent un engagement de ce côté ; c'est Abd-el-Kader qui rencontre nos spahis. Le général de La Moricière, qui, dans la nuit, avait fait prendre les armes à sa colonne, s'avance rapidement avec sa cavalerie. L'émir a pour lui l'obscurité, un pays difficile sillonné de sentiers inconnus de nos éclaireurs : la fuite lui était encore facile. Mais bientôt deux de ses cavaliers, conduits par Bou-Khouia lui-même, viennent annoncer au général, qu'il est décidé à se rendre, et qu'il demande seulement à être conduit à Alexandrie ou à Saint-Jean-d'Acre. La convention, immédiatement conclue de vive voix, est bientôt ratifiée par écrit par le général de La Moricière.

Aujourd'hui même, dans l'après-midi, Abd-el-Kader a été reçu au marabout de Sidi-Brahim, par le colonel de Montauban, qui fut rejoint peu après par le général de La Moricière et par le général Cavaignac ; Sidi-Brahim, théâtre du dernier succès de l'émir, et que la Providence semble avoir désigné pour être le théâtre du dernier et du plus éclatant de ses revers, comme une sorte d'expiation du massacre de nos infortunés camarades.

Une heure après, Abd-el-Kader me fut amené à Nemours, où j'étais arrivé le matin même. Je ratifiai la parole donnée par le général de La Moricière, et j'ai le ferme espoir que le gouvernement du roi lui donnera sa sanction. J'annonçai à l'émir que je le ferais embarquer, dès demain, pour Oran, avec sa famille ; il s'y est soumis, non sans émotion et sans quelque répugnance ; c'est la dernière goutte du calice ! Il y restera quelques jours, sous bonne garde, pour y être rallié par quelques-uns des siens, et entre autres par ses frères, dont l'un, Si-Mustapha, à qui j'avais envoyé l'aman, s'est rendu le 18, à lacolonne du général de La Moricière, et a été provisoirement conduit à Tlemcen ; cette réunion achevée, je les enverrai tous à Marseille, où ils recevront les ordres du gouvernement.

Pendant que l'émir faisait sa soumission, les chefs de la daïra venaient demander l'aman. Cet aman fut accordé ; la daïra est campée aujourd'hui à quatre lieues d'ici, sous la garde d'une colonne, commandée par M. le colonel Mac-Mahon.

J'informerai prochainement votre Excellence, des mesures qui auront été prises à l'égard de la daïra et des Khialas, qui sont venus isolément se rendre à Nemours. Mon intention estde dissoudre, le plus tôt possible, cette agglomération de population encore très-nombreuse ; de faire diriger les diverses familles dont elle se compose sur les subdivisions auxquelles leurs tribus appartiennent ; toutes celles qui appartiennent aux provinces de l'est, seront dirigées sur Oran, ainsi que les individus dont la présence parmi leurs frères pourrait paraître dangereuse.

Je laisse ici le général Cavaignac, qui reprend le commandement de la subdivision de Tlemcen ; il sera chargé de l'exécution de ces mesures, qui sera suivie de près par le renvoi à leur garnison de la plus grande partie des troupes. Il observera également les mouvements des camps marocains, qui seront sans doute prochainement licenciés. Votre Excellence aura remarqué qu'ils avaient cessé toute poursuite de la daïra, dès qu'elle eût dépassé notre frontière.

Dû sans de nouveaux combats de notre part, à la puissance morale de la France, le résultat que nous avons obtenu aujourd'hui est immense ; il était généralement inespéré. Il est impossible de décrire la sensation profonde qu'il a produite chez les indigènes de cette région, et l'effet sera le même dans toute l'Algérie. C'est une véritable révolution.

Agréez, etc.

Le lieutenant-général gouverneur-général de l'Algérie,

Signé : H. D'ORLÉANS.

50

Une combinaison qui, quoique donnant moins d'homogénéité à l'institution d'un corps d'offciers des affaires arabes, serait peut-être préférable à celle que nous indiquons, parce qu'elle pourrait être plus avantageuse pour eux, plus facilement applicable, et qu'elle exciterait moins d'oppositions et de rivalités, serait celle qui consisterait à laisser ces offciers, bien que formant corps, compter dans leurs armes et corps respectifs, en les plaçant dans la position définie aux art. 62 et 63 de l'ordonnance du 16 mars 1838 pour les offciers en mission hors cadre, et en leur assurant, dans les armes et corps auxquels ils continueraient à appartenir, les avantages qui ont été réservés à d'autres offciers également employés à des services spéciaux, tels que ceux de la remonte générale, par exemple, dont les intérêts sont garantis par l'art. 9 de l'ordonnance du 11 avril 1831, constitutive de ce service, qui spécifie que les offciers attachés aux dépôts jouiront de tous leurs droits à l'avancement, et que les généraux-inspecteurs de la remonte rempliront, à leur égard, toutes les fonctions attribuées aux inspecteurs-généraux d'armes.

Une disposition semblable, ou analogue, pourrait suffre pour réglementer d'une façon convenable les droits des offciers des corps des maghzen, et garantir équitablement leur avenir. Du reste, ces projets, dont nous ne faisons qu'indiquer les principes, ont moins pour objet de donner par eux-mêmes une solution à la question que de faire voir la possibilité et la facilité de la trouver, même sans sortir des errements existants, si l'on voulait s'en occuper.

⁵⁰ ᵇⁱˢ· *Avant-propos de la domination Turque dans l'ancienne régence d'Alger.* Décembre 1838.
51

N° 1. *Inscription trouvée à Sour R'zelan (Aumale)* :

```
Q. GARGILIO Q. F. — — — —
PRAEF COH — - — - BRITANIAE
TRIB CO — — — MAVRCAE
AMIL PRAE. COH. SING ET VEX
EQQ MAVROR IN TERRITORIO
AVZIENSI PRETENDENTIVM
DEC DVARVM COLL AVZIEN
SIS ET RVSCVNIENSIS ET PAT
PROV OB INSIGNEM IN CI
VES AMOREM ET SINGVLA
REM ERGA PATRIAM ADFEC
TIONEM ET QVOD EIVS VIR
TVTE AC VIGILANTIA FA
RAXEN REBELLIS CVM SA
TELLITIBVS SVIS FVERIT
CAPTVS ET INTERFECTVS
ORDO COL AVZIENSIS
INSIDIIS BAVARVM DE
CEPTO — — - - — D VIII KAL
FEBR. PR. CCXXI.
```

N° **2.** *Inscription trouvée à Tlemcen.*

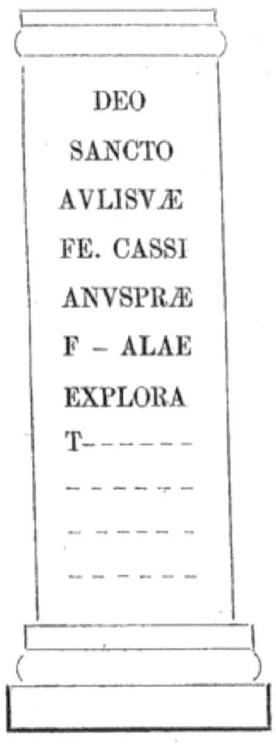

N°3. *Inscription trouvée à Tlemcen.*

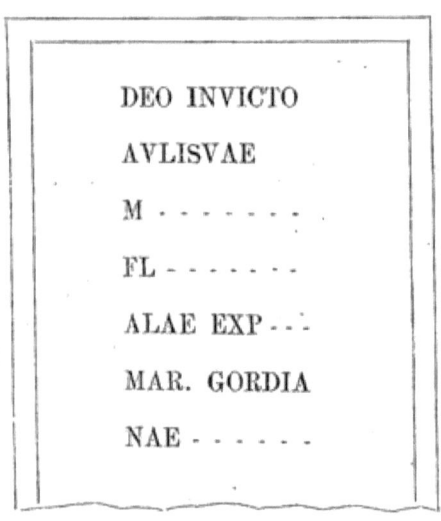

Inscriptions extraites du recueil de Gruter :

N° 4. ImP. CAES. DIVI HAdri‖ani FIL DIVI TRA‖iani NEPOTI. DIVI NERVae‖pRONEPOTI.T. AEL. Ha‖dRIANO ANTONino AVG. PIO.P.P.PONT. max‖im. TRIB. POT. $\overline{\text{IIII}}$. Cos. $\overline{\text{III}}$ ‖ALa I. FL. GAET. N° 5. L. FLAVIO.T.F. ‖ QVIR. SECVLARI ‖ PRAEF. COH. PRIMAE ‖ EQVITATAE ‖ CIV. ROMAN ‖ IN GERM. INFERIORE ‖ TRIB. COH. PRIMAE ‖ VOLVPTARIAE ‖ CAMPANORVM ‖ IN PANNO-NIA INFERIORE ‖ PRAEF. ALAE PRIMAE ‖ FLAVIAE GAETVLORVM ‖ IN PANNON. INFERIORE ‖ EX TESTAMENTO.

a Les quatre-vingts spahis dont il est question dans ce rapport, n'arrivèrent que lorsque. le mouvement de concentration des tribus était effectué, par la seule intervention des cavaliers du Maghzen.

TRADUCTIONS :

N°1. A Quintus Gargilius, fils de Quintus, tribun des cohortes *de la grande* Bretagne, tribun des cohortes de la Mauritanie Césarienne... : préfet des cohortes de la garde particulière des Empereurs et des corps de cavalerie maure agissant sur le territoire d'Auzia, décurion des deux colonies Auzia et Ruscunium, patron de la Province à cause de l'amour insigne qu'il portait à ses concitoyens et de son affection particulière pour notre colonie, en mémoire de la défaite du rebelle Faraxen, pris et tué avec ses satellites, grâce au courage et à la vigilance de cet illustre citoyen, tombé malheureusement sous les embûches de la tribu des Bavares, l'ordre des décurions de la colonie d'Auzia lui a élevé ce monument.... 8e jour des calendes de février, l'an de la Province 221.

N° 2. Au dieu saint Aulisva, Felix Cassianus, préfet du corps de la cavalerie exploratrice.......

N°3. Au dieu invincible Aulisva, *Marcus,*...... *préfet* de la cavalerie exploratrice surnommée Marcia Gordiana.

N°4. A l'empereur César Titus Œlius Adrien Antonin Auguste, pieux père de la patrie, souverain pontife, quatre fois tribun du peuple, trois fois consul, fils du divin Adrien, petit-fils du divin Trajan, arrière-petit-fils du divin Nerva, la cavalerie Getule, *honorée du nom de prima Flavia,* a élevé ce monument.

N° 5. A Lucius Flavius Secularis, fils de Titus, de la tribu Quirina, préfet de la 4re cohorte mixte (mêlée de cavalerie et d'infanterie), composée de citoyens romains opérant dans la Germanie-Inférieure, tribun de la 1re cohorte volontaire, composée de campaniens opérant dans la Pannonie-Inférieure, préfet de la cavalerie Getule, honorée du nom de prima Flavia, opérant dans la Pannonie-Inférieure : d'après le testament du défunt.

NOTICE HISTORIQUE

SUR

LE MAGHZEN D'ORAN

PAR M. LE COLONEL

WALSIN ESTERHAZY

ORAN

𝔗𝔶𝔭𝔬𝔤𝔯𝔞𝔭𝔥𝔦𝔢 𝔡𝔢 𝔓𝔢𝔯𝔯𝔦𝔢𝔯, rue 𝔓𝔥𝔦𝔩𝔦𝔭𝔭𝔢, 103

1849

1851